JN088809

ウィアード

WEIRD
「現代人」の奇妙な心理

経済的繁栄、民主制、個人主義の起源

下

The WEIRDest People in the World
How the West Became Psychologically Peculiar and Particularly Prosperous

ジョセフ・ヘンリック
今西康子 訳

白揚社

WEIRD「現代人」の奇妙な心理【下巻】目次

第2部　WEIRDな人々の起源（承前）

第8章　WEIRDな一夫一婦婚　11

第3部　新たな制度、新たな心理

第9章　商業と協力行動　53

第4部　現代世界の誕生

第14章　歴史のダークマター　301

【上巻目次】

●〔　〕で括った箇所は訳者による補足です。

第2部　WEIRDな人々の起源（承前）

第8章　WEIRDな一夫一婦婚

一五二一年、エルナン・コルテス率いるスペインのコンキスタドールがメキシコに到着し、アステカの征服を始めたとき、勢力を拡大しつつある二つの帝国同士が衝突することになった。これら二つの強大な帝国は、少なくともそれまで一万五〇〇〇年の間、互いに全く別々に発展してきており、その共通の祖先は石器時代の狩猟採集民だった。それぞれ独自に発展してきたにもかかわらず、この二つの帝国は驚くほどよく似ていた。どちらも、高度に階層化された農耕社会で、複雑な官僚組織によって統制され、世襲支配者に率いられていた。また、そのどちらにも、他の社会を隷属させよと煽り、それを正当化する強い力をもった宗教が浸透していた。しかし、重要な相違点もいくつかあった。

大胆かつ残虐な征服事業を行なった数年後、コルテスは、メキシコに到着した最初のカトリック宣教師たち、「ヌエバ・エスパーニャの十二使徒」を出迎えた。その一二人のうちの一人である、フランシスコ会修道士のトリビオ・デ・ベナベンテ・モトリニーアは、自分の新たな任地内で見られる土着の信仰や風習を鋭く観察するようになった。彼の著作を読むと、一六世紀のヨーロッパ人と、同時代のアステカ人を隔てていた諸制度の一つが垣間見えてくる。婚姻について、修道士トリビオは次のように記している。

この三、四年間、神の家〔教会〕で教えを受けた者を除くと、婚姻の秘跡は行なわれなかった。他のインディアンはみな、自分が欲するだけの多数の女性と暮らしていた。二〇〇人の女性を従えている者もいれば、もっと少ない者もいるが、それぞれ自分が満足するだけの人数を抱え込んでいる。領主や首長たちが女性をすべて自分のものにしてしまうので、庶民は、結婚したくてもほとんど相手を見つけることができない。フランシスコ会修道士たちはこの悪弊を絶とうとしたが、どうにもならなかった。なぜなら、領主たちが女性のほとんどを囲い込み、手放すことを拒んだからである。修道士たちが、嘆願、脅迫、説得、その他いかなる手段に訴えても、インディアンたちに、自分の女性たちを手放させ、その上で、教会法が求めるとおり、ただ一人の女性と結婚させることはできなかった。……このような状態が続いていたが、それから五、六年経ってようやく、何人かのインディアンが自らの意思で一夫多妻婚をやめて、一夫一婦婚に甘んじ、教会が求めるとおり、一人の女性と結婚した。……修道士たちがインディアンに一夫多妻婚を断念させるのは容易なことではなかった。それが極めて困難なのは、肉欲を大いに満たしてくれる古くからの風習を、インディアンたちがなかなか捨てようとしなかったからである。(1)

偏見のない証言とは言えないものの(2)、目撃証人としてこの修道士は、どんな社会でも必ず浮上してくる、一夫多妻婚の三つの重要な側面に目を向けている。第一に、男性が複数の女性と結婚することが風習として認められていると、エリート男性が多数の妻を抱え込んでしまう。第二に、一夫多妻婚がもたらす強力な社会力学により、結婚できる見込みの薄い、貧しくて、社会的地位の低い男性が大勢生み出される。なぜなら、大多数の女性が「上方婚」するからである。第三に、すでに妻帯している社会的地位の高い男性は得てして、一人が同時にもてる配偶者は一人までにすべきであるという考え方に反対する。

修道士トリビオの著作は、本書の物語にとって重要な、また別の事実も明らかにしている。それは、キリスト教宣教師たちは執拗だったということだ。西暦六〇〇年頃のアングロ゠サクソン人のケント王国にせよ、一五三〇年のアステカ帝国にせよ、一九九五年のペルーのアマゾン川流域にせよ、やって来た宣教師たちは決して計画を中断したり、断念したりしなかった。キリスト教化を目指す宣教師が失敗したり、殺害されたりすると、たちまち新たな宣教師がやって来て、引き続き、超自然的信仰、儀式、家族慣行からなる教会独自の政策パッケージを推し進めた。

一夫多妻婚の冷酷な社会力学を示すものとして、新大陸の、これとはかなり異なる共同体で、別の民族誌学者が観察した状況について考えてみよう。

一夫多妻制の社会ではどこでも、結婚相手の候補となる女性が不足しており、そのことが、コロラドシティ（センテニアルパーク）で世代間衝突を引き起こす主な原因になっている。結婚市場には常に年長の男性たちがおり、相手候補となる女性の数が限られているなか、相手を求めて若い男性たちと競い合うからだ。この既婚男性と未婚男性の間の緊張が、ティーンエージャーの意識に影響を及ぼしている。たとえば、一九六〇年代には、地元の警察官が……町を出て行かない独身男性は逮捕するぞと脅していた。……結婚相手の獲得競争は激しい。若い男性は、家族の（とりわけ父親の）支援や財政援助なくしては、年上の男性と張り合えないことに気づいている。また、若い男性は、高校を卒業する前にガールフレンドを見つけなければ、おそらく一生涯見つからないこともわかっている。ガールフレンドがいなければ、妻を探しに町を出るほかない。(3)

この状況は、トリビオが描いたアステカの状況と、奇妙にもよく似ている。しかし、この一節は、一六世紀のメキシコからは遠く離れた、二〇世紀末のアメリカ合衆国の、ユタ州とアリゾナ州の境にある小さな町の状況を描いたものなのだ。ここで、人類学者のウィリアム・ヤンコヴィアクは、モルモン教（末日聖徒イエス・キリスト教会）の原理派コミュニティである、一夫多妻制の町の社会生活を紹介している。

こうしたモルモン教原理主義者たちは、多くの点では、大多数のアメリカ人とそれほど違わない。たとえば、国立公園を訪れたり、ショッピングモールに出かけたりした日の夜には、映画『ロード・オブ・ザ・リング』はなかなか面白いとか、亜麻仁油は体に良いとか、そんな話をしながら食卓を囲む。しかし、一夫多妻制がもたらす数の問題（後のページを参照）は依然として深刻であり、将来の展望が開けず、未来への投資もできずに不満を募らせる未婚の若い男性の一群を生み出している。モルモン教徒が「ロストボーイズ」と呼ぶこうした少年たちが、結婚を経て勤勉で頼もしい父親になるのではなく、犯罪、暴力、ドラッグなどに手を染めると、社会の厄介者になってしまう。(4)

一夫多妻婚の影響力とその社会力学を理解するためには、まず、ヒトの本性を考慮に入れた上で、ヒトという種レベルの視点からＷＥＩＲＤ婚について考えてみる必要がある。

「奇妙な」制度

おそらくあなたは、私の言わんとしていることがもうおわかりだろう。そう、風変わりな婚姻形態をとっているのは、モルモン教原理主義者でも、古代アステカ人でもなく、私たち――ＷＥＩＲＤ人なのだ。親族ベース制度全般と同様に、ＷＥＩＲＤな一夫一婦婚は、進化論的視点から見ても、グローバルかつ歴史的な視点から見ても、奇妙だ。後述するように、一夫一婦制の社会の中でさえ、ＷＥＩＲＤ婚は独特である。[5]

進化に基づく類縁関係がヒトに最も近い動物――類人猿やサル――の中で、ホモ・サピエンスのように大きな集団で生活し、なおかつ一雄一雌のつがい形成しかしない種はどれだけいるだろうか？

そのとおり、ゼロである。集団生活をする霊長類の中に、一雄一雌制で暮らす動物はいない。類縁関係がヒトに最も近い、チンパンジーとボノボの性生活に基づいて推測するならば、このような類人猿とヒトの共通祖先は、相手を全く選ばずに性交し、永続的な一雄一雌のつがい形成はおろか、つがい形成そのものをしなかった可能性が高い。

しかし、類人猿のいとこたちから分岐して以降、人類は一連の特殊な心理を進化させてきた。それこそが、つがい形成本能であり、そのおかげで、配偶者同士の間に強い情緒的な絆が生まれ、男性に対し、連れ合いの子への投資を促すのに十分なほど長く、その絆が保たれるようになったのだ。

このつがい形成本能こそが、婚姻制度の生得的な基盤となっている。ともあれ、この基盤の性質上、婚姻制度は一夫多妻のつがい形成のほうに傾きがちだ。それに対し、一妻多夫婚（一人の女性が複数の男性と結婚する）は、社会がそれを禁じていなければ低い頻度で出現すると思われる進化上の理由が十分にあるものの、ヒトの生得的なつがい形成心理は、こちらには有利に作用しないのが普通だ[6]。

ヒトの「一夫多妻バイアス」は、一つには、ヒトの生殖生理の基本的非対称性に起因している。人類の進化史を通じてずっと、男性の繁殖成功度、つまり生物学者の言う「適応度」は、配偶者の数が多ければ多いほど高まった。それに対して、女性の場合は、単に配偶者の数が多くても、それだけでは繁殖成功度、つまり適応度の増大にはつながらなかった。なぜなら、女性は男性とは違って、体内に胎児を宿し、乳幼児を養い、さらに上の子たちの面倒を見る必要があったからである。ヒトの子を育てるには、他の哺乳類に比べて膨大なインプットが必要とされることを考えると、多くの子を無事に育てようとするヒトの母親は、援助や保護、そして食物、衣服、住居、文化的ノウハウのような資源を求めたはずだ。

こうした援助を得る手立ての一つが、出会ったうちで最も有能で、資力があり、社会的地位の高い男性とつがい形成をすることであり、そのために、お腹の子が彼の子であることを明確にすることだった。男性は、自分が父親だという確信が強いほど、彼女とその子どもたちに、時間、労力、エネルギーを投じようとする意欲が増すからである。ところが、夫となった男性は、妻とは違い、別の女性とさらなるつがい形成をすることによって「並列運転」が可能だった。つまり、妻となった女性の妊娠中もしくは育児中に、第二、第三の妻（さらにはもっと多くの妻）と共に、別の子をもうける「仕事に励む」ことができたのだ。

さらに、男性は、閉経とともに生殖能力を失う妻とは違って、生殖能力のある女性を惹きつけることができる限り、生涯を通じて生殖活動を続けることができる。したがって、男性の場合には、その生殖ポートフォリオに、短期と長期の両方を視野に入れた複数のパートナーを加えることによって、適応度を大きく上げられる可能性がある。以上のような理由から、自然選択によって形成されてきた心理ゆえに、男性、特に社会的地位の高い男性は、一夫多妻婚を好むようになったのである。(7)

男性には一夫多妻制を好む一定の心理傾向がある、とここで聞かされても、あなたはそれほど驚かないのではないかと思う。もっと驚くのは、一夫多妻婚へと向かわせる心理的プッシュ要因は、男性だけに由来するわけではない、という事実のほうかもしれない。女性は、「順次」子どもを産み、(通常は)一度に一人ずつ赤ん坊の世話をし、投資するので、本当に優れた配偶者を選ぶことがとても重要になってくる。選んだ相手は、子どもの遺伝子の半分を提供してくれるだけにとどまらない。母子を危険から守り、資源(肉、動物の皮、火打ち石など)を提供し、教育など、その他の投資をしてくれることも望める相手なのだ。

一夫多妻婚の世界では、一夫一婦婚しか認められていない社会に比べて、若い女性やその子どもたちにとって、夫(父)選びの選択肢の幅がはるかに広くなる。相手は、既婚男性でも未婚男性でもかまわない。狩猟採集社会に暮らす、ある女性にとっての最善の手は、拙いハンターの第一夫人になることではなく、優秀なハンターの第二夫人になることかもしれない。それによって、優れた遺伝子と肉(貴重な栄養源)の安定供給という、二つの事柄が子どもたちに保証されやすくなるからである。さらに、女性は一夫多妻世帯に加わることによって、年上の妻仲間からさまざまなことを学び、道具、蜂蜜、調理用の火のような資源を共有し、さらに子守りや授乳の手助けをしてもらえるかもしれない。

もちろん、理想の世界では、こうした女性は、優れたハンターを独占する結婚を好むかもしれない。しかし、実世界において、総合的に有利な、名声ある男性との一夫多妻婚をとるか、それとも、不利ではあってもやはり一夫一婦婚にこだわるか、という選択を迫られた女性はたいてい、既婚男性と結婚するほうを選ぶ。そのようなわけで、一夫一婦の婚姻規範は、男性だけでなく女性の選択の幅をも狭め、真に望む相手との結婚を妨げている可能性がある。[8]

そう考えると、一夫多妻婚は、女性が自らの意思で夫を選べる社会も含めた、多数の社会において、男性と女性の両方に支持されることが推測される。それに対して一妻多夫婚は、かなり狭い範囲の社会的、経済的、生態的環境を除いては、男女いずれの心も惹きつけることはないだろう。[9]

以上のような見方とも符合するが、人類学で知られているほとんどの狩猟採集社会は一夫多妻婚を容認しており、統計的に見ると、たいてい低頻度から中頻度で持続している。最も包括的な調査によると、世界中の狩猟採集民の集団の九〇%が、ある程度の一夫多妻婚を行なっており、一夫一婦婚だけの集団はわずか一〇%にすぎなかった。一夫多妻制の社会では、だいたい男性の一四%、女性の二二%が一夫多妻婚だった。コンゴ盆地に暮らす狩猟採集民のような、極めて平等主義的な狩猟採集民の間でさえ、男性の一四～二〇%が一夫多妻婚だった。[10] 当然ながら、どんな集団でも、多数の妻を惹きつけるのは決まって、優れたシャーマン、ハンター、戦士といった名声ある男性たちだが、だいたい四人よりも多くの女性と結婚する者はほとんどいない。一方、一妻多夫婚に関しては、単発的な例はいろいろ報告されているものの、統計的なデータは得られていない[11]。

社会が農耕を採り入れるようになって、社会の規模や複雑度が増大し始めると、男性同士の間に大きな不平等が現れ、その結果、一夫多妻婚がひどく際立った様相を呈するようになった。民族誌アトラスからは、農耕社会の八五%が一夫多妻婚だったことがわかる。多くの集団ではいまだに、複数の妻をもつことが男性の名声や成功のしるしとされ、最も社会的地位の高い男性たちは、四人よりもずっと多くの妻をもっている。それどころか、成功者なのに複数の妻をもたない男性は、驚きの目で見られることもある。一方、アトラスに掲載されている社会のうち、「一夫一婦制」は一五%にすぎず、「一妻多夫制」に至ってはわずか〇・三%でしかない。社会の拡大とともに、文化進化は、社会階層、相続財産、世襲による権力継承、職業カーストといったものを生み出すことによって、ヒトの生得的な一夫多妻バイアスが結婚やつがい形成に及ぼす影響力を強めていった[12]。

こうした拡大プロセスの中で、一夫多妻婚は非常に極端になっていったので、それがどれほどのものだったか、把握するのはなかなか難しい。実際どんな状況だったのかを垣間見る最も簡単な方法は、世界中のさまざまな地域や時代の、エリート男性たちのハーレムの規模を調べることだ。ヨーロッパ人との接触が始まった時代の南太平洋の群島国家、トンガ王国の首長たちは、数人の高位の妻と数百人に及ぶ側室をもっており、高位の妻たちは、他の豪族たちとの同盟の強化を助けていた。アフリカのアシャンティ王国やズールー王国の王たちは、それぞれ一〇〇〇人を超える妻をかかえていた。これらは最高の権威を有する首長や王たちの場合だが、その下にもたいていプチエリートの一団がいて、それぞれがもっと小規模な自分のハーレムをもっていた。たとえば、アフリカのザンデ王国の王たちは、それぞれ五〇〇人を超える妻をかかえていたが、首長たちもそれぞれ三〇～四〇人の妻をもっており、ときには一〇〇人に及ぶこともあった。

アジアでは、さらにいっそう並外れたハーレムが営まれていた。中世カンボジアのクメール王朝の王たちは、五人の高位の妻と、数千人の側室をかかえており、側室はいくつもの等級に分けられていた。古代中国の王朝、西周（紀元前一〇四六～前七七一年）の王たちには、一人の皇后、三人の夫人、九人の第二夫人、二七人の第三夫人、八一人の妾がいた。紀元後二世紀の、後漢の皇帝たちは、六〇〇〇人の女性からなるハーレムをもっていた[13]。

何ともよく似た状況である。それぞれ異なる大陸で、全く別の時代に、同じような制度が出現して、エリート男性が膨大な人数の妻を独占するようになったのだ。社会の規模が拡大するにつれて、多くの場合、政治・経済的権力が特定の家や、氏族、民族集団、その他の組織に集中していった。集団間競争によって阻まれることがない限り、こうしたエリート男性たちはしだいに、社会を犠牲にしてまでも自らを利する方向へと、風習や法律を押しやっていった[14]。

要するに、権力をもつ羽振りのよい男性が多数の妻を独占することを阻む、規範、信念、法、神が存在しない世界では、ヒトにもともと備わっている心理傾向やバイアスが、往々にして極端なまでの一夫多妻婚を生じさせ、それが徐々に、大規模で複雑な社会の公式制度に入り込んでいくことになったのである。

それにしても、私たちはどうやってここに、この今の私たちの世界にたどり着いたのだろう？そもそもここはどこなのか？

アフリカ、中央アジア、中東の多くの地域では、現在でも一夫多妻婚が法的に認められている。ちなみに、近代になって一夫多妻婚が法的に禁じられるようになったのは、ほぼすべて、ＷＥＩＲ

Dな考え方によるもので、結局、それはキリスト教の教義に根ざすものだ。日本と中国では、それぞれ一八八〇年代と一九五〇年代に、「近代的な」（西洋式の）婚姻形態が導入された。いずれの場合も、新政府が、一夫多妻婚の禁止を含めて、西洋の世俗的制度や法律をそのまま模倣したのだ。一九二〇年代に発足したトルコ共和国は、一夫多妻婚の禁止を含めて、WEIRDな公式制度と法律をそっくり丸ごと模倣した。インドでは、一九五五年に制定されたヒンズー婚姻法により、イスラム教徒以外の国民はすべて一夫多妻婚を禁じられたが、イスラム教徒だけはなおも、宗教的伝統に則って妻を四人までもつことが認められた。こうなると当然ながら、名声あるヒンズー教徒の男性の中に、法律の抜け穴を見つけたとばかりにイスラム教に改宗する者が現れた。しかし、二〇一五年、インド最高裁判所は、法律は全国民に適用され、例外は認めないと裁定した。そんなわけで、世界のほとんどの地域での、WEIRDな一夫一婦婚は、かなり最近になって輸入されたものなのである。(15)

まず最初にヨーロッパ内で、その後、世界のあちこちで、一夫一婦婚の普及を推進したものは、いったい何なのだろう？

表面的に見る限り、主な推進力となったのは、ヨーロッパ内で教会が布教活動に成功したこと、そしてその後、ヨーロッパ式の社会を世界中に拡大していったことにあるように思われる。それによって、改宗と魂の「救済」を求める膨大な数の宣教師たちが各地に赴いていく道が開かれた。このような歴史パターンの基礎をなしているのが、集団間競争のお決まりの二形態である。アステカの場合のように、ヨーロッパの勢力拡大に軍事征服が伴い、新たに服従させた民族への布教のために、宣教師たちが派遣されたケースが一つ。そうではなく、特にこの数百年間に目立つ例として、如才ない国々が、明らかに経済力、軍事力で優位に立つヨーロッパやヨーロッパ系の社会（アメリカ合衆国など）に対応しようとして、民主的な選挙からネクタイを締めるという奇妙な習慣に至るまで、その公式制度、法律、慣行をすべて貪欲に模倣したケースがもう一つ。では、一夫一婦婚は、商業市場の基盤をなしている契約法のようなものなのか、それとも、ヨーロッパの繁栄にあやかろうとして世界中に広まった、奇妙なネクタイ着用の習慣のようなものなのか。

ではここから、私の見解を述べていこう。一夫一婦の婚姻規範は、ヒトに備わっている一夫多妻バイアスや、エリート男性の強い選好に逆らうものだが、その規範が生み出すさまざまな社会的、心理的効果は、その社会が他集団と競争する上で大きな強みを与えてくれる。まず、どんな働きをするのかを見ていこう。

一夫多妻婚の数の問題(16)

一夫多妻婚は、結婚の見込みが薄く、セックスの相手さえいない、社会的地位の低い未婚の男性を大勢生み出してしまう傾向がある。こうした状況に反応して、男性たちの心理に変化が生じ、その結果として、男性同士の競争が激化し、さまざまなことをきっかけに暴力に訴えたり、犯罪に走ったりする男性が増えてくる。

それを確認するために、図8・1に示したような状況を考えてみよう。ここには、二つの架空の共同体を並べてある。一方は一夫一婦制、もう一方は一夫多妻制で、いずれも男性二〇人（黒い丸）と女性二〇人（灰色の丸）で構成されている。男性たちを、社会的地位の順に（最高経営責任

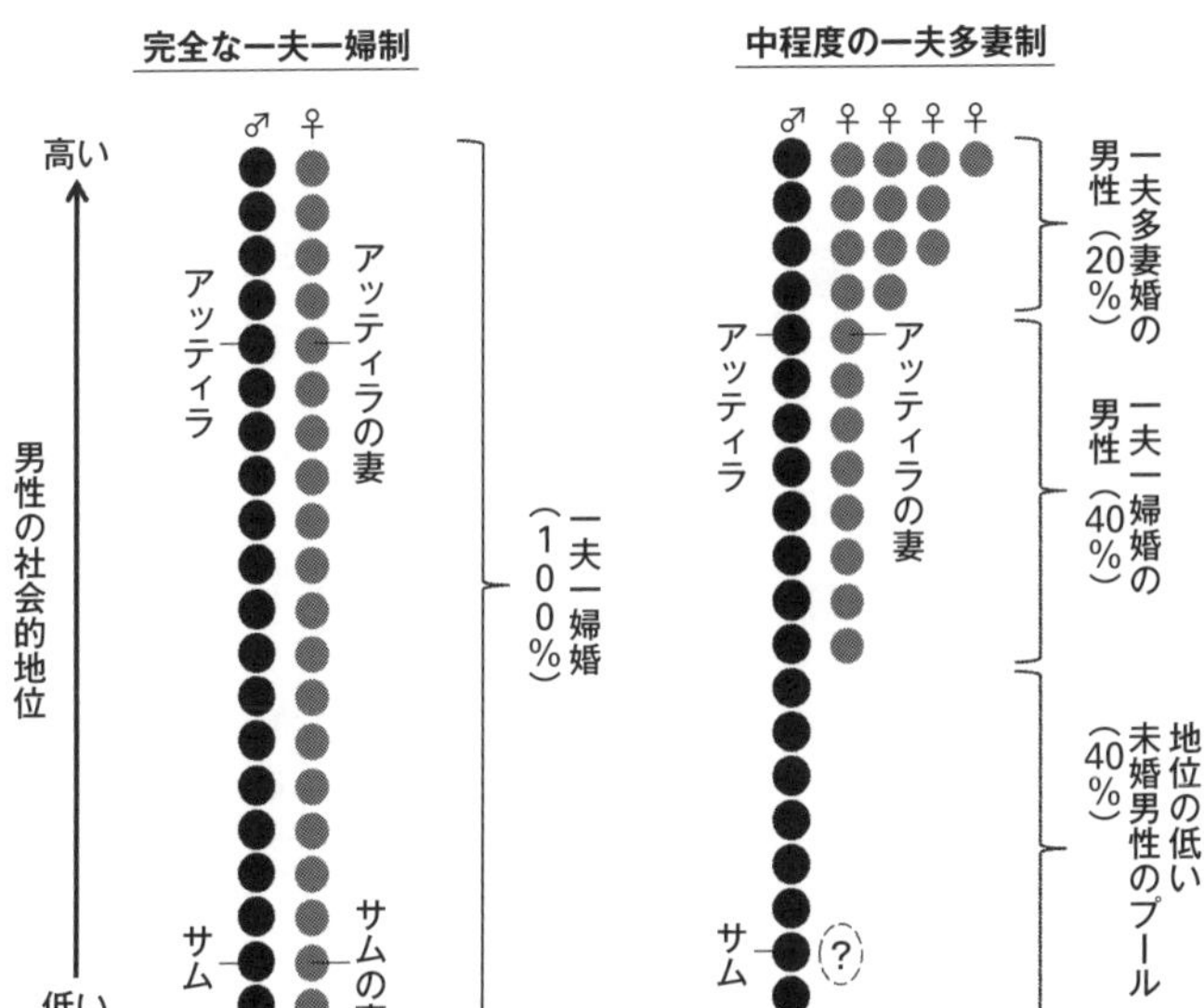

図8.1　一夫多妻婚は、社会的地位の低い未婚男性のプールを生み出してしまう。右側も左側も、同じ共同体に暮らす成人40人（男性20人、女性20人）を表している。男性は、底辺にいる最下位者から、頂点にいる最上位者まで、社会的地位の順に縦に並べてある。女性は、地位のより高い男性を選ぶので、一夫多妻婚のもとでは、最下層の男性たちには結婚相手がいなくなる。多くの女性が最上層の男性たちと一夫多妻婚をし、その結果、40％を占める最下層の男性たちは生涯未婚のままで終わる。

者から高校中退者まで、あるいは、皇帝から小作農まで）上から下へと並べてある。一夫一婦制の共同体（左側）では、社会的地位の低い未婚男性は一人もいない。すべての男性が妻を見つけて、子どもをもうけ、将来に投資することができる。一夫多妻制の共同体（右側）では、財産や社会的地位で上位五％にあたる最上位の男性は、四人の妻をもっている。その下の男性二人（社会的地位で八五～九五パーセンタイル）は、妻を三人ずつもっている。その下の、八〇～八五パーセンタイルにあたる男性は、妻を二人もっている。八〇パーセンタイルから四〇パーセンタイルまでは、全員が一夫一婦婚だ。その下の、底辺の四〇％にあたる男性は、妻がおらず、相手を見つけて結婚できる見込みも薄く、したがって夫にも父親にもなれそうにない。数の問題というのは、この四〇％のことだ。進化論的な観点から見るならば、一夫多妻婚が生み出した、失うものが何もない「過剰な男性」のプールである。

この架空の共同体の一夫多妻の度合いは、それほど極端ではなく、これまで多くの狩猟採集民の社会で観察されてきたものとそれほど違わない。四人を超える妻をもつ男性はいないし、複数の女性を妻にしているのは、上位二〇％の男性だけに限られる。既婚男性のほとんどは、妻が一人だけで、女性のほとんどは夫が一人だけだ。それでもやはり、男性の四〇％が心ならずも生涯独身で終わることになる。この模式図に示した一夫多妻婚のレベルは、実のところ、アフリカの多くの社会や、北アメリカのモルモン教徒の一夫多妻の共同体で今日観察されているレベルよりも相当低い[17]。

図８・１に示した数の問題から明らかなように、一夫多妻制の共同体の男性は通常、一夫一婦制の共同体の男性よりも、はるかに激しい男性同士の競争にさらされている。この架空の一夫多妻制の共同体で、底辺の五～一〇パーセンタイルにあたる男性、サムが置かれている状況を考えてみよ

う。サムが何とか妻を一人獲得したいのであれば、どうにかして四〇パーセンタイルを追い抜かねばならない。無難な策を選んで、自分の小さな農園でこつこつ働いても、二五ポイント這い上がるのが精一杯だろう。それでは四〇パーセンタイルを追い抜くことはできないので、妻を獲得できる見込みはほとんどなく、進化論的ゼロ〔進化論的な観点から見て無に等しい存在〕で終わる可能性が高い。これは、自然選択の観点からすると、死よりも虚しい運命である。サムの唯一の望みの綱は、リスクを負ってでも自分をカタパルトで射出し、社会的地位の階梯を三五ポイントかそれ以上、昇ることだ——彼には大ジャンプが必要なのである。

話をわかりやすくするために、サムが夜遅く、暗い裏通りで、酒に酔った商人に偶然出くわした場面を想定しよう。サムは、この裕福な商人から金を強奪し、その金を使って農場を広げることもできるし、何もせずにいることもできる（ここでは、商人を助けるという選択肢は脇に置いておくとしよう）。何もしなければ、結婚市場に参入できる確率は低いままで、まあ一％程度だろう。ということはつまり、九九％の確率で、進化論的ゼロで終わってしまうということだ。けれども、商人から金を奪えば、妻が見つかる確率は一〇％増すが、その一方で、九〇％の確率で、捕まって処刑されてしまい——またしても進化論的ゼロで終わることになる。彼はどうすべきか？　ここで何もしなければ、結婚して子どもをもうけられる確率は一％にとどまるが、商人から金を奪えば、その確率が一〇％増す。全体として、サムからすれば、商人から金を奪うほうが、何もせずにいるよりも、一〇倍良いことのように見える。以上のような計算を背景に、自然選択の作用によって、こうした条件下での男性の心理は、一か八かの勝負をして犯罪に手を染めがちな方向へと傾いていくのである。

では今度は、サムが一夫一婦制の共同体に暮らしていて、やはり酒に酔った商人に遭遇した場面を考えてみよう。こちらの世界では、サムはすでに結婚していて、二歳の娘がいる。もし、商人から金を奪えば、九〇%の確率で処刑されることになり、そうなると、幼い娘を養うことも、現在の妻との間にさらに子どもをもうけることもできなくなる。こちらの世界では、サムは将来に投資しており、もうすでに進化論的ゼロの状況は回避している。もちろん、商人から金を奪えば、もっと裕福になれる確率が一〇%あり、それは彼にとって悪いことではない（商人にとっては災難だが）。しかし、この社会ではサムは、同時に一人の妻しかもてないので、何か大きな経済的報酬が得られたとしても、その進化論的メリットは、一夫多妻制社会の場合ほど劇的ではない。たとえば、もっと若い二人目の妻を世帯に加えるということはできない。

ここで重要なのは、男性にとっての最大の脅威は、進化論的ゼロで終わってしまう――性交の見込みが全くない――ということなのだ。たとえば、あなたに子どもが一人でもいれば、その子が孫を四人つくってくれるかもしれず……その孫たちが曾孫を一六人つくってくれるかもしれない。あなたは進化ゲームの中にいられるのだ。ところが、全くあるいはほとんどセックスしなければ（したがって子どもが一人もいなければ）、そこでもう終わりだ。あなたの直系の子孫は絶えてしまう。このような進化論的な最後通牒を突きつけられるがゆえに、社会的地位の低い男性たちの心理は、一夫一婦制と一夫多妻制によって生まれる社会的状況（図8・1）に対して、全く異なる反応を示すのである。もちろん、心理学的な視点から見ると、男性は子どもの数云々よりも、配偶者や性交のチャンスのほうにはるかに強い関心を向けている。しかしこれは、人類の進化史の大半において、男性にとってはたいてい、性交頻度や配偶者数が多いほど、子どもの数も多かったからなのだ。

では次に、アッティラに焦点を当てることによって、一夫多妻制社会において、婚姻制度が社会的地位の高い男性に与える影響を見ていこう。七五～八〇パーセンタイルのところにいるアッティラは、この一夫多妻制の共同体の中で、一夫一婦婚の男性としては最も社会的地位が高い。しかし、一夫一婦制の共同体の場合とは違って、アッティラは依然として結婚市場の中にいるので、自分の時間、労力、資源を現在の妻や子どもたちに投じるか、それとも新たな妻を見つけるかを選択することになる。財産や地位がもう少しアップすれば、二人目の妻を娶ることができる。そして、社会的地位を一〇ポイント引き上げられれば、妻を三人に増やすことができる。このような状況に置かれると、アッティラはたいてい、現在の妻やその子どもたちに時間やエネルギーを費やすのをやめて、新たな妻を獲得するためにこれを投じるようになる。

一方、一夫一婦制の共同体でも、アッティラは妻一人と結婚している。しかしこちらでは、婚姻やセックスをめぐる社会規範によって、一夫多妻制社会では開かれている、大きな進化論的メリット獲得への道筋が、閉ざされたり、あるいは少なくとも狭められたりしている。このような状況に置かれたアッティラは、地位や財産が少しずつアップすればよしとして、現在の妻やその子どもたちに時間やエネルギーを投じる可能性が高い。

そのようなわけで、一夫多妻制の社会では、地位の高い既婚男性にとってさえ、地位上昇の進化論的メリットが、一夫一婦制の社会に比べてはるかに大きい。一夫多妻制の社会では、現在の妻やその子どもたちへの投資よりも、新たな妻さがしに男性を惹きつける力が、一夫一婦制の社会に比べてはるかに大きいのである。

重要な点として、私が挙げた例では、この一夫多妻制社会の女性たちは、夫を自由に選ぶことができ、しかも、わが子がその社会の他の子たちよりも成功するように、との計らいに基づいて選んでいるものとしている。つまり、女性たちは、その社会で最も裕福な男性の第二、第三、第四夫人になることにより、自分自身や自分の子どもたちにとって最善のことをしているのだ。それに対して、一夫一婦制社会の女性たちは、複数の妻の一人になることを――自らが望んでも――禁じられているわけで、社会的地位の低い男性との結婚を事実上、強制されていることになる。

しかし興味深いことに、既婚男性との結婚を禁じることによって女性の自由な選択が抑制されても、一夫一婦婚が社会力学や文化進化に及ぼす影響ゆえに、結果として、長期的に見た場合には（総じて）、女性にも子どもにもプラスの作用がもたらされる。一夫多妻制の場合には、束縛を解かれた社会力学が、世帯形成、男性の心理、そして妻や子どもに投資しようとする男性の意欲に影を落とすのだ。[18]

サムとアッティラについて描いた図式は、一夫一婦婚によって、男性同士の生殖競争が抑えられて、社会的地位の低い未婚男性のプールがなくなり、こうした男性たちに将来の展望が開ける（たとえば、子ども、または少なくとも子どもをもうける機会が与えられる）機序を示している。一夫一婦婚により、男性同士の競争が抑えられることによって、男性たちの間に、この新たな社会環境に合わせた変化が起きてくる。その都度その時々の環境に対応していくこともあれば、成長の過程で徐々に心理的調整がなされることもあり、また、新たな制度的環境に合うように形作られた戦略や信念や動機が、文化的学習を通じて伝達・蓄積されていくこともあるだろう。では最初に、男性ホルモンの代表格であるテストステロンが、結婚によってどのように変化するかを見ていこう。[19]

テストステロンの抑制システム

男性の睾丸からは、ステロイドホルモンであるテストステロンが、(専用の分泌腺をもたない)女性に比べて大量に合成・分泌される。テストステロンのことを理解するには、いったん鳥類まで戻り、そこからホモ・サピエンスへと進むのが一番わかりやすい。鳥類においても、テストステロンが第二次性徴の発現に関与している。しかし、ヒトで見られるように、声が低くなり、胸毛が生え、顎が角張ってくるのではなく、鳥類のオスの場合には、鮮やかな色の羽毛、大きなとさか、そして見事な肉垂が現れてくる(図8・2)。テストステロンは、縄張り防衛やメスをめぐるオス同士の闘いはもちろんのこと、交尾や求愛ディスプレイ(美しいさえずりや精巧なダンスなど)にも関連しており、それは種を問わない。このようなテストステロンの効果は、多くの哺乳類種でも見られるが、鳥類が特に興味深いのは、多くの鳥類種が繁殖期ごとに一羽とだけつがい形成をし(「一雄一雌」)、しかも、オスがヒナのいる巣の手伝いまですることだ。つまり、多くのヒト社会の父親のように、父としての投資をするのである。もちろん、哺乳類種の九〇%の場合のように、つがい形成もしなければ、巣や卵やヒナに対してオスとしての投資もしない鳥類種も少

図8.2　鮮やかなとさかと大きな肉垂のある立派な雄鶏[20]

なくない。鳥類にもさまざまな種がいるおかげで、つがい形成や交尾のパターンが異なる種では、テストステロンの効果がどのように違うかを比較することができる。何を言わんとしているか、おわかりだろうか？

ウタスズメのような一雄一雌の種では、多くの場合、オスは繁殖期ごとに、つがい相手を見つけようとする。そして卵が産み落とされたら、オスは巣を守るとともに、つがい相手がヒナを育てるのを手伝う。このような種のオスのテストステロン値は、その時々の状況やシーズンによって変化する。交尾期が近づいてきたら、オスは他のオスと闘って、メスを惹きつけるのに必要な縄張りを形成しなければならない。それに備えて、オスのテストステロン値は上昇し始め、つがい相手が排卵を開始するまで上がり続ける。この重要な時期には、つがい相手に他のオスを寄せつけないように、夜も昼も見張っていなければならない。つがい相手が妊娠したら、オスのテストステロン値は低下し、孵化したヒナへの餌やりや世話に備える。それが終わって、もはや縄張りを守る必要がなくなると、オスのテストステロン値はさらに低下する。

それに対し、ハゴロモガラスのような一雄多雌の種の場合、オスはできる限り多数のメスを惹きつけるために、広い縄張りを確保しようとして闘う。したがって、繁殖期に向けて、オスのテストステロン値は上がるが、つがい相手が妊娠しても、ヒナが生まれても、その値は下がらない。それは当然とも言える。なぜなら、このような一雄多雌の種のオスは、巣の手伝いはあまりせず、さらなるつがい形成のために、新たなメスを探し続けるからである。

野鳥で実験することができるおかげで、一雄一雌の種では、日光の季節変動などをきっかけにテストステロン値が変化することや、こうしたホルモンの変化が行動に影響を及ぼすことがわかっている。たとえば、つがい相手が妊娠した後に通常ならば起きてくる、テストステロンの低下を妨げるような特殊なインプラントをウタスズメに装着すると、オスは闘いをやめようとせず、その結果、その縄張りのサイズが、インプラントを装着していないウタスズメの二倍になる。インプラントを装着したオスはさらに、二羽目、三羽目のメスを獲得して、一雄多雌となった。別の鳥類種では、テストステロンのインプラントによって、オスのさえずりと縄張り攻撃行動の両方が活発になる一方で、ヒナへの餌やりや巣の防衛行動はおろそかになる。さえずったり闘ったりするのに忙しすぎて、赤ん坊のことなどあまり気に掛けていられないのだろう。どこかで聞いたような話ではないだろうか？[21]

ＷＥＩＲＤな一夫一婦制の社会の男性は、一雄一雌の鳥に似ていなくもない。結婚して父親になると、テストステロン値が低下するのだ。離婚するとたいてい、テストステロン値は再び上昇する。結婚したり、子どもをもうけたりするとテストステロン値が低下することは、北アメリカのさまざまな集団で明らかにされてきたが、私が特に注目したいのは、フィリピンのセブ市で行なわれた研究である。二〇〇五年、人類学者のクリス・クザワ率いるチームが、二十代前半の独身男性四六五人のテストステロン値を測定した。それから四年が経過する間に、これらの男性のうちの二〇八人が結婚し、そのうちの一六二人が子どもをもうけた。二〇〇九年に、クリスのチームは再び、男性たちのテストステロン値を測定した。アメリカ合衆国での場合と同様に、男性たちのテストステロン値は年齢とともに徐々に低下していった。しかし、その低下の速度は、図８・３に示すように、四年の間に男性の身にどんなことが起きたかによって異なっていた。結婚して子どもをもうけた男性たちは、テストステロン値が急激に低下したが、独身のままだった男性たちは、わずかな低下に

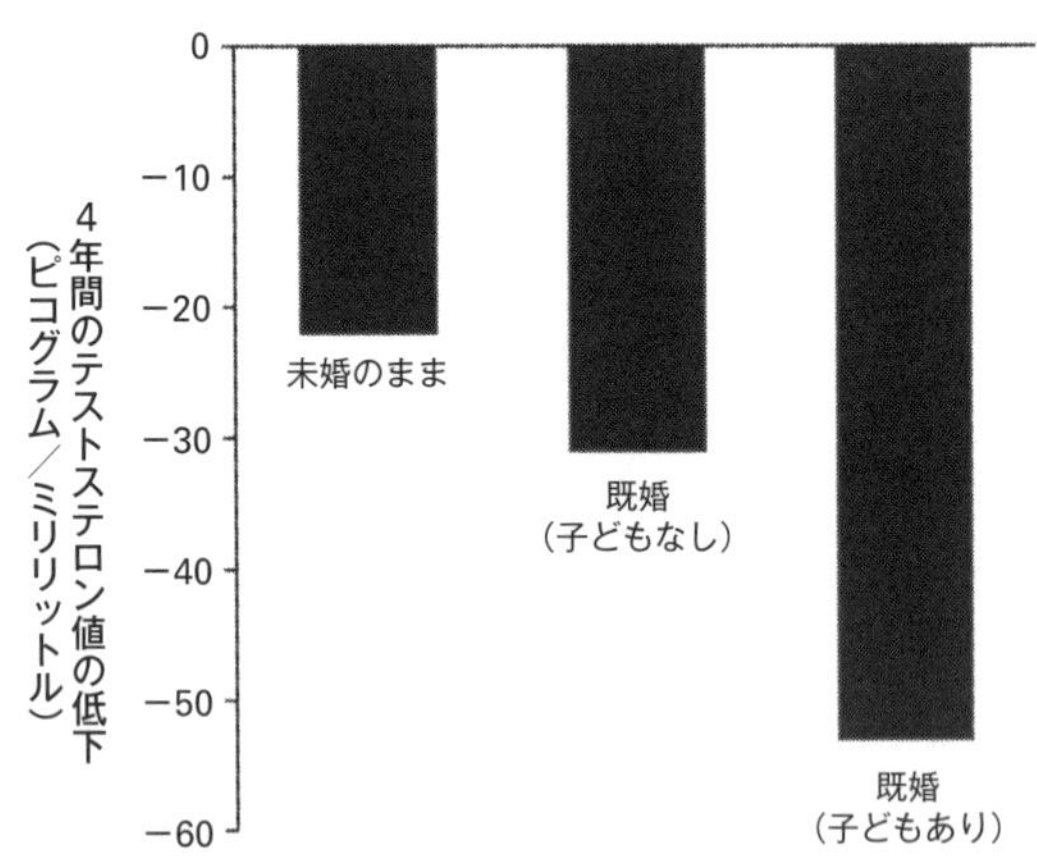

図8.3　セブ市（フィリピン）在住の21.5〜26.5歳の男性の、4年経過後の午前中のテストステロン値の低下(22)。

とどまった。注目すべき点として、初回の調査でテストステロン値が最も高かった男性たちは、結婚した確率も最も高かった。つまり、二〇〇五年時点でのテストステロン値の高さが、その後四年間の配偶者獲得競争での成功を予測していたのである(23)。

こうした一連の研究からうかがえるのは、ヒトも、鳥類と同様に、配偶者獲得の機会、育児の必要性、地位獲得競争などをきっかけに、心理の他の諸側面と併せて、男性のテストステロンの分泌を制御する生理的なシステムを備えているということだ。必要とあらば、地位や配偶者を獲得する競争に向けて、男性のテストステロン値は上昇する。しかし、単作りをして子どもを養うときには、テストステロン値は低下する。テストステロン値の低い父親ほど、よく子どもの世話をし、その泣き声に敏感に反応するのは、どの人間社会にも共通する現象である。WEIRDな一夫一婦の婚姻規範が、既婚男性の配偶者獲得の機会を封じると同時に、わが子との触れ合いの機会を増やすことによって（いずれもテストステロン値を下げる）、これらのダイヤルを操作するのである。[24]

このような集団全体への効果をまとめると、一夫一婦の婚姻規範が社会レベルでテストステロンを抑制する仕組みが見えてくる。一夫一婦の婚姻規範によって、地位の高い男性たちが、結婚相手候補となる女性を独占できなくなると、より多くの地位の低い男性たちが、結婚（つがい形成）し、なおかつ子どもをもうけられるようになる。つまり、WEIRDな婚姻規範があると、一夫一婦婚と育児の両方の効果によって、テストステロン値が低下した男性の割合が確実に高まるのである。

それに対し、一夫多妻制の社会では、より多くの（図8・1では四〇％の）男性が一生涯、図8・3の「未婚のまま」のカテゴリーにとどまることになる。したがって、一夫多妻制の社会では、一夫一婦制社会の男性に見られるようなテストステロン値の低下を経験しない男性の割合が高くなる。一夫多妻制の社会の未婚男性は、一雄多雌制の鳥のごとく、生涯を通じて、テストステロン値が比較的高い状態が保たれる。[25]

興味深いことに、一夫多妻婚は、既婚男性にとっての社会的世界も変化させる。したがって、未婚にとどまる地位の低い男性たちだけに焦点を当てると、一夫一婦婚のテストステロン抑制効果を過小評価することになる。その理由を理解する上で忘れてならないのは、一夫多妻制の社会では既婚男性も結婚市場にとどまっているということだ。その結果、一夫多妻制の社会では、一夫一婦制の社会とは違い、男性のテストステロン値が年齢とともに低下していかない。低下したとしても、WEIRDな社会で見られるのに比べると緩やかだ。場合によっては、男性のテストステロン値が年齢とともに**上昇**することもある。たとえば、ケニアのラム島のスワヒリ語話者たちの場合、結婚しても子どもができても、男性のテストステロン値は低下しない。男性のおよそ四人に一人は二人目の妻を娶るが、むしろ、そのような男性のテストステロン値はなぜか上昇している。テストステロン値の上昇が相手探しに駆り立てるのかもしれないし、二人目の妻が夫のテストステロン値を上げるのかもしれない。いずれにせよ、こうした効果は一夫一婦婚のもとでは抑制されている。[26]

タンザニアでは、遊牧民のダトーガ族と、そのすぐ近くに暮らす狩猟採集民のハッザ族とを比較することによって、社会規範の違いが男性の生理に及ぼす影響を確認することができる。父系制のダトーガ族は、既婚男性の四〇％が複数の妻をもっており、父親になってもテストステロン値に変化は認められない。既婚・未婚を問わず、ダトーガ族の男性の性生活を制限する規範は、他の男性の妻とのセックスは厳禁という以外にはない。さらに、ダトーガ族の男性たちは、妻や子どもたちと離れて、他の男性たちと一緒の家に寝泊まりしている。赤ん坊は、離乳するまで母親の身体の一部だと見なされているので、ダトーガ族の男性が赤ん坊の世話をすることはない。このような規範に照らすと、ダトーガ族の父親たちのテストステロン値が下がらないのは当然と言える。それに対して、ハッザ族の間では、一夫多妻婚は男性二〇人に一人（五％）にすぎず、また、社会規範が父親たちに、赤ん坊や子どもの世話をするよう求めている。当然ながら、ハッザ族の男性のテストステロン値は、子どもをもうけるとやや低下し、その低下の幅は、子どもと過ごす時間の長さに比例している。[27]

ヒトと鳥類の重要な違いは、ヒトの場合には、文化進化によって生み出される社会規範によって、こうした生得的なホルモン応答を、自らの目的に応じて巧妙に利用できるという点にある。ダトーガ族のような集団では、その氏族や部族が生き残れるかどうかは、一つには、戦士たちの勇猛さや残虐さにかかっており、男性は全員が戦士だった。妻子と離れて暮らすといった規範が、高いテストステロン値を維持することによって、他の氏族や部族との競争における優位性をもたらしているのかもしれない。

それとは対照的に、キリスト教の一夫一婦制は、テストステロン値を抑制する極めて強力なパッケージだった。教会の婚姻・家族プログラム（ＭＦＰ）には、妻は一人のみという制約の他にも、いくつかの有効成分が含まれていた。第一に、男性が婚外セックスを求めないように――娼婦のもとに通ったり、愛人を抱えたりしないように――締め付けを強化した。それを果たすべく、教会は、売春や性奴隷の廃止に取り組む一方で、男性の性行動を共同体に監視させ、違反行為があれば表沙汰にさせるような社会規範を作り出した。当然ながら、教会は神を持ち出して、男女双方の性的な破戒行為を監視し処罰したので、キリスト教における宗教上の罪（sin）と社会的な罪（guilt）の概念の発達を煽る結果となった。

第二に、教会は、離婚を困難にし、再婚をほとんど不可能にしたので、男性が別の女性を一人ずつ順に妻にすることができなくなった。実際、教会のＭＦＰのもとで合法的にセックスするには、子どもをもうけるために自分の配偶者とセックスする以外になかった。[28]

これは、アテネやキリスト教以前のローマのような、他の一夫一婦制社会とは対照的だった。こうした社会では、妻は一人に限られていたが、それ以外の強い制約はなかった。男性は簡単に離婚できただけでなく、性奴隷を買ったり、外国人を内縁の妻にしたり、多くの安価な売春宿を使ったりすることができていた。[29]

ＷＥＩＲＤ婚は、もちろんキリスト教の婚姻政策の産物なのだが、それが奇妙な内分泌現象を生み出している。男性のテストステロン分泌が加齢とともに低下するのは「自然」な現象だということで、大多数の医師の見解が一致している。二一世紀のアメリカ合衆国には、低テストステロン症の医学的治療を受けるほど、その低下がひどい中年男性もいる。しかし、すでに述べたとおり、もっとヒトらしい婚姻制度をもつ社会ではみな、WEIRDな社会の場合ほど、低テストステロンの頻度は高くないし、低下するにしてもそれほど急激ではない。どうやら、WEIRDな心理に付随して、WEIRDな内分泌現象が起きているようだ。[30]

ここまでテストステロンの話に時間を割いてきたのは、ヒトの行動、動機、意思決定に影響を及ぼすメカニズムとして社会制度が利用するようになった、生物学的経路の一つを詳しく説明するためだ。一夫一婦婚という制度を通して、教会がどのように手を伸ばし、男性の睾丸をつかんだか、もうおわかりだろう。文化進化がこれまで、無数の生物学的経路を見つけて、ヒトの脳や行動に入り込んできたことは、ほとんど疑いの余地がない。では、話題をホルモンから心理へと移し、一夫一婦婚がいかにして、男性の競争心、冒険心、復讐心を抑えつつ、非人格的信頼や自己制御力を高めていくのかを考えよう。[31]

信頼、チームワーク、犯罪

一夫一婦婚がいかにして人々の心理に影響を及ぼすのかを探るために、二種類の証拠を取り上げようと思う。まず第一に、一夫一婦婚がテストステロン値を抑えることはすでにわかっているので、このホルモンが意思決定、動機づけ、チームワークにどのように影響を及ぼすかを検討する。第二に、一夫一婦婚の場合には通常、結婚相手（未婚女性）を獲得しやすくなるので、相手を獲得しやすいと感じることによって、男性の忍耐力や意思決定にどのような変化が現れるかを見ていく。

テストステロンは、ヒトの行動にどのような影響を与えるのだろう？　地位獲得や配偶者獲得のための競争に備えるべく、テストステロンはさまざまな複雑な生物学的プロセスを通じて、ヒトの心理を変化させる。柔道やテニスからチェスやドミノに至るまで何であれ、試合に挑戦しようとしている時には、たいていテストステロン値が上昇する。[32] テストステロンを実験的に操作する研究から、その値が上昇すると、次のような現象が起こりうることがわかっている。①競争心が煽られ、その結果、攻撃性が高まる。②挑戦や脅威に対する社会的警戒心が強まる。③恐怖心が抑えられる。④報酬に敏感に反応し、処罰をあまり気にしなくなる。[33] 言うまでもなく、テストステロンは性衝動も高める。

とにかく相手に勝ちたいという、テストステロンが好むマインドセットは、高くつく可能性がある。ある単純な実験を行なった。初対面の男性同士を二人ずつ組にし、AボタンとBボタンを何度でも押せる機会を与えた。Aボタンを押せば、自分の現金報酬がわずかに増えるが、Bボタンを押すと、相手の報酬ががくんと減る。できるだけ多くの現金を稼ごうとする者は、毎回、または少なくともほとんどAボタンを押すはずだ。しかし、相手よりも多くの現金を稼ぐ（相対的な利益を最大にする）ことに主眼を置くならば、（相手の報酬を下げる）Bボタンを押す必要がある。実験の結果、テストステロンを注射されると、プラセボを注射されたときに比べて、Bボタンを押している時間が長くなった。その結果、テストステロン値が高くなっている男性は、パートナー（競争相手？）を打ち負かすものの、実験中に稼ぐ現金の合計額は少なくなる傾向があった。[34]

さらに、参加者たちを二人組のチームにして実験を行なうと、こうしたホルモンの効果が社会に及ぼす影響の重要性をもっと深く理解することができる。チーム内競争では、ペア同士が互いに相手と競い合い、チーム間競争では、二人一組になって別のペアと競った。競争の内容は、レスリングの試合や綱引きではなく、GRE〔大学院へ進学するのに必要な共通試験〕の得点を競うものだった。チーム内競争では、パートナーの得点を上回れば賞金がもらえた。チーム間競争では、自分とパートナーの得点の合計が相手チームを上回れば賞金がもらえた。

その結果、実験室到着時に測定したテストステロン値が比較的高かった者は、パートナーを打ち負かさねばならないとき、つまり、ゼロサムゲームであるチーム内競争の場面で、一八%高い成績をあげた（図8・4）。一方、テストステロン値が低かった者は、チーム間競争の場面で、二二%高い成績をあげた。以上の結果からするとどうやら、高度な認知能力や分析スキルが要求される分野で、組織、会社、国家、軍隊といった集団間での厳しい競争にさらされている場合には、テストステロン値の高い男性は避けるか、さもなければ、WEIRDな婚姻規範でそれを抑える必要があるようだ。[35]

高いテストステロン値はまた、見ず知らずの人に対する信頼度の評価を低下させる可能性がある。テストステロン値が、社会に対する警戒心や、世の中はゼロサムゲームだという認識に影響を及ぼすからだろう。ある研究で、参加者たちに七五人の見ず知らずの人物の顔写真を見せて、その信頼度を判定してもらった。各参加者は、テストステロンを投与された後と、プラセボを投与された後の、合計二回ずつ判定を行なった。もちろん、本人には、どちらが投与されたのかは知らせなかった。実験の結果、テストステロンを投与された後には、プラセボを投与された後よりも、全く同じ顔の信頼度をかなり低く判定することが明らかになった。興味深いことに、プラセボのときに、顔

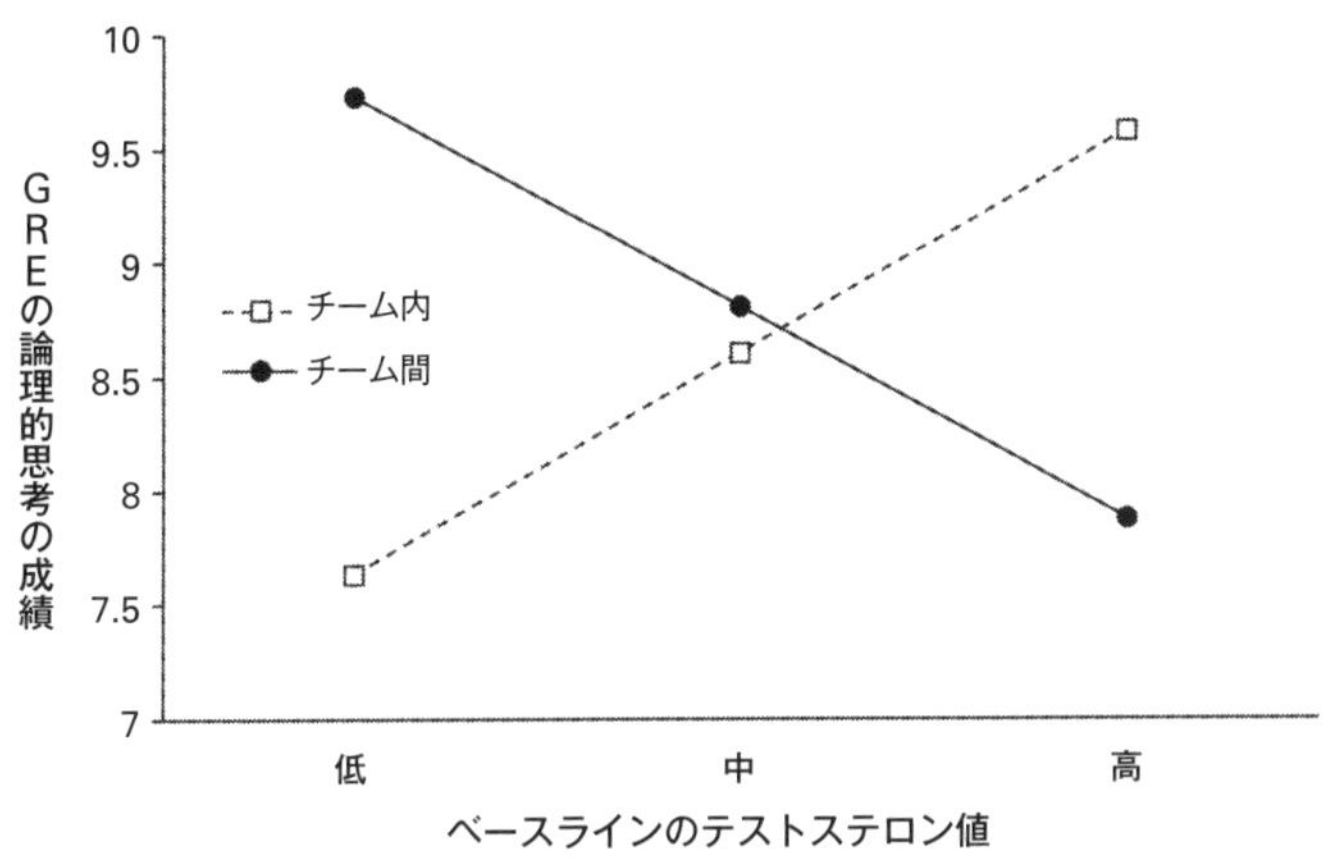

図8.4　テストステロン値の低い参加者と高い参加者の、チーム内競争およびチーム間競争における成績の比較。当然ながら、テストステロン値の高い人々は、チーム内の個人同士の競争では好成績をあげる。ところが、チーム間競争になると、テストステロン値の高い人々の成績は振るわない。GRE得点は、GREの論理的思考のサブテストだけに基づいており、満点は15点だった[(36)]。

写真の人物の信頼度を高く評価した者ほど、テストステロン投与後の信頼度の判定が大きく落ち込む傾向があった。

脳スキャンを用いた追跡研究によるとどうやら、テストステロンは前頭前皮質と扁桃体の連絡を抑制することによって、信頼度評価に対するこうした効果を生み出しているようだ。前頭前皮質によるコントロールが弱まると、扁桃体が、その顔は信頼できないと感じる人々の反応を煽るのである。かくして、一夫一婦婚は、男性のテストステロン値を抑制して、前頭前皮質による支配力を強め、それによって、習得した基準（非人格的な信頼の規範など）に基づく自己制御力や自制心を高めているのかもしれない[(37)]。

以上のような実験によって、テストステロンは、男性の次のような側面に影響を及ぼす可能性があり、実際ときおり影響を及ぼしていることが裏づけられる。①挑戦に鋭敏に反応する、②復讐を好む、③他者を信頼する、④チームワーク力、⑤金銭面のリスクテイク。しかし、その影響をあまり単純化しすぎないことが重要だ。このホルモンは、他のホルモンや脳内化学物質を含めた、複雑な生物学的相互作用を通して作用するからである。さらに、テストステロンは、リスクテイクや、性急な行為、攻撃的な行動、他者への不信感それ自体に関与しているわけではない点にも留意する必要がある。このホルモンは、社会的地位の階梯を昇っていく上で最も効果的な行動は何かを判断し、人々にそうした行動をとらせるのである。面識のない人に投資したり、チームで協力したりすることが、より高い地位に到達する最有望ルートであるならば、高いテストステロン値によって——面識のない人に対する信頼度評価が低下しても——そのような行動が誘発されて全く不思議はない。詐欺や搾取といったリスクを冒すのは、危険を避けつつ社会的地位の階梯を昇っていく道筋がないからなのだ。社会的地位を高めたい（そして配偶者を獲得したい）と思う者にとって、偽り、欺き、盗み、殺しといった手段に訴えるのが最も現実的な場合、あるいはそれ以外の方法がない場合には、社会全体として問題が生じてくる可能性がある。[38]

このような実験室で得られた結果の問題点は、その効果が実社会にどう反映されるかまでは教えてくれないことだ。実際、大きな影響力があるのだろうか？

影響力がありそうだと考える十分な根拠がある。男性の長期にわたるテストステロン値と、その男性の実社会での行動との関連性を調査した研究は数多い。ＷＥＩＲＤな社会での研究によると、テストステロン値の高い男性ほど、逮捕されたり、盗品売買をしたり、借金を抱えたり、武器を使って喧嘩したりする確率が高い。また、喫煙したり、薬物を乱用したり、酒に溺れたり、賭博をしたり、危険な行動に身を投じたりする確率も高い。テストステロンは、ティーンエージャーでも成人でも、ドミナンス（腕力・権力）の尺度と関連があり、テストステロン値とドメスティック・バイオレンスなどの攻撃的行動との間には、弱いながらも根強い関連性が見られる。もちろん、このような実社会での証拠では、高いテストステロン値が諸々の行動を引き起こしているのか、それとも、その人の置かれた境遇がテストステロンの分泌を促しているのか判然としないが、先ほど述べたような実験的研究から、双方向の関係があることがうかがえる。テストステロン値が高いほど、社会的地位の低い男性たちが犯罪行為をはたらきやすくなること、そして、結婚によってテストステロン値が相対的に低下することが真実だとしたら、結婚によって男性が犯罪を犯すリスクも抑制されるのだろうか？　実際そのとおりなのだが、その証拠を示す前に、性比についての男性の認識が、その意思決定にどのように影響するかを考えよう[39]。

多くの心理学実験によって、男性は、自分の周囲の環境中にいる競争相手の男性の数と、結婚相手候補になる女性の数の比率を見るなどして、男性同士の競争の激しさをモニターし、その上で、適応的かつ予測のつくやり方で、忍耐力、リスクテイク、その他の心理的諸側面を再調整していることが示されている。たとえば、第1章で取り上げたような遅延価値割引テストを行なうと、周囲の環境では性的競争が激しい――つまり女性よりも男性のほうが多い――と考えるように実験的に誘導された男性は、時間のかかる大きな報酬よりも、すぐに手に入る小さな報酬をとろうとするようになった。この実験や類似の実験から、男性は、男性同士の競争が激しい――男性が余計にいる――と認識するほど、忍耐度が低下し、リスクを冒しやすくなることがうかがえる。もちろん、これは、ほとんどの心理学実験と同様に、ＷＥＩＲＤなアメリカ人を対象にした実験なので、ヒト全体に一般化できるかどうかは、よく注意する必要がある。しかし、こうした実験室で得られた結果は、実社会で観察される影響――中国において「過剰な男性」が犯罪発生率に及ぼす影響（後述）――と見事に一致している。この一致は、私たちの見方は正しいという確信を深めてくれる。[40]

おそらく、衝動性や競争心や自己制御力を左右するこのような心理的変化によって、人々は、犯罪を犯したり、酒に溺れたり、違法薬物に手を出したりしやすくなるのだろう。もちろん、多くの非心理的要因も、人々の犯罪や薬物乱用への意思決定に影響を及ぼす。しかし興味深いことに、実験室での対照実験において、有罪判決を受けた受刑者は、その社会の他の人々と同レベルの誠実さや協力行動を示す一方で、高い報酬を求めてより大きなリスクを冒すことが、イギリスと中国両方の実験で明らかになっている。実際、女性は男性に比べてリスクを好まないという一般的傾向とは裏腹に、女性受刑者は男性受刑者よりもやや大きなリスクを冒す。また、（ＷＥＩＲＤな人々を対象とした）心理学の対照研究において、受刑者群や薬物乱用者群は、諸々のバックグラウンドを揃えた、受刑者でも薬物乱用者でもない人々の群に比べて、忍耐力の欠如や衝動性が著しい。こうした研究から、総合的に考えて、一夫一婦婚は男性の心理を巧みに変化させることによって、犯罪発生率を低下させていることが示唆される。[41]

一夫一婦婚が犯罪を減らす

ＷＥＩＲＤな社会において、ある男性が結婚すると、そのテストステロン値と同様に、さまざまな犯罪を犯す確率も低下する。まず第一に、未婚男性は、既婚男性よりもはるかに強盗、殺人、強姦を犯しやすいことが、多くの研究から明らかになっている。独身者はギャンブル、薬物乱用、多量飲酒にはまってしまう可能性も高い。こうした傾向は、年齢、社会経済的地位、雇用状況、民族性の差を考慮した場合でも、同じように認められる。しかしこのような研究の問題点は、結婚することによって男性の犯罪行為や飲酒量が減るのか、それとも、犯罪者やアルコール依存症の男性は結婚相手が見つかりにくいのか、区別できないことだ。もちろん、双方向の因果関係が成り立つという可能性もある。

この問題を、少なくとも部分的に回避する方法の一つは、同じ男性たちを生涯にわたって追跡調査し、その行動を、結婚後と未婚期間とで比較することである。マサチューセッツ少年院に収容されている少年たち五〇〇人を、一七歳のときから退職するまで追跡調査した、有名な研究がある。その研究から、結婚することによって、男性が犯罪を犯す確率が――住居侵入や窃盗や強盗のような財産犯罪についても、襲撃や暴行のような暴力犯罪についても――半減することが明らかになっている。犯罪全体で見ると、結婚によって犯罪率が三五％下がる。「幸せな」結婚をした男性は、犯罪を犯す確率がさらに低くなった。前述のとおり、同一人物同士を人生の時期の違いで比較しているので、本人にこうした効果の原因があるはずはない[42]。

言うまでもなく、一つ懸念されるのは、ライフステージの違いがこのような結果の原因となっている可能性である。たとえば、血気盛んな年頃に犯罪を犯したが、その後、成長して落ち着き、結婚したという場合には、一見、結婚したおかげで犯罪を犯さなくなったように見えるが、実際には、結婚した時期が「落ち着いた」時期と重なっていたにすぎない。しかし実験者にとって都合のいいことに、こうした男性たちの多くは、一生の間に何度も結婚と離婚を繰り返しており、なかには妻に先立たれた者もいた。明らかに、男性が犯罪を犯す確率は、離婚した後――つまり再び独身になった後——に上がっただけでなく、妻に先立たれた後にも上がったのだ。その他にも非常に多くの研究が、一夫一婦制社会で男性が結婚すると、犯罪を犯す確率も、アルコールや薬物を乱用する確率もともに下がるという見解を支持している[43]。

WEIRD婚が犯罪に及ぼす影響を見ていくと、一夫多妻制の社会を一夫一婦制社会に変える効果についてどんなことがわかるだろうか？　一夫多妻制の社会では、数の問題によって、たいてい社会的地位の低い男性の大きなプールが生み出されるが、そうした男性たちの多くは一生涯結婚せず、子どもをもつこともない。その結果、結婚がもたらす、犯罪率を下げるような心理的変化を経験することもない。このような結婚による予防処置を受けていないため、プール内の男性たちは一生涯にわたって、犯罪行為やその他の社会悪に手を染めるリスクが高い状態が続く。また、さまざまな理由により、若くして命を落とすことになる。

というわけで、先ほどの研究の対象がなぜ少年院の少年たちなのか、不思議に思ったかもしれないが、彼らこそ、一夫多妻婚によって生まれる過剰な男性のプールに陥りやすい、社会的地位の低い男性たちだからなのだ[44]。

以上は論理的に導かれた推論だが、どうすれば、社会の中の過剰な未婚男性のプールが、実際に、犯罪へと向かうことを確認できるだろうか？　中国の有名な一人っ子政策がまさに、この推論を検証するのに必要な、自然実験のようなものを提供してくれる。一九七〇年代末から中国で実施された一人っ子政策によって、世帯規模が抑えられ、一組の夫婦がもてる子どもの数は原則として一人までとされた[45]。中国の家族制度は昔から父系制なので、多くの人々が、血統を維持するために少なくとも一人は息子がほしいという、強い文化的選好をもっていた。それゆえ、子どもを一人までに制限された人々は、男児を強く望んだ。その結果、無数の女児が選別堕胎され、生まれてきても女児は放棄されて孤児になった。この政策が、さまざまな時期に、さまざまな省で強制的に実施されたので、性比は徐々に男性側に傾いていった。一九八八年から二〇〇四年の間に、「余分」な男性の数がほぼ二倍に増え、二〇〇九年には、「過剰」な男性が三〇〇〇万人になった。(46)

余分な少年たちが大人になると、検挙者発生率がほぼ二倍になり、犯罪発生率が全国的に年一三・六％の割合で急上昇していった。経済学者のレナ・エドランド率いるチームは、一九八八年から二〇〇四年までの犯罪と性比を分析し、どこの省でも、一人っ子政策によって生じた男性過多コホートが成人になると犯罪が増え始め、過剰な男性のプールが拡大する限り、犯罪は増え続けることを明らかにした。この政策が実施された時期は省によって異なるので、その影響の現れ方は明らかに、中国全土で少しずつずれていた。つまり、どの省でも、一人っ子政策が実施されてからおよそ一八年が経過して、過剰男性のプールが成人になると同時に、犯罪発生率が上昇し始めたのだ。検挙者発生率も犯罪発生率もともに、過剰男性プールの拡大と足並みを揃えて上昇を続けていった。(47)

犯罪者の割合は女性より男性のほうが圧倒的に多いので、単に男性が増えたから犯罪も増えたのだろうと思われるかもしれない。しかし、詳細な分析を加えると、心理的変化が起きている事実が明らかになる。つまり、女性に比べて男性が多いコホートに生まれた男性は、それほど男性過多ではないコホートに生まれた、所得や教育水準がほぼ同じ男性に比べて、犯罪を犯す可能性が高いのである。(48)

当然ながら、中国に見られるこうした過剰な男性たちのプールは、一夫多妻婚が作り出したものではない。しかし、中国の一人っ子政策がもたらしたこの自然実験の結果は、前述の実験的証拠や、

WEIRD婚が男性の犯罪傾向に及ぼす影響とも一致するものであり、「過剰な」未婚男性のプールが拡大すると、心理的変化が生じ、犯罪発生率を高めるような意思決定がなされることを実証している。[49]

以上の内容を総合するとどうやら、教会は、独特の一夫一婦婚を普及させ、強制するという何百年にもわたる闘いを通して、図らずも、男性たちを徐々に家畜化していく環境を作り出したらしい。その環境の中で、多くの人々が競争心、衝動性、リスク受容傾向を低下させると同時に、世の中を非ゼロサムゲームと捉えるようになり、また、面識のない相手ともいとわず協力するようになっていった。他の条件が不変ならば、その結果として、組織に調和が生まれ、犯罪が減少し、社会を分断する溝は埋められていくはずである。[50]

これまでのまとめ

一夫一婦婚は、男性の心理を変化させ、さらにホルモン動態をも変化させ、それによって生じる効果を社会にもたらす。この婚姻形態は、ヒト社会にとって「自然」でもなければ「普通」でもなく、しかも、社会的地位の高い男性やエリート男性の強い性向とは真っ向から対立するものでありながら、集団間競争を繰り広げる上で、宗教団体や社会に優位性をもたらしてくれる。一夫一婦婚は、男性同士の競争を抑制し、家族構成を変化させることによって、犯罪、暴力、ゼロサム思考を抑えると同時に、より広範囲の信頼や、長期的な投資、安定した経済蓄積を促すような方向へと、男性の心理を変化させるのである。一夫一婦制社会に暮らす地位の低い男性たちは、社会の階段を一足飛びに駆け上がろうとして、衝動的な行動やリスキーな行動に出なくても、結婚して子どもをもうけ、未来に投資する機会が得られる。一方、社会的地位の高い男性たちは、依然として地位獲得競争に参戦できるし、しようとするが、妻や妾の数はもはや、その競り合いの対象にはなり得ない。一夫一婦制の世界では、ゼロサム競争がそれほど重要ではなくなる。それゆえ、任意団体やチームを結成して、集団レベルで競争する余地が広がるのである。(51)

以上のような心理学的理解を踏まえた上で、中世ヨーロッパ史研究で有名な歴史学者、デイヴィッド・ハーリヒイの見解を考えてみてほしい。

中世初期の社会の重要な成果は、富める者にも貧しい者にも、性行為や家族の営みについて、同一のルールを課したことである。宮殿に住まう国王も、あばら屋に暮らす農民も、そのルールから逃れることはできなかった。有力者の場合は、ごまかすことも容易だったかもしれないが、当然の権利として女性や奴隷をわがものにすることはできなかった。貧しい男性たちが配偶者を獲得し、子孫をもうける機会が増した。中世初期に、女性たちがより公正に社会全体に分配されるようになったことが、誘拐や強姦の発生を減らし、全般的な暴力のレベルを下げるのに役立った可能性が高い。(52)

こうしたことがすべて、ヨーロッパの民主制、代議員会、憲法、経済成長の萌芽が現れるはるか以前に起きていることから、ハーリヒイをはじめとする歴史学者たちは、それこそが、男性同士および男女の社会的平等に向けた第一歩だったのではないかと考えるようになった。国王であれ、農民であれ、一人の男性が妻にできる女性は一人に限られていた。当然ながら、ヨーロッパの国王たちは、あの手この手でこのルールを曲げようとした。しかし彼らは、中国の皇帝、アフリカの王、ポリネシアの首長には想像もつかなかったであろう方法で、一段と厳しい締め付けを受けるようになっていった。

教会の一夫一婦婚はまた、同年代の男女が、通常は成人後に、互いの合意のみに基づいて、たとえ両親の賛成が得られなくても結婚できる、ということを意味するものでもあった。言うまでもなく、性別役割が現代のようにもっと平等になるのは、中世初期の段階ではまだまだ先のことではあるが、それでも、一夫一婦婚がその差を縮め始めていた[53]。

何人かの研究者たちは、ヒトは成長期に経験した家庭環境に基づいて、より広い社会的世界をうまく渡っていくためのメンタルモデルをつくり上げるのではと考えている。人々が一番よく知っているのは、自分が生まれ育った家庭の仕組みや働きであり、家庭以外の世界をどのように捉えるかに、これが影響を及ぼす可能性がある。たとえば、どちらかというと権威主義的で序列を重んじる家庭で育った場合には、その後の人生でも、権威主義的な組織を好むようになるかもしれない。どちらかというと平等主義的で民主的な家庭で育った場合には、民主的なやり方を好むようになるかもしれない。

一夫一婦婚の普及が、教会のMFPの他の諸要素と相俟って、緊密な親族ベース社会に見られる家庭よりもいくぶん平等主義の傾向が強く、権威主義の傾向が弱い家庭を生み出した可能性がある(もちろん、現代人の目にはそれほど平等主義的には見えないだろう。すべて比較の問題だ)。とすると、一〇世紀から一一世紀にかけて、都市、ギルド、宗教団体を形成し始めたときに、人々が応用したのは、たとえば父系氏族や分節リネージ制社会で暮らした経験ではなく、一夫一婦制の核家族で暮らして得た直感やヒントだったに違いない。そのことが、どのような組織をつくり上げるか、どのような法を望むかに影響を及ぼした可能性がある。[54]

第3部　新たな制度、新たな心理

第9章　商業と協力行動

商業は破壊的な偏見を癒す。そして、習俗が穏やかなところではどこでも商業が存在しているというのが、ほとんど一般的な原則である。また、商業が存在するところではどこでも、穏やかな習俗が存在するというのもそうである。（野田良之訳）

——モンテスキュー『法の精神』[1]（一七四九年）

商業というものは、個人ばかりでなく、国家をも相互に役立たせることによって、人間を互いに兄弟のように親しくさせる働きをする平和的な制度なのである。……通商の発明は……道徳的諸原理に直接由来しない、どのような手段によってもいまだかつて成し遂げられたことのない、普遍的な文明に向かっての最大の前進なのである。（西川正訳）

——トマス・ペイン『人間の権利』（一七九二年）

一九九四年の夏、私は、奥地に暮らすマチゲンガ族の共同体を数か月かけて丸木舟であちこち巡りながら、市場がいかにして農業慣行を形成するかを調べる人類学的フィールドワークを実施した。

マチゲンガ族は、第3章で取り上げたので覚えておられると思うが、独立性の高い焼畑農耕民で、昔から、ペルーのアマゾン川流域一帯に点在する、核家族または拡大家族からなる小村で暮らしてきた。この最初の夏の調査中、私はたびたび唖然とさせられた。この共同体は、規模が小さいにもかかわらず、一致団結して村の事業に取り組むことができないのだ。拡大家族では難なく協力し合い、ときには近隣の世帯とも協力し合うのだが、村の学校を建てる、共用の精米機を設置する、あるいは共同の草地を手入れするとなると、ただ乗りが横行した。

このような観察結果に当惑した私は、その翌年、最後通牒ゲームと呼ばれる実験手法を学んだ。そして二年目の夏にさっそく、それをマチゲンガ族に試してみることにした[2]。

最後通牒ゲームは、誰だかわからない相手とペアを組んで、現金――賭け金――を二人で分け合うゲームである。たとえば、賭け金を一〇〇ドルとしよう。第一プレーヤーである「提案者」は、第二プレーヤーの「応答者」に対し、〇ドルから全額（一〇〇ドル）までのうちで、相手の取り分を提示する。たとえば、提案者が一〇〇ドルのうち一〇ドルを応答者に提示したとしよう。応答者は、その提案を承諾するか、拒否するかを決める。承諾した場合には、応答者は提示された金額（この例では一〇ドル）を受け取り、残り（九〇ドル）を提案者が受け取る。応答者が拒否した場合には、プレーヤー双方の取り分がゼロになる。取引は、匿名で一度きりだ。つまり、そのペアが再びやりとりすることはないし、お互いに相手が誰であるかを知ることもない。

最後通牒ゲームのような経済実験の面白さの一つは、自分の取り分の最大化だけを考えた場合に合理的な人間ならどうするかを、ゲーム理論を用いて予測できるという点にある。この計算をもとに、合理的かつ利己的な人間の世界ではどのようなことが起こるかを――つまり、「ホモ・エコノミクス（経済人）」の行動を――想定することができるのである。

最後通牒ゲームでは、提案者がゼロより大きい金額を提示してきたら、応答者は、承諾してその金額を受け取るか、拒否して何も受け取らないか、そのいずかの選択をすることになる。この二者択一の状況において、取り分の最大化だけを考える応答者であれば、必ず、ゼロ以外の提示額を承諾するはずだ。とすると、そのことを見越した提案者は、できるだけ低い金額を提示してくるはずである。したがって、一〇〇ドルを賭け金にして、一〇ドル刻みで提示するとした場合、この理論からすると、提案者は一〇〇ドルのうちの一〇ドルだけを提示するはずだと予測される。(3)

あなただったら、一〇ドルを提示されて承諾するだろうか？　承諾できる最低額はいくらだろう？　提案者になったら、どれだけの金額を提示するだろうか？

ＷＥＩＲＤな社会では、およそ二五歳以上の成人の大多数が半額（五〇ドル）を提示する。四〇％（四〇ドル）に満たない提示額はだいたい拒否されてしまう。提示額の平均は、通常、賭け金の四八％程度である。これらの集団では、標準的なゲーム理論に従って一〇ドル（一〇％）を提示するのは、うまい手ではない。実際、自分は自己利益の最大化だけを考えていても、相手はそうでないとわかっている場合にはやはり、五〇ドル（五〇％）を提示することになる。なぜなら、それより低い額を提示すれば、おそらく相手に拒否されて、持ち帰る金額がゼロになってしまうからだ。そのようなわけで、ＷＥＩＲＤな人々の場合には、ホモ・エコノミクスでの想定とは異なり、最後通牒ゲームで半額を提示する傾向が強く見られる。(4)

アマゾン川流域に赴いた私は、ウルバンバ川のすぐ近くにある、廃屋となった小さな布教所の木製のポーチ〔張り出し玄関〕に腰を下ろして、マチゲンガ族の人々に初めて最後通牒ゲームを行なった。賭け金は、現地の通貨で二〇ペルーソル。それは、マチゲンガ族が伐採会社や石油会社で丸二日間働いて、ときおり稼げる金額だった。

大多数のマチゲンガ族が、賭け金の一五％に当たる三ソルを応答者に提示した。五ソル（二五％）を提示したのは数人で、一〇ソル（五〇％）は二〜三人だった。全体として、提示額の平均は、賭け金二〇ソルの二六％に当たる金額だった。そのような低い金額を提示しても、一人を除き、すべて即座に承諾された。[5] マチゲンガ族は最後通牒ゲームで、ＷＥＩＲＤな人々とは全く異なる行動をとるのだということを私は学んだ。

私はこのような結果を予想していなかった。ＷＥＩＲＤな直感からつい、マチゲンガ族もやはり、アメリカ合衆国やヨーロッパ、その他の工業化社会の人々と同じように行動するだろうと考えていたのだ。初めてこの実験について聞いたとき、私自身、低い金額を提示された場合を想像して、生理的レベルで反応した。それゆえ、私はてっきり、最後通牒ゲームはヒトの心の生得的な何か――ヒトに備わっている公正さを求める動機や、不公正を罰しようとする意志――を捉えているのだろうと思ってしまった。

それにしても、私が何より驚かされたのは、統計的結果ではなく、実験後にプレーヤーたちに行なったインタビューだった。マチゲンガ族の応答者たちは、提案者は「公正」でなくてはならず、半額を提供する義務がある、とは考えていなかった。むしろ、匿名の相手が自分にいくらか（たいてい二〇ソル中の三ソル）与えてくれたことに感謝さえしているようだった。なぜ、もらえる金を拒否する者がいるのか、彼らは理解できなかったのだ。このゲームのルールを説明するのに私はひどく苦労したが、その理由の一つはここにあった。もらえる金を拒否するなんてあり得ないことだと思っている彼らは、私の説明の意味がわからず、自分が何か誤解しているのだと思ったようだ。提案者たちは、低い提示額でも承諾されることを確信しているようで、三〜五ソル与えた自分をむしろ気前が良いと思っているように見受けられる者もいた。彼らの文化的枠組みの中では、このような低い額でも気前が良いと感じられたのである。

以上のようなインタビュー結果は、私がロサンゼルスで、一六〇ドルを賭けた最後通牒ゲームの後に行なったインタビューとは対照的だった。この一六〇ドルという金額は、マチゲンガ族のときの賭け金、二〇ソルにちょうど見合う金額だった。この巨大都市の人々は、半額よりも低い金額を提示すると後ろめたく感じると述べた。[6]このような状況では半額を提示するのが「正しい」ことだと判断したのだ。低い金額（二五%）を提示した一人は、決めるまでに時間がかかり、拒否されることを心配しているのが明らかだった。

これまで文化やヒトの本性を研究しながら四半世紀を過ごしてきて、今、振り返ってみると、私が初期に行なったあの実験の結果は、もうわかりきった結果だったように思われる。私がマチゲンガ族の行動の中に見ていたものは、彼らの社会規範や生活様式の現れにすぎなかった。第3章で述べたとおり、マチゲンガ族の社会には、大規模な協力に伴うジレンマを解決して、指揮統制系統を確立し、社会政治的な複雑度をスケールアップさせるための制度がない。むしろ、彼らは生粋の個人主義者たちなのだ。彼らの場合、家族レベルの制度からなる社会をうまく渡っていかれるように、動機づけが内面化されている。したがって、匿名他者や見知らぬ相手が半額を提示することを期待する理由はないし、また、その土地では当然の行動をしている提案者を罰するために、ただでもらえるお金を拒否する理由もない。強力な非人格的規範、競争市場、向社会的な宗教の影響がないと、

個人主義の心理はこのような様相を呈するのである。(7)

市場統合と非人格的向社会性

私が初めて実験を行なってから二〇年の間に、私たちのチームは、世界中の二七に及ぶ社会の人々に対して、これに類するさまざまな行動実験を実施し、インタビューを行なってきた（図9・1）。その対象には、タンザニア、インドネシア、パラグアイの狩猟採集民、モンゴル、シベリア、ケニアの牧畜民、南アメリカやアフリカの自給自足農耕民、アクラ（ガーナ）やミズーリ（アメリカ合衆国）の賃金労働者、そしてニューギニア、オセアニア、アマゾン川流域地帯の焼畑農耕民が含まれている。

この研究は二つの段階を踏んで進められた。まず第一段階では、一五の社会において最後通牒ゲームを実施して、市場参入や市場経験が、実験での人々の意思決定に影響を及ぼし得るという仮説を検証しようとした。その結果、市場統合の進んだ社会に暮らす人々ほど、高い金額（半額近く）を提示することが明らかになった。マチゲンガ族のように、奥地に暮らす極めて小規模な社会は、提示額がかなり低かった（平均およそ二五％）だけでなく、どんな金額を提示されてもほとんど拒否しなかった。提案者についても、応答者についても、経済学の教科書から予測される合理的な基準から大きく外れているのは、WEIRDな人々やその他の工業化社会の人々のほうだった。(9)

しかし、このようなプロジェクトはいまだかつて誰も試みたことがなかったので、私たちの調査は完璧と言うには程遠かった。たとえば、社会の相対的な市場統合度を評価するにあたって、私た

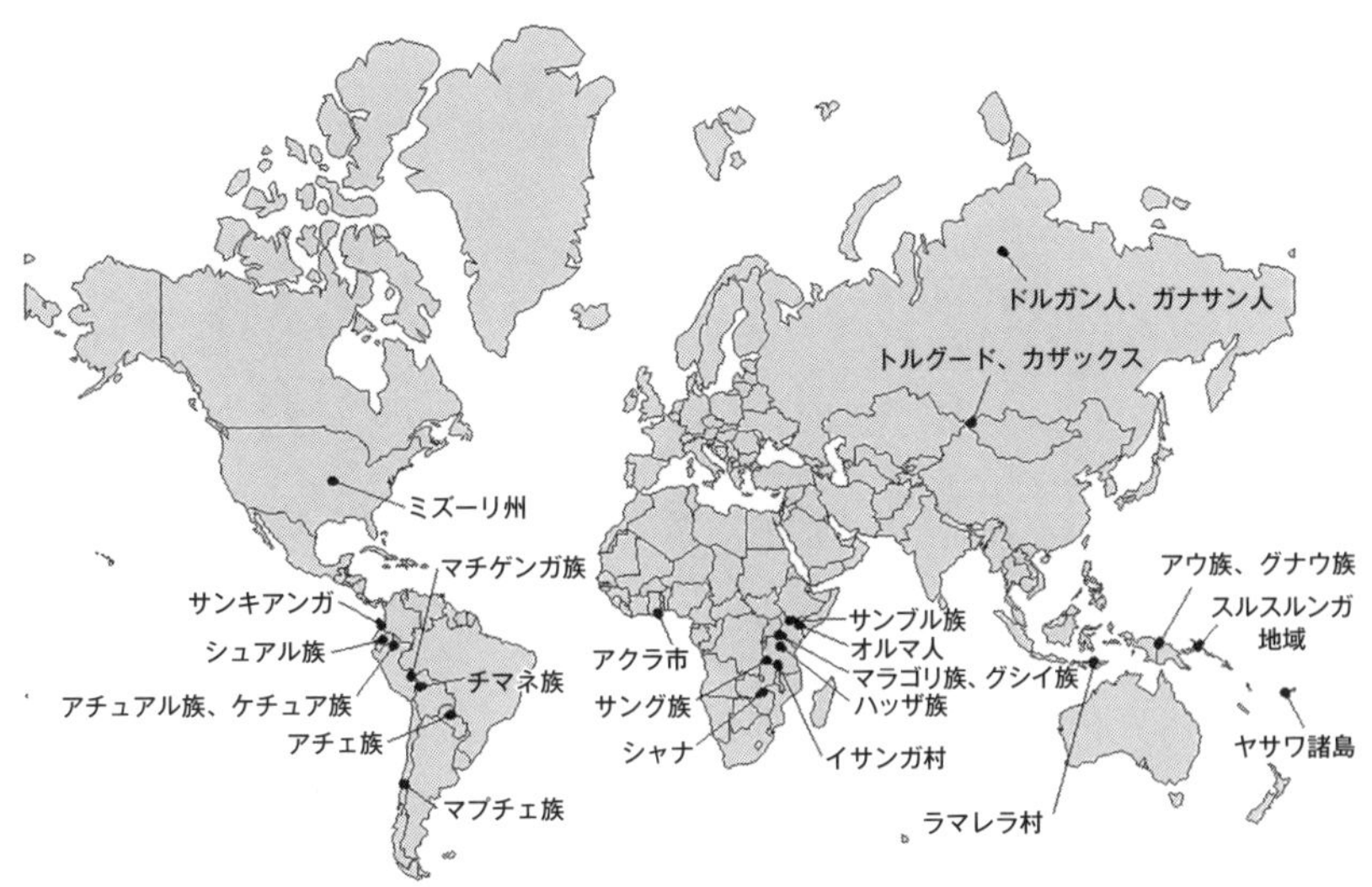

図9.1 人類学者と経済学者からなる私たちのチームが、経済ゲーム、インタビューおよび民族誌を利用して調査した集団すべてを地図上に示したもの[(8)]。

ちは、グループ討論で専門家仲間が示した民族誌学的直感を数値化するという方法をとった。こうして得られた評価は、結果的にかなり正確であったものの、主観に頼りすぎるきらいがあった。そこで、こうした諸々の懸念に対処するため、すべてを一からやり直すことにした。

この第二段階では、新たな集団を募り、新たな実験を加え、より厳密な研究プロトコルを作成した。最後通牒ゲームに加えて、独裁者ゲームと第三者罰ゲームも採り入れた。すでに見てきたように、独裁者ゲームは、最後通牒ゲームによく似ているが、応答者には、提案者の提示を拒否する機会が与えられていない。したがって、応答者の反応しだいで、提案者の獲得額がゼロになってしまうおそれがない。第三者罰ゲームでは、独裁者ゲームの場合と同様に、提案者が金額を提示する相手には、その提示を拒否する機会が与えられていない。しかし、第三者の執行者がいて、この執行者には、ゲーム開始時に、提案者と応答者が分け合うことになる金額のちょうど半分に当たる金額が与えられる。この第三者は、提案者の提示額をよしとしない場合には、自腹を切ることによって、その三倍分の金銭的痛手を提案者に与えることができる。たとえば、提案者が賭け金一〇〇ドルのうちの一〇ドルを応答者に与えた場合、第三者は、自分に割り当てられている五〇ドルのうちの一〇ドルを払えば、提案者から三〇ドルを取り上げることができる。この場合、提案者が持ち帰る金額は六〇ドル（＝一〇〇ドル－一〇ドル－三〇ドル）、応答者は一〇ドル、そして第三者は四〇ドル（＝五〇ドル－一〇ドル）となる。第三者罰ゲームは一回限りの匿名でのやりとりなので、ホモ・エコノミクスの世界では、提案者は応答者に一銭も与えないはずだし、第三者は、提案者を罰するために自腹を切ることは決してないはずだ（それが何の利益になろう？）。

このプロトコルを次のように改良した。①実験での賭け金を、その地域の平均賃金の一日分に固定した。そして、②世帯のカロリー消費量のうち、世帯自らの農耕、狩猟、採集、漁労で得られるカロリーに対する、市場での購入によるカロリーの割合で、市場統合度を評価した[10]。

これら三種類の実験のすべてにおいて、市場統合度の高い共同体で生活している人々ほど、やはり高い金額（賭け金の五〇％近く）を提示した。ほとんどあるいは全く市場統合がなされていない人々の提示額は、賭け金の四分の一ほどにとどまった。市場統合がなされていない完全自給自足主義の集団（タンザニアのハッザ族の狩猟採集民など）から、完全に市場統合されている共同体に移ると、提示額が一〇～二〇ポイントほど増加する。これを示したのが図9・2であり、市場で購入するカロリーの割合で評価した市場統合度の高い集団ほど、独裁者ゲームでの人々の提示額が高い

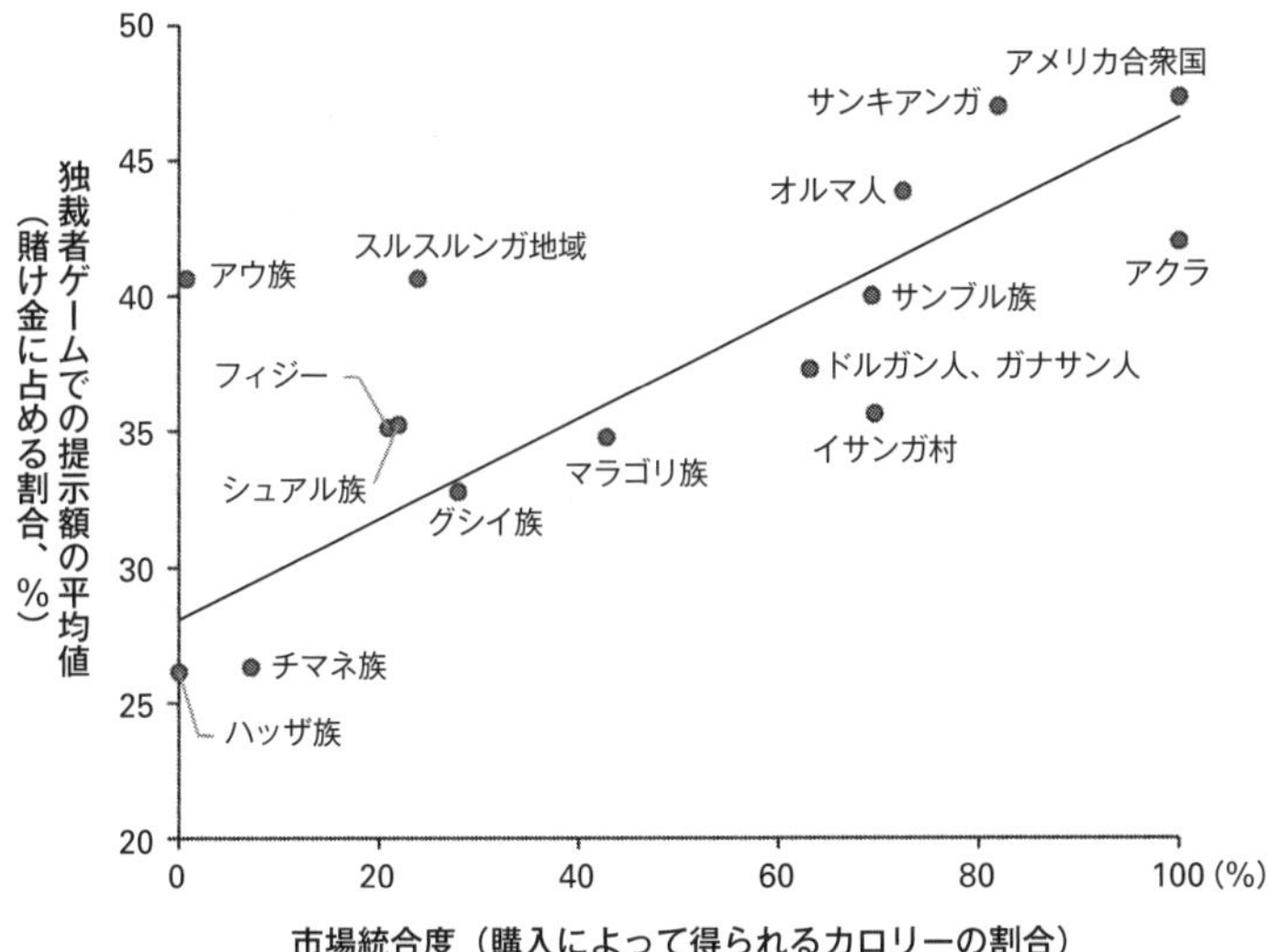

図9.2　市場統合度が高い共同体ほど、独裁者ゲームでの提示額が高い。データの元となる336人の参加者の出身は、次のような16の民族言語集団の34の共同体にわたっている。アフリカ（サンブル族、ハッザ族、マラゴリ族、オルマ人、イサンガ村、アクラ市、グシイ族）、ニューギニアとオセアニア（フィジー、スルスルンガ地域、アウ族）、南アメリカ（シュアル族、サンキアンガ、チマネ族）、およびシベリア（ドルガン人、ガナサン人）[(11)]。

ことがわかる。非人格的公正さを最も明確に表しているのがこの実験だろう。なぜなら、拒否されたり、処罰されたりするおそれがない条件下での実験だからだ。このような傾向は、三種類の実験すべてに共通しており、所得、財産、共同体規模、教育水準、その他の人口統計的変数の影響は受けない。(12)

ところで、市場統合度と並んで分析した変数すべてのうち、一つだけ、高い提示額との間に一貫した相関関係を示すものがあった。それが何だかわかるだろうか？

ビッグ・ゴッドや超自然罰について説く世界宗教を信仰していると報告した参加者は、独裁者ゲームにおいても、最後通牒ゲームにおいても、提示額が六〜一〇ポイントほど高かった。この結果こそが、第4章で述べた、宗教をめぐる通文化的研究のきっかけとなったものだ。(13)

それにしてもなぜ、このような実験を行なったときに、市場統合の進んだ共同体に暮らす人々ほど、非人格的公正さを求める傾向が強いのだろうか？

非人格的市場は、見知らぬ者同士が自由に競争的取引を行なう場であり、それがうまく機能するためには、私が**市場規範**と呼ぶものが必要になる。市場規範があることによって、非人格的取引の場で自分や他者を裁く基準が確立されるとともに、初対面の相手や匿名他者と信頼関係を築き、公平性を保って、協力し合おうとする動機が内面化されていく。匿名で金銭をやりとりする経済ゲームを行なった場合、たいていこうした規範が引き出されるのである。(14)

緊密な親族ベース制度が存在せず、人々がほぼすべてのものを、良好に機能する商業市場に依存している世界では、面識があろうとなかろうと、誰だかわからない相手であっても、公平・公正を重んじて誠実に協力し合う人物である、という評判を築くことが成功のカギの一つになる。なぜなら、最良のビジネスパートナーや、従業員、学生のみならず、大多数の顧客を惹きつけるのはこうした資質だからである。相手との人間関係が築かれておらず、互いの家族、友人、社会的地位、カーストも知らない場合にいかに振る舞うべきかが、そのような市場規範によって定められている。そのような規範があるからこそ、人々はほとんど誰とでもためらわずに、広範囲にわたる互恵的取引に携わることができるのである。

市場規範は、相手と協力すれば利益の総和がプラスになる、というポジティブサム的世界観を育む一方で、他者の意図や行動に対する鋭い判断を求めてくる。公正さは公正さをもって、信頼は信頼をもって、協力は協力をもって迎えられ、すべてが規範的基準に従って裁かれる。自分のパートナーや第三者が市場規範に違反した場合には、自ら犠牲を払ってでも規範を執行することをいとわない。というわけで、こうした市場規範や非人格的向社会性は、無条件のものでもなければ、利他主義に基づくものでもない。

もちろん、市場はやはり、競争に勝とうとして抜け目なく立ち回る人々に味方するが、諸々の規範や決められたルールに従って勝つのでなければ、人々からの全面的な尊敬は得られない。最大級の尊敬の念は、公正、公平、誠実の原則を貫きつつ、自身の才能と努力で成功を手にした人々に向けられる。これはなかなか奇妙な基準だ。なぜならそれは、一族の絆、個人同士の人間関係、部族への郷党意識、氏族の同盟関係といった、人類史を通じてずっと基準とされてきた事柄をすべて軽んじるものだからである。いつの時代、どの地域でも、内集団への忠誠心や一族の名誉を守ろうとする心理が、公平で公正な取引を押さえつけてきた。

これまで私は、市場統合度と非人格的公正さとの間に、確固たる相関関係が繰り返し認められるということだけを述べてきた。こうした関連性が見られるのは、公正さをより強く求める人々が、市場統合のより進んだ共同体に移動してくるから、という可能性もないとは言えない。ここで問うべきは、市場統合度の高まりが、実際に、非人格的向社会性を高める原因になっているのか否か、ということだ。つまり、市場が——市場規範の内面化を通して——人々の動機づけを変化させ、その結果として、見ず知らずの人々や匿名の相手に対する向社会性が高まるのだろうか？

オロモ人、市場、任意団体

エチオピアのベール山脈の北側斜面に居住するオロモ人は、ウシの牧畜、自給自足農業、林野の採集で生活している。その非人格的向社会性を評価するために、経済学者のデヴェッシュ・ルスタギは、ある単純な実験を行なった。個人を匿名の相手と共に、一回限りの協力のジレンマ状況に置く実験である。参加者には、ほぼ一日分の賃金に相当するブル紙幣六枚が与えられ、そのうちの何枚でも、相手との「共同プロジェクト」に寄付することができる。どちらのプレーヤーが寄付した場合でも、その現金は一・五倍にされた上で、二人に均等配分された。つまり、各プレーヤーは、プロジェクト合計額の半分と、手元に残した金額の合計を持ち帰ることができた。ということは、前述の公共財ゲームの場合と同様に、両プレーヤーとも最大額（この場合は六ビル）を寄付すれば、二人は最も多くの現金を持ち帰ることができるわけだ。しかし、自分は寄付せずに、相手の寄付にただ乗りすれば、それを最大限利用できる——ホモ・エコノミクスならば、そうするだろう。

オロモ人の参加者全員に、二通りの方法でこのゲームをやってもらった。まず、相手がどれだけ寄付するかを知らされないまま、自分が〇ビルから六ビルまでのうちのどれだけを共同プロジェクトに寄付するかを明言してもらう。次に、相手がどれだけ寄付するかを想定し、それぞれの場合について、自分がどれだけ共同プロジェクトに寄付するかを明言してもらう。つまり、相手の寄付額が〇、一、二、三、四、五、六ビルだった場合のそれぞれについて、自分がどれだけ寄付するかを述べてもらう(15)。

以上のような方法で、ルスタギは参加者たちを「利他主義者」や「フリーライダー」といったカテゴリーに分類するとともに、相手への条件付き協力の傾向を算定した。利他主義者は、相手がどれだけ寄付するかに関係なく、多額を寄付をした者だ。予想されるとおり、利他主義者は稀で、ルスタギの研究参加者七三四人のうち、利他主義者は二%ほどにとどまった。一方、フリーライダーは、共同プロジェクトにほとんど寄付をせず、しかも、相手が高額の寄付をしても協力行動で応じようとはしなかった者だ。そのような人は、人口の一〇%ほどを占めていた。

それ以外の全員(八八%)について、ルスタギは、相手の寄付額がどの程度、本人の寄付額に影響したかを計算した。相手の高い寄付額に足並みを揃えた——完全な条件付き協力の——参加者には、一〇〇点を与えた。寄付額が、相手の寄付額の影響を受けなかった参加者には、〇点を与えた。相手の寄付額が増えるほど、寄付額を減らす傾向がある場合には、マイナス点になる可能性もある。したがって、人々の条件付き協力の傾向を示すこの尺度がとり得る値の範囲は、理論上、マイナス一〇〇点からプラス一〇〇点までとなる。

五三のオロモ人共同体での結果を示した図9・3から、市場統合の進んでいる地域に暮らす人々は、市場統合の進んでいない地域に暮らす人々よりも、条件付き協力の傾向がはるかに強いことがわかる。

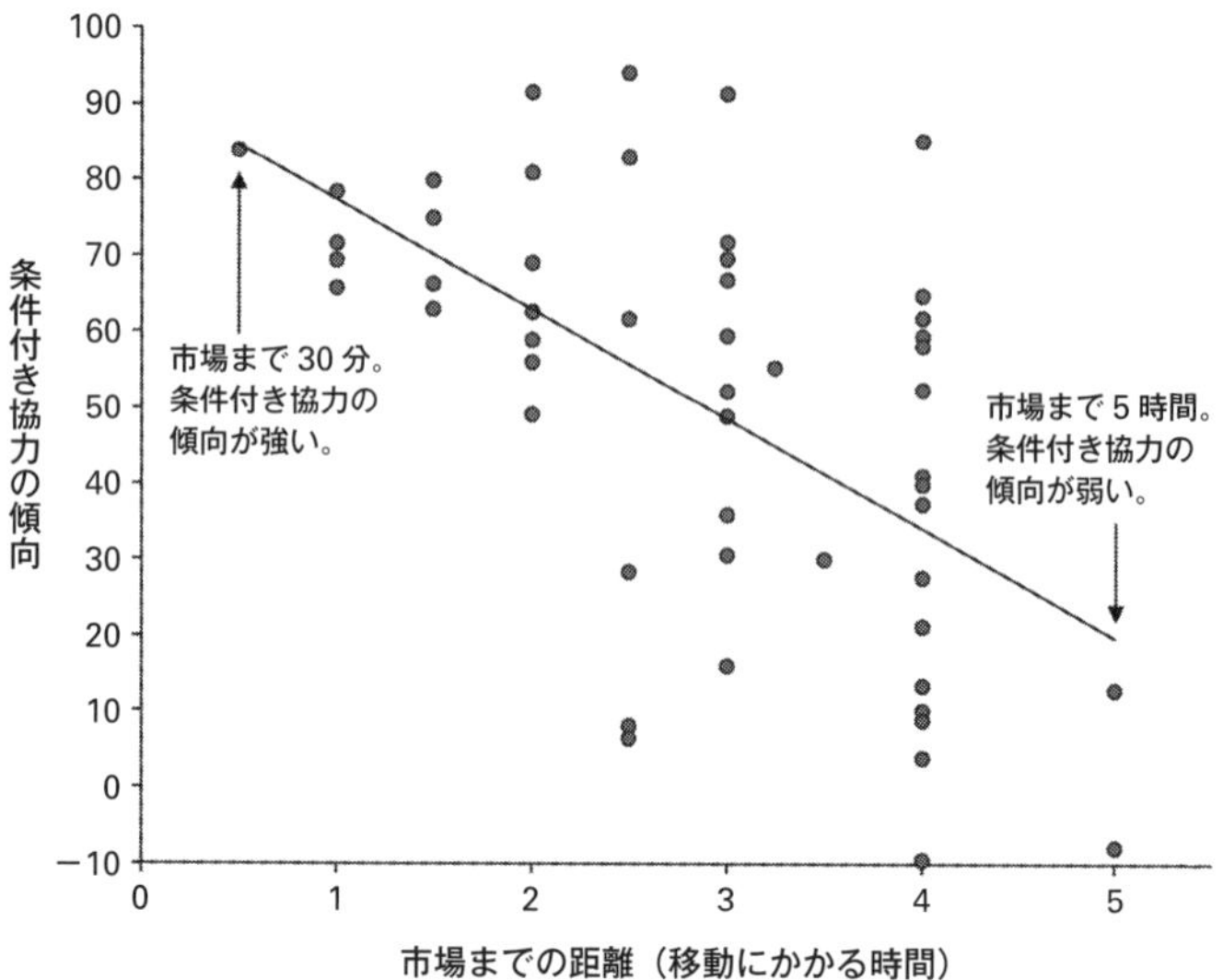

図9.3　市場統合の進んでいる共同体のオロモ人ほど、匿名他者との条件付き協力の傾向が強かった。53のオロモ人共同体の得点の範囲は94点から−9点だった（参加者は734人）。注意すべき点として、移動にかかる時間が中程度（2〜4時間）の場合には、共同体ごとのばらつきが大きく、市場から遠い共同体の中にも、条件付き協力の傾向が強いところがあった。それでも、大まかなパターンは明瞭であり、市場統合の進んだ共同体に暮らす人々ほど、この1回限りのやりとりでの非人格的向社会性が高かった[16]。

この地方には「定期市」の立つ町が四つあるが、この研究では、自分の村からそれらの町のいずれかに行くのにかかる時間を、市場統合度の尺度として用いた。オロモ人にとって、バター、蜂蜜、竹材のような地元の産品から、カミソリの刃、ロウソク、ゴム長靴のような輸入品に至るまで、幅広い商品の売買ができる機会は、定期市以外にはない。定期市には、あちこちの共同体から何千人もの人々がやって来て、めまぐるしいまでに数々の取引が行なわれる。当然ながら、これらの町まで出かけるのに要する時間と、人々が商品の売買のために市場に出かけていく頻度には相関関係がある。

移動時間が二時間を切る、町にごく近い共同体はどこも、条件付き協力の傾向の平均値が六〇点を超えた。それに対し、四時間以上かけて市場まで歩いていかなくてはならない共同体では、条件付き協力の傾向の平均値が二〇点を下回った。全体として見ると、市場までの時間が一時間短くなるごとに、人々が条件付きで匿名の相手に協力する傾向が一五点ずつ上がった。

この研究は、市場統合が進むほど、実際に、非人格的向社会性が培われることを強く示唆している。そう言えるのは、次のような理由からだ。オロモ人の氏族がどこに暮らしているか（したがって、最寄りの市場までどれだけ時間がかかるか）を決定づけているのは、父系相続、共同所有、土地使用権にまつわるその土地の風習であって、それは、こうした商業中心地が発達してくる前から存在している。人々はこうした風習によってその土地にしっかりと結びつけられているので、市場統合度と協力行動との関連性は、向社会的なオロモ人が市場の近くに移住してきたことが原因ではあり得ない。町に関して言えば、町がどこに発達するかは、地理的、軍事的な事情でだいたい決まり、オロモ人自身とはほとんど関係がない。さらに、ルスタギが、財産、不平等、共同体規模、識字率など、幅広い要因の影響を統計的に考慮した後でも、市場への近さと条件付き協力の関連性は維持された。ということはつまり、たまたま定期市の立つ町の近くで育ったオロモ人は、市場規範をより深く内面化しており、それが、こうした一回限りの匿名の実験をしたときの非人格的向社会性の高さに現れるということだ[17]。

ルスタギのオロモ研究が極めて大きな意味をもつのは、そのおかげで、次の重要なステップに踏み出せるからである。それはつまり、非人格的向社会性――内面化された市場規範――こそが、正式な協定やルールに基づいて、より効果的な任意組織を築く上での心理的基礎になる、ということを実証するステップである。

大規模な環境保護計画の一環として、これらのオロモ人共同体は、任意組織――協同組合――を設立するよう要請を受けた。それは、樹木の伐採や放牧を積極的に管理することによって、森林破壊を食い止めることを目指す組織である。詳しい分析を行なったところ、（ルスタギの実験で評価された）条件付き協力の傾向が強い共同体ほど、協力団体が結成され、樹木の伐採や放牧を規制する明示的ルールが作られる確率が高かった。具体的に言うと、条件付き協力の傾向が先ほどの尺度で二〇点高まると、その共同体に新たな協力団体が形成される確率が三〇～四〇ポイント上がった[18]。

ちょっと待たれよ。それは単に、NGOやその代表者へのアピールにすぎないのではないか？市場統合の進んだ地域の人々は、外国人から金を搾り取ることに長けているだけではないのか？協力団体の結成は本当に、より大きな長期的利益を生み出したのだろうか？

そのとおり、生み出したのだ。オロモ人共同体の周辺の森林は、五年に一度、森林破壊の進行速度が測定されて、森林管理活動の効果が評価されていた。こうした評価は、幹周〔樹木の幹の周長〕

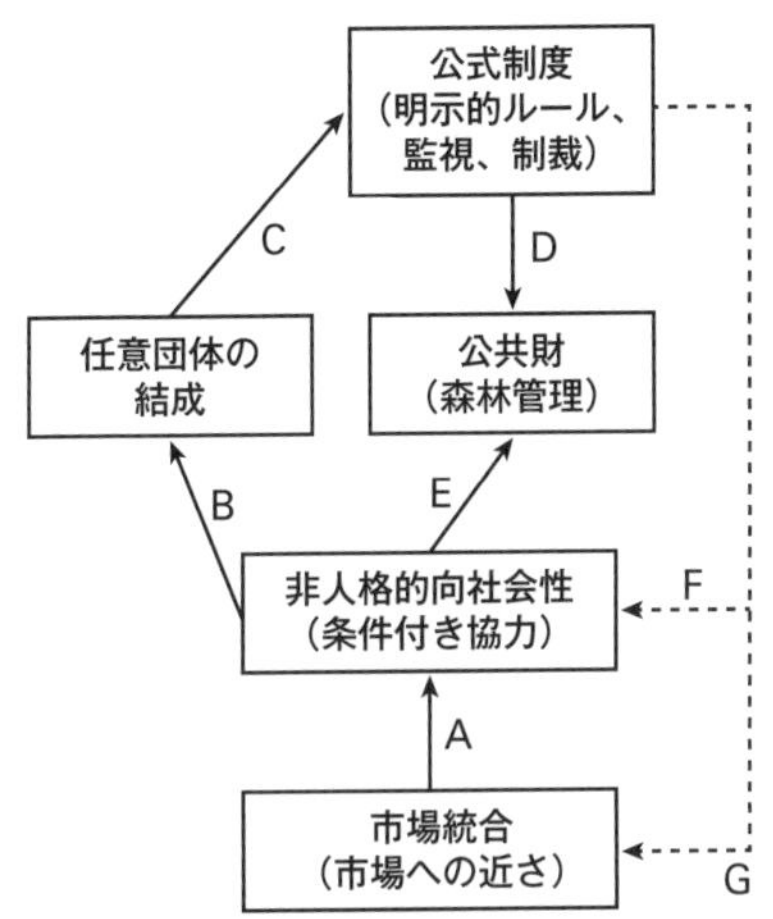

図9.4　市場統合が進むと、非人格的向社会性が高まり、さらに任意団体の結成や効果的な公式制度の発展へとつながる。

のような、客観的尺度に基づいてなされていた。そのデータからわかるのは、協力団体の結成と、その地域の条件付き協力傾向の強さの両方が、森林の保全を促進したということだ。そうなった理由の一つは、条件付き協力の傾向の強い地域ほど、時間をかけて共有林を監視し、若木の伐採や共有地での過剰放牧を行なっているフリーライダーを取り締まったから——つまり、第三者による規範執行を強化したからだった[19]。

オロモ人の研究から得られた重要な知見を図9・4にまとめよう。このケースから次のようなことがわかる。まず、市場統合が進むと、人々の心理に変化が生じ、非人格的向社会性が高まる(矢印A)。非人格的向社会性(条件付き協力の傾向として評価される)が高まると、任意団体の結成が促進され(矢印B)、それによって、公式制度が発展してくる(矢印C)。ちなみに、こうした公式制度には、明示的ルール、書面による契約、そして相互監視を伴うことが多い。このような公式制度の発展（矢印D）と、人々の非人格的向社会性の高まり（矢印E）とが相俟って、公共財（このケースでは森林管理が含まれる）の供給水準が高まる。要するに、市場統合には、非人格的取引を促す社会規範を植え付けることによって、草の根レベルでの公共財の供給や、任意団体の結成を増大させる力があるのだ。

図9・4には、破線を用いて、もしかすると存在するかもしれない関連性も示してある。矢印Fは、公式制度がうまく機能している世界で生まれ育つと、ルールや基準が明確で、幅広い合意が示されているがゆえに、非人格的向社会性が育まれる可能性があることを示している。矢印Gは、効果的な公式制度が、規制やルールを通して市場の機能を向上させ、それによって、市場規模を拡大していく可能性を示している。こうした関係から見えてくるのは、人々の心理と、市場や効果的な公式制度とが共進化していくフィードバック・ループである。

驚かれたのではないだろうか？　市場統合が進んだほうが、公正さや協力行動が高まるという考えは、多くのWEIRDな人々にはしっくりこない。小規模社会の人々や田舎の村に暮らす人々は、それほど向社会的でも、協力的でもなく、気前も良くないというのか？　市場こそが、人々を利己的、個人主義的で、計算高く、競争心旺盛にするのではないのか？

いずれもそのとおりだ。

この一見矛盾する点をはっきりさせるには、個人間の（インターパーソナルな）向社会性と、非人格的な（インパーソナルな）向社会性とを区別する必要がある。私はこれまで多くの小規模社会や田舎の村に暮らしながら研究を行なってきたが、そこで出会った人々の親切心や気前の良さは、緊密な親族ベース制度に根ざすもので、個人同士の（パーソナルな）関係からなる永続的ネットワークを育み、維持することに主眼が置かれている。それは心に染みる美しいものだが、この個人間の向社会性は、特定の相手に向けられる親切心、温情、互酬性であって、無条件の気前よさや権威、敬意が示されることもある。内集団成員とそのネットワークを重視する向社会性なのである。その集団内やネットワーク内にいる者にとっては、何か心地良いものにずっと抱かれているように感じられる。

それに対し、経済実験で通常引き出されるのは、見ず知らずの相手や匿名他者との、特に金銭取引の場面での公正さや誠実さに関する市場規範である。この非人格的な向社会性は、個人同士の結びつきや内集団の成員資格は不要で、むしろそれを持ち込むのは不適切とされる環境の中で、公正の原則に則って、公平かつ誠実に、条件付きで協力しようとするものだ。非人格的な関係に支配される世界で、人々が拠り所とするのは、広範な親族ネットワークや個人同士の絆ではなく、匿名性の保たれた市場、保険、法廷、その他の非人格的な制度なのである。[20]

そのようなわけで、非人格的な市場は、ヒトの社会心理に対して、二重の影響を及ぼす可能性がある。つまり、内集団の個人間の向社会性を弱めると同時に、ただの知り合いや初対面の相手に対する非人格的な向社会性を高めるのである。[21] 面識のない者同士の取引が、円滑で洗練されたものになるよう、商業がいかに人々を手なずけていったかということを、一二世紀から一八世紀のヨーロッパの思想家たちは再三にわたって指摘しているが、本章冒頭のエピグラフはその一例である。そして、これこそまさに、アダム・スミスやデイヴィッド・ヒュームなどの啓蒙思想家たちが説いた、**穏和な商業**の考え方なのである。その後、一九世紀に入ってヨーロッパ全体の市場統合がなされた後で、カール・マルクスらが、完全に商業化された社会が失ったものは何か（前述の心地良い抱擁)、また、市場規範の支配する社会が拡大したことでヒトの生活や心理はどう変化したか、ということを考え始めた。緊密な個人間のネットワークや、社会に埋め込まれた交換が、非人格的な制度に置き換わったことによって、時として疎外、搾取、労働力の商品化といった現象が生み出されたのである。[22]

というわけで、市場の拡大がヒトの動機づけに影響を及ぼすのだとすれば、WEIRDな心理を説明するためには、ヨーロッパにおける非人格的な取引が、いつ、どこで、どんな理由で始まったのかを知る必要がある。心理学的知見がまたしても、歴史への問いとなる。[23]

「徼商がいなけりゃ、町に市は立たず」

小さなチョルチョルの町で、ぶらぶらと店々をめぐっていた私は、おかしなことに気づいた。これが、私の博士論文となるマプチェ族のフィールド調査の始まりだった。マプチェ族は、アンデス山脈の麓、チリ南部のゆるやかな丘陵地帯に散在する農場で暮らす土着民である。生活用品や食料品、そしてマプチェ族のホストファミリーへのプレセントを買っていた私は、全く同じ商品でも店によって値段がかなり異なるということに気づいた。金欠の大学院生だった私は、ノートを引っ張り出して、値段を記録するようになった。それからほどなく、どのように回れば、ほしいものが最も効率よく手に入るかを記した地図ができあがった。それにしても、小さな店がごく狭いエリアに固まっているのになぜ、同じ商品を違う値段で売っていられるのかと、私は頭をひねった。顧客獲得競争によって価格は均一化されるものではないのか？　これは私の研究の眼目ではなかったが、その疑問はずっと頭の中に残っていた。

それから数か月経つうちに、この謎を解く手がかりが少しずつつかめてきた。まず最初に気づいたのは、町の人々はいつも、ごく少数の決まった店で買い物をしているらしいということだ。二軒か、せいぜい三軒の店で買い物をする者はいたが、私のように、最も効率的なルートを選んでいる者はいなかった。だから、値段があれほどまちまちでも通用したのだ。つまり、競争というものがほとんど存在しなかったのである。

しかし、人々はなぜ店を回って値段を比べないのかという、そもそもの疑問は残されたままだった。貧しい家が多かったが、時間に追われているような人はほとんどいなかった。人々は何時間も楽しげにおしゃべりをしており、私はよくクルマに乗せてほしいと頼まれた。私は、町の中でクルマをもっている数少ない人間の一人だった。私は暇なときにさりげなく、なぜ、そこで買い物をするのか、なぜ、一番安い店でツナ缶やポリバケツやネスカフェ（コーヒー）を買わないのか、と人々に尋ねてみた。

今から考えてみると、問うまでもないことだった。ここの人々は、同じ小さな町の中でずっと一緒に育ってきた。全員がお互いを知っている。多くの世帯が生涯の友人や親類縁者である一方、傲慢で薄情で、遠ざけたいと思われている家族もあった。うわべではそつなく付き合っていても、水面下では、妬みや長年の恨みが、場合によっては何世代も前からくすぶり続けていた。妬みの原因のほとんどが、金銭、結婚、あるいは政治がらみの事柄のようだった。家族間の取るに足らない（と私には思える）所得格差が、往々にして、一方の側に強い嫉妬心を、そしてもう一方の側にわずかな傲慢さをもたらした。政治がらみの怨恨も珍しくなかった。たとえば、二五年前に、チリの

「救世主」（独裁者）であるアウグスト・ピノチェトを支持しなかった家族は、辛酸をなめていた。

チョルチョルでは、このような緊密な人間関係が、市場競争を妨げていた。パンから薪に至るまで、あらゆる物をどこで買うかという地元民の決断は、私が無条件にやっていたように、ただそれだけを切り離して概念上の経済ボックスに入れることはできなかった。彼らの決断は、もっと大きくて、もっと重要な、永続的人間関係の中に埋め込まれていた。もちろん、売買行為は行なわれていたが、それは非人格的な商業というより、個人間のやりとりだった。(24)

私の経験は、なかなか微妙だが興味深いことを照らし出している。一方において、個人同士の関係は、交換を促進する。どんな取引にも欠かせない、何より重要な信頼関係の基礎をもたらすからである。少なくとも何らかの信頼がない限り、人々は強奪、搾取、詐欺、殺害を恐れて、交換などしようとはしないだろう。ということはつまり、交換に危険が伴い、稀にしかなされない場合には、より多くの良好な個人同士の関係を築くことによって、交換を促進できるということだ。ところが、個人同士の関係のネットワークが緊密になりすぎると、市場競争や非人格的な商業の発展が抑えつけられてしまう。それでも交換は行なわれるが、チョルチョルの場合のように、人間関係に埋め込まれた活気に乏しいものとなる。

以上のことからするとどうやら、非人格的な市場が成立して機能し続けるためには、次の二つの条件が必要らしい。①買い手と売り手との緊密な個人同士のつながりを取り除き、なおかつ②ただの知り合い、初対面の相手、匿名他者に対する、公正かつ公平な行動を命じる市場規範の形成を促すことである。個人同士の関係が取り除かれても、市場規範が形成されなければ、交換は実際、衰退していくだろう。しかし、緊密な個人同士のネットワークが存在するところに、ただ市場規範を導入しても、何も変わらない。個人同士の関係が交換を支配し続けるからだ。非人格的な市場が成立するためには、個人同士の関係の弱さと、市場規範の強さの両方が必要なのである。

歴史を振り返ると、商業や交易は長らく、個人同士の関係の影響を受け、逆風にさらされてきた。共同体内での交換——商業——は往々にして、過剰に絡み合った個人同士の関係によって制限されてきたのだ。町に会計士が二人いて、その一人が義理の兄だった場合、実際のところ、別の一人を雇えるだろうか？ それとは逆に、遠く離れた共同体間での交換——交易——は多くの場合、各々の地域の人々の間に全く関係がないがために、制約を受けてきた。交易についてもっと詳しく見ていこう。

ＷＥＩＲＤな人々は、交易を単純なことのように考えがちだ。こちらにはワイルドヤム（メキシコヤマイモ）があり、向こうには魚があるから、そのヤマイモの一部と魚の一部を交換するだけのこと。簡単ではないか、と。しかし、それはとんだ見当違いだ。

ウィリアム・バックリーが記しているオーストラリアの狩猟採集民の世界で、ヤマイモを魚と物々交換する場合を想像してみよう。この世界では、他集団はだいたい敵視されており、よそ者はたいていその場で殺された。夜間には、自分たちの居場所を隠すために、どのバンドもキャンプファイヤーの周りに低い柴の柵を立てて、遠くから見えないようにしていた。もし私が、物々交換しようとするヤマイモを持ってキャンプファイヤーの近くに現れたら、相手はたぶん私を殺してヤマイモを奪ってしまうだろう。あるいはその相手は、私が、バンドの成員をじわじわ冒していくような毒入りのヤマイモを持ってきたと思うかもしれない。おそらく人類の進化史を通してずっと、このような状況が続いていたと思われるが、そんな状況ではどう見ても、スムーズな交易など出現しようがない。

ところが実際には、オーストラリア先住民社会のいたるところで交換が行なわれていた。なんと、赭土〔赤色の顔料になる、鉄分を含む土〕、籠、むしろ、水晶、ブーメラン、その他多くのものが、さまざまな民族言語集団に広く普及し、ときにはオーストラリア大陸を越えていくこともあったのだ。どうしてそんなことが可能だったのだろう？

ポイントは、何百キロ、何千キロにもわたって伸びる広域ネットワークをつなぐように、個人同士の人間関係の鎖が形成されており、それに沿って交易が行なわれていたということだ。社会的な絆を形成・強化する親族ベース制度には、婚姻や共同体儀式といった事柄を統制する社会規範が含まれていたが、そうした制度にはまた、長い距離をまたぐ交換関係を構築し維持していくための、一連の規範や儀式も含まれていたのだ。[25]

しかし、なかなか始まらなかったのが、誰とも知れぬ相手との、物々交換や貨幣を用いる交換――非人格的な交易だった。人間関係が確立されていない場合には、**沈黙交易**という方法をとることもあった。沈黙交易にはさまざまなやり方があるが、その基本的な仕組みを理解してもらうために、紀元前四四〇年にヘロドトスが記した、沈黙交易に関する最初の記述を取り上げよう。

カルタゴ人は語る。ヘラクレスの柱の遥か向こうにあるリビアの地に暮らす一族と交易しているのだと。その国に着いたら、船から積荷を降ろして、波打ち際にきちんと並べ、それから船に戻って狼煙を上げる。煙が見えると、土地の住民たちが海岸にやって来て、その商品の代金として一定量の黄金を地面に置いたのち、再び遠くに下がる。すると、カルタゴ人が下船してそれを調べ、黄金の量が商品の価値に見合うと思えば、その黄金を取って立ち去る。釣り合わぬと思った場合には、再び乗船して待機していると、住民がやって来て黄金を追加し、カルタゴ人が納得するまでそういうことを続ける。[26]

このような沈黙交易が何とか続いていくこともあるが、たいてい限界に突き当たる。当然ながら、一方の集団がすべてを盗んで姿をくらましてしまうという危険が常につきまとう。

個人同士のつながりも、非人格的な信頼もない場合、ヒトの交易はこのような様相を呈するのである。信用も、遅延補償も、返品制度も、商品保証もないところでは、取引はほとんど成立しない。それでも、沈黙交易という方法は世界各地で――狩猟採集民社会を含むさまざまな社会で――遥か昔から行なわれてきた。しかし、沈黙交易に頼る社会もあれば、交易とは一切無縁の社会もあるという事実は、人間関係も交換規範も存在しない場合、交易を行なうことが人類にとっていかに難しいかを物語っている。[27]

歴史的、民族誌的観点から見ると、集団間の交易を行なう市場が初めて現れたとき、それは、オロモ人共同体の場合と同様に、特定の日に特定の場所で行なわれる定期イベントとして発達していった。農耕社会においては通常、部族集団間の緩衝地帯に市場が形成された。こうした場所での行動を統制しているのは、その土地の人々が共有している固有の規範であり、超自然罰による強制力を伴うことが多かった。市場内に武器を持ち込むことは通常タブーとされており、暴力や窃盗を働けば、超自然的な制裁が下るリスクを冒すことになった。女性たちが、余剰収穫物を市場に売りに出かけるときには、武装した親族の男性たちが護衛のために付き添うのが普通だった。こうした護衛隊はたいてい、市場の周辺で待っていなければならず、女性だけが市場内に入ることを許された。護衛隊の付き添いは不可欠だった。なぜなら、暴力や窃盗がタブーとされるのは、市場の境界線までだったからだ。つまり、帰路についた商人たちが境界線を越えたとたんに略奪に遭い、今しがた取引した相手に物を奪われるということもあったのだ[28]。

国家制度や私的保障によって商人がもっと保護されれば、非人格的な交換がさらに発展する可能性があるが、やはりそれも、商品やサービスの質を容易に確認でき、その場で支払いがなされる場合に限られた。つまり、信用財の交換はなかなか難しい。信用財とは、買い手がすぐには評価できない特徴をもつ財のことである。

鋼の剣を購入する場合を考えてみよう。見たところは、何のごまかしもなさそうだ。しかし、製造者は鉄に炭素を加えただろうか？　加えたとしたら、炭素含有量はどれくらいか？　〇・五％では全くだめだが、一・二％なら極上だ。錆の発生を防ぐクロムは加えてあるか？　刃の強度を高めるコバルトとニッケルの組み合わせはどうか？　古代の商人であるあなたが、剣の刃の炭素含有率や焼入れについて保証せねばならないとしたら、どうすればそれができるだろう？　信用商品に限ったことではなく、相手を信頼し、公正さを確信することができない場合には、信用取引も、保険適用も、長期契約も、大量出荷も、（品質をすぐには確認できないので）ひどく制限されてしまう[29]。

ヨーロッパの外に目を向けると、古代や中世の社会では、文化進化によって、こうした問題に対処するさまざまな方法が編み出されていた。本書ではすでに、地中海沿岸やメソポタミアの商人たちが、出荷契約を締結する際に聖なる誓いを立てたことを見てきたが、これもそうした対処方法の一つだった。もう一つ、それを補うものとして、長距離の交換でよく行なわれていたのが、広域に散在する単一の氏族や民族集団が、広大な交易ネットワークを通じて、商品流通のあらゆる側面を取り仕切るというものだった[30]。

一例を挙げると、紀元前二〇〇〇年頃のメソポタミアでは、有力な一族が支配する都市、アッシュールが、繁栄を謳歌する交易都市へと発展していった。この大規模な拡大家族は、まるで民間企業のごとく、息子やその他の親族を遠方の諸都市に送り込み、何十年にもわたってその外国人居住区に住まわせることによって、地域全体に影響力を拡大していった。全体の指揮を執るアッシュールの家父長が、楔形文字で書かれた指示書や、錫、銅、衣類といった商品を、その広域ネットワークを通じてラバの輸送隊で送っていた。超自然的なものへの信仰も大きな役割を果たしていた可能性が高い——その都市と同名のアッシュール神は、交易の神だった[31]。

それから三〇〇〇年後、中国の広大な地域にまたがる膨大な物資の流れを支えていたのがやはり、故郷から遠く離れた地に暮らしながらも、氏族の絆や、地縁、そして人間関係でつながっている商人たちだった。たとえば、一二世紀頃から、長江流域やその周辺の交易は、徽州商人（新安商人）の集団が支配していた。しかし、その集団を「ギルド」と呼ぶと、誤解を招きかねない。というのは、ヨーロッパのギルドとは異なるものだったからだ。それは、多数の父系リネージから構成される超氏族のようなものだった。資産は、氏族またはリネージによって共同所有されており、資産を活用し、利益に与る権利を得られるかどうかは、出自と経済的貢献度の両方にかかっていた。異なる複数の父系リネージを、共通祖先に結びつける系図が作成され、こうした系図が、徽州商人の間でコネを作ったりツテを頼ったりするときのロードマップやローロデックス〔名刺整理文具〕の役割を果たした。徽州のリネージの紐帯が、リネージ同士が信用取引や資本を拡大するのに欠かせない信頼を生み出したのだ。徽州ビジネスに従事するのは、リネージの成員とその使用人たちだった。

この世界では、親族ベースの絆が培われ、リネージ組織が強さを増すほど、その地域の商業化の度合いは高まっていった。貧しい徽州商人のための慈善活動や、高齢者の生活支援、さらには、政府の要職に就けそうな有望な徽州学徒への教育資金の提供など、公共財を供給しているのは氏族だった。徽州商人が圧倒的優位に立っていたので、いたるところで「徽商がいなけりゃ、町に市は立たず」と言われるようになった。中国のような繁栄を誇った大規模社会では、個人同士の関係を抑えることなく巧みに利用するさまざまな方法が、文化進化によって編み出されていたのである。[32]

もちろん、国家の官僚組織も、交易の発展に一定の役割を果たしており、市場を取り締ったり、法廷を開設したり、外国人の商人に住まいを提供したりと、さまざまなことを行なっていた。法廷では通常、個人間の——たとえば買い手と売り手との——揉めごとではなく、氏族、部族、あるいは村の間で起きた紛争について裁定が下された。そのような裁定は得てして、公平・公正な裁きを下すことよりも、氏族間の調和を保ち、悪感情を鎮めることに主眼が置かれていた。つまり裁判官は、親族集団間の関係をうまくコントロールしようとしていたのである。[33]

要するに、古代や中世には、ヨーロッパ外のさまざまな社会が、繁栄する市場をもち、広範な遠距離交易を行なっていたが、それらは概して、人間関係のネットワークや親族ベース制度の上に築かれたものであって、非人格的な交換規範の上に築かれたものではなく、当然そこには、広く適用される公正の原則も、非人格的な信頼も存在しなかった。徽州やアッシュールの商人たちのやり方は、人類が通常、交易を行なうために編み出す高度なアプローチの典型例だ。しかし、中世のキリスト教世界に暮らすヨーロッパ人たちは、この商業化への常道をたどるわけにはいかなかった。徽州やアッシュールの家父長たちが、独自の制度やネットワークを築き広げるために利用した、緊密な親族ベース制度の標準ツールを、教会がことごとく取り上げてしまっていたからである。中世のヨーロッパ人たちも、家族ベースの交易組織を作ろうと試みはしたが、そうした取り組みは、教会の婚姻・家族プログラム（ＭＦＰ）に阻まれてしだいに、任意団体（商人ギルドなど）や、非人格的な制度、そして市場規範に道を譲っていった。[34]

商業革命と都市革命

西暦九〇〇年頃にはすでに、教会は西ヨーロッパのいくつかの地域で自らの立場を確立して（図7・1）、競争相手（古代スカンジナビアやローマの神々など）をほとんど排除し、かつてこうした集団を支配していた親族ベース制度を切り崩していた。キリスト教世界をつくり上げるにあたって、教会は、人々の部族心理を巧みに利用して、キリスト教徒という統一された上位アイデンティティを生み出し、それによってヨーロッパの遠隔地の人々を結びつけていった。これは極めて効果的だった。というのも、教会のＭＦＰの広範囲にわたる近親婚禁止規定によって、すでに、人々の部族への帰属意識や親族ベースの忠誠心はほとんど失われていたからである。

土地の共同所有や祖先を讃える儀式などの束縛から自由になった人々は、自発的にさまざまな団体に加入し始めた。こうした団体は当初、相互扶助、社会保険、身の安全を提供してくれる宗教的な組織——つまり、親族ベースの制度の重要な機能のいくつかを肩代わりしてくれる組織——だったようだ。しかしついに、こうした社会の地殻変動によって農村人口のダムに亀裂が生じ、その結果、北イタリアや、フランス、ドイツ、ベルギー、イングランドのような地域に新たに形成されつつある町や都市へと、人々が少しずつ流れ始めた。住居地にも人間関係にも縛られることのないこうした人々は、ギルド、修道院、慈善団体、自治会、大学、その他の任意団体に加入するようになった。[35]

このような町や都市の多くは、それ自体が新たに生まれた任意組織であって、職人や商人を積極的に募集し、後には法律家も起用した。やがて、急速に発展するこうした都市共同体は、より良い機会や待遇を与えることで、貴重な成員の獲得合戦をするようになった。市民権——市民としての身分——があれば通常、その地域の領主による徴兵は免除されたが、それでも共同防衛に参加する義務は負っていた。農奴はたいてい一年間居住するだけで完全な市民権を得ることができた。こうした都市間での競争が繰り広げられる中で、最も生産的な成員を惹きつけ、最大の繁栄を生み出すような、規範、法律、権利、行政機構の組み合わせをもつ都市が有利になっていった。[36]

一一世紀のヨーロッパの都市は、表面上は、中国やイスラム世界の都市を小規模にしたもののように見えたかもしれないが、実際には、全く新しい社会的・政治的組織であって、結局のところ、その根底にある文化心理も、その元になっている家族組織もまるで異なるものだった。前章と前々章で見てきたように、住居地にも人間関係にも縛られない小規模な家族ほど、心理面では個人主義的傾向や分析的思考の傾向が強くて、伝統への愛着が薄く、独自の社会的ネットワークの拡大を強く望み、親族に忠誠を誓うよりも平等な関係を築こうとするようになる。ということは当然、こうした都市化が進む地域には、個人主義的傾向の強い人々が、一族のネットワークや、親族の義務、

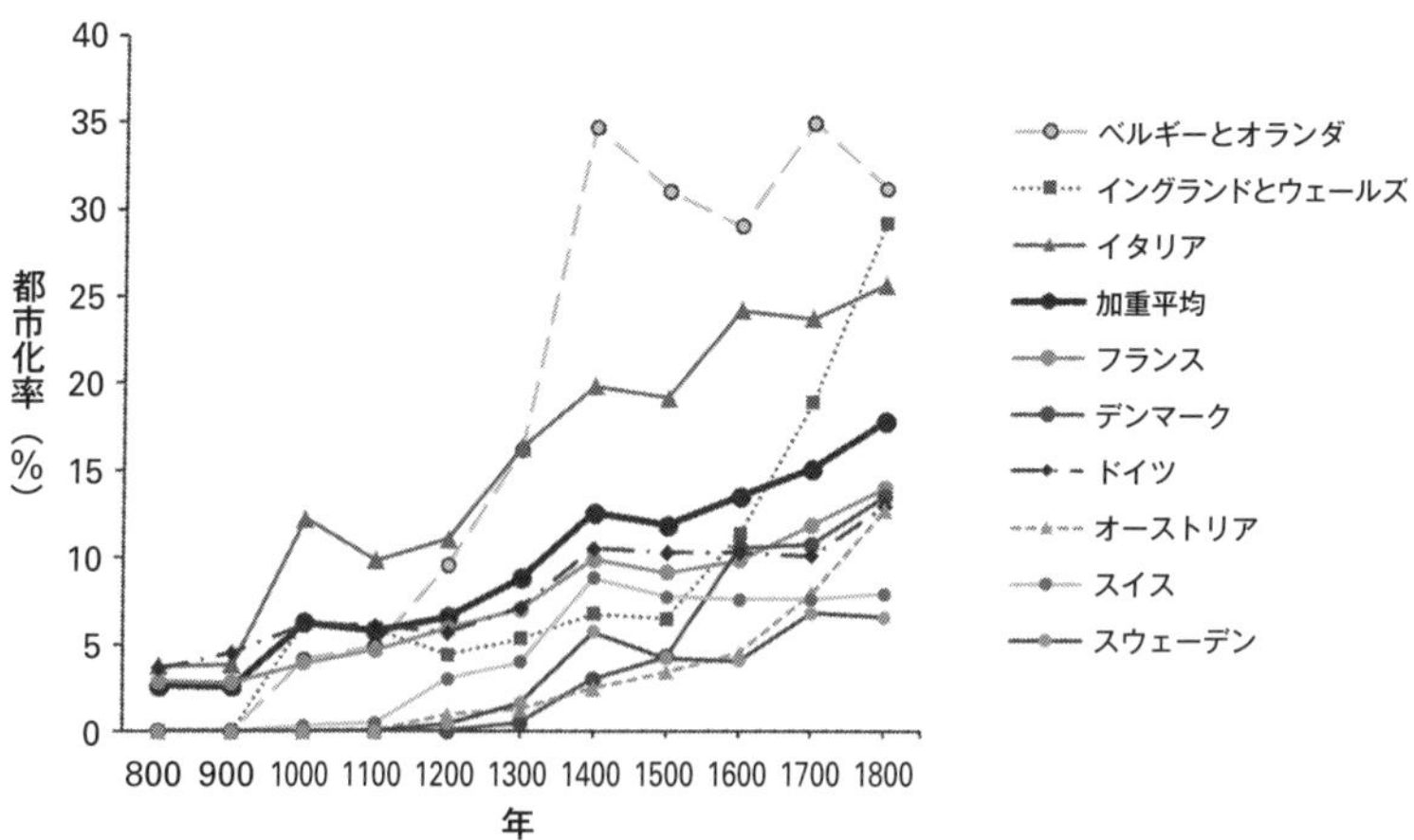

図9.5　西暦800年から1800年までの西ヨーロッパの都市化率。黒い太線は、イベリア半島を除く西ヨーロッパ全体の都市化率を表している。それ以外の線は、地域ごとの都市化率。全体の都市化率には、地域ごとの都市化率として表示されていない地域もいくつか含まれている。都市化率は、人口1000人を超える都市や町に居住している人々の割合を基準にして推定(38)。

部族への忠誠心といった束縛を受けることなく、新たな人間関係を築き、従来とは全く異なる方法で組織を形成していく場所が生まれることになった[37]。初めのうちは、ぽつりぽつりと都会に移住していった人々の流れが、しだいに勢いを増して、洪水のごとく大勢が押し寄せるようになり、やがて人類史上かつてない都市化現象が生じるに至った。

図9・5に、人口一〇〇〇人を超える都市や町で暮らす西欧人の割合をプロットしてある。西暦八〇〇年の時点では、都市居住者は人口の三%に満たなかった。ところが、中世盛期になると、西ヨーロッパの都市化率は、中国（一〇〇〇年から一八〇〇年まであまり変化がなかった）を超えてしまう。一二〇〇年からの四〇〇年間に、西ヨーロッパの都市化率は二倍になり、一六〇〇年には一三%を

超えた。もちろん、こうした平均値だけを見ていると、図9・5に示したような、地域よるばらつきが隠れてしまう。たとえば、オランダやベルギーの場合、九〇〇年の都市化率がほぼゼロだったが、その後急激に上昇して一四〇〇年には三〇%を超えた(39)。

都市化に伴って発展したのが、ギルドなどの団体の代表からなる運営会議や町議会だった。自治を行なうようになったところもあるが、そうでなくても、司教、国王、王族、諸侯などからは比較的独立していた。カロリング帝国が崩壊しつつあった九世紀から一〇世紀にかけて、北イタリアや中部イタリアでは、こうした自治権獲得に向けた運動に最初の火がつき、有力市民のグループが、保証人となってくれる教区司教の面前で聖なる誓いを立てた。そして、宣誓したメンバーからなるグループによって、運営会議が結成された。こうしたことは南イタリアでは起こらなかった。前章で見たとおり、この時点では、南イタリアはまだMFPを経験していなかったのだ(40)。

アルプス以北に目を移すと、現在のドイツ、フランス、イギリスを含む地域では、都市憲章や都市法(都市特権)の出現と急速な普及に、こうした都市革命の進展が見てとれる。憲章や特権の付与は、当初、繁栄する共同体で徐々に発展してきた既存の慣習を追認するためのものだった。この時代の他の任意団体の場合と同様に、町や都市の成員となるためには通常、神の前で誓いを立てて、居住者仲間を助けることを誓約するとともに、個人に与えられる一定の権利と義務に賛同する必要があった。その後、こうした憲章は、支配者たちが領地拡大の手段として、新たな町を創設する際に用いられるようになった。

このような憲章は、地域ごとにそれぞれ違いがあって興味深いのだが、目を引くのはその類似性である。それらはたいてい、市民に対して、市場開設権や、より安定した財産権、ある程度の自治

（通常、選挙が行なわれる）、そして、さまざまな使用料、関税、税金の免除を認めていた。一五〇〇年には、西ヨーロッパのほとんどの都市が、少なくともある程度の自治を行なっていた。それに対し、中国やイスラム世界には、代議員制に基づく自治を発達させた都市は一つも存在しなかった。[41]

都市化の動きが初めて垣間見えるのは、西暦九六五年の教会記録で、そこには、「ユダヤ人をはじめとする商人のグループ」がかつてのカロリング帝国のはずれにあるエルベ川沿いの町、マクデブルク（ドイツ）に店を出した、と記されている。その一〇年後、神聖ローマ皇帝オットー一世が、この共同体に対して正式に「特権」を認めた。そして、マクデブルクの民政手法、ギルド規則、そして刑法は、その後しだいに「マクデブルク法」と呼ばれるものになっていった。

一〇三八年にはすでに、マクデブルクの成功に触発された他の共同体が、マクデブルク法を模倣するようになっていた。その後の数百年間に、八〇を超える都市が、直接的かつ明示的に、マクデブルクの憲章、法律、市民制度を模倣するようになる。マクデブルクは、制度上も法律上も常に修正を加えていたので、「娘都市」は決まって、模倣する時点での形の「マクデブルク法」を採用することになった。一三世紀には、チュートン騎士団と呼ばれる、宗教的・軍事的な任意組織が、プロシア以東の征服した町や都市に対して、マクデブルク法を認めるようになった。このような娘都市はたいてい、さまざまな変更を加えながら、その憲章、法律、公式制度を他の共同体に伝えていった。たとえば、ドイツでは、ハレという都市がマクデブルク法を採用した。ハレの法律と制度は、一三世紀後半に、近代ポーランドのシロダ（別名ノイマルクト）の手本となった。シロダはその後、その憲章や法律を、少なくとも一三二の他の共同体に伝えた。[42]

一二世紀からそのまま残っている九つの条項を読むと、中世のマクデブルクでどんなことが起きていたのかが少し見えてくる。この法規は、さまざまな伝統や慣習をめぐる諍いを解決するものだったようだ。具体的に言うと、条項の一つにはこう謳われている――息子が殺人や襲撃事件を起こした場合、六人の「名士」が、父親は殺傷現場にいなかった、もしくは、いたとしても全く関与していないと証言する限り、父親にはもはや法的責任はない、と。その法律は、父親以外の親族にも広げられた。

マクデブルクでは、家族員の暴力行為に対する家族の法的責任を、明確に減じる法律を制定する必要があったらしい。その法律によって、犯罪行為に対する親族ベースの共同責任が――廃止されないまでも――軽減されたものと思われる。自治都市は、緊密な親族ベース制度の名残やそこからくる直感を打ち砕くことによって、徐々に、個人とその意思を親族から切り離す新たな法律を制定していったようだ。キリスト教に改宗したばかりの中世初期に記された、ヨーロッパのさまざまな部族集団の最初期の法典には、そのような共同責任が明記されていたことを思い出してほしい[43]。

他の諸都市も、マクデブルクと競うようにして、独自の憲章、法律、統治制度を発展させていった。たとえば、リューベックは、一一八八年にその最初の憲章を授与されると、一四世紀中頃までに北ヨーロッパで最も裕福な都市となり、さらにバルト海沿岸部一帯の母都市にもなったので、リューベック法は少なくとも四三の娘都市に広まった[44]。マクデブルクやその他の母都市と同様に、リューベックもやはり、娘都市で法律問題が生じたときに、上訴裁判所としての役割を果たした[45]。商人に好意的な同一の政体、行政手続、法制度をもつ、バルト海沿岸の諸都市の誕生こそが、巨大な貿易連合体であるハンザ同盟の基礎を築いたのだった。

同様の都市化のプロセスは、ヨーロッパの他の地域でも進行していた。たとえば、ロンドンは、一〇六六年にウィリアム一世（征服王）から初の憲章を授与され、その後、一一二九年にヘンリー一世とさらに有利な取引をした。ロンドンの住民は、自前の判事を擁立し、独自の裁判所を運営することを許されたのだ。都市を治める二四人の参事会員は、憲章に従って業務を執り行なうという誓いを立てた。

ここでもやはり、マクデブルクの場合と同様に、成文法が、緊密な親族ベース制度のさまざまな要素を抑え込んでいた。たとえば、土地の売却は、伝統的な相続慣行から、一部ではあるが自由になった。具体的に言うと、いくつかの条件を満たしていれば、個人がその土地を売却し、それによって、相続人から相続権を奪うことができたのだ。憲章はまた、殺人事件の加害者家族が賠償責任を負うことや、市民が法的な異議申し立てに対して決闘裁判で決着をつけること（名誉に基づく道徳）を免除した。市民はさまざまな使用料や関税を払わずに済むようにもなった。ドイツの場合と同様に、ロンドンの憲章も、リンカーン、ノーサンプトン、ノーリッジといった他の諸都市の手本になった。(46)

当然ながら、皇帝や公爵や伯爵は、選挙や、地方統治権、個人の権利の意義を信じていたから、都市憲章や都市特権を認めようとしたわけではなかった。むしろ、少なくとも三つの「魅力」に加え、やむを得ない事情もあったようだ。第一に、支配者たちは、自由度の高い共同体ほど、交易や商業によって経済的繁栄をもたらしてくれる――つまり、財政状況を改善する稼ぎ頭になってくれる――ことに気づいた。第二に、人口が集中する地域では男性の数も増えるが、男性が増えれば軍事力が強化されて、安全が確保されるようになった。その当時、市民はたいてい、都市憲章によって、地方領主の（征服目的の）軍隊への徴用は免除されていたが、少なくとも、自らの都市や町を防衛する責任は負っていた。第三に、特権やチャンスの魅力で人々を惹きつけて、新たな植民都市を設立することできれば、支配者としては事実上、領土支配を拡大・強化することになった。第四に、新たに現れてくる任意団体の多くが、もともと（テンプル騎士団のような）軍事組織であったか、軍事部隊を備えるかしていた。たとえば、商人ギルドはたいてい、交易で長距離を移動するときの護衛のために、私設の警護隊を保持していた。つまり、国王や皇帝は、軍事力の独占管理には程遠い状況にあったのだ。というわけで、支配者たちは、都市を設立して自己防衛させることによって、個人主義的な人々の集まる任意団体が勢力を増してくる現実に対処しながら、自らの領土を拡大し、新たな収入源を開拓し、軍事力を強化する方法を見つけたのである。[47] 言うまでもなく、こうした方策は長期的に見ると、王族にとってすべて裏目に出るのだが、さしあたり数百年間はうまく機能した。

このような都市共同体の社会規範、法律、憲章は、第3章で述べた二つの重要な力、すなわち①心理的適合性と②集団間競争の影響を受けて進化を遂げていったようだ。こうした都市部にやって来る人々には、プロトＷＥＩＲＤ心理〔ＷＥＩＲＤ心理の原型となる心理〕が備わっていた。つまり、他の複雑な社会に暮らす人々よりも、個人主義的傾向や独立志向が強く、分析的にものを考え、自己に目が向いており、伝統や権威にあまり従おうとせず、同調傾向も低かった可能性が高い。

このような従来とは異なる心理によって、新たな慣習や法律が形成され、それがこうした共同体の内部で発展して広がり、外部にも普及していったのだろう。個人主義的傾向が強まったことで、個々人に所有権などの諸権利や責任を付与する法律や慣行が魅力を増したことだろう。内集団びいきや部族主義の傾向が弱まったことで、外国商人を保護する法律でも見たとおり、よそ者を公平に扱おうとする気運が高まったことだろう。分析的にものを考えるようになったことで、抽象的な原則や普遍的な原理の発達が促され、それに基づく具体的なルール、政策、法規が作られていったことだろう。驚いたことに、不可譲の権利という抽象観念はすでに、マクデブルク法にさえかすかに認められる。分析的思考や個人主義はまた、諸々の法律が、部族や階級や家族にかかわらず、司法管轄区内のキリスト教徒全員に普遍的に適用される、という考え方を後押ししたかもしれない。このような心理的変化が、司法審査や事実認定の基準にも影響を及ぼし、その結果、法的争いを解決するために歴史を通して広く利用されてきた、決闘裁判やその他さまざまな呪術的・宗教的な神判は徐々に廃止されていったことだろう(48)。

以上のような心理的な諸力と並んで、こうした数世紀にわたる都市共同体の進化を駆動したのが、集団間競争だった。中世の都市に移住してきた人々は、現代世界の場合と同様に、より豊かな生活、出世の機会、身の安全を求めてやって来たに違いない。そのような移住者を獲得しようとして、どの都市も町も競って、最も繁栄している都市の政策や憲章をまねていった。こうした競争が繰り広げられる中で徐々に出来上がっていったのが、個人主義や関係流動性〔対人関係の選択の自由度〕が高まりゆく世界で経済の繁栄や安定を促すような、規範、法律、公式制度のパッケージだったのだろう。たとえば、一二五〇年から一六五〇年にかけて、ブルージュ、アントワープ、アムステルダムは、商売に好都合な環境をつくって外国商人を惹きつけようと競い合った。他の条件がすべて同じならば、商売が繁盛している都市共同体ほど、農村部からも、競い合う他の都市からも、より多くの移住者を引き寄せることができたはずである。しかし極めて重要で、忘れてならないのは、そのような法律や規範が新興都市で特にうまく機能したのは、それが当時新たに出現してきた心理パターンに「適合」したからであって、普遍的に優れているからでも、道徳に適っているからでも、特に効果的だからでもない、ということだ。新たな経済的・政治的制度は、公式なものも非公式なものも含め、まず最初にプロトＷＥＩＲＤ心理によって育まれ、その後、こうした心理と共進化していったのである。(49)

それにしてもなぜ、教会が人々の社会生活や心理に与えた影響と、都市部の急成長や参加型統治の形成とを関連づけることができるのかと、疑問に思われるかもしれない。

ジョナサン・シュルツは、ヨーロッパでの教区の普及状況に関するわれわれのデータベース（第7章）と、西暦八〇〇年から一五〇〇年までの諸都市の人口規模および統治形態に関する一〇〇年ごとのデータを組み合わせることによって、次の二つの疑問に取り組んだ。教区に近いがゆえに（一〇〇キロメートル以内）、教会に曝露した期間の長い都市のほうが、曝露期間の短い都市よりも、急速に成長するのだろうか？　また、教会に曝露した期間の長い都市のほうが、参加型統治や代議政治が発展する確率が高いのだろうか？　ヨーロッパでは地域によって教会が到来した時期が異なる点に留意すれば、このようなデータセットはなかなか優れている。なぜなら、長期的な傾向や、疫病や飢饉など、その時期に特有の出来事の影響を取り除いて、同一の都市を、時間が経過した後のそれ自身と比較できるからである。

結果は推測したとおりで、教会に曝露した期間が長い都市ほど、急速に成長し、参加型統治を発展させる確率も高かった。繁栄度や人口規模について見ると、教会への曝露期間が一〇〇年長くなるごとに、都市居住者が一九〇〇人増加していた。一〇〇〇年後には、都市居住者が二万人近く増加することになる。

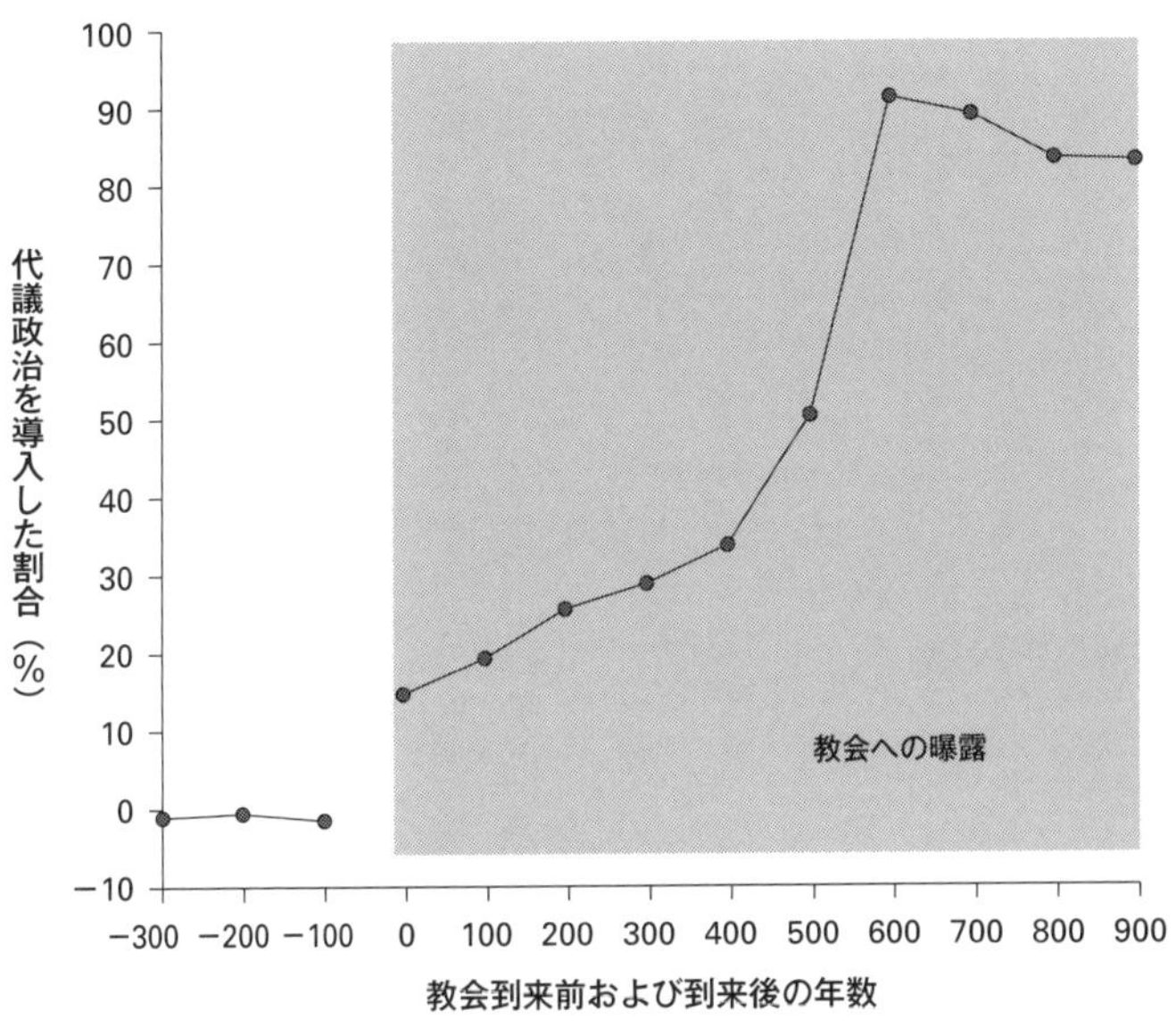

図9.6 西暦800年から1500年までに、中世の西方教会に曝露した年数と、都市地域が何らかの形の代議政治を導入した割合。陰付きの部分は教会到来後の期間。ゼロの左側の陰なしの部分は教会到来前の期間を示している[50]。

政治制度についてはどうか。ヨーロッパの都市が少なくとも何らかの形の代議政治を発達させる確率を、教会到来前と後の両方について調べることによって、教会の影響を示しているのが、図9・6である。教会が到来する前は、何らかの形の代議政治を発達させたと推定される確率はゼロである――つまり、キリスト教以前のヨーロッパは、世界の他のどの地域ともまるで変わらない。教会が到来した後は、都市が何らかの形の代議政治を導入する確率が一五%にはね上がり、その後六〇〇年間にわたって上昇を続けて、ついに九〇%を超えるまでになる[51]。

もちろん、このような分析で、MFPの心理効果を直接示すことはできない。しかし、前の三つの章で見てきたような、教会、親族関係の緊密度、そして人々の心理の関連性に照らすならば、心理的な違いがそこに関与していないと考えるのは難しくなってくる。

市場統合の進展

中世ヨーロッパの都市共同体は、契約締結を軸とした、従来とは別種の非人格的商業や交易を中心にして築かれるようになっていった。前述のとおり、都市部では、熟練技能者を、可能な限りどんな遠方からでも積極的に採用しようとした。憲章のおかげで市場に有利な状況が生み出され、地元の商人ギルドが市議会やその他の運営組織へと発展していった。こうした組織が目指していたのは、商業や交易を活気づけて、都市間競争で成果を上げられるような法律案や規則案を可決することだった。[52]

都市間の競争によって、いくつかのヨーロッパ地域の市場統合が劇的に進んだ。それは、イングランド、ドイツ、オランダ、ベルギー、フランス、北イタリアといった広大な領域を含むものだった。図9・7は、ドイツについて、西暦一一〇〇年から一五〇〇年までの、都市法人格化と市場開設認可の累積数を示している。新たな都市法人格化の件数は、それまで一〇年当たり一〇件に満たなかったのだが、一二〇〇年以降は、一〇年当たり四〇件にまで増加した。こうした新たな都市法人格化に続いて、市場開設の認可件数も増えていった。市場の開設は、実際の経済効果をもたらすものだった。たとえば、市場開設の認可を受けた都市や町にはたいていその後、新たな建築物が建てられていった。[53] このように都市が繁栄し、市場が開設されることによって、（オロモ人社会での「定期市」の効果を考えるとわかるように）、中世ヨーロッパで増えつつある、都市部や都市周辺に

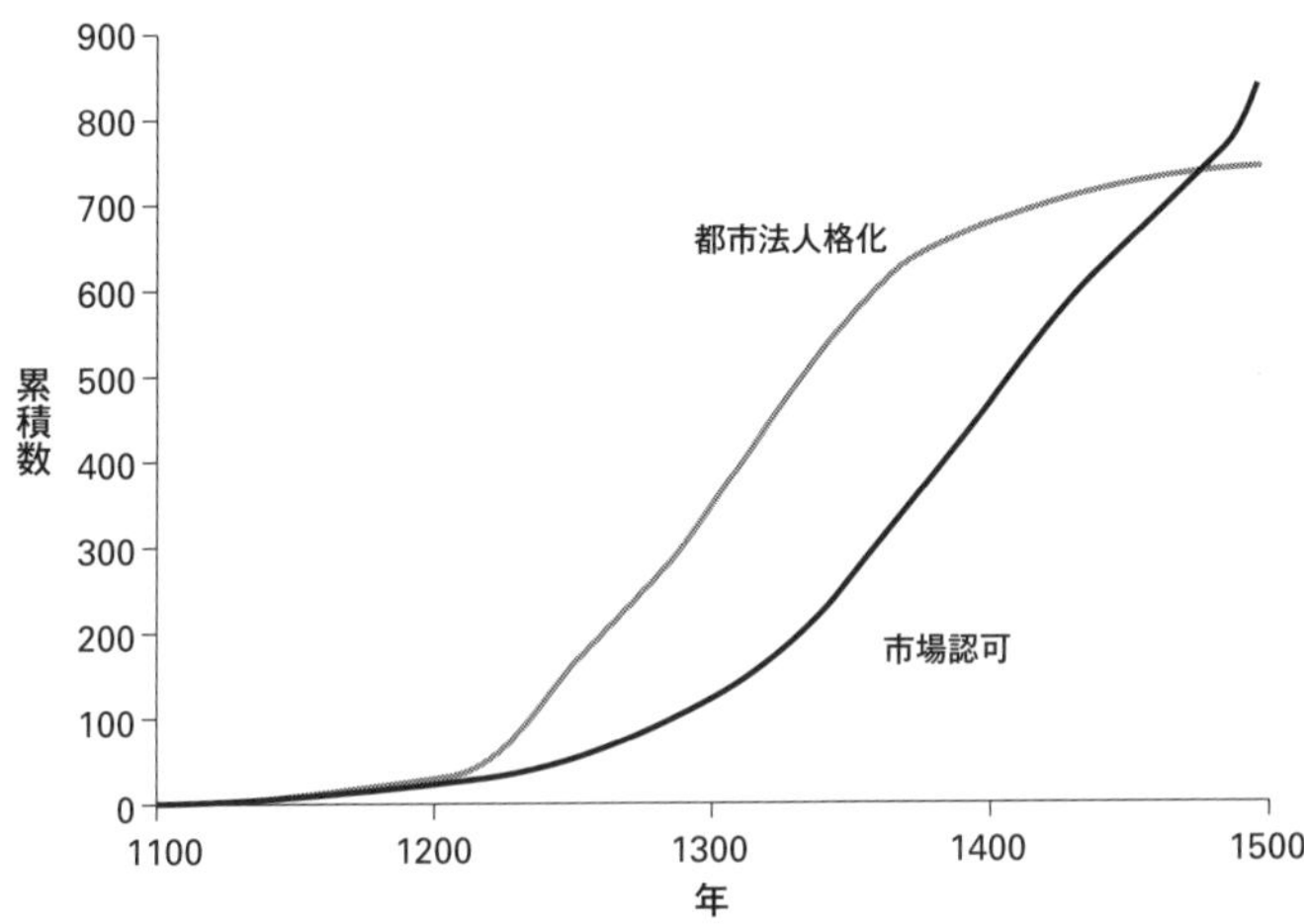

図9.7　1100年から1500年までのドイツにおける市場開設件数と都市法人格化件数の増加。この図から、都市化と市場統合がともに進んでいることがわかる[(55)]。

暮らす人々の市場統合度が高められていった。

イングランドでは、一四世紀にはすでに、およそ一二〇〇か所の週市が開設されており、経済史学者のゲイリー・リチャードソンによると「ほとんど誰もが、少なくともどこか一か所の市場には容易に行けるようになった」[(54)]。農村部でも、多くの人々が、少なくともどこか一か所の市場に歩いて二時間以内で行かれるようになり（六・八キロ圏内）、全世帯の九〇％が市場の三時間（九・七キロ）圏内になった。

では、図9・3に示したオロモ人のデータを振り返ろう。一四世紀のイギリス人の九〇％は、この図の左上にいただろう。ということは、大多数の人々が、条件付きで匿名他者に協力する傾向をもっていたはずだし、また、市場統合の最も進んだ共同体のオロモ人と同じく、公共財を供給するために、任意団体を結成して明示的合意――契約――を結び、それに従う心の準備ができていたであろう。

ただし、オロモ人の場合は、中世のイギリス人とは違って、近隣の町に移住したり、任意団体の仕事に専念したり、町の近くの土地を購入したりすることは容易ではない。彼らの生活は、一夫多妻制の父系氏族に縛られているからである。土地は父親から息子に譲渡され、見合い婚によって氏族同士の間に経済的・政治的な同盟関係が築かれる。こうした親族ベース制度のもとで生活していると、全く異なる心理的特性が形成されるのは、すでに見てきたとおりだ[56]。

中世ヨーロッパの都市共同体で、貿易商、小売商、職人として成功できるかどうかは、一つには、どんな客にも誠実で公正だという評判を獲得できるかどうか、また、勤勉で忍耐力があり、几帳面で時間を厳守できるかどうかにかかっていた。こうした世評の力が、非人格的取引を行なう際に有効となる社会的基準や、注意の向け方、そして動機の形成を促した。おそらく、このような人々の心理の変化と、世評の基準の変化の両方が大きな要素となって、信用のアベイラビリティ〔貸手からすれば、信用供与の意志と可能力、個々の借手からすれば、金融機関から借り入れられる資金量〕を急激に高め、商業革命の推進を助けたのではないかと思う[57]。

新たに出現してきた市場志向型の非人格的（インパーソナル）な社会規範のパッケージがだんだんと、歴史学者が**商慣習法**と呼ぶものになっていった。これらの規範や、その後に制定される法律がどうにも奇妙なのは、交換という行為から、個人的（パーソナル）な関係を引き剝がし始めたことである。こうした規範のおかげで、契約や協定を結んで取引を行なう人々の間では、階級や家柄や部族の違いは、まるで頓着されなくなっていった。人間は、誰に対しても、特に同じ信仰をもつキリスト教徒に対しては、公正かつ誠実で協力的でなければならないとされた。

商慣習法が徐々に普及していくうちに、個人が他者と経済交流を行なうための、文化的な枠組み、ルール、期待が形成されていった。それは、社会的相互作用につきまとう、親族のしがらみや人情とは完全に切り離されたものだった。息子たちは、母親が忌み嫌っている誰かの娘からでも、最安値でパンを買うことができるようになり、また、遠くの町から来たよそ者であっても、契約書を用いて互いが利益を得る形で売買したり、掛売りしたりできるようになった[58]。

もちろん、これは緩やかな進化のプロセスであって、現在もなお、わずかずつの前進の途上にある。というのは、ヒトの心理の一定の側面や緊密な親族ベース制度が、その歩みを押し戻そうとしてくるからだ。中世から長い時を経た現在でも、市場規範はさらなる拡張を続け、今なお宗教、人種、性別、性的嗜好の違いが雇用機会、給与水準、実刑判決に及ぼしている影響をなくそうとしている。

ともあれ、中世ヨーロッパにおける市場規範の普及メカニズムを理解するためには、都市やギルドなど、新たに結成されつつある任意団体や、その成員たちの個人主義的傾向の強い心理が、どのような役割を果たしたかをよく認識する必要がある。もし、組織にも属さず、独りで生きていくのであれば、私利を図ろうとする個人は、掛売りや代金後払いに応じる面識のない相手を食い物にすることも可能だ。しかし、すでに見てきたとおり、この新たな社会的世界を渡っていくために人々は、ギルド、友愛結社、憲章都市、その他さまざまな組織に加入していた。面識のない相手との商協定を破る成員は、所属組織の評判を損なうことになり——したがって組織から追い出されるおそれがあった。また、このような組織はみな競い合っていたので、どの組織も、何とかして成員たちの社会化を促すとともに、ルールを守らせて、違反した者は処罰し、相手が被った損害を賠償しようとした。こうした任意組織間での競争が繰り広げられる中で有利になっていったのは、成員たちに商慣習法を最もうまく植え付けた組織だった。なぜなら、成員の処罰や被害者への賠償は、組織にとって高くつくものだったからである。[59]

中世の都市共同体の中で最も繁栄したのは、効果的な公式の制度や法律によって、こうした非公式の規範を是認、支持、援護していった共同体だったに違いない。このプロセスは、また別の任意団体、大学の普及によっても促進された。一一世紀に『ローマ法大全』の一部である『ユスティニアヌス法典』が学問的に再発見されたのをきっかけに、ボローニャの外国法研究者グループが、研究と教育を主眼においた組織、ウニウェルシタスを結成した。まもなく、ヨーロッパのあちこちに大学が出現するようになり、一三世紀初頭にはパリやオックスフォードにも大学が設立された。西暦一五〇〇年にはすでに、キリスト教世界の方々に五〇を超えるこうした大学があって、どこもみな学生や教授を獲得しようと競い合っていた。大学では、法学者や神学者のほか、数学、音楽、天文学、さらには著述、論理学、弁論術の専門家が養成されていった。これによって、教会法と市民法の両方に精通した、居住地に縛られない、ラテン語話者の階級が生まれたのである。[60]

歴史的分析から、大学は、その町や都市の経済成長を加速させたことが明らかになっている。大学教育を受けた学者たちの誕生が、そのような効果をもたらした可能性が高い。この新たな社会階級は、識字能力があるだけでなく、しだいに、既存の慣習や法律の寄せ集めの中から、抽象的原則を導き出した上で、自らの都市共同体のための体系立った法規や政策を考案する能力を身につけていった。非人格的な商業や交易に関する既存の慣習が、成文化されることで効力を増し、さらに標準化されていった。[61]

ヨーロッパにおいて、早い時期に商法や契約法が発展したことは重要な意味をもっている。なぜなら、中国のような他の複雑な社会では、別のタイプの法や哲学はより洗練されているにもかかわらず、商法や契約法は、一九世紀になるまであまり発展しなかったからである。興味深いことに、中国の氏族や商人は随意契約の多くを明文化しており、また、裁判官はこうした契約をめぐって発生する紛争を裁定するのに法律を適用していた。しかし彼らは、成文化されたルールに基づいて抽象的で非人格的（インパーソナル）な原則を適用するのではなく、その土地のさまざまな慣習のほか、個人間の（インターパーソナルな）関係や階級関係もいろいろと考慮して、結果的に何の効力もない裁定を下していた。つまり、中国の裁判官は、法に対し、より包括的で関係性を重視するアプローチをとっていた――なぜなら、彼らは全く異なる心理をもっていたからである(62)。

要点のまとめ

これまで宗教、親族関係、市場について見てきたとおり、制度というものは、ヒトの社会心理の形成に重要な役割を果たす可能性がある。その作用の仕方は地域によってさまざまだ。異なる職業カースト間、また異なる民族・宗教集団間での交易がより円滑に行なわれるように、取引志向の社会規範が進化していくこともある。たとえば南アジアでは、中世に栄えたいくつかの港湾都市が、地元のヒンドゥー教徒と、インド洋交易に従事するムスリム商人との間に永続的な交易関係を築いていた。それから数百年後、ヨーロッパ列強によってムスリム商人の交易ルートが断たれてから長い年月が経っても、港湾都市では、ヒンドゥー教徒とイスラム教徒間での暴力沙汰が非交易都市に比べて少ない。どうやら、こうした集団間の交易によって、永続性のある非公式制度が生み出され、その制度がもたらす心理効果が、交易の途絶えた後もずっと持続したようだ[63]。

交易がもたらす向社会的な効果は、今日も世界中で認められる。その効果は、共同体の大河川や海洋までの距離と、その居住者の外国人や移民に対する態度との関連性を調べてみると明らかだ。大河川や海洋はこれまでずっと、世界貿易の大動脈であったし、現在もそのことに変わりはない。したがって、港の近くで暮らすということは通常、都市地域で生活することを――つまり、他地域よりも、規範、習慣、信念の形成に、交易や商業が強く影響している地域で生活することを意味するのである。

西ヨーロッパは、世界中の多くの地域に比べ、交易や商業の発展にとって地勢的に有利だった。この地域は、北と南に内海（バルト海と地中海）があるだけでなく、極めて多数の天然の良港や航行可能な水路にも恵まれている[64]。そして、ひとたび市場規範が生まれると、その規範が水路に沿ってたちまち、港湾環境に恵まれた地域に広まっていった。こうした地理的な特性が、これまで述べてきたような市場統合プロセスを促進したのだろう。

ここまでの要点をまとめよう。緊密な親族ベース制度の崩壊によって、都市化への道が開かれるとともに、自由都市や憲章都市の結成が可能になり、自己統治型の政治が発展していった。商人が主導権を握る都市が成長することによって、市場統合の水準が引き上げられるとともに――おそらく――非人格的な信頼、公正さ、協力の水準も高められていった。このような心理的・社会的変化が起きてくる中で人々は、個人の権利、個人の自由、法の支配、私有財産の保護といったことを考えるようになった。こうした新しい理念は、どんな考え方にも増して、新たに芽生えつつある人々の文化心理にぴったり適合するものだった。

前近代のヨーロッパの都市化は、社会の中間層から始まり、その影響は上層や下層にも波及していった。こうした永続的な心理的・社会的変化に最後まで無縁だったのは、①奥地に暮らす自給自足農耕民、および②最上層の貴族だった。最上層の貴族たちは、都市の中間階級が緊密な親族関係を根絶やしにされた後もずっと、親族関係を通じて、何世紀にもわたり権力を保持し続けたからだ。

当然ながら、急速な成長を遂げている都市部でさえ、絶えず円滑に変化が進んだわけではなかった。任意団体の活動にとって最大の脅威の一つは、現在でもそうだが、緊密な親族関係だった。銀行や政府など、新規に立ち上げた組織が、見合い婚で結束を固めた強大な一族によって、一時的に権力を奪われることは珍しくなかった。[65] しかし、すでに述べたとおり、長期にわたってそれを続けるのは難しかった。なぜなら、教会が、緊密な親族関係を維持するための基本ツールをほぼすべて取り上げてしまっていたからである。こうした制約のもと、同族経営の組織は、形態の異なる他組織との競争に苦戦を強いられた。それに加えて、政治的・経済的に有力な家柄であっても、一夫多妻婚、再婚、慣習による相続、そして養子縁組ができないと、家系が絶えてしまう可能性が高かった。有力な王族の血統が途絶えた場合には往々にして、都市共同体が、プロトWEIRD心理をもつ人々の好みに合うように公式制度を作り替えることが可能になった。

第10章　競争を手なずける

されど戦争は、社会の成員が共通の目的を断固追求する過程で、党派を越え一つになる機会をもたらす、という点で、社会の団結を促すのに特に有効な手段だと言える。

——アマゾン先住民ムンドゥルクの民族誌を研究する人類学者ロバート・F・マーフィー（一九五七年）

意外な事実が報告されている。憲章都市であれ、大学であれ、ギルドであれ、教会であれ、修道院であれ、近代企業であれ、任意団体間の競争が激しくなるほど、面識のない相手に対する信頼、公正さ、協力行動の水準が高まる可能性があるという。歴史を振り返ると、中世盛期以降、ヨーロッパでは、任意団体の数が急激に増加してくるにつれて、集団間競争がより永続的で激しいものになっていった。すると、それが、非人格的向社会性の水準を高め、さらにそれを維持する働きをしたのである。なぜなのかを理解するために、まず、ヒトの心理が集団間競争にどう反応するかを調べ、次に、この一〇〇〇年間にヨーロッパで起きた戦争の影響について考えよう。

戦争、宗教、心理

数十年間にわたって貧困に苦しんできた西アフリカのシエラレオネで、一九九一年に内戦が勃発した。戦争に関連する暴力が市民生活をすっかり荒廃させた。多数の住民が殺害され、少年少女が子ども兵として戦うことを強いられ、戦争犯罪が多発した。戦闘地域が国中に広がるにつれて、村々は反政府勢力と政府軍の両方の標的にされるようになった。これらの軍隊は、あるときは、敵が潜む地域の掃討作戦に従事し、またあるときは、平和な村々で略奪を働いたり、選挙を妨害したり、食料や武器の購入資金にすべく不法にダイヤモンドを採集したりした。こうした脅威に立ち向かうために、多くの共同体が独自の民兵組織を結成した。それは伝統的な制度と首長の権威の上に築かれたものだった。二〇〇二年に内戦が終息するまでに、五万人を超える市民の命が奪われ、人口の半数近くが故郷を追われ、数千人が、手足を切断されるなど一生癒えることのない傷を負った。(1)

二〇一〇年に、経済学者のアレッサンドラ・カッサー率いる研究チームが、簡単な行動実験を行なうテスト・バッテリー〔複数の心理検査を組み合わせたもの〕を携えてシエラレオネにやってきた。実験の目的は、自身の共同体の成員、および他の共同体の成員に対して公正に振る舞おうとする人々の動機づけを評価するというものだ。どんな実験かというと、村人が同じ村の誰か、または遠方の村の誰かと匿名でペアを組み、一回限りのやりとりを行なうというものだ。一つ目の実験課題「分配ゲーム」では、参加者に対し、Ⓐ自分に五〇〇〇レオンで相手に五〇〇〇レオン、Ⓑ自分に七五〇〇レオンで相手に二五〇〇レオン、という二つの選択肢が与えられた。均等に分けること

(Ⓐ)もできるし、相手を犠牲にして自分の取り分を増やすこと(Ⓑ)もできる。もう一つの課題では、参加者に対し、Ⓐ自分と相手にそれぞれ五〇〇〇レオン、Ⓑ自分に六五〇〇レオンで相手に八〇〇〇レオン、という二つの選択肢が与えられた。この二つ目の課題「羨望ゲーム」では、Ⓑを選択すれば自分の取り分を増やせるが、そうすると、相手の取り分が自分を上回ることになる。このゲームの報酬は、決して小さくなかった。五〇〇〇レオンという額は、平均的なシエラレオネ人が丸一日働いて稼げる金額(およそ一・二五ドル)だった。

後に私も加わった、この研究チームがシエラレオネに赴いたのは、戦争体験が人々をどのように変化させるかを解明したいと考えたからだった。全国調査の結果に示されたように、それぞれの家族や世帯が内戦から受けた打撃の程度は、同じ村の中であってもさまざまだった。身内が命を奪われたり、重傷を負ったりした家族もあった。家屋や畑を破壊されて、立ち退きを余儀なくされた家族もあった。身内を失った上に退去を経験した家族もあった。わがチームは、全国調査のデータに基づいて、参加者たちに戦争体験に関する聞き取り調査を行なった。およそ半分の人々が、身内の死、傷害、退去のいずれかを経験しており、残りの半分は、そのいずれも経験していなかった。前者を「影響大」群、後者を「影響小」群と呼ぶことにする。当然ながら、誰もがみな戦争の影響を受けていたので、戦時中の退去、傷害、身内の死に関する質問は、戦争の相対的な影響を捉えることを意図していた。

少なくとも八年前にまでさかのぼる戦争体験が、私たちの行なった実験での人々の行動にはっきりと影響を及ぼしていた(図10・1)。分配ゲームを行なうと、戦争の影響が小さい群では、相手が同じ村の者であっても、遠方の村の者であっても、およそ三分の一の参加者が、均等に分ける選

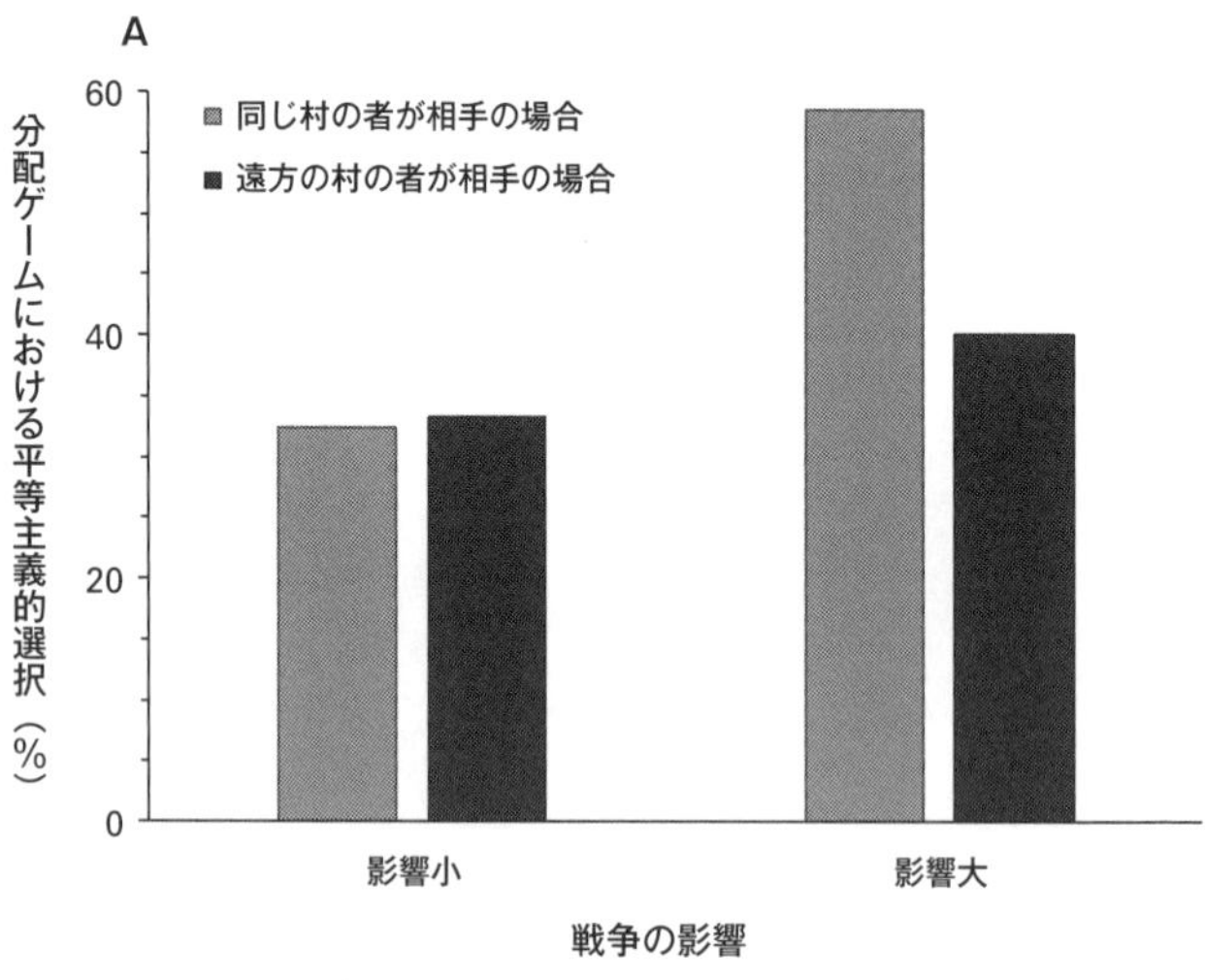

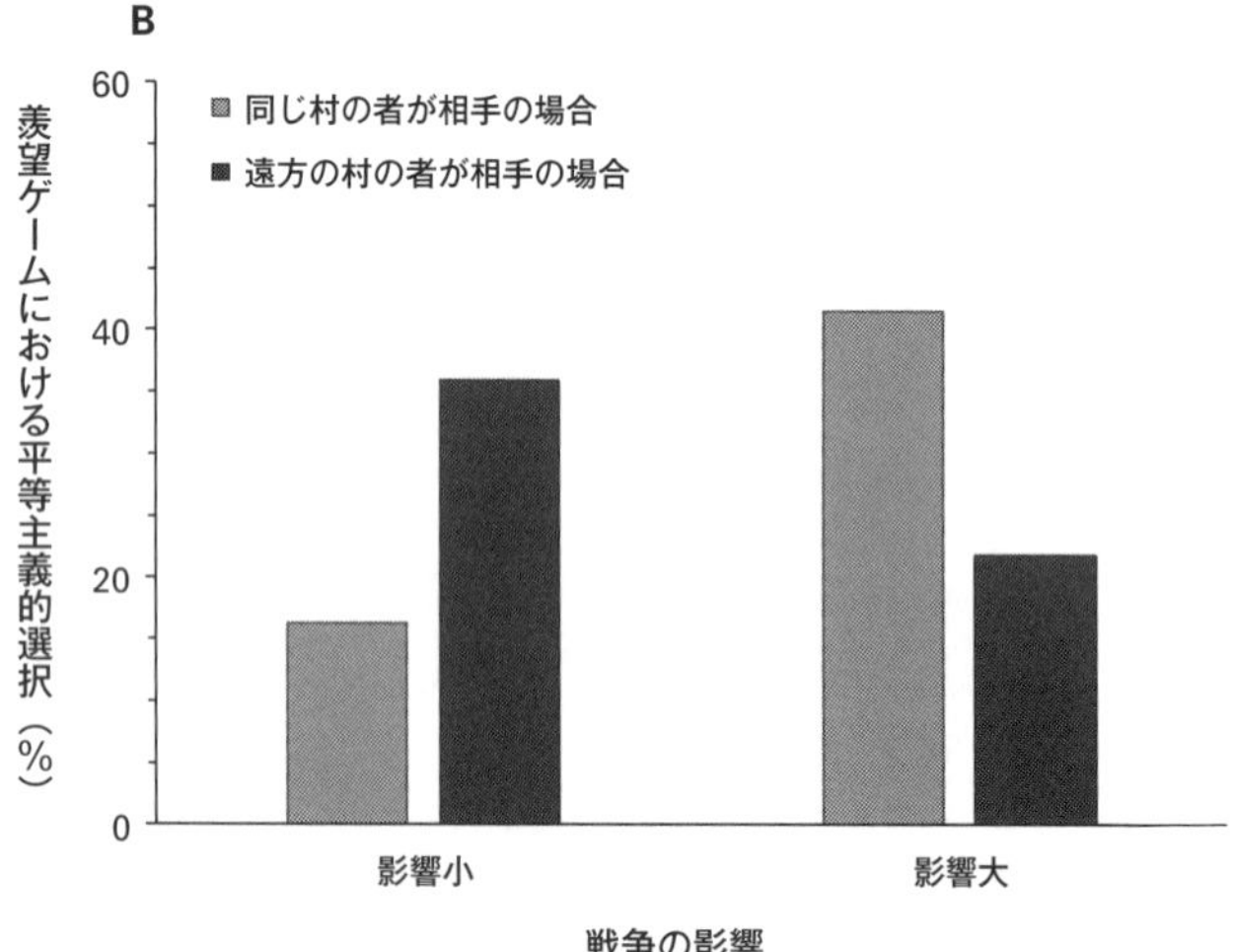

図10.1　分配ゲーム（A）と羨望ゲーム（B）において、同じ村の者および遠方の村の者とやりとりを行なった場合に、シエラレオネでの戦争体験がその結果に及ぼす影響。

択（平等主義的選択）をした。それに対し、戦争の影響が大きい群では、相手が遠方の村の者である場合よりも、同じ村の者である場合のほうが、均等に分ける選択をする参加者の割合がはるかに高かった。戦争の影響が大きくなると、分配ゲームにおいて、同じ村の者に同額を与える参加者の割合が、三分の一から六〇％近くまで上がった。

羨望ゲームにおいては、戦争の影響が大きくなると、同じ村の者に同額を与える参加者の割合が、一六％から四一％へと劇的に増加した。つまり、戦争で大きな被害を受けた人ほど、一五〇〇レオンをふいにしてでも、村の仲間と同額にしようとする傾向が強かったのだ。しかし、遠方の村の人々に対しては、逆だった。戦争の影響が大きい群では、均等に分ける選択をする参加者の割合が半分になった。総合すると、戦争は人々の平等主義的な動機づけを強めるが、その作用は内集団に対してのみであることが、こうした実験やその他の実験からうかがえる。[2]

重要なポイントとして、多くの内戦とは違い、シエラレオネの犠牲者のほとんどは、民族や宗教を理由に標的にされたわけではないし、民族や宗教の違いで国が分断されたわけでもなかった。私たちの分析からも、より大規模な全国レベルの調査からも、一般の村人が受けた暴力の多くが、民族や宗教とは無関係だったことがうかがわれる。反政府軍が四方八方に弾丸を浴びせかけながら村に攻め込んできて、村人が隠れたり逃げたりしていて、火を付けやすい家屋を焼き払っていったのである。ということはつまり、新薬の治療効果を評価するために行なうランダム化比較試験の場合と同じく、人々に対してほとんどランダムに戦争関連の暴力を加えた、あるいは「投与した」ということになる。このように擬似ランダム化がなされているので、実験で捉えた心理的変化の原因は戦争であると、慎重に推断を下すことができる。[3]

同じような傾向は、ケネマ（反政府勢力の本部からわずか三〇キロメートルのところにある、シエラレオネの東部州の州都）で、ストリートサッカー・トーナメントの選手を調査したときにも認められた。研究者たちは、ケネマのトーナメント戦で近隣チームと競っている、一四歳から三一歳までの男子サッカー選手を調査した。

この参加者たちが行なったのは、チームメイト（隣人）と別のチームの選手の両方に対する、公正さおよび競争心を評価するために考案された一連の心理学実験だった。公正さを評価する実験として、参加者たちはチームメイトの一人、もしくは、別のチームの選手と匿名でペアを組んで、独裁者ゲームを行なった。競争心を評価する実験として、参加者たちは、四メートル離れたバスケットにサッカーボールを投げ入れるチャンスを一〇回与えられた。その際に、Ⓐ相手選手（チームメイト、または、別のチームの誰か）と競うか、それともⒷ一回入れるごとに五〇〇レオンを受け取るか、そのいずれかを選ぶことができた。競うことに決めた場合には（選択Ⓐ）、対戦相手よりも多く得点した場合に限って、一ゴールにつき一五〇〇レオンもらえるが、相手に負けたら何ももらえない。

この実験結果から明らかになったのは、戦争から直接受けた影響が大きい者ほど、チームメイトに対しては平等主義的傾向が強く、別のチームの選手に対しては競争心旺盛だということだ。戦争の影響を大きく受けている選手たちは、独裁者ゲームにおいて、チームメイトに対して高い金額（半額に近い額）を提示したが、別のチームの選手に対する提示額には、戦争の影響による差は見られなかった。同様に、別のチームの選手と、ボールを投げ入れて競うかどうかを決める際にも、戦争の影響をあまり受けていない選手たちは、それを避ける傾向があり、実際に競ったのは四分の一にも満たなかったのに対し、戦争の影響を大きく受けている選手たちは、七五％近くが競うほうを選んだ。しかし、戦争の影響の大きさは、チームメイトと競うかどうかの決断には影響しなかった。

以上のような実験で認められた傾向は、サッカーの試合でも見受けられた。戦争の影響をあまり受けていない選手たちは、(反則を警告する) イエローカードを一枚も提示されなかったのに対し、戦争の影響を大きく受けている選手たちは、半数近くが少なくとも一回はカードの提示を受けた。こうしたことから見ても、戦争体験はやはり、内集団に向けた平等主義的な動機づけを強めると同時に、外集団に対する競争心を高めるようだ。(4)

戦争が人々の心理に及ぼす影響は、シエラレオネの政治や市民社会にも波及していくようだ。経済学者のジョン・ベロウズとエドワード・ミゲルが、二〇〇五年と二〇〇七年の全国標本調査の結果を分析したところによると、戦争による直接的被害が大きかった人々ほど、共同体の会合に出席したり、選挙で投票したり、政治団体や社会団体に加入したりする確率が高かった。分析データからはさらに、戦争の影響を大きく受けた人々ほど、学校運営委員会の委員になる確率が高く、また、協力し合って地域道路 (公共財) の美化を図る「道路清掃」活動に参加する確率もおそらく高かったことがうかがえる。こうした調査結果は、前述の実験的研究とも見事に一致するものであり、戦争体験が、任意団体への加入や、コミュニティ・ガバナンス〔地域コミュニティにおける民主的なルール作りのための運動〕への参加に向けた人々の動機づけを高めることを示唆している。(5)

戦争が人々の心理に永続的な作用を及ぼし、ひいては公式制度にまで影響を与えることを示す証拠は、シエラレオネ以外からも得られている。近年、ネパール、イスラエル、ウガンダ、ブルンジ、リベリア、中央アジア、コーカサスで行なわれた研究が、相次いで発表されているが、それらもやはり、信頼、投票行動、社会団体加入について問う一連の質問紙調査に加え、最後通牒ゲームや公共財ゲームなどさまざまな心理学実験を用いて、同様のパターンを明らかにしている。

一例を挙げよう。ネパール内戦が終結してから一〇年後に実施された調査では、多くの戦争関連の暴力にさらされた共同体ほど、（共同体の成員同士で行なう）公共財ゲームで協力行動が多く認められた。また、選挙で投票する人や、地域団体に加入している人の割合も高かった。実際のところ、戦争の被害を受けていない共同体には、任意団体が全くなかったのに対し、戦争の被害を受けた共同体の七〇％に、農業協同組合、婦人会、青年団のような組織が設立されていた。ここでもやはり、戦争が、任意団体に加入しようとする人々の動機づけを高めていた[6]。

戦争がなぜ、ヒトの心理にこのような効果をもたらすのかを理解するには、第2章から第4章で述べたことを思い出してほしい。文化進化が出現して以降、この二〇〇万年の間に、バンド間、氏族間、部族間での競争によって、成員に協力行動をとらせる社会規範が広まっていった。そうした規範をもつ集団こそが、他集団との暴力抗争に打ち勝ち、また、洪水、地震、干魃、火山噴火のような自然災害を生き延びることができたからだ。こうした文化進化のプロセスで有利となり、広まっていった規範や信念の例として、食物分配、共同体儀式、近親相姦のタブーに関連するものを見てきた。そのような規範や、相互扶助や共同防衛に関する規範の出現によって、個々人は、緊密に張り巡らされた社会の網の目に絡め取られ、そのネットワークに依存して生きるようになった。人類は、先祖代々こうした世界に適応してきたがために、戦争やその他の衝撃的事態に対して、遺伝的に進化した、少なくとも三つの反応を示すようになった。

第一に、衝撃を受けると、ヒトの相互依存心理が刺激されて、頼みにしている社会的絆や共同体への投資を増やすようになる。戦争の場合、これは、攻撃された「われわれ」とは誰なのかによって違ってくる。「イラヒタ」〔第3章参照〕が攻撃されていると受け止めた場合、人々は村人仲間との結束を強め、村人仲間にも同じことを期待するだろう。強固な個人間ネットワークを欠いている場合、衝撃を受けた人々は、新たな人間関係や共同体を見つけてそれに投資する方向へと駆り立てられるだろう。

第二に、社会規範は、集団が生き残るために文化的に進化したものなので、戦争やその他の衝撃的事態に直面すると、こうした規範やそれにまつわる信念を奉じる傾向が強まってくる可能性がある。それゆえ、社会規範がさまざまな形の協力行動を命じている限り、人々は規範に従ってより緊密に協力するようになり、また、そうした基準から逸脱する者をより厳しく処罰するようになる。

こうした心理面への二つの影響——相互依存型集団の結束、および規範の強化——がヒトの心理の他の側面と結びついて、第三の効果を生み出す。つまり、戦争、地震、その他の災害に見舞われると、人々の宗教的なものへの関心が高まって、儀式への参加が増え、その結果、宗教団体が成長してくるのである。これは、相互に関連し合う二つの理由から起こる。一つには、戦争やその他の衝撃は、社会規範やそれにまつわる信念を強化することによって、人々の信仰心を深めて宗教活動に駆り立て、宗教団体への関与をさらに促す可能性がある。もう一つ、戦争のような衝撃は、ヒトの相互依存心理を掻き立てることによって、支えとなる共同体にさらに投資したり、加入したりするように人々を動機づける。宗教団体は必ずと言っていいほど相互扶助や支援活動を行なっているので、この動機づけの効果によって、宗教団体の活動に参加する人々が増えてくる。宗教団体への投資が増すと、たいてい教会やモスクでの礼拝によく出席するようになり、（その副作用として）超自然的な信念がさらに強化される可能性がある。以上のような効果に加え、人々に死後の生を約束し、不安への対処を助ける儀式を繰り返し行なう宗教は、戦争その他の災難がもたらす実存的脅威によって、とりわけ大きな後押しを受けるかもしれない。人々はますます宗教団体に惹きつけられるようになり、宗教と無縁でいられる可能性は低くなる。

これは、次のような三要素をもつ宗教団体の出現をほのめかすものだ。①互助を提供する相互依存ネットワーク、②聖なる規範への献身（コミットメント）の共有、そして③実存的不安や人生の無常に対処しやすくしてくれる儀式や超自然的信念。戦争やその他の災難が絶えない世界では、集団間競争の作用を受けて、この三要素を備えた宗教パッケージが普及していく。なぜなら、こうした宗教こそが、この重要な特質を欠く宗教との競争に勝利するからである（こうした宗教が「真実」だからではない）[7]。

実際に、自然災害や戦争はいずれも、人々の宗教的信仰心を深め、儀式への参加を促すことを示す多数の証拠が得られている。経済学者のジャネット・ベンツェンは、過去に起きた地震、火山噴火、熱帯暴風雨の激しさに関するグローバルデータと、九〇か国以上に暮らす二五万人を超える人々の宗教的信念に関する詳細な調査結果を組み合わせることによって、災害に見舞われやすい地域に住んでいる人々ほど信心深いこと、具体的には、神、天国、地獄、罪業、悪魔をより強く信じていることを明らかにした。震源、活火山、暴風域の中心に一〇〇〇キロメートル近づくごとに、このような超自然的なものを信じていると答える人々の割合が、およそ一〇ポイントずつ増加する。どの大陸においても、ほとんどの主要宗教で、こうした効果が認められる[8]。

以上のような心理効果は、文化として受け継がれる信念や習慣に埋め込まれているので、人々が災害多発地から移住してからも、世代を越えて持続していく。ジャネットが、ヨーロッパの同じ国で生まれ育った移民第二世代同士で比較した場合でも、やはり同様のパターンが認められた。すなわち、災害に見舞われやすい地域から移住してきた母親をもつ移民第二世代ほど、成人後も信心深いのである。(9)

戦争も、自然災害と同様に、人々の宗教的信仰心を高める。共同研究者たちと私は、戦争と社会的動機づけとの関連性を調べた前述の手法を用いて、ウガンダ、シエラレオネ、タジキスタン（中央アジア）の調査データを分析し、戦争が宗教に及ぼす影響を調べた。その結果、戦争の影響を大きく受けている人々ほど、次のような傾向が強いことがわかる。①宗教団体（教会やモスクなど）に加入する、②儀式に参加する、③自らの宗教共同体を、自分にとって最も重要な集団として位置づける。

データから明らかなのは、戦争を体験することによって、任意組織に加入する傾向が全般的に高まるだけでなく、宗教組織に加入する可能性が特に高くなるということである。その影響力は大きい。ウガンダでもタジキスタンでも、戦争体験によって、人々が宗教団体に加入する割合が、二倍ないし三倍に増えている。人々が実際、どんな宗教的信念をもっているかを知るデータはまだないが、ジャネットの分析結果に照らすと、戦争によって人々は、天国、地獄、罪業、悪魔といったものを深く信じるようになると思われる。われわれのデータから直接裏づけられるのは、戦争体験によって儀式参加の頻度が増すということだけだが、儀式に参加することによって宗教的信仰心が深められていくことが、別の研究で確認されている。(10)

戦争と宗教に関するデータはさらに、戦争終結後にはこうした効果が——弱まるのではなく——むしろ強まることを示している。もちろん、この傾向がいつまでも続くわけではないが、われわれのデータから、人々の宗教的信仰心は、抗争が終結してから少なくとも一二年間は深まり続けることがうかがえる。こうしたことが起こる理由はいくつか考えられるが、重要な理由の一つは、大勢の人々がみな同時に同じ衝撃に見舞われると、宗教組織を結成したり、それに加入したりすることによって、同じような志向をもつ他者と選択的に交流するようになるということだ。こうした団体に加わっている人々が献身的に深く関与するほど、協力行動が促進されて活動成果が上がる。すると、その成功に惹きつけられて新メンバーが加入してくる。（初めはそれほど熱心ではない）新メンバーもやがて、団体の先輩から学んで、信念や規範を身につけていく。抗争の終結後や、自然災害に見舞われた後の何年間かは、衝撃が宗教的信仰心に及ぼす心理効果が、このようにして徐々に強められていく可能性がある。[11]

総合すると、この研究から、戦争体験には次のような効果があることが示唆される。①相互依存のネットワーク（氏族、部族、都市、宗教共同体など）に投資しようとする人々の気持ちが刺激される。②社会規範の厳守体制が強化される。そして③宗教的信仰心が深まる。これはつまり、個人の集団同一性、社会規範、および宗教的信念しだいで、戦争は、全く異なる心理効果を生み出しうるということである。たとえば、戦争の衝撃を受けて、ある人々は、自部族との結びつきを強め、またある人々は、自国との結びつきを強めるかもしれない。戦争の衝撃を受けて、カースト規範（カーストごとに異なる振る舞いを強いる規範）が強化されるかもしれないし、面識のない相手に対して公正に振る舞うことを命じる非人格的規範が強まるかもしれない。また、普遍的道徳を要求する神への信仰が深まるかもしれないし、由緒ある父系リネージの存続を見守る祖霊への信仰が深まるかもしれない。

タジキスタンの内戦は、このような効果を例証するものだ。ソ連崩壊後、政治的断層線が、タジクという民族言語集団を構成している諸氏族をばらばらに分断した――タジク人の氏族の中には、政府を支持するものもあれば、反政府を掲げるものもあったからだ。氏族同士、民族集団同士が戦うはめになったことで、それまでくすぶっていた猜疑心が刺激され、隣人間で争いが始まるところもあった。こうした状況の中で、戦争の心理的影響によって、氏族の結束や伝統的な親族規範が強化された。つまり、内戦の影響を大きく受けた人々ほど、（政府の役人に対してよりも）氏族の指導者に大きな信頼を寄せ、見合い婚（「由緒ある」氏族の風習）を強く支持し、また、取引を行なう前に相手と顔見知りになることを望んだ（非人格的商業よりも人間関係を重視）。国家レベルの政治的断層線における諸事情が（この場合は氏族同士の対立）が、内戦体験によって地域共同体の人々の心理がどう変化するかに影響を及ぼしたのである。もし、遥か昔に氏族が消滅していたならば、見合い婚は罪深いと見なされ、商売も非人格的原則に基づいて行なわれていたはずで、内戦の心理的影響はかなり違ったものになっていたことだろう。[12]

ヨーロッパで起きた戦争の歴史的影響を吟味するにあたっては、次のことを念頭に置く必要がある。すなわち、心理学的観点から見て、戦争は、相互依存ネットワークの結びつきを密にし、重視される社会規範を守ろうとする気持ちを強め、さらに、宗教的なものへの信仰を深める傾向があるということだ。このような心理的変化によって、ヒト社会の規模拡大が促進されていく可能性もある。たとえば、信頼の醸成、法令の遵守、公共の利益への貢献（道路を清掃する、選挙で投票する、賄賂を受け取らないなど）が促されて、国家レベルの制度が強化されていくような場合だ。しかし、戦争はまた、同一国内に暮らす民族集団や宗教集団間のわずかな違いを大きく広げ、政府が効果的に機能する力を低下させるような、負の連鎖を生み出す可能性もある。戦争の衝撃に見舞われたとき、その社会が社会進化によってどちらの方向に向かうかは、個々人の集団同一性や、現在の制度（氏族制か、首長制社会か、自治都市か）、そして最も重視される規範（氏族への忠誠、非人格的公正さなど）いかんによって異なり、とりわけ、抗争のどちら側に「誰」がいると人々が見なすかによって違ってくる。[13]

自ら起こした戦争でますますＷＥＩＲＤになったヨーロッパ人

九世紀にカロリング帝国が崩壊した後、ヨーロッパは、何百もの独立した政体に細分化された。その中には、旧帝国の名残や教皇領もあれば、独立した都市もあり、また、貴族を気取った軍司令官が支配する領土もあった。このような政治的単位は総じて規模が小さくて、現代のエルサルバドル共和国ほどだった。ビザンツ帝国を別にすると、「国家」と見なせる存在は皆無だったかもしれない。この分裂状態が、熾烈な集団間競争を煽ることになった。統治組織がどこでもやるように、彼らもやはり領地や資源をめぐって、名誉をかけて戦い始めた。同じ頃、ヴァイキングが北方から散発的に襲ってきては、略奪や破壊行為を働くようになり、一方、スペイン、イタリア、トルコでは、強力なイスラム軍が北に向かって進軍してきた。第3章で述べたとおり、長きにわたって、集団間競争が社会進化の推進力になってきたのである。そして、中世盛期に入ると、教会の婚姻・家族プログラム（ＭＦＰ）が中世初期に社会や人々の心理に与えた影響ゆえに、社会の複雑度を高める新たな経路が開かれた[14]。

ヨーロッパ社会では、カロリング帝国の崩壊後一〇〇〇年間にわたって激しい戦争が続き、ようやく比較的平和な社会が到来したのは第二次世界大戦後のことだった。歴史社会学者で政治学者のチャールズ・ティリーは、一五〇〇年から一八〇〇年までの間、ヨーロッパの諸政体は、八〇～九〇％の期間、戦争状態に置かれており、その前の五〇〇年間は、さらに厳しい状況にあったかもしれないと推察している。イングランドだけ見ても、一一〇〇年から一九〇〇年までの歳月のおよそ半分が、戦争状態にあった。こうした容赦ない集団間抗争が、第3章で述べた社会進化の駆動力となったのである。ヨーロッパ社会は、より大きく、より強く、より複雑になっていった。さもなければ、滅ぼされるか、呑み込まれるかのどちらかだった。よりいっそう有力な政治・軍事機関がたびたび現れては、互いに競い合い、結合し、力の乏しい相手を食い物にして拡大していった。この長期間に及ぶ稀有な選択（淘汰）のプロセスを通して、徐々にではあるが、領域国家が出来上がっていき、国家レベルで憲法（憲章）が成文化され、大規模な民主主義の実験が始まった[15]。

当初から、こうした戦争は、新たな武器、城郭、城壁の建設に拍車をかけるとともに、農村部の人々を町や都市の庇護のもとへと駆り立てた。しかし、この新たな社会的状況下でヨーロッパに蔓延する戦争は、もっと根深くて、後々まで影響を及ぼす重要なことを行なった。つまり、人々の心に衝撃を与え、それによって新たな経路に沿った文化進化を加速させたのである。それは、個々人、任意団体、非人格的交流を中心に据えた経路だった。

言うまでもなく、絶え間ない抗争というのは、人類にとってほとんど当たり前のような状況であって、確かに、何世紀にもわたる痛ましい抗争を経験したのはヨーロッパ地域が初めてではなかった。しかし、それまでとは違っていた点がある。一〇世紀には、一部の集団はすでに、教会とそのMFPによって、新たな社会的・心理的空間に追い込まれていたのだ。氏族、リネージ、部族はすでに解体され、消滅しないまでも、劇的に弱体化していた。親族ベース制度の束縛から放たれるとともに、保護されることもなくなった人々は、新たに自らの意思で結ぶ人間関係や、自らの意思で加わる団体や共同体を求めていた。こうした社会的状況の中で受けた戦争の衝撃は、全く異なる心理効果をもたらしたに違いない。前述のとおり、戦争は次のような効果をもたらしたと思われる。①任意の社会団体の新たな結成を促し、既存の団体の結束をさらに強める。②そのような任意団体の非人格的社会規範を強化する。③人々の宗教的信仰心を深める。以上を総合すると、戦争体験によって引き起こされた社会的・心理的変化は、より個人主義的で公正さを重んじる人々の心理にぴったり合うような、新たな公式の組織、法律、政府の形成を促したと思われる。

対比して理解するために、緊密な親族ベース制度をもつ社会に暮らす人々に対して、戦争が及ぼす心理的影響について考えてみよう。そのような共同体では、戦争の衝撃を受けると、広範な親族ネットワークとの絆や永続的な人間関係が強化され、祖先神や部族神に対する信仰心が深まり、さらに、自身の氏族やキンドレッドに忠誠を尽くし（身内重視）、イトコと結婚し、年長者を敬うべしという規範意識が強まるはずだ。タジキスタンでは、すでに見たとおり、戦争の衝撃によって、氏族の長老たちに寄せられる信頼が高まり、見合い婚への支持が強まった。シエラレオネでは、戦争によって、伝統的制度を土台にした郷土防衛隊の結成が促された。ニューギニアのセピック地方では、戦争によって、氏族への忠誠心が強まるとともに、年齢組、儀礼的親族、タンバランへの献身度が高まったことを、トゥジンが観察している。実のところ、社会システム全体が、戦争の心理的効果によって結びつけられていたという可能性もある。セピック地方の争いがオーストラリア軍によって鎮圧されると、それから数十年で、イラヒタのタンバランは瓦解した。

古代中国についても考えてみよう。紀元前一二〇〇年には、独立した政体の数が一二〇もあったのだが、血なまぐさい戦争が一〇〇〇年にわたって続いた後の紀元前二〇六年には、前漢が統治する一つの安定した国家になっていた[16]。この規模拡大のプロセスが終わる頃にはすでに、皇帝とその一族に「天命」が下されるようになった――つまり彼らは神聖な使命を負っていたのだ。したがって、法律を制定しても、自らがそれに支配されることはなかった。皇帝に仕えるエリートは、個人としてではなく、家族や氏族として仕え、血族結婚によってネットワーク化されていた。権限と特権の両方が父系系譜を通じて広がり、代々伝えられていった。一般庶民も緊密な親族関係に依存していたが、エリートは、庶民の親族ベース制度が強くなりすぎないようにしていた。初期の中国皇帝たちの御用学者として仕えた、有名な儒者たちも、エリート家系の出身だった。当然ながら、この競争のファイナリストたちは、エリート一族と一般庶民との間に非親族的制度を導入することによって、首長制社会から国家への移行を図っていた（図3・3）。そして、よくあることだが、そのような制度は、軍から下されるもの（たとえば功績に基づく昇進）と軍への奉仕（たとえば徴兵や税金）との関係で成り立っていた。しかし、この――戦争によって敷かれた――路線に沿って、市民に保護権利を賦与すると決めた町も都市も、また、地域法を審議する代議員会の設置を定めた憲章を成文化した町も都市もなかった。おそらく、そのようなことを考えつく者はほとんどいなかったのだろう。たとえいたとしても、それを他の人々に納得させるのは並大抵のことではなかったろう。というのも、緊密な親族ベース制度がもたらす社会的インセンティブ（外発的動機づけ）も心理的モチベーション（内発的動機づけ）もともに、氏族への忠誠、権威への服従、伝統への傾倒、状況に応じた関係性重視の道徳を利するものだったのだからである[17]。

それに対して、カロリング帝国が瓦解した後に生まれた共同体は、すでに何世紀にもわたって教会とＭＦＰの影響下に置かれてきたがゆえに、異なる経路をたどることになった。ＭＦＰは、親族ベース制度を切り崩して、核家族を利しただけにとどまらず、このような旧来の制度の再建をほとんど不可能にしていたのだ。ではどうなったかと言うと、キリスト教の普遍的道徳を背景にして、人々は、憲章都市、友愛結社、大学、ギルド、宗教的軍隊組織（テンプル騎士団など）のような任意団体に加入していった。そして多くの場合、こうした任意団体がその成員に、（負傷時の）相互扶助、身の安全、そして所属集団の一員としてのアイデンティティを与えた。そしてまた同時に、非人格的交換のための市場規範が普及していき、それらがしだいに取引契約、商法、都市憲章として明文化されていった。

こうした新たな状況の中で、戦争の衝撃は、人々の任意団体（都市など）との関わり合いを深め、面識のないキリスト教徒に対する向社会的規範を強め、また宗教的信仰心を高めることによって、新たな非人格的制度（政治制度や商制度など）の構築を促進し、個人を中心に据えた法律の採択に拍車をかけ、さらに、都市共同体レベルの、やがては国民国家レベルの公共財に寄与しようとする人々の動機づけを高めたと思われる。

過去一千年にわたってヨーロッパで繰り広げられたこうした戦争の影響を、歴史記録の中に見出すことができるだろうか？

うちの研究室はいまだ、戦争の歴史がヨーロッパ人の心理に与えた影響を見つけ出す方法を模索している最中だが、戦争が都市地域の成長、代議員制度の導入、自治都市の発展に及ぼした影響については確認することができる。

まず初めに、ある地域での戦闘や籠城戦が、その後の都市の成長に及ぼした影響について検討しよう。経済学者のマルク・ディンチェッコとマッシミリアーノ・ガエターノ・オノラトは、八四七の戦闘と籠城戦について、日付と場所がすべて揃った見事なデータベースを作成し、次にそれを、人口五〇〇〇人以上の都市の、西暦一〇〇〇年から一八〇〇年まで一〇〇年ごとの人口規模の推定値と結びつけた。これらの戦闘と籠城戦が、ヨーロッパのどこで、いつ起きたかを示したのが図10・2である。ディンチェッコとオノラトは次のような問いを立てた。ある都市やその付近で戦闘や籠城戦が起きた場合、その後の一〇〇年間に、その都市の成長は、それ以前よりも速くなるのだろうか、それとも遅くなるのだろうか？

二人の分析から、都市の成長は、戦争によって加速したことがうかがえる。具体的に言うと、戦闘や籠城戦にさらされた都市は、その後の一〇〇年間の成長率が少なくとも二五％ほどアップした。ある一〇〇年間の成長率が二〇％だった都市は、戦争に見舞われたことで、成長率が二五〜三〇％に高まった。当然ながら、繁栄している都市ほど、略奪を目的とする軍隊の標的になりやすいはずだが、その世紀初頭の都市の繁栄度を一定にした場合でも、結果に変わりはない。都会の成長は全般的な経済生産性と密接に結びついていることからすると、ヨーロッパでの戦争はどうやら（戦いを勝ち抜いた側の）経済的繁栄を促進したようだ。[18]

これには首を傾げてしまう。戦争は人々を殺害し、財産、建造物、橋、作物、その他さまざまな

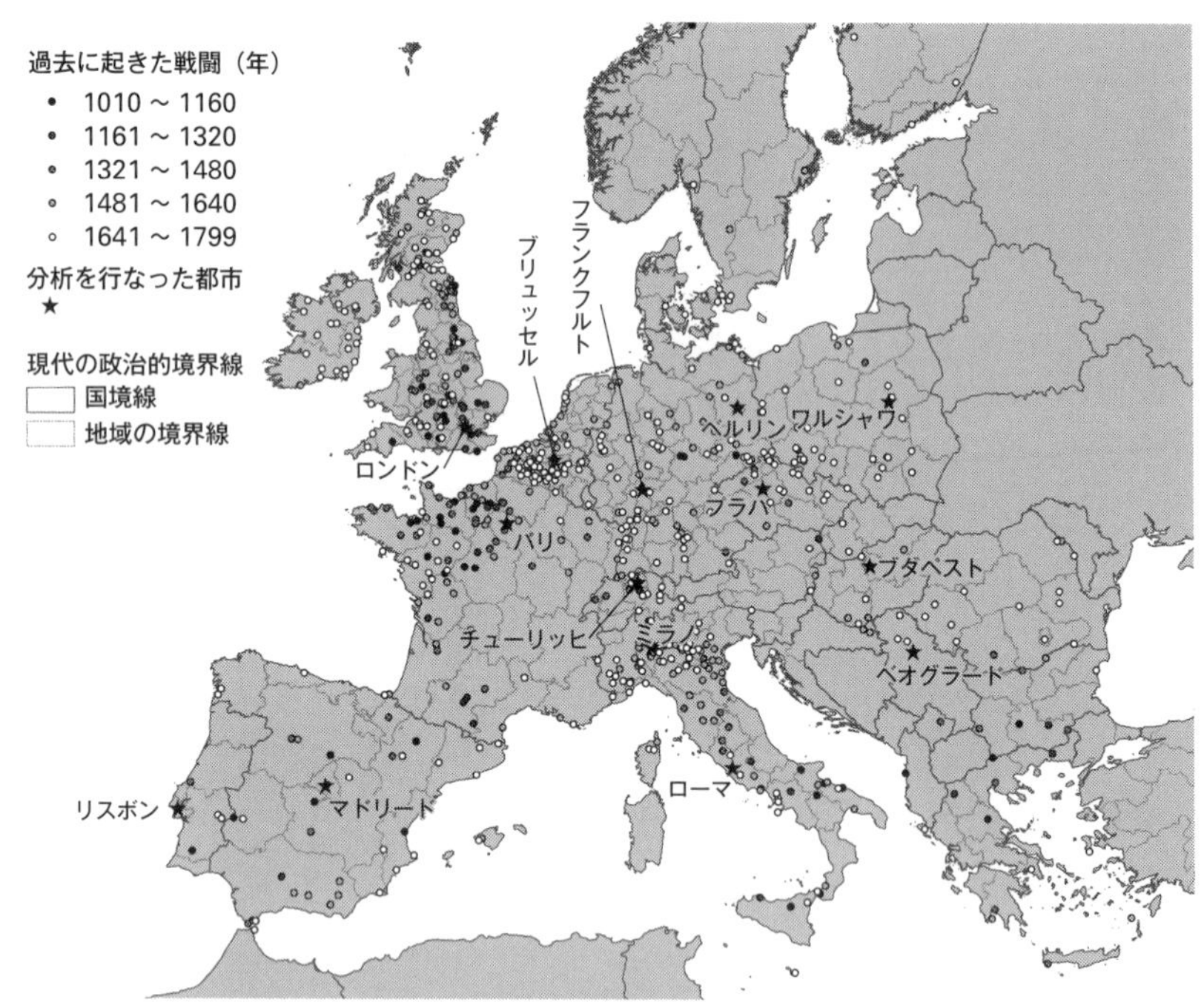

図10.2　西暦1000年から1800年までの間にヨーロッパで起きた戦闘と籠城戦。点の色が濃いほど、早い時期の戦闘や籠城戦を表している。参考までに、小地域の境界線に加えて、現在の国境線も示してある (19)。

ものを破壊する。中世の軍隊が行なったショッキングな破壊行為の数々を考えると、戦争がなぜ、都市の成長や経済的繁栄をもたらしうるのか、疑問に思えてくる。[20]

すでに述べた心理学的証拠に照らすと、ヨーロッパの戦争は三つのことを行なった可能性がある。第一に、戦争は、人々の相互依存心理を掻き立てることによって、任意団体の成員間の結びつきを堅固にしたであろう。都市部に暮らす市民の団結も強まったと思われる。また、相互依存ネットワークを拡大したいという期待の高まりとともに、任意団体の構成員数が増えていった可能性がある。戦争によって、ヨーロッパの氏族、部族、またはリネージの団結が強まったとは思えない。すでにそのほとんどが消滅していたからだ。

第二に、戦争は、形成されつつある市場規範を強化するとともに、明文化された都市の法を守ろうとする人々の意識を高めたであろう。しかし、「年長者を敬う」といった親族ベースの規範が強化されることはなかったはずだ。

第三に、戦争は、人々のキリスト教への信仰心を深めたであろう（ユダヤ教徒なら別だが）。その結果として、聖なる誓いの重みが増し、教区司教に権限が付与され、ＭＦＰがいっそう定着するとともに、キリスト教の普遍的道徳が深く根付いていったと思われる（これもまた、ユダヤ教徒に対する敵意を招いた可能性がある――キリスト教の道徳にはまだそれほど普遍性がなかった）。

これまで分析してきたのは、ヨーロッパ内での戦闘や籠城戦だけだった。しかし、この時期にはヨーロッパ以外の地域でも、ヨーロッパ人を巻き込んだ一連の戦争があった。それは十字軍である。第一回十字軍は一〇九六年に始まった。ローマ教皇ウルバヌス二世が、ローマ・カトリック教徒に対し、同じキリスト教を奉じるビザンツ帝国の（東方正教会）教徒を支援して、イスラム勢力の

「猛襲」から聖地を奪還するように呼びかけたのだ。信仰心や宗教的情熱を掻き立てられた大勢の領主や騎士たちが、資金を募って軍隊を組織し、武器を購入し始めた。やがて、貴族とその取り巻きがこうした聖戦に深く関与するようになったことで、あらゆる社会階層の人々がこの戦いに動員されていった。当初、十字軍の軍隊を率いていたのは、国王の息子や兄弟だったが、後の十字軍では、国王自らが挙兵して軍を率いることもあった。これらの軍隊は、伯爵、公爵、州長官、地元領主を配下に従えており、彼らはその家臣や領民を戦力として投入した。そのようなわけで、エリートも非エリートも同じように、こうした戦いに家族を駆り出され、その多くが間違いなく、戦死したり負傷したりした。つまり、私たちの戦争研究における「大きな被害を受けた」人々のようになったのだ。前述の研究からすると、十字軍は、予想されるとおりの心理的影響をもたらしたはずである。[21]

第一回から第四回までの十字軍（第四回は一二〇四年に終了）の影響を評価するために、リサ・ブレイズとクリストファー・パイクは、エリート十字軍戦士たちの出身地に注目したデータベースを作成した。彼らはヨーロッパの各政体から送り出された十字軍戦士の人数を数えることによって、「十字軍投与量」と呼ぶべき尺度を作成した。この尺度は、各政体がどれほど十字軍に関与したかを示すものであり、さらに、当時の民衆がどれだけ戦争の影響を受けたかをも捉えていると思われる。

彼らの分析結果から明らかなのは、十字軍運動の開始とともに、より多くの十字軍戦士を聖地に送った地域は、戦争への関与度が低かった政体に比べて、その後①代議員会がより多く召集され、②都市により多くの自治権が与えられ、③（都市化による）急速な経済成長を遂げた、ということだ。その効果は相当大きかった。軍隊を率いて戦地に赴いた十字軍戦士が一人増えるごとに、その政体の都市居住者の数が、軍隊を動員しなかった類似の都市に比べて、一五〇〇〜三〇〇〇人ほど多くなった。これは、十字軍への関与度が高かった都市ほど、急速な経済成長を遂げたことを物語っている。[22]

重要なことなのだが、これまでヨーロッパにおける戦争の影響を証明してきた政治学者や経済史学者たちは、戦争が人々の心理や文化に及ぼす永続的な影響を、全くと言っていいほど無視している。そして、自らの学問領域の常識に従って、戦争を直接、経済成長や国家体制の形成・強化と結びつけようとするのである。戦争によって特定の需要（防衛力強化、財源補塡など）が生まれることや、国王、教皇、諸侯が取りうる選択肢の費用対効果が変わることを、たいていその説明の根拠にしている。こうした事柄も確かに重要ではあるが、この手の説明すべてに共通する問題は、次の二つの点を見過ごしているということだ。

第一に、すでに見てきたとおり、戦争は、身体に損傷を受けなかった人々の心にも、後々まで影響を及ぼし続ける。だとすれば、中世ヨーロッパであれ、どこであれ、戦争に起因する長期的変化を説明する際に、これを無視していいはずがない。

第二に、戦争が絶え間なく続く状態は、人類社会ではどこでも、ごく普通のことだった。にもかかわらず、中国を引き合いに出して述べたように、ほとんどの地域では、戦争をきっかけに、都市化、政治的独立、代議員会や国会の召集へと向かうことはなかった。戦争をきっかけにしてこうした事柄が起きてくるのは、ある特定の文化心理や社会組織をもつ集団が、戦争の衝撃を受けた場合だけに限られる。たとえば、イスラム世界では、十字軍をきっかけに都市化の速度が低下し、自治都市も代議員会も出現することはなかった。ある歴史学者が、イスラム世界では「真の都市の自治など想像もつかなかったであろう」と述べているが、これはまさに核心を突いている。「想像がつく」かどうか、つまり人々の心理いかんによって、戦争に対してどう反応するかも、それをきっかけにどんな公式制度が構築されるかも、全く違ってくるのである。[23]

その後、国民国家が形成され始めると、戦争は、こうした政体を団結させて、民衆の国民意識（ナショナル・アイデンティティ）を形成し、さらに国家レベルの制度を強化するのを助けたであろう。その興味深いケースの一つは、ウィンストン・チャーチルが示唆しているように、百年戦争かもしれない。一三三七年から一四五三年まで、イングランド王とフランス王が断続的に戦闘を交えたのだった。社会や技術の変化により、専門の部隊が戦闘行為に携わるようになったが、その部隊には名門貴族だけでなく、下層階級の男性も配属された。戦争は一〇〇年を超えて続いたので、イングランドとフランスのあらゆる社会階層の家族が、数世代にわたって、激しい集団間抗争の心理的影響を受けながら、「イングランド」や「フランス」のために戦った。したがって、人々の社会的アイデンティティの観点からすると、百年戦争を経験したことによって、イングランド人は自分が「イングランド人」であるという認識を強め、フランス人は自分が「フランス人」であるという認識を強めた可能性がある。

同様に、アメリカ合衆国も、独立戦争前には、それぞれ自治を行なう一三の植民地の緩い連合体だったものが、戦争後には、強力な連邦政府をもつ一つの統一国家になった。つまり、私たちは、独立戦争の厳しい試練によって、「バージニア人」や「ペンシルベニア人」ではなく、「アメリカ人」になったのである（もちろん、この時点での「私たち」はまだ、人口のほとんどを含むまでには拡大していなかったが)[24]。

ヨーロッパのさまざまな政体間で繰り広げられた、数百年にわたる激しい軍事競争が、それまでとは異なる経路に沿って、新たな兵器、戦略、戦術を生み出すとともに、戦争を支える軍事制度や国家制度の進化をも駆動したのである。こうした制度に含まれるものとして、軍事教練、職業軍人制、議会による課税、公債発行で賄う国家財政などがあり、そして(ついに)公費負担の義務教育も登場するに至った。そのどれかの導入をためらう政体は、競争に破れるリスクを冒すことになった。極めて重要なことなのだが、このような制度や慣行はどれもみな、ある精神的土壌に――つまり、生まれつつある非人格的規範、高まりつつある個人志向、WEIRDさを増しつつある考え方によって、すでに十分豊かになっていた精神的土壌に――芽生え、そして成長したものだった[25]。

こんなふうに考えてほしい。戦争は恐ろしいものだが、然るべき条件のもとでは、ある種の心理効果によって、協力体制の発展を促し、社会の拡大や繁栄をもたらす可能性を秘めているのだ、と。果たして文化進化は、この集団間競争がもたらす苦痛、破壊、死といったマイナス面をすべて取り除き、それが人々の心理に及ぼすプラス面だけを引き出す方法を見つけ出すことができるだろうか?

集団間抗争を手なずける

一九七〇年代後半、ATM、テレフォンバンキング、新たな信用評価システムの出現に駆り立てられて、アメリカ合衆国は銀行業界の規制緩和を開始した。それまで、銀行の新設は、進出先の州が明文をもってこれを許可する場合に限られていた。このような規定が銀行の成長を妨げ、新たな支店設置を抑え、州境を越えた銀行業務の足かせとなり、総じて銀行間の競争を制限していた。新たな規則の導入――つまり「規制緩和」――によって、地方銀行の独占体制に終止符が打たれ、非効率な業務が改善され、さらに、本書の話にとって最も重要なこととして、信用のアベイラビリティが格段に増大した。信用貸しによって新たな事業創設に拍車がかかり、その結果、建設業やサービス業から、製造業やテクノロジー産業に至るまで、あらゆる分野における企業間の競争が激しくなった。(26)

国家レベルで進められたこの規制緩和がもたらした自然実験は、次のような疑問に答えてくれる。企業間の競争の激化が人々の心理に及ぼす影響は、先ほど述べた、暴力を伴う集団間競争が人々の心理に与える影響と同じようなものなのだろうか？　つまり、非人格的信頼を高めたり、協力行動を促したりするのだろうか？

銀行業務の規制緩和は、数十年間にわたって、たいてい州特有の政治的要因ゆえに、州ごとにそれぞれ別の年に実施された。ということはつまり、規制緩和は、少なくとも州の信頼レベルや企業間競争の激しさに関しては、準ランダムに実施されたということだ。したがって、規制緩和を、企業間競争を激化させる実験的「処置」と考えることができる。「処置」（規制緩和）がなされた州と「未処置」の州の信頼レベルの経時的変化を比較することによって、集団間競争が非人格的信頼に及ぼす影響を評価することができる。

もっと具体的に言うと、規制緩和がもたらした、信用のアベイラビリティの増大によって新たな企業が誕生すると、それぞれの州のさまざまな経済分野において企業間競争が激化したはずだ（それは銀行業界に限ったことではない）。このように競争が激化してくると、協力し合って効率的に働くように従業員たちを仕向けることに長けた企業ほど、競争に生き残って繁栄し、さらに、他企業から模倣される可能性も高まったはずだ。自社よりも高い業績を挙げている企業の風習、経営方針、組織構造、姿勢、経営手法を模倣するなどして獲得する（場合によっては、それに改良を加える）ことによって、さまざまな分野の企業が——総じて——従業員の協力度を高めていったと思われる。ちなみに、成長著しい企業は、居住地にも人間関係にも縛られない人々を雇うことが多いので、企業間競争の激化は、社会関係に埋め込まれた個人間（インターパーソナルな）の向社会性ではなく、非人格（インパーソナル）的な向社会性を強めるはずだ。より多くの人々が、日々の生活の多くの時間を、公平規範が支配するより協力的な環境で過ごすようになるにつれて、人々は概して、ますます協力的になるとともに、職場外の匿名他者に対する信頼感も高めていくはずである。言うまでもなく、集団間競争による心理的影響を受けた人々が、他者と交流し、他者に影響を及ぼすにつれて、このような心理の変化が社会的ネットワーク全体に波及していく可能性がある。[27]

これはなかなか興味深い筋書きだが、本当にそうなのだろうか？　競争はどんな形のものであれ、人間を欲深くて利己的な金の亡者にしてしまう、と多くの人々は信じている。だが実際には、手なずけられたタイプの集団間競争を経済システムに埋め込む方法が、文化進化によって編み出されたたのではないだろうか？　私は、このタイプの集団間競争（または企業間競争）を、「手なずけられた」タイプと呼んでいる。どうやら文化進化は、命取りになりがちな「野生」型の集団間競争（戦争）を手なずけて、近代の制度に組み込むことによって、その社会的・心理的な効果をうまく利用できるようにしたらしい。

企業をはじめとする任意団体間の競争が、本当に向社会性を高めるのかどうかを調べるために、経済学者のパトリック・フランソワ、トマス・フジワラ、タンギー・ヴァン・イーペルセルは、三つの主要変数を含むデータベースを作成した。第一に、アメリカ合衆国の各州が銀行業務の規制緩和を実施した年についてのデータを入手した。第二に、企業間競争の激しさを評価するために、アメリカ合衆国の各州で、各年に、新規参入した企業と廃業・閉鎖した企業の件数についてのデータを収集した。より激しい競争は、新規参入する企業（新たな競争者）の多さと、実績が悪化した古い企業の「死」によって特徴づけられるはずだ。極端なケースで、市場が独占されている場合には、競争は存在せず、したがって参入する企業も撤退する企業もない。この両方の件数を調べれば、銀行業務の規制緩和が本当に、企業間競争を激化させたのかどうかを確認できる。第三に、非人格的信頼を評価するために、一九七三年から一九九四年までに行なわれた「一般的信頼の質問（GTQ)」に対する回答を、アメリカ合衆国のほぼすべての州について集めた（GTQマップは図1・7)。思い出してほしいが、GTQは「たいていの人は信頼できると思いますか、それとも用心したほうがいいと思いますか?」と問うものだ。[28]

図10・3に、集団間競争の激しさを示す二つの尺度（企業の参入と撤退)、および、非人格的信頼の度合い（GTQで「たいていの人は信頼できる」と答えた人々の割合）の経時推移を示してある。規制緩和が実施された年は州によって異なるが、規制緩和が実施された年を「ゼロ年」とし、ゼロ年の値との比較で、企業間競争と非人格的信頼の推移を評価することによって、それらをすべて一緒に表示することができる。図10・3のゼロ年の右側を見ると、規制緩和の実施後に、競争の激しさが年々どのように変化したかがわかる。ゼロ年の左側を見ると、規制緩和が実施される前の

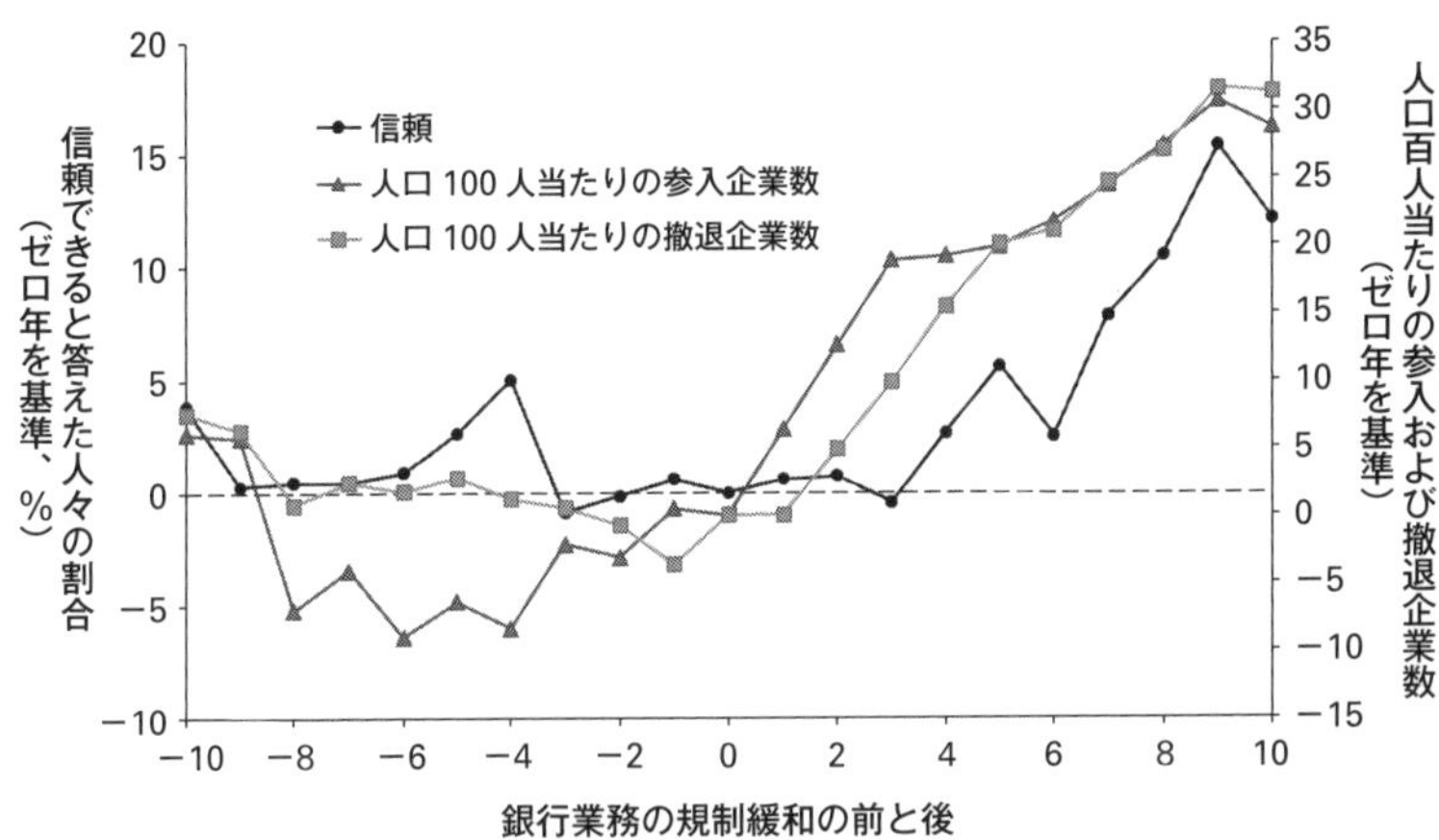

図 10.3 銀行業務の規制緩和が実施された年と、企業間競争および非人格的信頼の関係。横軸は、規制緩和が実施された年（ゼロ年）の何年前または後かを示す。左側の縦軸は、GTQで「たいていの人は信頼できる」と答えた人々の割合が、ゼロ年を基準にしてどれだけ変化したかを示す。右側の縦軸は、参入または撤退した企業の数（人口100人当たり）が、ゼロ年を基準にしてどれだけ変化したかを示す。このパターンは、銀行業務の規制緩和によって集団間競争が激化し、ひいては非人格的信頼が高まったことを示唆している(29)。

様子がわかる。横軸の目盛りの「−2」は、規制緩和の二年前という意味であり、「2」は、規制緩和の二年後を意味する。左側の縦軸は、「たいていの人は信頼できる」と答えた人々の割合が、ゼロ年を基準にしてどれだけ増減したかを示している。同様に、右側の縦軸は、州経済への参入企業数および撤退企業数（人口一〇〇人当たり）が、ゼロ年を基準にしてどう変化したかを示している。

明らかに、規制緩和がなされる前は、信頼も企業間競争もともにあまり変化がないのに対し、規制緩和が実施されるや否や、集団間競争が激しさを増してくるようだ。その数年後に、非人格的な信頼も同じく上昇を始める。およそ一〇年後に、信頼レベルは、規制緩和が実施された州では、平均で一二ポイント以上高くなっている。ということは、規制緩和された年に、ある州の人々の五〇％が「たいていの人は信頼できる」と考えていたならば、そのおよそ一〇年後には、六二％以上の人々がそう考えるようになったということだ。グラフには一〇年後までしか表示していないが、データから、こうした上昇傾向が少なくともあと五年間続いたことがうかがえる。これはさらに、銀行業務の規制緩和をきっかけに、企業間競争が激しさを増したことで、人々の非人格的信頼のレベルが押し上げられたことを示唆している。[30]

パトリック率いるチームは、銀行業務の規制緩和が人々の非人格的信頼に影響を及ぼしたように見えたとしても、それは、アメリカ合衆国だけに見られる現象、あるいは、一九八〇年代から一九九〇年代にかけて規制緩和が集中した時期に特異な現象なのではないか、との懸念を抱いた。この懸念に取り組むために、三人は、二〇〇三年から二〇一三年まで（この間の二〇〇八年には経済危機が起きている）、個々人を追跡調査したドイツのデータを分析した。これらのデータでは、転職する際の、場合によっては異なる産業分野や業界に転職する際の、同一個人の非人格的信頼のレベルを追跡することが可能だった。ドイツの五〇種類の業界の競争の激しさに関するデータを用いて、パトリック率いるチームは、次のような単純な問いに答えようとした。企業間競争の激しい業界から、競争の穏やかな業界に転職した場合、人々の信頼レベルにどのようなことが起こるのか？ここでは、同一個人の経時変化を追っている、ということを忘れないでほしい。

この分析結果から、競争の激しい業界に転職した人々は、非人格的信頼のレベルが高まる傾向にあることが明らかだ。この結果からすると、市場を三社で分け合っている架空の業界から、四社で分け合っている業界に転職した場合には、ＧＴＱで「たいていの人は信頼できる」と答える確率が四ポイントほど高まる計算になる。それに対し、競争が緩やかな業界に転職した場合には、信頼のレベルは（総じて）低下する。予想されるとおり、同じ業界内で転職する場合や、競争の激しさが同程度の業界に転職する場合には、信頼のレベルはほとんど変わらない。ここでもやはり、アメリカ合衆国の場合と同様に、企業間競争が激化すると、非人格的向社会性を促す規範が強化されることによって、人々の心理が変化するのである。

しかし、パトリック率いるチームはそれでもまだよしとせず、さらに経済実験を行なうことにした。条件を制御して実験すれば、集団間競争が高じた場合の影響を調べることができる。パリ経済学校で、参加者（フランス人大学生）を、競争のない標準的な公共財ゲーム（ＰＧＧ）と、競争の要素を加えたバージョンのいずれかに、ランダムに割り当てた。標準型ＰＧＧでは、一九ラウンド中の各ラウンドごとに、参加者は異なる匿名の相手とペアを組む。ラウンドごとに、一〇ユーロを与えられた参加者は、パートナーとの共同プロジェクトに、この現金を好きなだけ寄付することができる。プロジェクトに寄付した現金はすべて、五〇％増し（一・五倍）にされたのち、二人で等分に分け合うことになる。参加者が二人とも一〇ユーロすべてをプロジェクトに寄付すれば、二人の収益は最大になる。しかし当然ながら、誰もがみな、寄付は控えて、パートナーの寄付にただ乗りして稼ごうとする金銭的インセンティブをもっている。ちなみに、毎回、匿名の相手と組んで一回ずつプレーしたので、後のラウンドでパートナーの寄付額が増すことを期待して序盤で寄付してみせるという、合理的判断が生まれる余地はなかった[31]。

競争型バージョンも、設定は前述の標準型ＰＧＧと全く同じで、ペアを組んで共同プロジェクトに寄付する機会を一回与えられた後、ランダムにペアの組換えがなされる。重要な違いは、どのペアも、共同プロジェクトへの寄付額の合計が、競い合っているペアの寄付額の合計と同額であるか

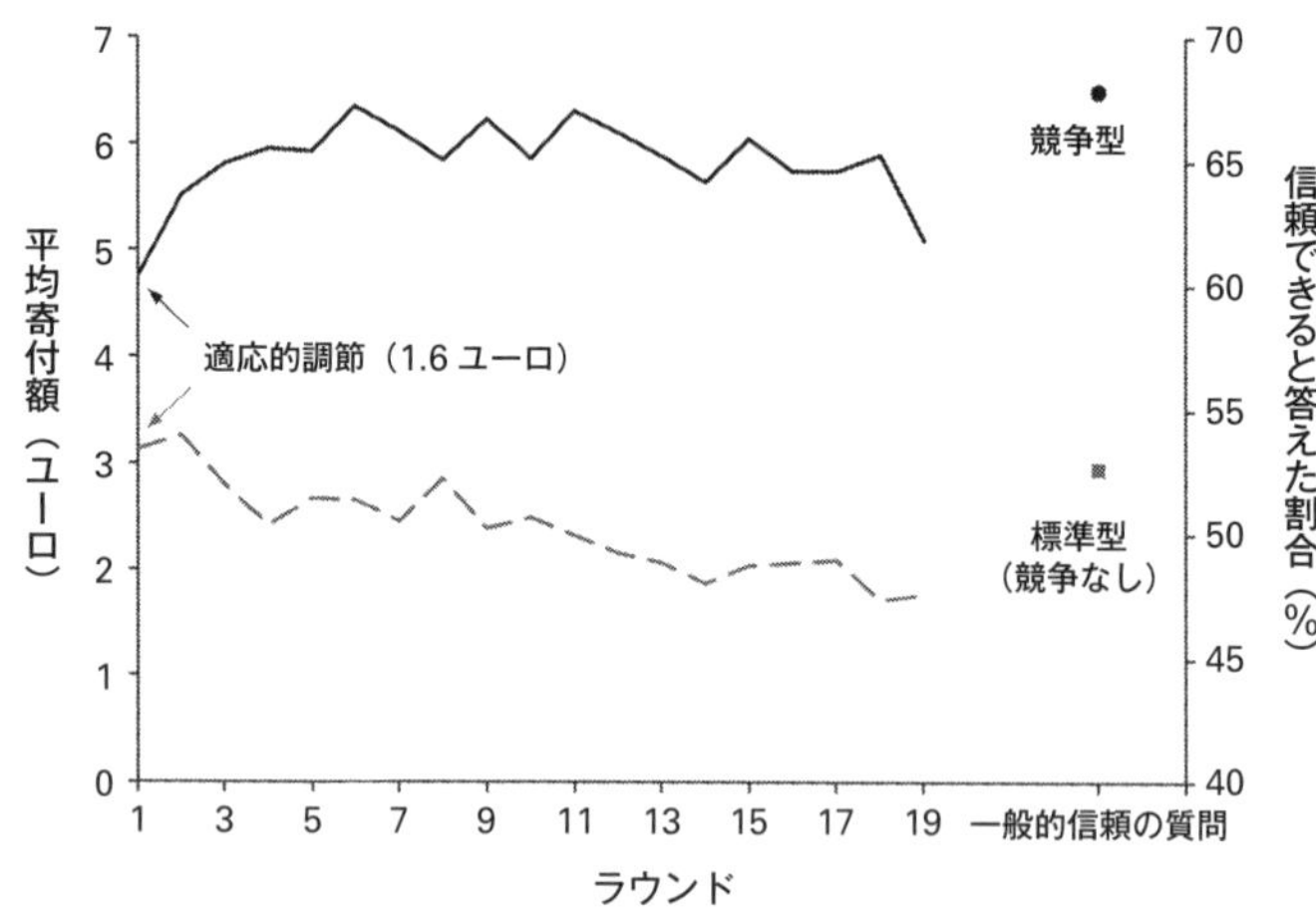

図10.4　標準型および競争型バージョンの公共財ゲームにおける、共同プロジェクト（公共財）への平均寄付額。横軸は、ゲームのラウンド数を、左側の縦軸は、ラウンドごとの平均寄付額を示している。ゲーム終了時に、一般的信頼の質問に対し「たいていの人は信頼できる」と答えた参加者の割合を、右端にプロットし、右側の縦軸にその目盛を表示してある[(32)]。

それを超えた場合に限って、その収益を受け取れるという点である。たとえば、あなたが三ユーロ、パートナーが五ユーロ寄付した場合、合計は八ユーロなので、共同プロジェクトの金額は一二ユーロとなる。標準型PGGでは、この一二ユーロから、それぞれが六ユーロずつ受け取ることになる。ところが、競争型PGGの場合には、あなたがこの六ユーロを受け取れるのは、競争相手——競い合っているペア——の寄付額の合計が、（一・五倍にする前に）八ユーロ以下だった場合に限られる。さあ、フランス人大学生は、競争型ゲームが作り出した集団間競争にどう反応するのだろうか？

図10・4に、標準型ゲームと競争型ゲームの平均寄付額が、一九ラウンドにわたって示してある。集団間競争がない場合、一ラウンド目の平均寄付額は三ユー

ロほどに留まり、その後も、ゼロに向かって下がっていった。一方、競争型ゲームで集団間競争が生じると、おそらく競争相手の行動を気に掛けるからだろう、参加者は一ラウンド目から寄付額を（一・六ユーロほど）増やし、その後も、およそ五ラウンドにわたって寄付額をさらに上げていき、やがてゲーム終盤では横ばいになった。こうした一回限りのやりとりでの協力行動に対して集団間競争が及ぼす効果によって、ゲーム終盤の五ラウンドまでに相当な開きが出た。集団間競争のある状況に置かれた参加者たちは、競争のない状況に置かれた参加者たちの三倍近い金額を共同プロジェクト（公共財）に寄付するようになっていたのだ。[33]

これはフランス人だけに限ったことではない。実験室実験での集団間競争が協力行動に影響を及ぼすことは、これまでさまざまなWEIRD集団で確認されてきた。公共財ゲームにおいて、最も効果的に協力行動を引き出す方法はおそらく、集団間競争と、手痛い罰を与える機会を組み合わせることだろう。集団間競争が存在する場合に、フリーライダーがいると、WEIRDな人々はただちに（金を取り上げて）「やっつけよう」とするようだ。するとたちまち、ただ乗りが阻止されて、協力行動がうまく促され、寄付額が最大値近くまで増大する。[34]

これまでになされた研究の問題点は、公共財ゲームのような実験で見られる協力行動が、一般的信頼とどう関連しているのかよくわからないところにあった。この問題に対処するため、パトリック率いるチームは、先ほどの実験の終了後、参加者たちに一般的信頼の質問（GTQ）に答えてもらった。図10・4の右側に、標準型ゲームと競争型ゲームの終了後にそれぞれ、「たいていの人は信頼できる」と答えた参加者の割合をプロットしてある。競争なしの状況で一九回やりとりを行ない、しだいに協力度が低下していった直後に、信頼できると答えた参加者の割合は、およそ五三％

にすぎなかった。一方、競争が存在する状況でプレーを行なって、(一回限りのやりとりでの)協力度が高まった直後には、信頼できると答える参加者の割合が、一五ポイント近く増加して、六八%にまで上がった。[35]

総合的に見て、この三つの研究結果は申し分のないものだ。実験室実験によって、信頼を高める原因――集団間競争の激化――を特定できるし、また、ドイツとアメリカ合衆国での研究によって、より広範な集団の実際の経済に、このような効果が現れることを確認できる。

では、以上のような結果は、WEIRDな人々以外にも一般化できるのだろうか? おそらく、こうした穏やかなタイプの集団間競争がとりわけ効果を発揮するのは、人間関係が流動的で、個人主義的傾向が強く、非人格的(インパーソナル)な向社会性規範を奉じている集団の場合ではないかと私は思う。個人同士の(インターパーソナルな)関係が依然として社会性の堅固な基礎を成している社会では、集団間競争が激しくなると、氏族や同族会社やマフィア組織の活動が活発化し、非人格的な向社会性規範ではなくてむしろ、人間関係に基づく規範のほうが強まってくる可能性がある。要するに、集団間競争によって前述のような効果が生じるためには、緊密な親族関係や関係性重視の道徳に根ざした規範よりも、非人格的な向社会性規範のほうが強力でなくてはならないのだ。したがって、背景にある人々の文化心理を考慮せずに、そのままこうした研究結果を広い範囲にまで拡大すると、誤りを犯してしまうことになるだろう。[36]

とはいえ、この研究は、暴力を伴わない集団間競争が、ヒトの心理に戦争と同じような効果をもたらし、同じように文化進化を駆動する可能性があることを示唆している。もちろん、重要な違いもある。穏やかなタイプの集団間競争のほとんどは、生命や身体を脅かすものではないので、宗教的信仰心を深めることも、また儀式への参加を促すこともないと思われる。

忘れてならないのは、**集団間**競争と**集団内**競争とを分けて考える必要があるということだ。すでに見てきたように、集団間競争は、他集団との競争において自集団の成功を促すような、信念、習慣、風習、動機、方針を利する。したがって、集団間競争があるとたいてい、仲間への信頼や、協力行動、従業員への効率的報酬配分（ＣＥＯが過大な報酬を控えるなど）が促進される。もちろん、集団間競争が過度になると、外国人労働者の搾取や環境破壊へと走る企業が出てくることもある。

それに対して、集団内競争は、企業、組織、その他の集団の内部で起こる個人間または派閥間の競争である。このタイプの競争は、同一企業内の他者に対する個人の優位性をもたらすような、行動、信念、動機、習慣などを利する。したがって、企業を食い物にして利益を得る者が現れる。ＣＥＯが経営陣の役員報酬の引き上げを狙って取締役会メンバーと接待ゴルフをするような場合、それは集団内競争であって、たいてい企業に損害を与える。とはいえ、集団内競争は何の益ももたらさないというわけではない。穏やかな競争であれば、勤勉さや生産性を刺激してくれる可能性がある。[37]

つまり、現代の企業も、古代社会や首長制社会と同様に、集団間競争が存在しなければ、やがて内部崩壊に至るということだ。もちろん、規範や制度がある程度の安定をもたらすので、しばらくの間は私利私欲の追求を抑えたり、妨げたりすることができる。しかし、結局は、企業その他の組織（特に独占企業）の内部の個人や派閥が、自らの利益のために制度を不当に利用する抜け穴を考え出してしまう。偉大な国家指導者のような、先を見通す力のある創立者ならば、しばらくはこれを防げるかもしれないが、残念ながら、必ずや訪れる死によって、創立者の影響力はいずれ抑え込まれることになる。

政治、社会、宗教の領域で

以上のような背景を踏まえた上で、WEIRDな経済、政治、社会制度には、手なずけられたタイプの集団間競争がいくつかの方法で組み込まれているという事実を認めると、現代世界をもっとよく理解できるようになる。これまで、企業レベルの競争が経済領域でどんな効果を発揮するのか、それがいかにして非人格的向社会性を培うのかを見てきた。政治領域においても、複数政党制の民主主義はやはり、集団間競争の力を巧みに利用している。どんな政党であれ、ある国の単独支配政党になったならば、結局は、汚職、狎(な)れ合い、仲間びいきに堕することになる。数十年間は何とかそれを回避できたとしても、何世代か経るうちに、必ずそういったことが起きてくるだろう。ところが、競争相手が存在し、民主主義的制度がうまく機能している場合には、メンバーや票を集めるために、各政党が互いにしのぎを削ることになる。個人が支持政党や投票先を変えることができる限り、政党間競争によって、政党がメンバーや票集めに成功するような、習慣、信念、価値観が広まっていく傾向がある。もちろん、だからと言って、健全な政治システムが保証されるわけではない。しかし、競争がなければ必ず陥るはめになる、独裁支配、体制内分裂、機能不全といった事態だけは避けることができる。

集団間競争はまた、チームスポーツや、宗教団体（教会など）、その他の任意団体を通じても、社会にしっかりと埋め込まれている。多くの子どもや青少年は、アイスホッケーやサッカーのようなチームスポーツに参加することによって、初めて集団間競争を体験するが、その心理効果はずっと後まで持続する可能性がある。大人になってからも人々は、自分の町、地域、国にゆかりのあるプロチームや大学チームに愛着を寄せる。ノートルダム大学の学生だったとき、私は、秋のフットボールのシーズン中ずっと、うちのチーム——ファイティング・アイリッシュ——が土曜日の試合に勝ったか負けたかで、キャンパス中が喜びに沸いたり悲しみに沈んだりするのを体験し、こうした効果の凄さを直感的に認識した。全員がこの同じ体験をすることで、学生たちの間に共通意識が醸成されて、団結が強まっていくようだった。私の直感を裏づけるような研究もいくつかあるが、チームスポーツが長期にわたってファンやプレーヤーの心理に及ぼす影響をうまく捉えた質の高い研究はわずかしかない[38]。

政党と同様に、宗教組織も信者を集めようとして互いに競い合う。というのも、多くの社会では、個人や家庭が、所属する教会や寺院をすぐに変えてしまうし、なかには宗旨替えする者までいるからだ。信者を増やして拡大していく教会もあれば、信者が減り続けて消滅する教会もある。アメリカ合衆国では、信教の自由を基本理念とし、国教を定めなかったことが、穴だらけの社会的セーフティネット(一部の州では特にひどい)と相俟って、二〇〇〇年以上にわたる激しい宗教組織間競争を煽ってきたのかもしれない。聖書リテラシーを重んじ、天使や地獄の存在を信じるなど、アメリカ人の異常なまで信仰心の強さは、激しい教会間競争の結果であることがうかがえる。現代のアメリカの福音派について言えば、アメリカ合衆国は第二次世界大戦以降、ウォルマートやマクドナルドの宗教版として、福音派教会を世界中に輸出してきた[39]。

集団間競争と集団内競争の影響の違いを見ていくと、「競争」にはなぜ、ポジティブな側面とネガティブな側面の両方があるのかが理解しやすくなる。規制もなく監視もないところで、激しい集団間競争にさらされた企業は、無力な者を搾取しながら、互いに激しく妨害し合うようになるだろう。それは過去何百年にもわたって繰り返されてきたことであり、現在もなお続いているので周知の事実だ。しかし、適切な縛りが設けられている場合、暴力を伴わない穏やかな集団間競争は、非人格的信頼を高め、協力行動を促してくれる可能性がある。集団内競争についても同様で、極端なタイプの集団内競争は、利己的な行動、妬みの感情、ゼロサム思考を助長してしまう。しかし、集団間競争によって統制されている場合には、穏やかな集団内競争が、忍耐力を培い、創造性を刺激してくれる可能性がある。

いつからか、そしてなぜか？

ＷＥＩＲＤな向社会性の起源をもっとよく理解するには、非暴力的な集団間競争が持続するようになったのはなぜなのか、それが西洋のさまざまな近代的制度にしっかりと埋め込まれたのはどうしてなのか、について吟味する必要がある。

教会が緊密な親族関係を破壊した結果、人々はしだいに個人主義的傾向や独立志向を強め、自己に注目して他人に同調しなくなり、人間関係にも縛られなくなっていった。そして、自分の関心、ニーズ、目標にぴったり合う任意団体に加入するようになった。中世盛期および後期には、ギルド、都市、大学、友愛結社、教会、修道院がそれぞれメンバーを集めようとして――つまり、熟練職人、有能な法律家、やり手商人、優秀な学生、裕福な教区民、敬虔な修道士を求めて――互いに競い合った。やがて、国家同士が、優れた能力をもつ移民、知識人、名匠、技師、武器製造業者を求めて競い合うようになる。今所属している組織に満足できない者は、別の団体に移ることも、自ら団体を立ち上げることも可能だった。発展を遂げられたのは、最も優れたメンバーを、どこよりも大勢惹きつけ、つなぎ止めておくことができた団体だった。[40]

中世ヨーロッパで繰り広げられた、暴力を伴わない集団間競争がいかに熾烈であったかは、都市、修道院、ギルド、大学という、当時競り合っていた四種類の任意団体の数の多さを見ればわかる。すでに図9・7で新たな都市法人格化の拡大を見てきたが、こうした歴史記録は、当時の人々が、足による投票によって、ヨーロッパのいくつかの都市を他よりも利する力をもっていたことを十分に実証している。

修道院については、図10・5に、六世紀から一五世紀までの大まかな状況を示してある。中世初期を通してずっと、修道院の数は増加傾向にあったが、急増し始めたのは一〇世紀になってからだ。たとえば、九〇九年には、フランスにあるクリュニー修道院のベネディクト派修道士たちが、独立性を高めて、習慣を刷新し、修道共同体を再編成した。修道院の戒律を厳格化するなど、クリュニーで改革運動が進められた結果、一〇世紀と一一世紀を通して、新たなクリュニー修道共同体が続々と誕生していった。もはや、こうした運動の連鎖は止まらず、志を同じくする個人が新たなグループを作って、クリュニーの修道士たちと袂を分かち、いかに敬虔な心で神に仕え、宗教共同体を運営するかという共有ビジョンを胸に、次々と独立していった。新たに設立される修道院は、最大の成果を挙げている修道院の習慣を模倣して、それに改良を加えていった。結局、最も効果的で人気の高い習慣をもつ修道院が、国境を越えて広がる修道会へと成長し、それ以外は破綻をきたして消滅していった。[42]

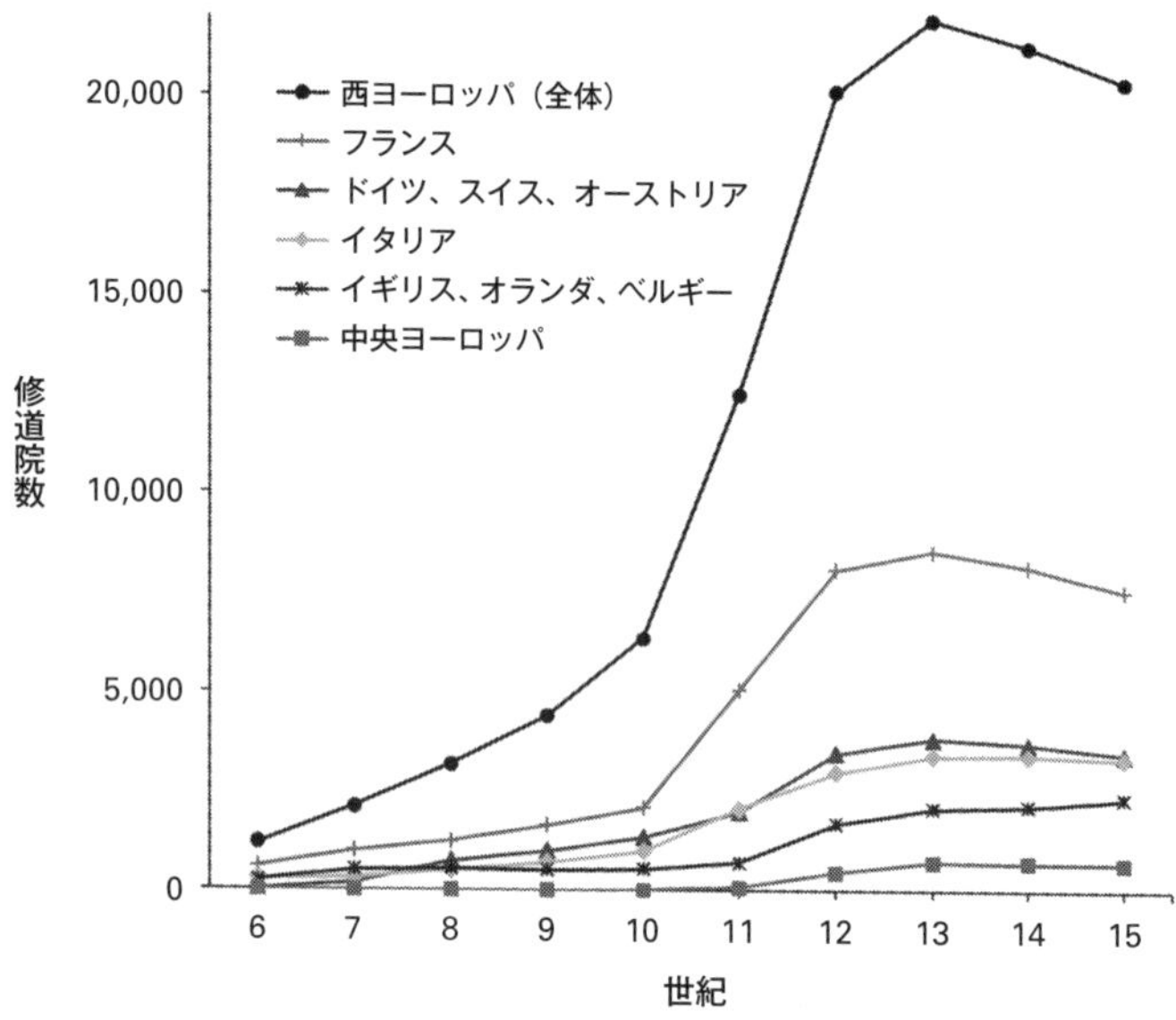

図10.5　6世紀から15世紀までの、西ヨーロッパ全体と、五つに分けた地域の修道院数の推移 (41)。

一〇九八年、クリュニー修道会は困難な事態に遭遇する。ロベールという名の敬虔な修道士が、二〇人の修道士を引き連れて、名高い修道院から出ていったのだ。彼らは森林に覆われた東フランスの辺鄙な村に居を構え、神への献身、厳しい労働、自給自足、無私禁欲を旨とする新たな宗教共同体を形成していった。そして、クリュニー会の先例に倣い、「母」修道院から「娘」修道院が次々に生まれ育つような、有機的成長を可能にする階層システムを構築した。これを組織化するために憲章が書かれたが、そこには、新設の修道院はそれぞれ独立していて自治に委ねられるが、それでも、修道会に属する他の院と階層的な関係をもち、いくつかの点では母院に従属すると定められていた。クリュニー会と異なるのは、修道院長が、各修道院の修道士たちによる民主的な選挙で決まるという点だった。この組織、すなわちシトー修道会は、ボヘミアからアイルランドに至るまで、ヨーロッパ中に広がっていき、一五世紀の絶頂期にはとうとう、修道院の数が七五〇を数えるまでになる。しかし、その頃にはすでに、ドミニコ修道会やフランシスコ修道会の托鉢修道士が優勢になっており、シトー会は結局、彼らとの競争に敗れることになる。[43]

さて、「修道院なんて……山ほどいる修道士のことなどどうでもよかろう」とお考えならば、ちょっと待たれよ。プロテスタンティズムの起源、労働倫理、肉体労働の道徳的価値、技術革新について論じるときに、これらの修道士たちにまた戻ってくることになる。修道士の存在は驚くほど重要である（あなたが修道士ならば、それほど驚かないだろうが[44]）。

修道院に遅れること一〇〇から二〇〇年、中世盛期から後期にかけて、ギルドの数も劇的に増加していった。図10・6Aは、ブリテン諸島におけるギルド数の急速な増加を示している。そのほとんどが、拡大を続けるイングランドの町や都市に現れた。こうしたギルドに含まれるものとしては、純粋な宗教団体のほかに、商人、事務員、鍛冶屋、羊飼い、革なめし職人、醸造家、その他さまざまな職業の同業者組合があった。共通の経済的利益を守ることに加えて、ギルドは通常、成員に相互扶助機能を提供し、紛争を仲裁し、反社会的行動（窃盗など）を懲戒処分に付する、といった役割を果たした。さらに、成員が天国に行くのをも助けた（と言われている）。ある時期には、地域によっては、町や都市で暮らす成人全員が、直接または配偶者を通じて、何らかのギルドに所属していた。

ギルド間で競争が繰り広げられた結果、成員を惹きつけ、ギルドの結束を促し、成員にギルドの規則を守らせる、より優れた方法が広まっていった。ギルド同士が互いに学習し合うことによって、いろいろ異なる意思決定、組織構築、指揮統率、懲罰の方法が組み合わさっていった可能性が高い。

一例として、ある動機づけの仕組みがなかなか興味深い。規則に違反したギルド成員には罰金が科せられるが（必要に応じて何度も）、それでも改めようとしない場合は、最終的に追放処分となった。ギルドはまた、成員を惹きつけるのにも、規則を守らせるのにも、煉獄にまつわる信仰を巧みに利用した。成員の特典として、ギルドは死去した成員の魂のために、共同体として祈りを捧げてくれた。なるべく徳の高い、大勢の人々が祈りを捧げることによって、罪人（つみびと）の煉獄での苦しみが軽くなり、天国に早く入ることができたからである。このような文化を利用した操縦術は、天国へのHOVレーン〔規定人数以上が乗っている車のみ走行可能な車線〕を提供することによって新たな成員を惹きつけただけでなく、ギルドに独自の超自然的なアメとムチ政策をとらせたことだろう。「行ないを改めよ、さもないと煉獄で数百年間余計に苦しむことになるぞ」と（死後生に関する信念が、本人の行動にそれほど大きく影響するとは思えない方は、ぜひ第4章を再読されたし[46]）。

図10・6Bに示されているように、大学もやはり中世に急速に普及していった。ボローニャとパリに設立された大学が、大学の二類型となり、大学を新設する際には、その規範、規則、方針を先例として採り入れて、一部修正したり、組み合わせたりした。ご存知のとおり、ボローニャ大学は、学生の自主的な団体として設立されたもので、学生たちが独自に教師を雇い、自ら市当局との交渉にもあたった。それに対して、パリ大学は、司教をはじめとする地元の宗教的権威が教育に干渉しようとするのを受けて（教師もやはりそれを嫌った）、教師たちがいわば同業組合――ギルド――を結成したところから発展していった。こうした教師たちは前々から、独自の基準に基づいてカリ

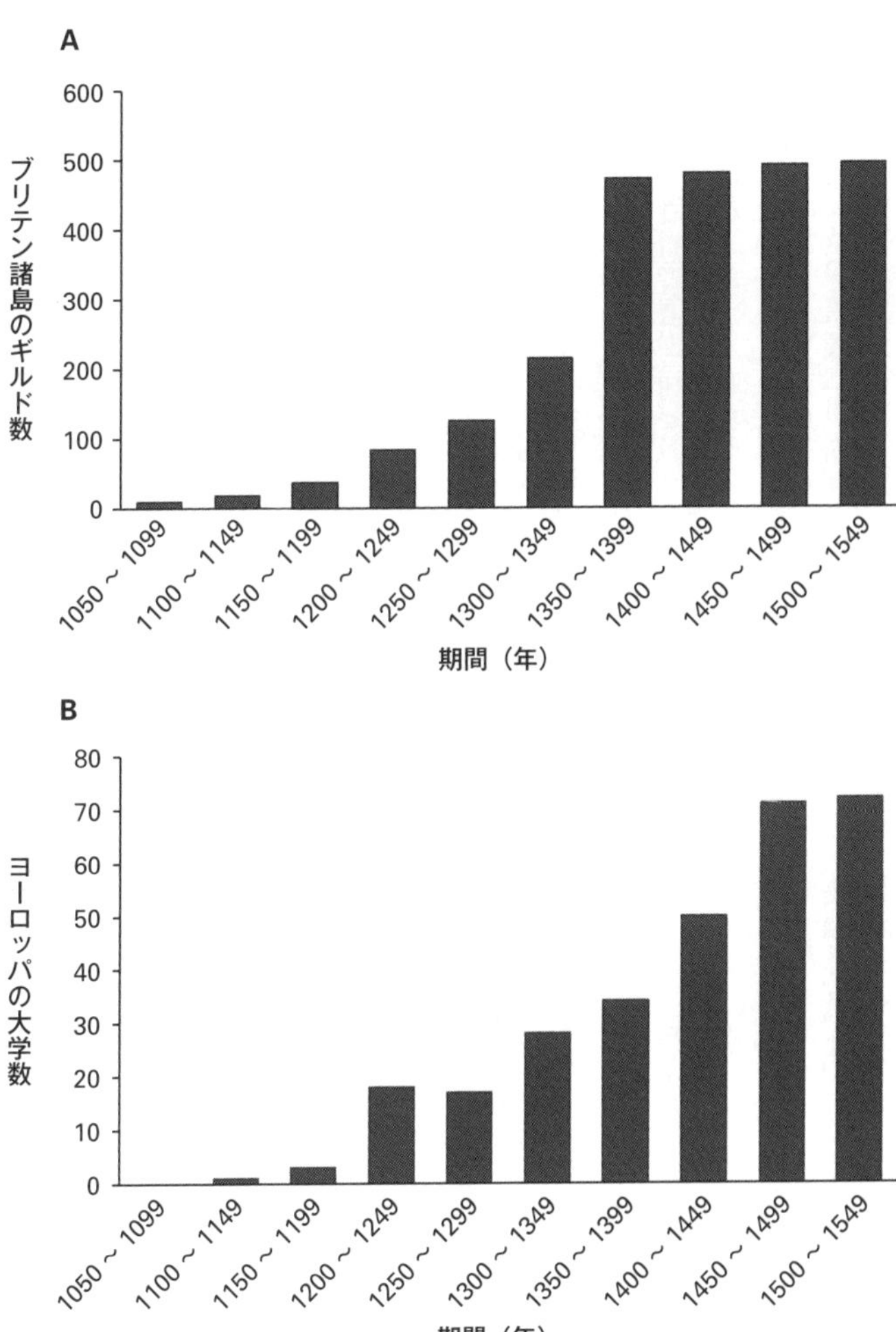

図10.6　Aは1050年から1550年までのブリテン諸島のギルド数を、Bは1100年から1550年までのヨーロッパ全域の大学数を示している[(45)]。

キュラムや時間割を作成し、試験を実施することを強く求めていたが、今やそれを個人としてではなく、平等主義に根ざした共同体として行なうようになったのだ。ときおり新たな大学がひょっこり現れたが、それは、不満を抱いた学生や教師たちが、抗議の意を込めて所属大学を去り、近隣の都市に、競合する新たな大学を設立するからだった。ボローニャ大学からは、その周囲のイタリアの町にこうした「娘」大学が数多く生まれたが、その多くは短命に終わった。同様に、こうした生みの苦しみを経て、一二〇九年にはケンブリッジに、オックスフォード大学の双子の兄弟が生まれた。

それから一〇〇年後には、西方教会やさまざまな支配層エリートが、やはりだいたい元の二類型に基づいて、大学を認可し始めるようになる。ローマ教皇から認可を受けることによって、全学生と教師を含めた大学に、大きな自治権と独立性が付与された。高名な教師は、好待遇、高報酬、職務保障、知的自由を求めて転職することができた。学生もまた大学を選ぶことができ、大学に所属するとたいてい、現地法の適用を免れた（地元民は良い顔をしなかったが[47]）。

ギルドも大学もともに、一四世紀という、ヨーロッパの人口が黒死病（腺ペスト）によって著しく減少した時期に急成長を遂げたことは注目に値する。黒死病によって、当時の人口の三〇〜六〇％の命が奪われた。ということは、こうした任意団体の成長は、人口増加が反映されたものではない。人口は減少したにもかかわらず、任意団体は成長を続けたのである。このようなことが起きたのは、一つには、黒死病が人々の心に、前章で述べた戦争の影響と同じような衝撃を与えたからかもしれない。そのような心理的ショックは、任意団体の結束を強めたであろうし、また、強い紐帯をもたない個人や核家族はそれを受けて、ヨーロッパで次々と生まれる任意団体に、相互扶助や共同支援の機能、さらには超自然的な救いを求めるようになっていったであろう。
ヨーロッパ以外の社会でも高等教育機関の発達は見られたが、その背景にある心理は全く異なるものだった。たとえば、イスラム世界では、マドラサが最も重要な高等教育機関だった。どのマドラサも、イスラム法の一流派を学ぶ場として寄進によって建設されたものであり、その教育は設立者の宗教観と密接に結びついていた。マドラサは、イスラム教にとって都合の悪いことは探索してはならないという、法的な規制も受けていた。ということは、イスラム科学者たちが成し遂げた偉業の数々は、監視の目が届かない、中心から離れた場所でなされたものなのだ（その事実が、こうした業績をいっそう輝かしいものにしている）。そんなわけで、マドラサは、中世ヨーロッパの教育機関とは違い、絶えず入れ替わる教授と学生によって運営されていたわけではなかった。それに対して、ヨーロッパでは、議論好きの教授と反骨精神旺盛な学生が、知的自由を求め、基準を守って、カリキュラムを定める自主規制組織として、団結しながら大学を運営していた。[48]
全体的に見ると、憲章都市、修道院、ギルド、大学に代表されるような、自己統治や自主規制を行なう力のある任意組織が、自発的に次々と結成されていったことが、第二千年紀のヨーロッパの顕著な特徴の一つと言える。現代の心理学の研究から得られた証拠に照らすと、このような組織間での競争が、人々の動機づけ、選好、社会的相互作用にさまざまな影響を与えたものと推測される。[49]

異なる心理、異なる効果

穏やかなタイプの集団間競争を巧みに利用したのは、西ヨーロッパだけではない。それはさまざまな社会で見られ、人々の社会性を高めるために利用されてきた。[50] しかし、ヨーロッパのギルドや大学をはじめとする団体間で繰り広げられた集団間競争は、それらとは類を異にするものだった。というのは、同時にいたるところで起こり、しかも、人々の心理や社会制度との間に独特の相互作用をもたらしたからである。

なぜそのような違いが生まれたのかを理解するには、ほとんどの地域の人々は、緊密な親族関係に根ざした社会的ネットワークにがんじがらめにされたまま成長することを思い出してほしい。人間関係や居住地に縛られずに、新たな社会団体に加入したり、その団体への献身を誓ったりすることがなかなかできない。また、そうした団体への加入はできたとしても、もともと持っている社会的絆、動機、道義的責任、世界観ゆえに、やはり先祖代々続く親族ベースの共同体や親族ネットワークに深く根を下ろしたままになりがちだ。もちろん、親族ベースの集団や先祖代々続く共同体も、穏やかに競うことは可能だが、成員は「チーム替え」できないし、新たなチームを結成したくてもなかなかかなわない。したがって、そのような集団間で競争が生じた場合には、人々をその所属する氏族や親族規範にいっそうきつく縛りつけることによって、分断をますます深めるだけの結果に終わる可能性がある。こうした状況下での集団間競争は、非人格的信頼を高めるどころか、むしろ低下させてしまうだろう。

この点を確認するために、中国で一九八〇年代初めに行なわれた集団農場（人民公社）の解体が、稲作地帯（図7・5）の社会生活や集団間競争にどのような影響を与えたかを見てみよう。農家単位で土地を借り受けて、生産を管理できるようになると、再び集団間での競争が可能になった。農村地域では、中国の諸氏族がさっそく、氏族を再編成して、共同体儀式を復活させ、宗廟の修復を行ない、系譜を書き改めて成員資格を明確にしていった。三〇年ほどの中断を経ていたが、諸氏族はたちまち、土地や経済的機会へのアクセスをめぐって競い合うようになった。特に競争が激しかったのは、複数の氏族からなる村の場合だ。そのような村の有力氏族は、弱小氏族の成員を標的にして、村八分にし、ときには収量の多い水田を使わせないといった手段に出ることもあった（農民にとっては重大事だ）。こうした仕打ちを受けて、弱小氏族の世帯は故郷に戻ること（回老家）を考えるようになった。長年暮らした家を捨てた夫婦たちは、生まれ故郷にではなく、自分の両親、祖父母、あるいはもっと遠い祖先がはるか昔に後にした村々——自氏族が最有力だった村々——へと戻っていった。[51]

こうした行動は大きな効果を生んだ。一九九〇年代半ばに行なわれた三六六の村についての調査によると、単一氏族が牛耳っている村ほど、個人経営企業の数が多く、それぞれの企業の従業者規模も大きかった。その効果は甚大だった。村の人口に占める最大氏族の割合が一〇％増すと（たとえば二〇％から三〇％になると）、個人経営企業の数が三分の一増加し、平均従業者数が四分の一増加した。さらに、最大氏族の占める割合が高い村ほど、役人に責務をきちんと全うさせることができ、灌漑事業などの公共財供給もうまく行なわれていた。

これはどういうことかを理解するために、物事を裏返して考えてみよう。非親族の世帯が大半を占める村は、新規事業を立ち上げ、従業員を雇い、公共財を供給し、地元の役人に責任を全うさせるのに苦労していた。言うまでもなくこれは、中国人が、従業員を雇うのにも、情報を集めるのにも、政治家に働きかけるのにも、協同労働の士気を高めるのにも、仕事上の人脈を広げるのにも、親族の「強い絆」を利用し、その関係に依存しているからなのである。

ＭＦＰを投与された中世ヨーロッパの諸地域とは異なり、二〇世紀後半の中国の農村部は、志を同じくする見知らぬ者同士からなる任意団体が、自然発生的に次々と生まれる、という状況にはなかった。人々はむしろ、故郷との絆を再確認し、氏族への帰属意識を強めるようになり、その結果、自ずと、親族への忠誠（縁者びいき）という徳目に基づいた排他的集団が再形成されていった。中国政府は一九五〇年代に、氏族の系図を焼却処分するなどして、その解体に取り組んだが、それでもこのようなことが起きたのだった。

競争の力を巧みに利用する

ヨーロッパでは、政体間の競争が持続したことによって、経済、政治、社会制度の内部に、穏やかなタイプの集団間競争が埋め込まれていった。それが加速したのは第二千年紀の後半だが、このとき最も繁栄を謳歌した国家は、任意団体間の健全な競争をいかにして促進・制御するかを（意識しているかいないかにかかわらず）「見つけ出した」国家だった。

経済分野では、ギルドが少しずつ、さまざまな共同経営の形態に取って代わられていき、最終的に、ジョイント・ストック・カンパニー〔構成員が出資した資本を合わせ、それを単一の総合資本——ジョイント・ストック——として経営を行なうようになった企業形態〕に道を譲った。ほとんどの場合、起業家や新たな団体は、リスクを共有し、所有権を移転し、責任を限定するような新たな方法を試みる上で、行政機関や立法機関よりもずっと先を行っていた。たとえば、一六世紀から一七世紀にかけて、アムステルダム、アントワープ、ロンドンでは、証券取引所が形を成し始めた。ロンドンでは、株式売買人は、マナーの悪さゆえに王立取引所への立ち入りを許されなかったので、その近くのコーヒーハウスで取引を始めた。やがて、評判の悪いトレーダーの名前を黒板に書き出していても埒が明かなくなると、業務基準を定めた株式仲買人の団体をつくって、信頼できない者をコーヒーハウスから締め出すようになった。それから一〇〇年後、ニューヨーク証券取引所の種子もやはり、ウォールストリートとウォーターストリートの角にあるコーヒーショップ（兼居酒屋）に根付くことになる（コーヒーショップは修道院と同様に、近代世界が出現するのに意外にも大きな役割を果たしている）。証券取引所ができたことで、企業は投資家を見つけることができるようになり、投資を求める企業間の競争に拍車がかかった。数百年にわたって、多数のさまざまな組合や団体が意図せずに実施してきた実験の成果が、新たな法律や規制によって最終的に固められていく(52)。

政治分野は、それまでほとんどギルドに支配されてきたが、一七世紀のイングランドでは、共通の政策の実現を目指す人々が政党を結成するようになった。これらの諸政党は、民衆に訴えかけ、政策決定に影響を与え、より多くの議席を獲得しようと互いに競い合った。アメリカ合衆国では、建国の父たちが政党など想定していなかったので、当然、アメリカ合衆国憲法にその規定はなかった。にもかかわらず、自ずと政党が形成されていき、やがて、政党が政界を支配するようになる。現在、政党がアメリカ政治の中心を成しているという事実は、公式制度の設計者自身、その制度が結果的にうまく機能するのは（あるいは、二一世紀のアメリカのようにうまくいかないのは）どうしてなのかを、まるで理解していなかったことを示す興味深いケースである(53)。

社会分野では、チームスポーツやスポーツリーグの発展によって、暴力を伴わない集団間競争が人々の余暇時間の中心を占めるようになり、往々にしてそれが個人のアイデンティティの重要部分になった。チームスポーツへの参加は（少なくとも男の子の）子育てには欠かせないものとなった。

ワーテルローの戦いでナポレオンを打ち破った後、ウェリントン公爵は「戦いはイートン校の運動場で勝ち取られた」と述べたが、それは、イギリス軍将校たちの人格はスポーツの修練の場で磨かれた、という意味だった。興味深いことに、クリケット、ラグビー、ホッケー、サッカー、アメリカンフットボール、ベースボールはどれもみな、産業革命前のイギリスにそのルーツがある。最後の二つはアメリカ生まれのスポーツだが、アメリカンフットボールはラグビーに由来し、ベースボールは、イギリスの子どもたちに人気のラウンダーズやスツールボールなどにその起源がある。言うまでもなく、今日では、マチゲンガ族もサッカーを、フィジー人もラグビーを、日本人も野球（ベースボール）を、インド人もクリケットを楽しんでいる[54]。

つまり何が言いたいかというと、現代の諸制度の枠組みを形作っているのはさまざまな形の集団間競争であり、集団間競争こそが、見ず知らずの人を信頼して協力しようとする傾向を高めているのであって、もしかすると、ヒトの心理の他の諸側面にも影響を及ぼしている可能性がある、ということだ。突如臨時に結成されたチームのメンバーが、面識のない人ばかりであっても、人々は力を合わせて働くようになる。集団間競争のエンジンが、文化進化で生まれた集団内の力——私利、ゼロサム思考、狎れ合い、縁者びいきへと向かいがちな力——に逆らって進む力をもたらすのである。

中世盛期に入り、ますます個人主義的傾向や独立志向を強め、周囲に同調せずに分析的にものを考えるようになった人々が、任意団体に加入するようになり、それぞれの団体が互いに競い合うようになるにつれて、ＷＥＩＲＤな制度的枠組みが発展を遂げていった。長い目で見た場合に、領域国家間の競争で有利になったのは結局、暴力を伴わない集団間競争の心理効果や経済効果を巧みに利用し、それを社会に埋め込んでいく方法を編み出した国家だった。当然ながら、こうしたシステムを考案した者は誰もいないし、それがヒトの心理をどのように形成するのか、それがうまく機能するのはなぜなのかを理解している者もほとんどいない。

第11章　市場メンタリティ

どんな国でも商業が発展してくると、それに伴って必ず、誠実さや几帳面さが養われる。……すべてのヨーロッパの国々のうちで最も商売に長けているオランダ人は、自分の言葉に最も忠実である。イングランド人は、スコットランド人よりはましだが、オランダ人にはまるでかなわないし、この国の辺鄙な地域に暮らす人々は、商業地域に暮らす人々よりもはるかに劣る。これは決して、一部の人々が主張するように、国民性によるものではない。イングランド人やスコットランド人が、契約の履行期限をオランダ人ほど厳密に守らなくても当然だと考える理由など存在しない。……商人は評判を落とすことを恐れているので、どんな約束も几帳面に守ろうとする。……国民全体に占める商人の割合が高くなると、商人たちが必ずや、誠実さや几帳面さを社会に広めるので、これらが商業国家の第一の美徳となるのである。

――アダム・スミス『商業が国民の生活態度(マナーズ)に与える影響について』[1]（一七七六年）

それらは、まず最初に、一三世紀の北イタリアのミラノ、モデナ、パルマのような都市に現れたが、たちまち、イングランド、ドイツ、フランス、そして低地帯〔現在のベルギー・オランダ・ルクセンブルクが占める地域〕にも広がっていった。それらは、鐘楼とコンビを組んで、鐘の音が届く範囲にいるすべての人々に、起床、労働、食事の時刻を告げて、活動の同期を取らせた。それらは、住民会議、訴訟手続、地方市場の開始時刻も告げ知らせた。これら、世界初の機械式時計が、しだいに中世後期のヨーロッパ中の都市で中心的な位置を占めるようになり、市庁舎、市場広場、大聖堂を飾ることになった。どの町も都市も、より規模が大きく、より繁栄している町や都市の時計を模倣したので、機械式時計はまるで流行り病のごとく、あっという間に町から町へと広がっていった。どの町もこぞって有名な職人に、ベネチア、ヴロツワフ、パリ、ピサなどにある時計と同等か、その上をいく時計を設置してほしいと依頼した。時計は、修道院や教会にまで感染し、修道士や司祭や教区民に対し、労働や食事や礼拝の時刻を指図するようになった。公共の場に設置された時計は、秩序ある都市生活や厳格な信仰生活を象徴するものとなった。一四五〇年にはすでに、人口五〇〇〇人以上の都市の二〇%が、少なくとも一台の公共用時計を備えており、一六〇〇年にはほぼすべての教会が時計を設置していた(2)。

公共用時計の普及は、WEIRDな時間心理が出現したことを目に見える形で示してくれる歴史上の目印なのだ。アマゾン川流域、アフリカ、オセアニア、その他さまざまな地域で暮らしてみると、WEIRDな時間心理の最大の特徴に気づかされるはずだ。それは、時間を節約せねばという強迫観念である。フィジー人の友人たちとは違い、私は常に時間が足りないと感じている。常に「時間を節約しよう」「時間を作ろう」「時間を見つけよう」としている。一日中、時計に目をやっている。次の会議、面会の約束、保育園の送り迎えに遅れるわけにはいかないからだ。

それに対し、フィジーの友人や調査アシスタントたちは、私がテクノロジー面で支援しても、金銭的なインセンティブを与えても、この「時計時間に従おう」という気になってくれない。太平洋地域の研究プロジェクトを管理することになった私は、さっそく、調査アシスタント全員にデジタルウォッチを購入した。そうすれば、打ち合せ会議、聞き取り調査、食事の時間を守ってくれるだろうと思ったからだ。しかし、その期待は外れた。彼らは腕にはめた時計を、おそらくファッションとしては気に入っているようだったが、それで時刻を確認することなど、ほとんど頭になかった。あるとき、とりわけ熱心な調査アシスタントと共にノートパソコンで作業していた私は、ふと、時刻確認用に彼に与えた腕時計に目をやった。すぐさま、この時計は変だと気づいた。私自身のメンタルクロックとあまりにもずれていたからだ。調べてみると、彼の腕時計は二五分遅れていた。おそらく数週間前からずっとずれていたのだろう。

時間節約度を測定するために、心理学者のアラ・ノレンザヤンとロバート・レヴィーンは二つの手法を開発し、それを三一の都市で実際に適用した。彼らのチームは、まず第一に、これらの都市の中心地で、人々が大通りを歩く速度を慎重に測定した。時間の節約を気に掛けている人ほど、歩行速度が速いと考えられるからだ。予想どおり、ニューヨーク市民やロンドン市民は歩道を足早に歩き、一キロ進むのに一一分ちょっとしかかからなかった。一方、ジャカルタやシンガポールでは、人々はほどよいペースで歩き、一キロ進むのに平均で一四分近くかかった。ということはつまり、ニューヨーク市民やロンドン市民は、ゆっくりペースの都市の人々よりも、少なくとも二〇％速く歩いているということだ。図11・1は、個人主義的傾向の強い国の都会人は、個人主義的傾向の弱い国の都会人よりも、速く歩く傾向があることを示している。このような関連性は、都市の規模の違いを統計的に統制した場合でも保たれる。

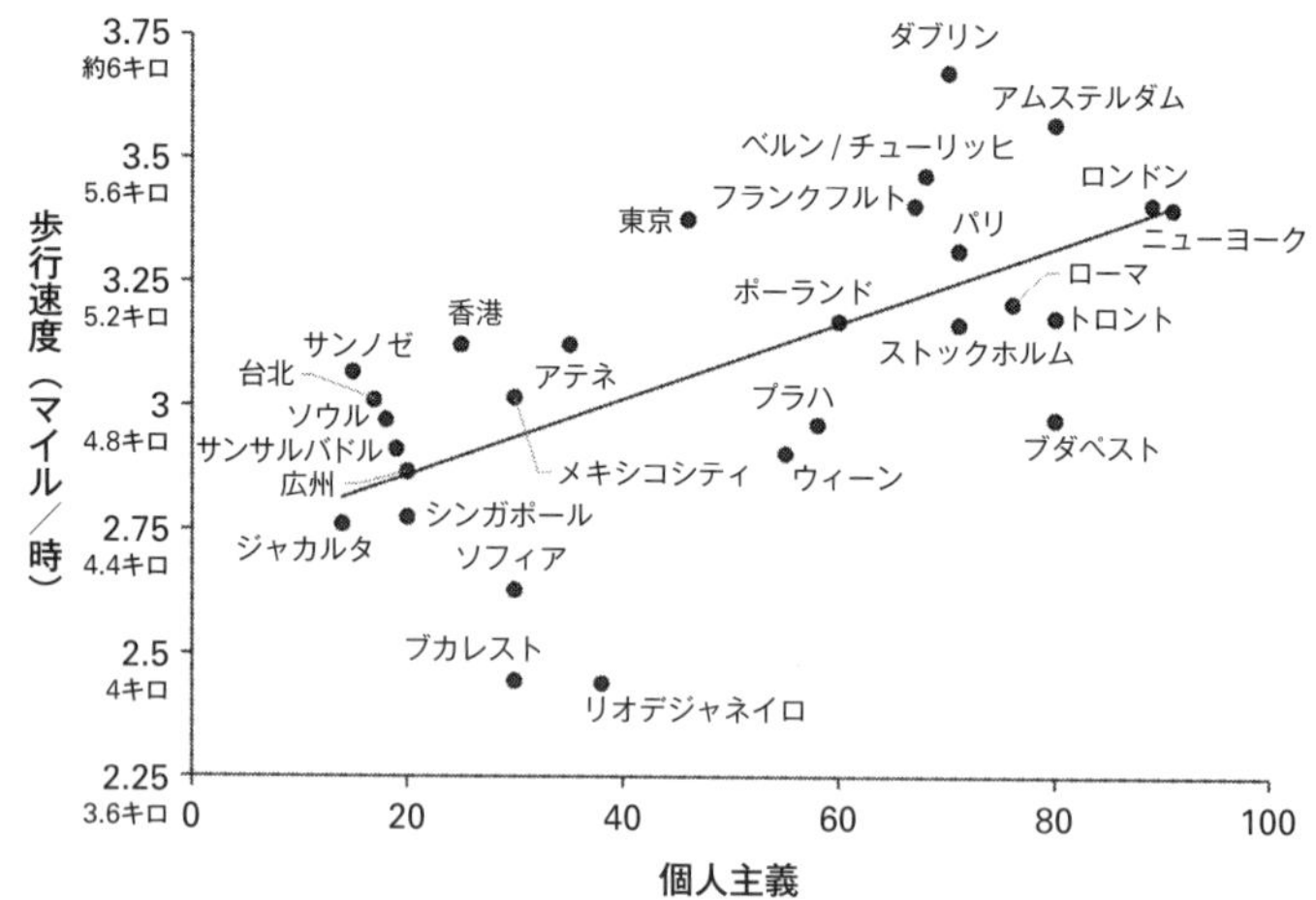

図11.1 世界28か国の大都市の人々の歩行速度（マイル／時）と、個人主義の多項目評定尺度（図1.2に表示）との関係。個人主義的傾向の強い社会の人々ほど、歩行速度が速い(3)。

第二の方法で時間節約度を測定するために、彼らのチームは各都市の繁華街の郵便局に赴いて、切手販売の窓口の郵便事務員を八人以上、ランダムに選んだ。事務処理のスピード以外のあらゆる要因の影響を最小限にすべく考案されたプロトコルを用いて、やりとりが終わるまでにかかった時間をひそかに測定した。やはり、個人主義的傾向の強い国ほど、事務員が切手を販売するスピードが速かった。これらのデータから、都心で働く人々を比較しただけでも、個人主義的傾向の強い社会の人々ほど、時間を気に掛けていることが――つまり、時間が足りない、時間を無駄にすまい、時間を「有意義に」使わねば（何が有意義かはともかく）と思っていることが――うかがえる。そのようなわけで、時間を節約しようとする意識は、個人主義観念複合体（コンプレックス）の中に埋め込まれていて、ありとあらゆる場面で現れるようだ(4)。

世界的に見た時間節約志向の強さの違いは、何に由来するのだろう？

機械式時計の普及に関するデータなど、多くの歴史的証拠からうかがえるのは、中世後期にはすでに、この新たな時間心理が醸成され始めていたということだ。おそらく、ヨーロッパの市場町(マーケットタウン)、修道院、自由都市で生まれつつあった、個人主義、自己注目、分析的思考が綯(な)い交ぜになったものの中から現れたのだろう。

このような社会的世界で、個人として成功し、人間関係を築いていくためには、仕事を成し遂げて業績を積み重ねるだけでなく、同時に、自身の属性やスキルを高める必要があった。ますます激しい非人格的な競争にさらされるようになった職人、商人、修道士、行政官たちはみな、あの人は几帳面で、自制心があり、時間を厳守する人だという評判を得ようとした。

ヨーロッパにおいて、時計時間を重視するような心理的変化を引き起こしたのは、新たに登場した機械式時計ではなかった。機械式時計は、すでに起こりつつあった変化を際立たせ、さらに加速させたにすぎない。時計が登場する前から、そして登場してからも、修道士たちは決まった長さのロウソクを用いて祈禱(きとう)時間を計っていたし、教師、説教師、大工たちは、砂時計を用いてそれぞれ、講義、講話、昼休みの長さを決めていた。

この時間についての人々の考え方の変化は、時間節約志向だけにとどまらず、もっとずっと広い領域にまで及んだ。中世盛期以前には、「一日」――日の出から日没までの時間――を一二の時に分けていた。しかし、日の出から日没までの時間は、季節によっても場所によっても異なり、そうした時の長さはまちまちだった。人々の生活はもっぱら、日、季、年という自然のリズムに従って営まれ、「一日」はお決まりの日課で成り立っていた。さらに、「労働時間」と「社会的時間」の区別はほとんど、あるいは全くなされなかった。人々は一日中、働きながら社会的な付き合いをしていたからだ。

中世後期以降、しだいに、WEIRDな傾向の強い時間心理が、都会生活全般を支配するようになっていった。商業の世界では、商店主が売り子たちに、週単位で給与を支払うようになった。一定時間働いたら「一日」分とするこの方式だと、事業主は、超過勤務（時間外労働）分を時給で支払うことができたし、天候の都合や病気で欠勤した場合には、その一定時間分を給与から差し引くこともできた。また、出来上がった蹄鉄、鍋、毛布の数量に応じて労働者に賃金を支払うという、出来高払い制がとられるようにもなった。この支払い方式が採用されたことで、職人たちは作業効率について考えざるを得なくなった。自分は一時間に何個の蹄鉄を作れるだろうか、と。市場がしだいに、定時に開いたり閉まったりするようになり、競争が激化した。買い手と売り手がみな同時に取引できるようになったからだ。契約書に遅延違約金についての定めが明記されるようになり、たいてい日割りで計算された。

政治の領域では、町議会が定刻に会議を開催するようになった。たとえば、一三八九年にはニュルンベルクの町議会が、議員は議事を進めるために、（砂時計で計った）正午の前後二時間は着席していなければならない、とする法案を可決した。遅刻すると罰金を科せられた。イングランドでは、裁判所が被告人と証人に対し、特定の期日の、指定された時刻に出頭することを命じるようになった。[5]

時計が刻む時間に人々が注意を向け、時計関連の新技術を迅速に採り入れたことが、社会に効果をもたらしたようだ。公共用時計をいちはやく——一四五〇年以前に——導入したヨーロッパの都市は、そうでない都市に比べて、一五〇〇年から一七〇〇年の間に急速な経済成長を遂げたのだ。注目すべきなのは、導入後ただちに経済的繁栄がもたらされたわけではないという点だ。数世代を経て、住民の考え方や生活様式が変わり、都市や町が時計のごとく正確に回っていくようになって初めて、その効果が現れたのである。時計を設置した都市は、たいていその後に印刷機を使い始めている。詳細な分析からうかがわれるのは、時計と印刷機が、その後、それぞれ独立して、経済成長に寄与したらしいということだ。公共用時計の設置によってもたらされた経済押し上げ効果は、大学設置に由来する効果にほぼ等しかった。しかも興味深いことに、大学を設置した中世都市は、公共用時計を導入する確率も高かった。(6)

もしかするとあなたは、時計や印刷機のような実用技術を採り入れるのには、私がここで述べているような、いくぶん大仰な心理的説明など必要ないとお考えかもしれない。幸いなことに歴史が、比較対象となる集団を、イスラム世界に提供してくれている。イスラム世界のモスクや諸都市は、すぐ隣にあるキリスト教世界とは違って、時計の流行とは無縁だったようで、同時期に流行した印刷機についてもそれは同じだった。イスラム教徒の多くは機械式時計の存在を知っていたので、イタリアの時計職人を雇って据え付けてもらえばいいだけのことだった。しかし、こうした地域の人々は、時計が刻む時間に従うことを望まなかった。人々はむしろ、個人同士の関係や、一族の絆、そして礼拝の時間を大切にした。イスラム世界では遥か以前から、一日五回、人々に礼拝を呼び掛ける合図があり、それが生活時間の枠組みに（そして、向社会性の基礎にも）なっていた。礼拝の時刻は、他の多くの時刻系と同じく、太陽の位置によって決められるので、季節や場所によって（また、さまざまなイスラム学派が用いている計算方式によっても）違ってくる。ということはつまり、一日を通して礼拝の合図によって区切られる時間は、時計が刻む時間のように、一律の時間構造をもたらすものではない——日々の活動や人々の心を秩序立てるものではない——ということだ。

当然ながら、キリスト教諸国の威信が高まるにつれて、世界中の支配者たちがいつしか、ヨーロッパ製の機械式時計を輸入するようになった。しかし、これらは、イスラム世界や中国に古くからある水時計と同様に、珍しい展示物であって、職人、商人、役人、修道士、発明家たちがそれに従って生活を営むものではなかった。フィジーの友人から学んだように、時計時間に従おうとする意識が内面化されない限り、時計は人を予定どおりに行動させることはできない。すべては心次第であって、時計の問題ではないのだ。

ヨーロッパで発達した非人格的な制度が、時給制や、出来高払い制、遅延違約金を採用するようになったことで、人々が時間や金銭について、みな一様な考え方をするようになった可能性が高い。今日、WEIRDな人々は年がら年中、時間を「節約」したり、「浪費」したり、「無駄」にしたりしている。時間は常に不足しており、私たちの多くは何とか時間を「稼ごう」とする。他の社会の人々は、時間について多様な考え方をするのに対し、WEIRDな人々はもう長いこと、時間や金銭に関する一様な考え方に取りつかれている。それとは対照をなすものとして、ベルベル語を話すアルジェリアのカビール人農耕民の、次のような時間心理を考えてみよう。

> 互いに依存し合い、強い連帯感で結ばれている……カビール人農耕民は、時間の経過にまるで頓着しない。時間を支配しよう、使い尽くそう、節約しようなどとは夢にも思わず、誰もが時

間の流れに身を任せて暮らしている。……日常生活のいかなる行為も、予定表の制約を受けることはない。睡眠も然り、労働も然り。したがって、生産性も収量も一切気に掛けない。急いで事を行なうことは、邪悪な野心のある、礼節を欠いた行為と見なされる。(7)

民族誌学者、ピエール・ブルデューはこの中でさらに、氏族に基礎を置くこの社会には、決まった時間に食事をするという概念も、会見の日時を決めるという概念も存在しないと述べている。時計は「悪魔の機械」と見なされており、人と面会するときに「最も礼儀を欠くのは、いきなり本題に入り、できるだけ短い言葉で意見を述べること」なのだ。時間は、カチカチと規則正しく刻まれるものではなく、さまざまな体験をしているとき、仕事に励んでいるとき、諸々の儀式に臨んでいるとき、それぞれ異なる速さで流れていくのである。そう聞いて異様に感じたとしたら、ぜひ肝に銘じてほしい。そう感じるのはあなた(や特に私)であって、他の人々もみなそうとは限らないのだ、と。カビール人の間に見られるような時間心理の綾は、世界中のあちこちの社会に見出せる。(8)

カビール人の時間を、次のような珠玉の言葉で表現された感覚と比べてほしい。これは一七五一年に、あるイギリスの植民地都市で記されたものだ。

われわれの時間は標準化されており、一日という金の延べ棒は、時間という貨幣に鋳造されているので、勤勉な人々は、各々の職業の場において、時間のかけらすべてを実利に変える術を知っている。自分の時間を無駄遣いする者は、事実上、金銭を浪費しているに等しい。(9)

産業革命前の自らの社会の本質を捉えた、この非常に興味深い一節は、フィラデルフィアの発明家、印刷業者、政治家だったベンジャミン・フランクリンの言葉である。フランクリンは、若い商人たちへの助言として、「時は金なり」という格言も残したが、それは現在、世界中に広まって、数十の言語に翻訳されている[10]。

フランクリンの時代にはすでに、懐中時計が広く普及しており、成功している事業主はほとんど誰もが懐中時計を所有していた。イギリスでは、貧困者の財産目録（死亡時に査定されたもの）から判断すると、国民の四割近くが懐中時計を持っていた。パリでは、賃金労働者のおよそ三分の一、そして奉公人の七割が時計を持っていた。懐中時計は、値が張るものだった。ということはつまり、多くの人々が収入のかなりの部分を注ぎ込んで、時刻を知ろうとし、また、友人、顧客、雇い主に好印象を与えようとしたということだ。職人が身につけている懐中時計は、カビール人の場合のように「悪魔の機械」などではなく、その持ち主が仕事熱心で、働き者で、時間に几帳面であることを示すものだった[11]。

概して言えば、個人主義的傾向が強まりつつある社会的状況の中で、砂時計や時鐘や懐中時計のようなテクノロジーや、「時は金なり」といったメタファー、さらには時給や出来高払い制などの文化的習慣が共進化を遂げることによって、時間についての根本的な考え方が形成されていった。新たなテクノロジーによって、時間は、いまだかつてなかったほど直線化、数値化され、常に一定の速さで流れ去る通貨となった。人々は幼少の頃から、壁掛け時計、時報、待ち合わせ時刻といったもので自らをうまく鍛えることによって、時計の文字盤の背後にある数直線を内面化し、それを現在の価値と将来の価値との折り合いの付け方（遅延価値割引）に取り入れたのかもしれない。何が決定打となったにせよ、このような心理的変化のルーツは、産業革命が起きるよりもずっと前の、少なくとも一四世紀にまでさかのぼる。[12]

労働が美徳になったのはどうしてか

ヨーロッパでは、時計時間を重視する心理が広まるのに伴って、拡大しつつある中間階級が、それまでよりも長時間、熱心に働くようになっていった。経済史学者のヤン・ド・フリースが呼ぶところのこうした「勤勉革命」は、少なくとも一六五〇年頃にまでさかのぼれる（それ以前になると、直接的証拠が得られなくなる）。この勤勉さの高まりは、ある長期的な傾向の一部をなすものではないかと私は考えている。人々の時間心理は、遅くとも中世後期から産業革命期を通してずっと、労働倫理の強まりや自己制御力の高まりとともに、ゆっくりと発達を遂げていった。そのような心理的変化が進行していたことは、機械式時計が普及し、砂時計の利用が増え、時間厳守が求められるようになり、また、肉体労働、刻苦勉励、自己鍛錬を霊的視点から重んじるシトー修道会が発展を遂げたことからも見て取れる。そして、このような姿勢は、言うまでもなく、さまざまなプロテスタントの教義の核心をなすものである。たとえば、ベンジャミン・フランクリンは、クエーカー教徒たちの中で暮らす敬虔なピューリタンの息子だった。[13]

ロンドンの中央刑事裁判所は、人々の労働習慣の変化を調べるのに役立つユニークな情報源の一つだ。ここには、一七四八年から一八〇三年までの訴訟記録が保管されているからである。法廷で証言するとき、現場の目撃者はたいてい、犯罪が起きたときに自分が何をしていたかを報告している。こうした「抜き取り調査」によって得られた、二〇〇〇を超える瞬間的な記録を合わせると、ロンドン市民が一日をどのように過ごしていたかという実態が見えてくる。

そのデータからうかがえるのは、一八世紀後半の間に、週労働時間が四〇％ほど長くなったということだ。なぜそうなったのかというと、人々が一日の労働時間を三〇分ほど延ばし、「聖月曜日」〔日曜日に飲んだくれて、月曜日も休みにしてしまう伝統〕を止め（日曜日以外は毎日働くようになり）、年間に四六あった祝日のうちの何日かは働くようになったからだった。その結果、一九世紀の幕開けまでに、人々は年間に一〇〇〇時間ほど余計に働くようになり、一週間当たりの労働時間が一九時間ほど長くなったのである。[14]

労働時間に関する過去の証拠資料は、人々がより長く働くようになっていることを如実に示しているが、しかし、この時代の歴史的データはどれもみな、問題を孕んでいる可能性がある。たとえば、中央刑事裁判所の訴訟記録について言えば、出廷させる証人を選ぶ上で、どんな要因が影響したのかも、それが時とともにどのように変化していったのかもわかっていない。もしかすると、裁判所が徐々に、「信頼できる人物」だけを受け容れるという方針を内々にとるようになり、その結果、長時間働く人々が証人として呼ばれやすくなったのかもしれない。

こうした懸念に対処するために、認知科学者のラフル・ブイと私は、世界中のそれぞれ異なる伝統的社会集団に暮らす人々が、どのように時間を使っているかを調べた、四万五〇一九件の観察記録のデータベースを作成した。南アメリカ、アフリカ、およびインドネシアから選ばれたこれらの集団には、さまざまな農耕共同体だけでなく、牧畜民や狩猟採集民も含まれている。中央刑事裁判所の記録と同様に、これらのデータもやはり、ある瞬間に人々が何をしていたかを捉えた「抜き取り調査」によるものだった。ただし、こちらの場合、観察を行なうのは人類学者たちであり、どんなタイミングで、どんな人々を観察するかを、人類学者たちがランダムに選んでいた。

このような多様な社会を比較したデータから明らかなのは、賃金労働のような商業的性格の強い仕事に従事している男性ほど、全体的に労働時間が長いということだ。この調査結果からは、完全な自給自足生活を営んでいる集団から、すっかり商業化されている社会に移ると、一週間当たりの労働時間が一〇〜一五時間ほど長くなって、週平均労働時間が四五時間から五五〜六〇時間になることが示唆される。一年間では、五〇〇〜七五〇時間余計に働いていた。[15]

歴史データと通文化的データを組み合わせて考えると、おそらく、都市化の進展（図9・5）、非人格的市場の増加（図9・7）、そして時給制のような商習慣の普及とが相俟って、ヨーロッパ人が労働に費やす時間が増えていったのだろう。ここで根本的に問うべきことが一つある。人々をもっと長く働こうという気にさせたものは何なのか、ということだ。

歴史データからは、確かに日々の糧を得るために働いている人々もいることはいるが、多くの人々は、流通量の増すヨーロッパの商品市場からできるだけ多くのものを購入しようとして長時間働いていることがうかがえる。食料品だけに限っても、ロンドン市民は、紅茶、砂糖、コーヒー、胡椒（こしょう）、鱈（たら）、ナツメグ、じゃがいも、ラム酒を購入することができた。一六世紀に入ると、懐中時計や振り子時計が市場に登場し、やがて売れ筋商品となった。読み書きができる教養のある人々は、さまざまな書籍や小冊子を買うことができた。

人々がこうした商品を購入しようとするのは、もちろん、商品そのものを所有するためではあったが、同時に、その商品が他者に向けて送ってくれる、自分に関するメッセージのためでもあった。

個人主義の世界では、何を購入するかによって、何に価値を置いているかだけでなく、経済的にどれほど余裕があるかということも世間の人々に伝わる。人々は、聖書から懐中時計に至るまで、購入した品々を通して、見知らぬ他人や隣人に自分をアピールしようとしたのだ。そのせいで、あれもこれも買いたいという消費への欲望と、長時間働くことをいとわない意欲が高められたのだとド・フリースは主張する。つまり、需要が高まるとともに、人々が勤勉に働くようになったことによって、生産と消費の両方が押し上げられたのである[16]。

これまでのところ、人々がしだいに長時間働くようになっていったことはデータから裏づけられているが、より熱心に、効率的に働くようになったのかどうかはわかっていない。この問題に歴史データで答えるのは難しいが、経済史学者たちは、なかなか巧妙な方法を考案した。ある農業関連の作業を利用して、その問いに答えようとするものだ。

一般に、農業生産性については、労働者の作業効率や意欲の経時的変化を推定するのは難しい。なぜなら、農業の技術革新がどんどん進行し、新技術の導入や、技術改善、さらには、新世界原産のジャガイモやトウモロコシのような新たな作物が加わっていったからである。しかし、産業革命前から用いられてきた穀物の脱穀方法は、もっぱら棒で稈(かん)を叩いて種子を落とすというもので、その手法は何百年経ってもあまり変化しなかった。脱穀に関するデータを分析すると、イギリスでは一四世紀から一九世紀初頭までに、脱穀作業の効率が二倍になったことがうかがえる。脱穀作業は習得が容易なので、こうした作業効率の変化が、分業制や技術向上によるものとは考えにくい。むしろそれは、人々が集中して熱心に働くようになったことを物語っている[17]。

農村部において、身を粉にして働くことにますます価値が置かれるようになったのは、中世の教会の一部で肉体労働が始まり、それが外部に普及していったからかもしれない。すでに触れたとおり、それが始まった場所はシトー修道会だ。シトー会修道士たちは、自己鍛錬、自己犠牲、刻苦勉励を重んじるだけでなく、辺鄙な農村地域の素朴で静かな生活を求めていたことを思い出そう。修道士たちは、読み書きのできない農民たちを平信徒としてシトー会に受け入れ、そうした農民たちは貞節と服従の誓いを立てた。修道士たちはその他にも、さまざまな使用人、労働者、熟練工を雇った。工房があって職人たちが暮らす小集落が、修道院の周縁部にひしめくように分布していたこともある。シトー会の成員や、従業員、その他の関係者たちが共に作り上げた社会的・経済的ネットワークが、周辺の共同体にまで広がっていくことによって、シトー会の価値観、習慣、手法、ノウハウを伝達する経路が生み出されたのである。図11・2は、中世におけるシトー会修道院の分布を示している。その九割が一三〇〇年までに設立されている[18]。

シトー会の存在が一三〇〇年以降の人々の労働倫理に影響を及ぼしたかどうかを判断するために利用できるのが、ヨーロッパの二四二の地域に暮らす三万人以上に対して行なわれた現代の調査データ（二〇〇八〜二〇一〇年）である。この調査では、「勤勉さ」は子どもが身につけるべき重要な特質かどうかを尋ねている。この調査結果とシトー会との関連性を見るために、トマス・アンダーソンとジャネット・ベンツェンらは、図11・2に示したそれぞれの地域について、一平方キロメートルにシトー会修道院がいくつあったかを計算した。次に、調査に参加した全員を、その人が生まれ育った地域に結びつけた。その分析結果から、中世にシトー会修道院の密度が高かった地域ほど、今日、その地域出身の人が、「勤勉さ」は子どもたちが身につけるべき重要な特質だと答える確率が高いことがわかる。これは、現代の同じ国に暮らす人々だけを比較した結果であり、その関

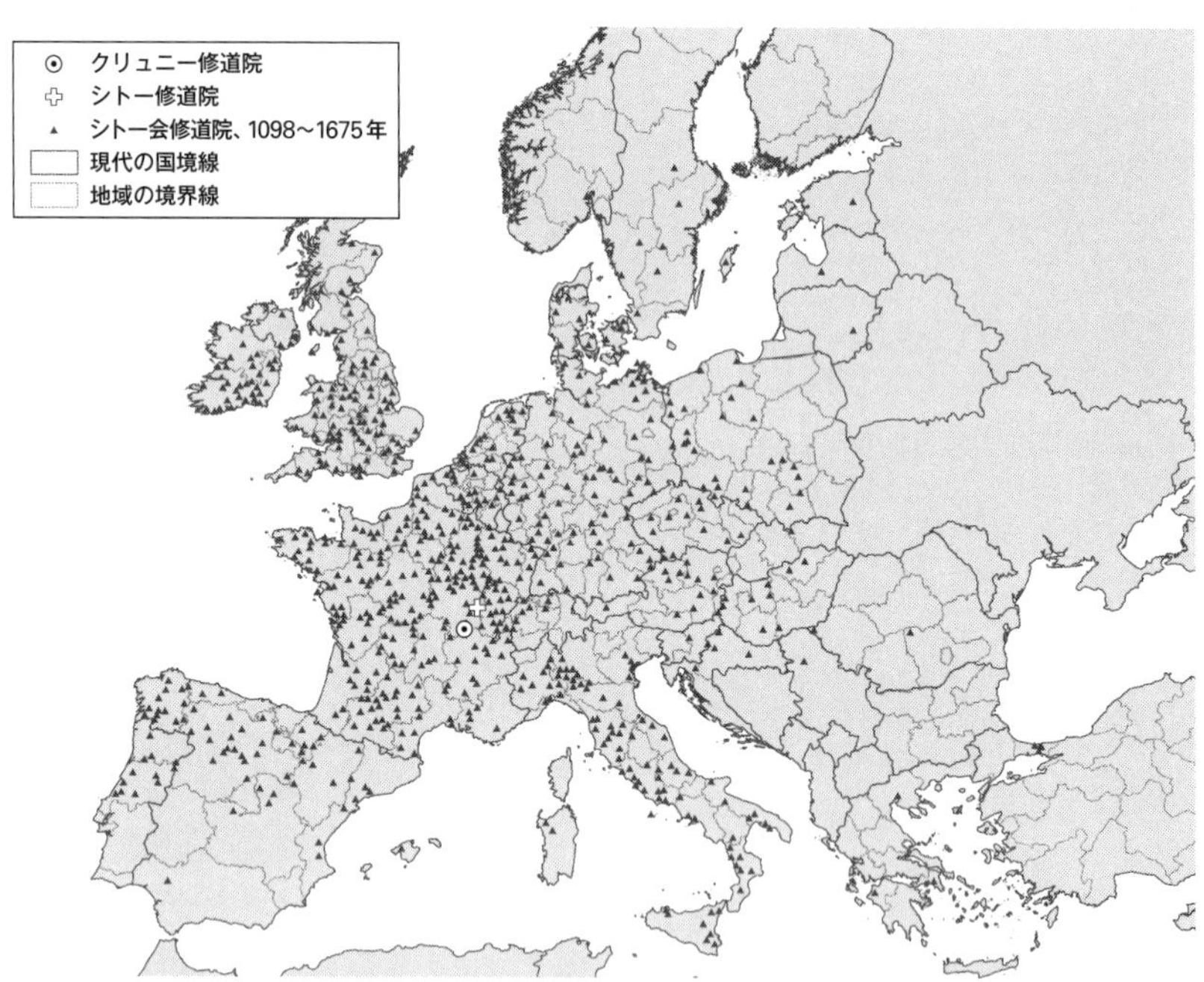

図11.2　1098年にシトー修道会が設立されて以降の、ヨーロッパにおけるシトー会修道院の分布。これら734の修道院の90%が1300年以前に設立されている。地図には、シトー修道会の設立者がもと所属していたクリュニー修道院（第10章）の位置も示してある[19]。

連性は、教育水準や配偶者の有無など、さまざまな地域差や個人差を統計的に考慮した場合でも保たれる。心理面で「勤勉さ」を重視していることは、現代の経済面のデータにも現れている。つまり、中世にシトー会の存在の影響を大きく受けた地域ほど、二一世紀に入ってからの経済的生産性が高く、失業率は低い[20]。

興味深いことに、ある地域にかつてシトー会が存在したことの効果は、プロテスタントよりも、カトリック教徒のほうに強く現れている。つまり、かつてシトー会修道院の密度が高かった地域で生まれ育ったカトリック教徒は、それ以外の地域のカトリック教徒に比べて、子どもにとって「勤勉さ」が重要だと考える割合がはるかに高いのだ。これは当然とも言える。なぜなら、その後、プロテスタント共同体が広がっていくが、その成員たちはたいがい輪をかけて勤勉さを重んじたので、それ以前にシトー会から受けた影響はかすんでしまったはずだからである[21]。

給料日を待つ

個人主義の台頭や非人格的市場の普及は、きつい仕事や困難な課題に取り組もうとする姿勢に加えて、自己制御力や、目先の欲求を我慢する満足遅延耐性の発達をも促した可能性がある。開かれた市場において、従業員、友人、配偶者、ビジネスパートナーを求める場合、人々は、長期目標を達成できる人、将来の利益のために投資できる人、誘惑に負けない人、遅刻しない人を選ぼうとする。それに対し、代々受け継がれてきた永続的な人間関係が支配する世界では、従業員も、結婚相手も、ビジネスパートナーも、個人の一存で決めることはできない。内集団に忠誠を尽くすことを考え、緊密な社会的つながりをもつ相手を選ぶ必要がある。なぜなら、パートナーや従業員の資質それ自体よりもむしろ、社会関係に埋め込まれたものを当てにしているからである。

市場や商業の発展度合いと、忍耐力や自己制御力といった心理尺度の関係を調べる研究は、数は少ないものの、やはりさまざまなことを教えてくれる。アフリカのコンゴ盆地に暮らす狩猟採集民、バヤカ族について行なわれた研究について考えてみたい。人類学者のデニス・サラリは、簡単な実験を用いて、三つの異なるバヤカ族共同体の成人、一六四人の忍耐力を評価した。これらの共同体のうちの二つは、最も近い市場町から六〇キロメートル以上離れた森林で、移動しながら伝統的な狩猟採集生活を送っているグループだった。三つ目のグループは、市場町の中で暮らしていた。デニスは人々に、Ⓐ今すぐ、美味しいブイヨンキューブ〔ブイヨンを脱水し、約一五ミリ角の小さな立方体に成型したもの〕を一個もらうか、それともⒷ明日、そのキューブを五個もらうかを選んでもらった。忍耐力の強い人は、キューブを五個もらうために一日待とうとするはずだが、忍耐力の弱い人は、その場ですぐに一個もらうだろう。

市場町に暮らすバヤカ族のほうが、忍耐力が強かった。町に暮らすグループの五四％が、一日待ってキューブを五個もらおうとしたのに対し、狩猟採集生活を送っているグループで、待つほうを選んだのは一八％に過ぎなかった。実験結果を分析したデニスと共同研究者のアンドレア・ミリアーノは、賃金労働に従事しているか否かの違いが、町で暮らすバヤカ族と森で暮らすバヤカ族の違いに関係していることを明らかにしている。賃金労働の場合には、現在働いている分の賃金が支払われるのは、たいてい数日後か数週間後であり、こうした賃金の支払方法が、遅延報酬を得るために今働くことを学ぶ、事実上の訓練になっているのだ。非人格的市場で行なわれる他のやりとりと同様に、賃金労働においてもやはり、市場規範の遵守に加え、見ず知らずの相手に対する信頼を要求される場合が多い[22]。

この実験が行なわれた状況では、賃金労働のような商業的制度が、遅延報酬を受け入れやすくしているだけではなく、伝統的なバヤカ族の制度が、遅延報酬を選ぶ意欲を削いでもいる。バヤカ族のキャンプ内では、食物はすべて、広く分配されていたので（それは現在も同じ）、キューブを五個もらうために待つことに決めたとしても、それを決めた本人が美味しいスープを余計にもらえるわけではない。キューブを五個もらうために一日待つと決めた狩猟採集キャンプの人々は、自分自身ではなく、キャンプの仲間たちの役に立ったに過ぎない。キューブを五個受け取った場合には、求められたら誰にでも分け与えるべし、とする分配規範に従わねばならないからだ（ちなみに、誰も要求をためらったりしない）。したがって、キャンプの成員が実際に直面するのは、今すぐに一個もらうか、明日に一個（と仲間に与える分を）もらうかの選択なのである。このような制度的環境下では、いくら忍耐強い行動をしても、それが報われて、こうした文脈での満足遅延耐性が養われていくことはない。

この研究だけでは、市場統合の進展が忍耐力を培う原因になるのか、という問いに答える決定打とはならない。その理由の一つとして、忍耐力の強い人々ばかりが森から町に移住してきたという可能性がある。町で暮らすほうが、忍耐が報われるからだ。二つ目の理由として、市場ベースの規範以外の、町での暮らしの何かが、変化を起こす原因になっている可能性もある。

しかしながら、忍耐力（特に遅延報酬選択）は文化的学習を通して獲得される（第2章）こと、そして、労働市場や学校教育が登場すると、より高い所得、識字能力、学業成績――大きな「成功」――という形で忍耐力が報われることがわかっている。これらの事実を考え合わせるならば、非人格的な制度、特に市場や学校が登場すると、文化進化と個人的体験とが相俟って、人々の忍耐力を引き上げていく可能性があると考えてよさそうだ[23]。

このような心理的変化を歴史に結びつけることは可能だろうか？　なかなか容易なことではないが、何らかの手がかりはつかめるかもしれない。

歴史における忍耐力と自己制御力

中世ヨーロッパの歴史記録を探しても、人々の忍耐力と自己制御力の経時的変化を観察することができるような、直接的な評価尺度は見当たらない。しかし、金利と殺人発生率がどちらも徐々に低下していった現象に、このような心理的変化を読み取ることができると研究者たちは主張する。まず金利から見ていこう[24]。

金利は、人々が満足を先延ばしにして、遅延報酬を得ようとするかどうかに大きく影響を受ける。わかりやすくするために、今晩一〇〇ドル使って友人と美味しい食事をするか、それとも、この金を年利一〇％で三〇年間投資するかの選択をする場合を考えてみよう。この金利だと、三〇年経った時点では、単に一〇〇ドルではなく、一七四五ドルに増えている。問題は、三〇年後に莫大な利益を得るために、今晩の楽しいディナーを諦める気があるかどうかだ。将来の報酬の価値をそれほど割り引かないのであれば、一〇〇ドルは投資に回し、高級なディナーはやめておく可能性が高い。しかし、三〇年後なんて遠すぎると思えば、今晩の食事を楽しむことだろう。こうした状況下では、人々の忍耐力が強いほど、低い金利でもディナーの誘惑には乗らずに投資する可能性が高くなる。そして、そのような集団では、金利が下がることが予想される。それに対して、人々の忍耐力が弱い場合、つまり、今すぐに「食べたり、飲んだり、楽しんだり」したがる（美味しいブイヨンキューブをすぐにもらいたがる）場合には、将来得られる報酬が相当大きくなければ、即時報酬を諦めようとはしない。したがって、金利は上がることになる（そうでないと、誰も投資しようとしないからだ）。そんなわけで、人々が満足を先延ばしにしようと思うかどうかが、金利を決める重要な要因となるのである。

このことを念頭に置いて、図11・3Aを見ると、イギリスではこの一〇〇〇年近くの間ずっと金利が下がってきている。最初期の金利は一〇～一二％程度だったと推定される。一四五〇年までに、五％をわずかに切るほどまで低下し、一七五〇年にイギリスが産業革命の助走期に入った頃には、金利はすでに四％を下回っていた（ロンドン市民の労働時間は長くなりつつあった）。産業革命が加速していく間、金利は低下を続けたものの、中世に見られたのと比べると、その低下の度合いは緩やかだった[25]。

ところで、人間の心理は一定不変だと信じて（とんだ間違いなのだが）疑わない経済学者たちが、金利変動の理由として決まって注目するのが、経済成長であり、また、政変（土地を王に没収される）や疫病や戦争（土地を他国の王に没収される）によるリスクの変化である。急速な経済成長によって所得が増えると、金利が下がる可能性がある。なぜなら、投資した資金が将来、増えて返ってくるだろうと考えて、人々が（理屈の上では）積極的に投資する可能性があるからだ。一方、リスクの高い世界では、たとえば政府に財産を没収されれば、投資が無駄になるおそれがある。もちろん、疫病に罹ったり、襲撃を受けたりして早死にするかもしれない。となると、将来の出来事によって喜びが奪われないように、今すぐ消費するようになる。

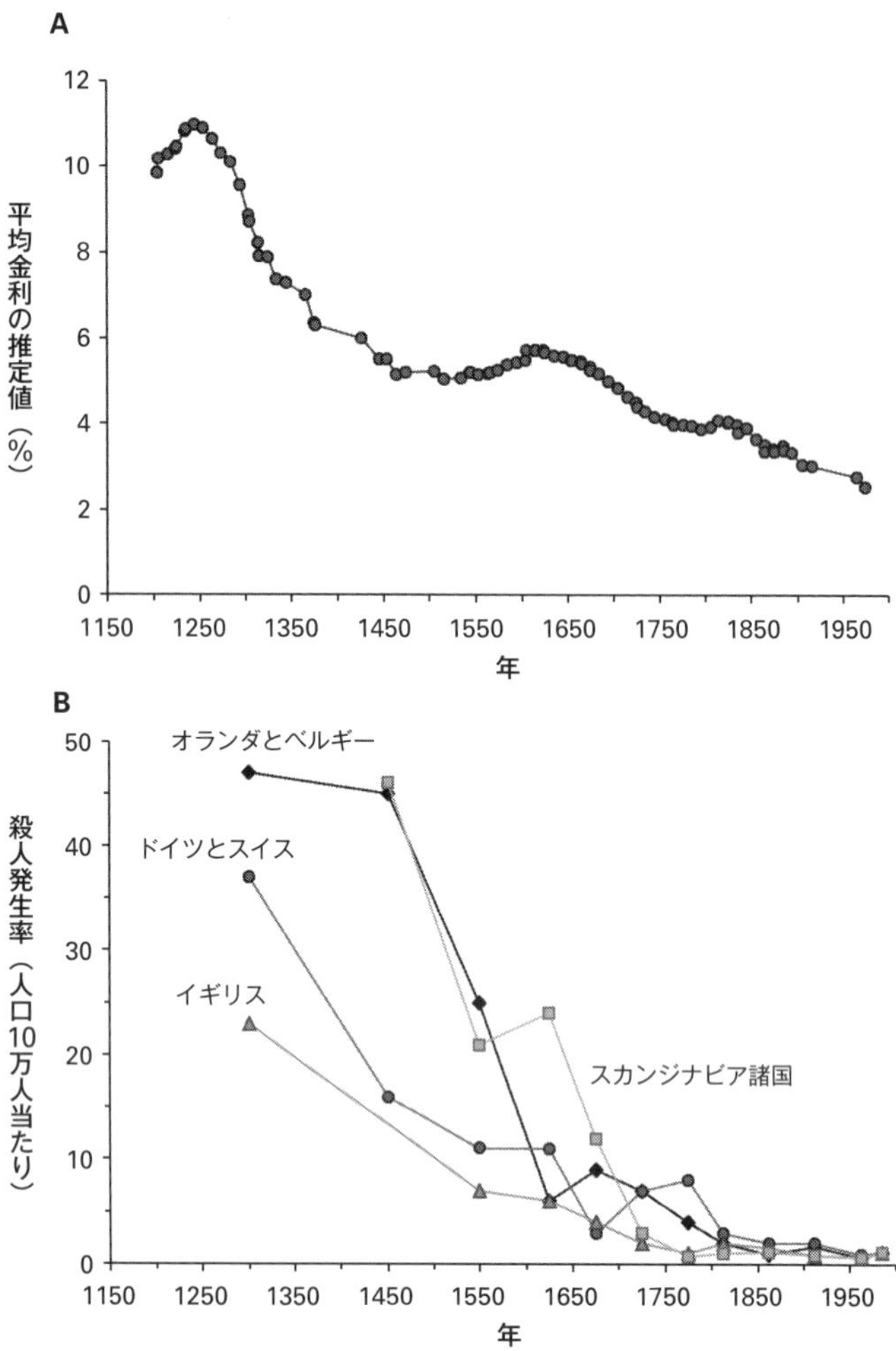

図11.3　忍耐力と自己制御力の間接的な評価尺度。(A) 1150年から2000年までのイギリスにおける金利の推定値、および (B) 1300年から1985年までの、イギリス、ドイツ、スイス、スカンジナビア諸国、オランダおよびベルギーにおける殺人発生率[(26)]。

しかし、イギリスで長期間にわたって続いた傾向は、こうしたお決まりの経済的理由づけでは説明できないようだ。経済史学者のグレッグ・クラークは、たとえば忍耐力のような、何か根底にある心理的要因が金利の低下を促しているに違いないと主張する。ペストが大流行したり（一三五〇年）、名誉革命が勃発したり（一六八八年）、フランスやスペインやオランダとの間に数々の戦争が繰り広げられたりと、不安定で先の見えない時期にもずっと、このような低下傾向が持続したのである。一八五〇年以降、経済成長の加速の度合いが史上最大級だった時期でさえ、金利は（上がるという一部の予想に反して）下がり続けた。このような長期的傾向の少なくとも一部は、忍耐力や自己制御力のような、何らかの心理的変化を反映していると思われる[27]。

図11・3Aに見られるような金利の低下は、オランダなど、ヨーロッパの他の地域のデータにも現れているが、この時期にヨーロッパ以外で同じような傾向が見られるところはない。たとえば、複雑で豊かな経済が発展していたアジア諸国でさえ、金利は最低でも一〇％程度だった。長江下流デルタ地域では、一四世紀後半に商業が繁栄を極めたが、この地域の金利は五〇％だった。一八～一九世紀の韓国の金利は、二五％から五〇％まで幅があり、平均すると三七％だった。一七世紀の大阪は、金利が比較的低く、商家間の貸付け金利は一二％から一五％の間だった。一七～一八世紀のイスタンブールにおける、個人向けの貸付け金利は一九％程度だった。それに対し、イギリスやオランダの金利は、産業革命前から五％を確実に下回っていた[28]。

金利と忍耐力との関連性は、他のさまざまな心理学的知見とも辻褄が合う。マシュマロをすぐには食べずに我慢できた子ども（第1章）ほど、成人後の銀行口座の預金額が多く、教育への投資額が多く、犯罪に手を染めることがない。じっくり待つことができた者ほど、各種依存症になりにくく、また、計画的な年金積み立てを行なう確率が高かった。成人同士を比較すると、遅延価値割引テスト（今すぐ一〇〇ドルもらうか、一年後に一五〇ドルもらうか）で強い忍耐力を示した人ほど、所得の多くを貯蓄に回し、将来に多額の投資を行ない、修学年数も長い。現代世界でのこうした関連性は、アフリカ、東南アジア、および中東で最も強く見られるが、それは公式制度があまり機能していないからだろう。アマゾン川の奥地に住む人々は世界市場に参加し始めたばかりだが、そのような集団においても、遅延価値割引テストで満足の先延ばしをいとわない人ほど、新設された学校に長く通い続けて、高い識字能力を身につけるようになる。最後に、第8章で述べたとおり、有罪判決を受けた犯罪者は、同様の人口統計学的特性をもつ人々よりも、短気でしかも自己制御力が弱い[29]。

とは言うものの、忍耐力や自己制御力が常に報われるとは限らず、どれほどの見返りがあるかは、非公式な制度と公式な制度の両方にかかっている。経済学者のクリス・ブラットマンらは、リベリアで、一〇〇〇人近くの貧しい男性に対して、実験的介入のランダム化比較試験を行なった。一部の者は、八週間にわたって訓練を受け、衝動性を抑えながら自己制御力や忍耐力を高めていった。そのような心理的変化の結果、短期的に見ると、男性たちの犯罪が減少するとともに、預金額が増加した。この研究によって、忍耐力や自己制御力は文化的に修正可能であることが実証されはしたものの、長期的に見た場合、このような心理的変化はほとんど報われることがなかった。その理由は明らかだった。男性たちの七〇%が、将来のために貯めてあった金が盗まれたと報告した。堕落した警察官に金を巻き上げられる事件が後を絶たないのだという。このような環境下では、文化進化が、忍耐力強化の後押しをすることはないだろう。

同様に、緊密な親族関係は、遠縁の親族ネットワークに対する義務を定めた強い規範によって、自己制御力や忍耐力を養おうとする意欲を削いでしまう圧力を生み出す可能性がある。こうした状況を、私はたびたびフィジーで目の当たりにした。勤勉な人が懸命に働いて金を貯めるのだが、遠縁にあたるイトコ兄弟から、葬儀代、結婚資金、医療費として現金を要求されると、せっかく貯めてきた金は消え失せてしまう。これは致し方ないことだ。なぜなら、緊密な親族ベース制度は、個人の自己制御力や地道な貯蓄によってではなく、人間関係を通して集団全体としてリスクに対処し、老後に備え、不安要素と折り合いをつけていく制度だからである。[30]

忍耐力や自己制御力が犯罪に及ぼす影響についてはすでに取り上げたが、こうした影響は、中世までさかのぼって入手可能な統計データにも現れている。それは殺人発生率である。図11・3Bは、ヨーロッパの四つの地域について、西暦一三〇〇年には、殺人発生率が人口一〇万人当たり二〇〜五〇人だったのが、一八〇〇年には、二人未満にまで低下したこと、そして、低下のほとんどが一五五〇年以前に起きていることを示している。一八〇〇年以降、経済成長が顕著になってからも、これらの地域の殺人発生率は少しずつ下がり続けているが、中世にぐっと低下したのに比べると下がり方は緩やかだ。

金利の場合と同様に、私たちは、自己制御力を直接観察しているわけではない。殺人発生率は確かに、心理的変化以外にもさまざまな要因の影響を受けている。しかし、重要な点として、こうした殺人事件のほとんどは「酒場での乱闘」あり、男性（そう、女性ではない）が怒りを抑えて、自制を効かせ、そのまま立ち去っていれば起こらずに済んだことなのだ。あの目障りな野郎の得意げな薄笑いを消しちまえたら、どんなに気分が良かろう——そんな気持ちが発端となる。それを例証するかのように、一三世紀のフランス王国のある役人は、「殺人」が起こる状況を、「敵対心から侮辱し合い、侮辱し合ううちに取っ組み合いとなり、取っ組み合いの最中に一方がとどめを刺し、たいていもう一方が命を落とす」と説明している。実際に、一三世紀のイングランドの殺人事件記録を分析すると、殺人事件の九〇％が、事前に計画されていたものではなく、悪口の応酬や言い争いをきっかけに、その場で相手を攻撃しにかかった結果であることがわかる。一六世紀のアラス（フランス北部の都市）では、殺人事件の四五％が居酒屋の中、もしくはそのすぐ外で起きており、また、ドゥエー（フランス）やケルン（ドイツ）で起きた暴力犯罪全体の半数以上が大量飲酒にからんだものだった[31]。

こうした殺人発生率の低下から見えてくるのは、人々が新たな世界に心理的に適応していったということだ。それまで、親族の絆という外的制約や、一族の名誉保持という動機に支配される世界に生きていた人々が、今や、小売店主や職人や商人が無数の見知らぬ人々と自由に互恵的な取引を繰り広げる世界に生きるようになったのである。広がりつつあるこの個人主義の世界では、ささいな侮辱やちょっとした行き違いに、いきなり節度を欠いた暴力で応じたという評判は、もはや何の利益ももたらさなかった。誰が、そんなせっかちな輩を弁護したり、結婚相手やビジネスパートナーに選んだりするだろうか？　見ず知らずの者同士が集まって人間関係を買い求める開かれた市場では、もっと自己制御力の高い友人、婚約者、従業員を見つけることができるのだ[32]。オランダの法律家、サミュエル・リカールが、『商業便覧』（一七〇四年）の中で私の主張を代弁してくれている。

商業は、相互実利を通じて人と人とを結びつける。……商業を通じて、それまでのように情熱漲る心身ではなく、相互の利益が中心的役割を果たすようになる。商業は、他のあらゆる業種とは明確に区別される、独特の性質をもっている。人間の感情に極めて強い影響を及ぼすので、それまで偉ぶって横柄な態度をとっていた人が急に、物腰の柔らかい、へりくだった態度をとるようになる。商業を通じて人間は、慎重に考えて、誠実に振る舞い、礼儀作法を身につけて、賢明かつ控え目な言動を心がけるようになる。成功するためには思慮深さと誠実さが不可欠だと気づいた人は、悪癖を改めるか、せめて上辺だけでも礼儀正しさや真面目さを装うかして、現在の知人や今後付き合う人々が、自分に不利な判断を下さないように努める。つまり、信用度が下がるのを恐れて、人前で恥をさらすようなことはしなくなり、仲間たちもおそらく、不祥事を起こしかねない人物を避けるようになる。(33)

明らかに、殺人発生率が全体的に低下していく一方で、家族が犠牲となる殺人事件は、それまでほぼゼロだったのが、一九世紀の末には殺人事件の半数を超えるまでに増加した。男性たちは、侮辱する言葉や地位を脅かす言葉を浴びせられたからといって、酒場で多くの知人や見知らぬ他者を殺すのをやめ、その代わりに、家族の成員を殺す傾向を強めていったのだ。非人格的向社会性が高まると同時に、親族関係の重要性が低下していったことを、これほど如実に示す統計データは他にない。

自己制御力や忍耐力の高まりは、まず都市の中間階級——商人、職人、専門職、公務員——に認められるようになり、その後徐々に、労働者階級や上流階級にも広がっていったようだ。そのことは、真っ先に国債を購入し、早くからジョイント・ストック・カンパニーに投資したのは、都市の中間階級であって、それより遥かに裕福な貴族ではなかった、という事実の中に見て取れる。たとえば、一八世紀後半に東インド会社の株主となっていたのは、主として、銀行家、政府職員、小売商人、軍人、聖職者、貿易商などだった[34]。

自分らしくあれ──WEIRDなパーソナリティの起源

アメリカ人など、WEIRDな人々に見られるパーソナリティのパターンや特性は、人類全般に共通するパターンの典型である、とほとんどの心理学者が信じている。しかし、これは間違いではないかと私は思う。進化論的アプローチから示唆されるのはむしろ、個人は生きていく過程で、また、集団は幾世代も経るうちに、その安定した永続的な社会・経済・生態学的環境に自らの性質を──少なくとも部分的に──適応させ、必要に応じて修正していくということだ。発達論的な観点から言えば、子どもたちは、成長する間に出会う世界の輪郭や、環境がもたらす機会やアフォーダンスに、自らのパーソナリティを適応させていくことが予想される。さらに巧妙なやり方として、文化進化が、世界観、動機、判断基準、儀式的習慣、生活日課からなるそれぞれ異なるパッケージを利することによって、人々のパーソナリティを形成していくことが予想される[35]。

性格特性が文化的に進化していった過程を理解し、心理学者がパーソナリティと定義するもの（外向性、調和性など）の正体を明らかにするために、農耕が始まってから、中世ヨーロッパの商業都市が発展するまでの道程をたどってみよう。

今からおよそ一万二〇〇〇年前に農耕が開始されて以降、ほとんど誰でも就くことのできる職業は、基本的に一つだけ――つまり農民――だった。男女で役割分業があるものの、農民一家は何でも屋(ジェネラリスト)でなくてはならなかった。耕起・砕土、播種、除草、収穫、刈入れ、脱穀、粉挽き、牧畜、毛刈り、食肉解体などはごく基本にすぎなかった。通常はそれ以外にも、家を建てたり、道具を作ったり、衣類を織ったり、動物の世話をしたり、村を防衛したりする必要があった。社会の規模や複雑度が増すにつれて、職能の専門分化が進みはしたが、それによって個人の選択肢が広がったわけではなかった。多くの場合、特定の氏族や、キンドレッド、あるいは地域共同体が特殊なスキルやノウハウを培うと同時に、補完的なスキルをもつ他集団との間に、規範に支配される関係をつくりあげていた。

たとえば、ポリネシアの複雑な首長制社会には、農耕、漁労、カヌー製作、そして――もちろん――統治(首長)と、さまざまな職能を有する氏族たちがいた。自分が農民になるのか、戦士になるのかは、どの氏族に生まれついたかで決まった。初めて都市が出現すると、職業の専門分化や労働の分業制は拡大していったが、知識の構造や後継者の採用の仕方にそれほど大きな変化はなかった。このような共同体では、個々人が自分の好きな職業に就くのは容易ではなかった。親族ベース制度に支配されていたので、個人の職業選択も、家柄や、氏族、カースト、あるいは民族集団によって強い制約を受けていたのだ。ミルク売りの氏族、商人の家系、サンダル作りのカーストといったものが方々に存在していた。自分に合うニッチを見つけて、その要求をもっと満たすべく、さらに適応していくのではなく、生まれついたニッチが何であっても、その要求をいかに満たすかを考えねばならなかった。ある程度の移動はできたので、あまり誇張するつもりはないが、人々に選択肢はほとんどなく、家業を継ぐという制約に縛られていた。(36)

ところが、ヨーロッパでは、中世に、それとは異なる世界が出現しつつあった。すでに述べたように、都市や町が急成長しており、非人格的な市場が拡大しつつあった。また、専門分化した任意団体が、選抜採用した成員に訓練を施すようになり、多種多様な職業が続々と誕生しつつあった。時計師、法律家、会計士、印刷屋、鉄砲鍛冶、発明家などである。それと同時に、親族関係の絆が弱まって、住居地の流動性が高まり、都市憲章にさまざまな権利や優遇特権が謳われるようになったことで、個々人に相当な自由が担保され、そのおかげで人々は、当時増え続けていた団体やギルドに加入し、見習い期間を経て、さまざまな仕事に就くことができるようになった。このように社会環境が変化すると――もちろん、人間関係のつながりの重要性は、薄れたとしても決してなくなりはしないが――個々人は「自分を売り込む」ために、もっぱら友人関係や血筋や一族の絆に頼るのではなく、個人の属性、特殊な技能、性格上の美点をアピールするようになっていった[37]。

このような世界の中で人々はますます、自分の性分、選好、属性にもともと無理なく合っている職業や集団を選ぶことができるようになった。そして、他者と競って秀でるために、その属性にさらに磨きをかけられるようになった。各人がそれぞれ、社交的な営業マンとして、真面目で実直な職人として、正確で慎重な書記として、あるいは敬虔な聖職者として生計を立てていくことが可能になったのである。それぞれの特徴をわざと際立たせたり、逆に目立たぬように抑えたりすることもあった。当然ながら、女性は男性に比べて選択肢が圧倒的に少なかったが、それでも、ほとんどの社会よりは多かった。思い出してほしい。女性たちは、結婚年齢が上がり、たいてい自分で夫を選べるようになり、結婚前にほとんどが給料をもらう仕事に就いていた。他の社会とは違い、女性が結婚を断念して、神のお召しに従って教会で働くこともできた。全体的に見ると、こうした変化によって、個々人が、持って生まれた特性にぴったり合う社会的役割、人間関係、職業を選び取る自由度が増したのである。時が経つにつれて人々は、自分にとって最も重要な資質に特化し、それを際立たせるようになっていった[38]。

こうしたプロセスのコンピューター・シミュレーション結果から示唆されるのは、このような社会的・経済的な発展によって、個々人が異なる社会的ニッチや職業に専門分化していくにつれて、ますます多様な個人属性が生み出されたであろう、ということだ。言い換えるならば、はっきりと異なるパーソナリティ特性の数が増え始めたことだろう。そして、時とともに、この傾向はさらに強まっていったことだろう。なぜなら、集団規模が大きく、人々が密集して暮らし、人間関係が流動的であるほど、自分の才能、属性、性向、特異性、選好に最も合う人間関係や所属団体を探し求め、それを実際に見つけ出せる機会が増えるからである[39]。

パーソナリティに対するこうした取り組み方は、心理学分野でなされてきた多くの研究とはまるで正反対だ。パーソナリティ心理学者たちは長いこと、いくつかの特性は人類普遍のものだと考えてきた。そして、パーソナリティをいくつかの類型、または下位次元に分けて説明しようとしてきた。最も有名なのが、人間は次のような五つのほぼ独立したパーソナリティ特性（因子）をもつという考え方である。①経験への開放性（「冒険心」）、②誠実性（「自己鍛錬」）、③外向性（反対は内向性）、④調和性（「協調性」「思いやり」）、⑤神経症傾向（「情緒不安定性」）。多くの場合、これらこそが人間の本質的なパーソナリティ構造を捉えていると考えられてきたのだ。心理学者たちはこれらのパーソナリティ特性を「ＢＩＧ－５（ビッグ・ファイブ）」と呼んでいるが、私はＷＥＩＲＤ－５（ウィアード・ファイブ）と呼ぶことにする[40]。

心理学者たちが非ＷＥＩＲＤな集団を対象に行なったパーソナリティ調査でも、たいていＷＥＩＲＤ－５が見つかっている（香港や日本のような地域で一貫して現れるのは五つのうちの四つだけだが）。残念ながら、このような通文化的研究のほとんどは、人間関係が流動的な都市部の大学生を対象にして行なわれてきたのだ。そのような典型的ではない（母集団を代表していない）サンプルを用いると、各集団内でＷＥＩＲＤ－５をもっている確率の高い人々ばかりをすくい上げることになり、その結果、社会によるパーソナリティの違いを探る上で最も重要と思われる、制度や職業や人口統計学的特性のばらつきの多くが排除されてしまう。このような状況では、ＷＥＩＲＤ－５のアプローチに厳密さが欠けるのは当然と言える。[41]

異文化間の差異を調べようとするこのような乱暴なアプローチは、母集団を代表しない、均質で、アクセス容易な下位集団を利用して行なわれているので、それに頼っていても埒が明かない。前に進むためにはむしろ、職業分化に乏しく、世界市場との接触もほとんどない、自給自足型社会の人々のパーソナリティを詳しく研究する必要がある。

幸いなことに、人類学者のマイケル・ガーヴェン率いるチームが、パーソナリティ心理学の停滞した現状に揺さぶりをかけてくれた。彼らが心理学の一流雑誌の一つに投稿した研究論文が、受理、掲載されたのだ。マイケルのチームは、非識字者にも使用できるように改作した最新の心理学研究用ツールを用いて、南米ボリビアの熱帯林に暮らす農耕採集民、チマネ族の人々のパーソナリティ構造を探った。チマネ族は第９章でもほんの少し登場している。独裁者ゲームでの提示額が低く、市場経済に統合されていないことを示す、図９・２の左下の点の一つだった。チマネ族の仕事はそもそも、夫か妻か、二つに一つだ。夫はほとんどの場合、狩猟、漁労、家造り、道具作りに携わる。

妻はほとんどの場合、機織り、糸紡ぎ、料理、育児に携わる。農耕は夫と妻とで協力して行なう。[42]

マイケルのチームは、極めて厳密なデータ収集と徹底的なデータ分析を行なった。六〇〇人を超えるチマネ族に心理テストを行なった後、同じ人々に再テストを行ない、四三〇〇組の夫婦からなる新たなサンプルで（自分の配偶者について評価してもらって）テスト結果を再現し、さらに、さまざまな方法でテスト結果をチェックした。

その結果、チマネ族にＷＥＩＲＤ－５は認められたのだろうか？

いいや、とんでもない。チマネ族のデータからは、二つのパーソナリティ特性しか認められなかった。どれほど詳細にデータを分析しても、ＷＥＩＲＤ－５のようなものは見つからないのだ。それだけではない。チマネ族に認められる二つのパーソナリティ特性は、各々に関連する一連の特徴からすると、ＷＥＩＲＤ－５の因子のいずれともうまく一致しない。マイケル率いるチームによると、これらの特性は、マチネ族の間での社会的成功につながる二つの主要な経路を捉えているという。それは「個人間の向社会性（インターパーソナルな）」と「勤勉さ」とでも言えるものだ。つまり、もしあなたがチマネ族だとしたら、前述の生産活動に精を出して狩猟や機織りのようなスキルに磨きをかけるか、あるいは、濃厚な人間関係のネットワークを構築するために時間と精力を注ぐかすればいいということだ。こうした大まかな戦略に加えて、誰もがジェネラリストでなければならない。たとえば、男性は誰もがみな、刳舟（くりぶね）を作り、獲物を追跡し、木製の弓を作る技術を身につける必要がある。外向的だからと言って保険外交員やクルーズディレクターになれるわけではなく、逆に、内向的だからと言ってエコノミストやプログラマーになれるわけではない。[43]

チマネ族のケースを頭に入れた上で、パーソナリティに関する通文化的データに戻ろう。どんな社会においても、調査するとＷＥＩＲＤ－５が認められるのは当然だと私は述べた。なぜなら、心理学者たちは通文化的研究を行なう際に、必ずと言っていいほど、都市部の大学生を調査対象にしてきたからだ。しかし、このように均質であるにもかかわらず、やはり通文化的データの中に、パーソナリティの文化的進化が起きている証拠を見つけることができる。ＷＥＩＲＤな人々の間では、パーソナリティの五因子（五つの特性）は、通常、互いに独立していて関連性がないことを思い出そう。ということはつまり、たとえば、誰かの「調和性」のスコアがわかっても、「外向性」や「神経症傾向」のスコアはわからないということだ。

では、ＷＥＩＲＤな人々が選択しうる社会的ニッチの数が減り始めたとしよう。選択肢が減ってくると、外向的でかつ神経症傾向の強い人に適したニッチ（映画スターなど）や、内向的でかつ冒険心旺盛な人に適したニッチ（フィールドワークを行なう霊長類学者など）はもはや存在しなくなる可能性がある。こうして社会的ニッチの数が減っていくと、既存のパーソナリティ特性間の相関がしだいに高くなっていくだろう。なぜなら、ニッチやスペシャリストの数が減ると、誰もがみなジェネラリストに近づかねばならず、特定のパーソナリティの組み合わせは選択肢にはならなくなるからだ。このプロセスが続くと、一部の特性同士の相関が非常に強くなり、事実上、新たな一つの特性になってしまう。そんなふうにして、パーソナリティ特性は四つになり、三つになり、そして最終的に二つになるだろう。

この考えの真偽を試すためには、ＷＥＩＲＤ－５を構成するパーソナリティ特性（ＷＥＩＲＤ－５因子）間の相互相関の平均値が、社会によってどのように異なるかを調べてみればよい。予想されるのは、職業の専門分化が進んでおらず、社会的ニッチの数が少ない社会ほど、ＷＥＩＲＤ－５

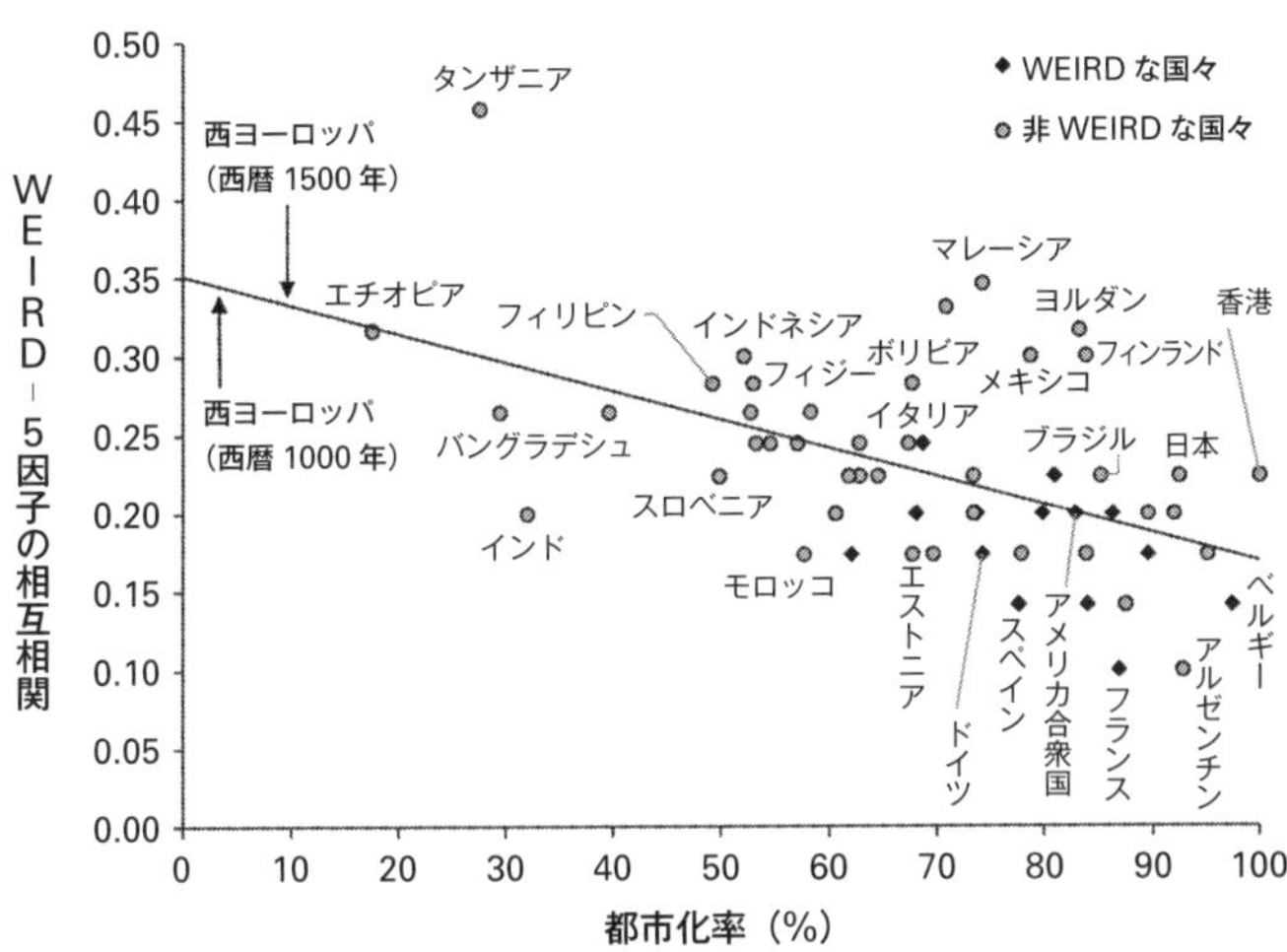

図11.4　55か国の都市化率とWEIRD－5因子の相互相関との関係。都市化率とは、都市部に住む人々の総人口に占める割合。WEIRD－5因子の独立性は、五つのパーソナリティ特性の相互相関の平均値によって捉えている。この相互相関が低いほど、5因子の独立性が高い。中世ヨーロッパの都市化率は、人口1万人以上の都市に住む人々の総人口に占める割合を用いている（44）。

因子間に高い相互相関が見られるということだ。現代世界では、どんな集団であっても、人々が占めうる社会的ニッチの数と、職業の専門分化や都市化との間に強い相関が見られるので、当然ながら、都市化や職業の専門分化が進んでいない地域ほど、WEIRD－5因子間の相互依存（相互相関）が高くなることが予想される。

アーロン・ルカシェフスキー、マイケル・ガーヴェン、クリストファー・フォン・ルーデンらは、五五か国の一万七〇〇〇人近い人々のデータを用いて、都市化の進んでいる国、あるいは、職業の多様性が高い国ほど、WEIRD－5因子間の相互相関が低いことを発見した。図11・4は、都市化率を用いてこれを示したものだ。都市化率の低い国に暮らす人々ほど、パーソナリティ特性間の独立性が総じて低く、したがって、パーソナリティ特性（因子）の数が少なくなることがうかがえる。以上の分析結果から示唆されるのは、ＷＥＩＲＤな社会に見られるパーソナリティ構造の多様性の多くは、都市化や職業多様性の違いに起因している可能性があるということだ(45)。すでに見てきたとおり、こうしたパーソナリティのパターンは、中世の歴史――都市化（図９・５）、市場統合（図９・７）、ギルド結成（図10・６）の劇的進展――と深く結びついている可能性がある。こうした傾向と、教会の婚姻・家族プログラム（ＭＦＰ）が人々の心理に及ぼした影響とが相俟って、都市居住者が任意に選択しうる社会的・経済的ニッチの数が増大していったことがうかがえる。試しに、中世西ヨーロッパのおおよその都市化率を図11・４に示してみた。見てのとおり、これらの都市化率は、二一世紀初頭に調査したどの国々の都市化率よりもかなり低い。したがって、中世ヨーロッパのパーソナリティの様相は今日とは異なっていたはずだが、それでもすでにＷＥＩＲＤな方向への進化は始まっていた。

もちろん、図11・４上での逆投影（つまり、都市化率からの相互相関の予測）を、額面どおりに受け止めないほうがいい。なぜなら、現代の都市化率は、職業の多様性、人間関係の流動性、労働者の移動性、個人主義的動機、任意団体の存在といった諸々の要素を――かなり複雑に――捉えていると思われるからだ。中世の中国やイスラム世界の都市居住者が、ＷＥＩＲＤ－５のようなパーソナリティ構造をもっていたとは考えないのは、こうした理由からだ。

それでも、私の逆投影の方式を使えば、過去の都市化率をもとに、個々人が多様な社会的ニッチや専門分化した職業の中から自分に合うものを選べる世界だったかどうかを、大まかに把握することくらいはできるだろう。図11・４に引いた線に沿って、徐々に時間をさかのぼり、主な職業がただ一つ、農民しかない農耕社会へと向かっていったとしよう。するとまず、最も都市化の進んだ集団で認められた、五つのパーソナリティ特性間の相関が徐々に高まっていく。やがて、その独立性が失われて、互いにくっつき合う。もしマイケルらの研究結果が正しいのであれば、最終的には、パーソナリティ特性らしきものが一つか二つしかない世界に到達するだろう。そして、その一つか二つは、その地域の生態、テクノロジー、諸制度に基づいて社会的成功を勝ち取るための、主要戦略に即したものになるはずだ。

私たちのパーソナリティの様相は、文化進化がヒトの心理形成に及ぼした影響の一部を反映しているにすぎない。もっと根深いにもかかわらず、なかなか捉えにくい影響もあるだろう。第1章で触れたとおり、緊密な親族ベース制度が支配する世界では、他者との人間関係に応じて、自らの行動をいろいろ変化させることが求められる。露骨な冗談を飛ばすことを求められる関係もあれば、黙って相手に従わなければならない関係もある。それに対し、非人格的市場に支配された、人間関係の流動的な世界では、立場や関係によって揺らぐことのない言行の一貫性や、多様なニッチのそれぞれに特化されたユニークな個性の涵養(かんよう)が促される。少なくとも一〇〇〇年にわたり、こうした文化進化の圧力によって、個人は一貫した傾向性(性格特性)をもつとする考え方が強められてきた。人々はしだいに、相手や状況にかかわらず一貫した態度をとろう——「自分自身」であろう——とするようになり、こうした一貫性を示すことができない他者に対して、否定的な判断を下すようになっていった。以上のことを理解すれば、WEIRDな人々はなぜ、人間の行動の原因を、状況や人間関係よりも個人の性格に帰する傾向が他の人々に比べてはるかに強いのか(根本的な帰属の誤り)も、また、なぜ、自分が首尾一貫した態度をとれないとひどく不快に感じるのか(認知的不協和）も説明しやすくなる。文化的に構築された世界観に対応しようとして、ＷＥＩＲＤな人々は永遠に「真の自己」を探し続けるのである（幸運を祈る！）。そのようなわけで、どんな社会でも昔から、人間の傾向性というものは確かに存在するが、ＷＥＩＲＤな社会では、傾向性全般、特にパーソナリティの重要性がいっそう増してくる。[46]

授かり効果

ハッザ族の狩猟採集民は昔から、自集団内での商業を全く行なわず、他集団との交易もほとんど行なってこなかった。必要なときは、周囲の農耕民や牧畜民の共同体との沈黙交易（第9章）という手段に頼ったのかもしれない。長年にわたりハッザ族の民族誌を研究してきたジェームズ・ウッドバーンは、こうした状況を次のように記している。「他のハッザ族との取引は非難されるべき行為である。他のハッザ族との物々交換、交易、あるいは物を売ることは、一九九〇年代になってもなお、全く受け入れられていない……」。それでもやはり、世界市場の容赦なき拡大によって、好奇心旺盛な観光客が押し寄せ、ハッザ族もそれに巻き込まれ始めた。こうした非人格的市場は、ハッザ族の心理にどんな影響を及ぼしているのだろうか？[47]

人類学者で心理学者でもあるコーレン・アピセラらが、簡明な実験を行なって、ハッザ族の人々の間に、**授かり効果**と呼ばれる現象が見られるかどうかを調べた。まず、二種類の色のライター（調理時の火起こしに便利）のいずれかを、参加者たちにランダムに与えた。その後、参加者たちに、もらったライターを別の色のものと交換する機会を与えた。彼らはどれほどの頻度で交換しただろうか？　もともと参加者たちに、二種類の色のライターをランダムに割り当てたのだから――

もし、色の好みがあって、しかも合理的意思決定が下されるならば——五〇％の確率でライターを交換することが予測される[48]。

ＷＥＩＲＤな集団でこの実験を行なうと、人々はめったに交換しないので、ライターの交換頻度は五〇％をはるかに下回り、おそらく一〇％ほどになる。ＷＥＩＲＤな人々は、個人的に所有しているものに愛着を抱くようになり、そのせいで、合理的とは思えない行動をとる——こうした愛着心の働きが授かり効果である。個人的に所有することからくる何かが、所有物の価値を高めているようだ。このＷＥＩＲＤな心理パターンの強さは、ＷＥＩＲＤな幼稚園児でも大学生とまるで変わらないので、これは、物を売り買いした個人の直接体験によるものではないと考えられる[49]。

では、ハッザ族ではどうだろう？

結論から言うと、どのハッザ族かで異なるのである。奥地に暮らすハッザ族は、交易や市場にはほとんど頼らず、狩猟採集だけで生活しているが、そのようなハッザ族は、基本的に合理的に行動し、ほぼ五〇％の確率でライターを交換した。一方、市場統合が進んでいるハッザ族は、矢や弓やヘッドバンドを自然体験観光客（アドベンチャーツーリスト）に売って生計を立てるようになっているが、コーレンがそのようなハッザ族で実験を行なうと、参加者たちは七四％の確率で元のライターを所持し続けた。

これは驚くべき結果である。市場統合がほとんどなされていない狩猟採集民は、授かり効果を示さないのに、こうした集団の一部が非人格的市場にさらされると、その人たちは、最初に得たものを手放すまいとする不合理な反応を示すようになる。どのハッザ族もみな、親族ベース制度、言語、宗教的信念など、文化の諸側面を共有していて、ほとんど違いはないにもかかわらず、このようなことが起こるのである。

コーレンが、ライターの代わりに食物を用い、種類の異なる袋入りビスケットで実験しても、同じ結果が得られた。市場統合の進んだハッザ族は、七六％の確率で最初のビスケットを所持し続けたが、奥地に暮らしているハッザ族でそれを所持し続けたのは四五％にすぎなかった。やはりこの場合も、伝統的な生活を営んでいるハッザ族は合理的な取引をしたのに対し、市場統合の進んでいるハッザ族は、明らかに授かり効果を示したのである。

何が影響しているのだろう？ 市場と授かり効果を結びつけているものは何なのか？

これはなかなか難しい問題だ。非人格的市場が広がると、個人の属性、ユニークな能力、そして個人的所有が重視されるようになるのではないかと私は思う。また、そのような市場が広がると、人目を引くための消費（たとえば高級懐中時計などの購入）が活発化し、人々が消費財を利用して個性を発信するようになる可能性もある。こうして自己に注意が向けられることで、人々は個人的所有物を自己の延長と見なすようになり、その結果、所有者の個人的アイデンティティとのつながりを通して、所有物により大きな価値が吹き込まれるようになるのだと心理学者たちは主張している。マグカップやライターやビスケットが、私のマグカップやライターやビスケットになると、価値を増すのである。

この考え方は、北アメリカの大学生と東アジアの大学生とで、授かり効果の強さを比較する研究によって裏づけられてきた。当然ながら、北アメリカの大学生は東アジアの大学生よりも、強い授かり効果を示す。もちろん、どちらのグループも等しく市場統合されているが、それぞれ異なる社会規範をもっており、一方は個人を中心に据え、もう一方は個人よりも集団を優先させる。[50]

ところで、市場統合がなされていないハッザ族には授かり効果が認められないが、これを人間の

「自然状態」だとは考えないほうがいい。ハッザ族は独自の強力な社会規範をもっており、それが、物々交換とも、資源交換パートナー制とも、助け合いとも異なる方法で、食物その他の品々の広範囲な分配を促している。たとえば、彼らは、お互いの矢やナイフやヘッドバンドを勝ち取ることができるギャンブルゲームを行なったとき、特定のプレーヤーに運が味方して、その人のところばかりに良い物がたくさん集まってしまうと、その人には、ある程度平等な状況に戻るまでゲームを続けねばならないという強い社会的圧力がかけられる。別のキャンプに逃げ込んだりして抵抗すると、気前よく分け与えるように求める人々が、延々と彼のもとに押し寄せることになる。社会規範が分配することを命じているので、彼が物品をため込んだとしても二週間ともたない。つまり、ハッザ族の間では、自分の持ち物に過度の愛着をもつことは許されない。なぜなら、すぐに誰か他の人の持ち物になってしまうからだ。こうした制度があると、授かり効果が現れかけても、それを抑制してしまうはずである。(51)

入手できる通文化的データが乏しいことを考えると、授かり効果の起源についての私の説明は、提案の域を出るものではない。理解が進んでいないのはなぜかと言えば、西洋人のサンプルを調査している経済学者も心理学者も、何十年にもわたって、自分たちはヒトの心理の特徴を測定しているのだと思い込んでしまい、その社会の制度、言語、テクノロジーに合わせて修正が加えられたものを測定しているとは考えなかったからなのだ。非常に多くの心理学的知見と同様に、授かり効果の強さもやはり、ＷＥＩＲＤな社会の人々のように極端に強い場合もあれば、伝統的な生活を営むハッザ族のように全く認められない場合もある。

本章を終える前に、白状しておかねばならないことがある。授かり効果について本章で提示した考えは、これまでの章に比べて憶測による部分が多い、ということだ。それを裏づける証拠はいろいろあるにしても、その多くは断片的であり、重要な知見のいくつかは単独の研究に基づいている。マイケル・ガーヴェンやコーレン・アピセラなどの先駆者たちが行なったこれらの研究は、極めて質の高いものだが、やはり一回のみの調査であって、一つの集団しか扱っていないものもある。これまでの章ではたいてい、異なる研究者たちが、複数の社会から大きな標本を抽出して行なった研究に基づく、多数の一致するデータが存在していた。それらとは状況が異なるので、調査結果をあまり過信しないでほしい。

ビッグではあるが、どれほどビッグなのか？

本書が描こうとしている全体像（ビッグピクチャー）は、ヒトの心が、しばしば数世紀にも及ぶ文化的進化の過程を経て、自らの遭遇する制度やテクノロジーの世界に適応していく姿である。だとすれば、ＷＥＩＲＤな心理を理解するためには、紀元後第二千年紀にヨーロッパ各地に現れ始めた、個人主義的傾向の強い世界について、つぶさに検討する必要がある。その適応の過程で生まれた心理パターンのいくつかを例証すべく、本章では、相互に関連し合う二つのパッケージに焦点を当ててきた。その一つは、時間、労働、几帳面さ、忍耐力に関する考え方をめぐるもの、そしてもう一つは、ＷＥＩＲＤなパーソナリティや、傾向性、そして一貫した「自己」の重要性などを含むものである。

中世盛期から後期にかけて、ますます多くのヨーロッパの共同体が、時間や金銭、さらには労働、仕事、効率についての考え方に適応していった。人間関係や親族ベース制度の重要性が低下するのに伴って、あの人は熱心に効率よく働き、自制心や忍耐力があって、時間に几帳面だ、という評判を得ることがますます重要になっていった。ギルド、修道院、都市のような任意組織は、構成員の差別化を図って他集団との違いを際立たせるために、成員一人一人に、こうした属性を伸ばそうという意欲をもたせる方法を編み出していった。人々はしだいに、こうした特質をもっているかどうかを神が気に掛けておられる、あるいは少なくとも、もっていれば神の恩寵を受けられる、と信じるようになっていった。これが、新しいプロテスタントの教義に流れ込んだのである。

都市が成長し、市場が拡大し、任意団体が増加するにつれて、人々はしだいに、自分の属性に最もよく合う社会的ニッチや職業分野を選ぶようになっていった。そして、自ら選んだニッチの要求を最大限に満たすために、生まれながらの資質、才能、能力をさらに鍛え、磨きをかけていった。こうしたプロセスを経て、従来とは異なるパーソナリティ構造ができあがっていったのだ。つまり、WEIRD－5がもたらされるとともに、立場や人間関係によって揺らぐことのない個人の特質が、しっかりと中心に据えられるようになったのである。

本書の第二部と第三部を通して、WEIRDな心理の主要側面のいくつかについて、その起源と進化の過程を探ってきた。しかし、どう考えても、これまで見てきた心理的多様性は、世界中に存在する多様性全体のほんの一部だとしか思えない。また、こうした心理的差異のいくつかを説明するにあたっては、親族ベース制度、非人格的市場、戦争、穏やかな集団間競争、職業の専門分化が及ぼした影響や、それらの相互作用について検討してきた。しかし、これらもやはり、文化進化が多様な制度、宗教、テクノロジー、生態、言語に対応して、人々の脳や心理を形成してきた無数のやり方のごく一部しか捉えていない可能性がある。私たちは水面から頭を突き出してあたりを見回しているにすぎない。この心理の氷山が巨大であることは明らかだが、どれほど大きいのかも、また、謎めいた深みにどこまで食い込んでいるのかも、正確に知ることはできないのである。

第4部　現代世界の誕生

第12章　法、科学、宗教

最初の人間の中に人類のすべてがあるのと同じように、アメリカの運命のすべては、新大陸の岸辺に到着した最初の清教徒の中にすでにあったのを見る思いがする。（松本礼二訳）

——アレクシ・ド・トクヴィル『アメリカのデモクラシー』[1]（一八三五年）

この数百年の間に、西洋の法、科学、民主政治、そしてヨーロッパの宗教が世界中に広まった。今日では、真の民主主義も、また、広範な人々が参加する代議制も発達していない国々でさえ、独裁政権が一芝居打って、政党を仕立てて選挙運動を行ない、投票で為政者を選ぶことが珍しくない。法の支配が弱い地域にもやはり、アメリカ合衆国、イギリス、ドイツ、フランスに見られるような成文法が存在し、立派な憲法までもが制定されている。また、アマゾン川流域から太平洋地域にいたるまで、どんな辺境の村に行っても、プロテスタント信者たちが少人数で集い、その土地の言語に翻訳された聖書を読んでいるのを見かける。こうした影響力の強い公式制度や広く浸透している宗教は、いったいどこから生まれたのだろうか？[2]

西洋文明の遺産であるこうした素晴らしい制度は、理性の所産であって、合理性の高まりを示すものだと、多くの人々が信じている。これらの制度は――合理主義者の主張によれば――教会のドグマを剝ぎ取って、「理性」をあてがったときに得られるものだと言う。プロテスタンティズムについても同様だ。プロテスタンティズムの教義（の一部）は、聖書に書かれている真実に理性を働かせ、腐敗した教会の伝統を捨て去ったときに得られるものだと、多くの人々が信じていたし、一部の人々は今もそう信じている。

しかし、私の見解は異なる。今なお進行中の心理的変化をもたらす上で中心的な役割を果たしたのは、中世における文化進化ではないかと――具体的に挙げるならば、ヨーロッパの親族ベース制度の解体（第5～8章）、非人格的市場の拡大（第9章）、手なずけられたタイプの集団間競争の激化（第10章）、そして、広域からの移住者による都市部での分業の発展（第11章）ではないかと――私は見ている。ヨーロッパ中のあちこちの共同体に現れ始めたＷＥＩＲＤな傾向の強い心理が、それに伴う社会規範の変化と相俟って、その集団内の人々が特殊なタイプの思想、法律、規則、政策、信念、習慣、主張を、支持、採用、考案する可能性を高めていった。法、政治、科学、哲学、芸術、宗教に関する現代の考え方の多くは、人類史のほとんどを占める大多数の複雑な社会の人々にとっては、直感では「想像もつかない」ような嫌悪を催すものだったはずだが、それが、中世や近世ヨーロッパに出現してきたプロトＷＥＩＲＤ心理に「フィット」し始めたのである。そして、こうした新たな思想や法律や政策は、多くの場合、都市、ギルド、大学、修道院、科学団体、そしてついには領域国家まで含めた、任意団体間での容赦ない集団間競争によって取捨選択されていった。[3]

このような社会発展と、人々の知覚、動機、世界観、意思決定バイアスの変化との間に見られる、無数の関連性や相互作用を挙げていったら、すぐに紙幅が尽きてしまうだろう。ここでの私の目的はそこまで壮大ではない。第二千年紀の後半に人々の生活の法律面、政治面、科学面、宗教面を支配するようになった、西洋の真髄とも言うべき公式制度のいくつかが誕生するにあたり、ＷＥＩＲＤな傾向を強めつつある心理が、どのようにその手助けしたのかを示したいのである[4]。

ウォーミングアップのためにまず、紀元後第二千年紀にヨーロッパで確立された公式制度に多大な影響を及ぼした可能性の高い、ＷＥＩＲＤ心理の四つの側面について考えよう。

①分析的思考　密接な社会的つながりを欠いた個々人からなる世界をうまく渡っていくために、人々はしだいに、関係性を重視して包括的に考えるのではなく、もっと分析的に世界を捉えるようになっていった。分析的にものを考える人は、個人と個人、あるいは事例と事例などの関連性に焦点を当てるのではなく、個人、事例、状況、あるいは物体をそれぞれ別個のカテゴリー（たいてい独特の性質をもっている）に割り振ることによって、物事を説明しようとする。したがって、個人の行動や物体の振る舞いは、その性質やカテゴリー分類（たとえば「彼は外向的だ」「それは電子である」など）によって分析的に説明される。分析的傾向がさらに強まると、矛盾が生じた場合に、より上位または下位のカテゴリーや相違点を見つけ出して、それを「解決」しようとする。それに対し、包括的にものを考える人は、矛盾を見て取ることも、それに取り組むこともない。ヨーロッパではしだいに、分析的アプローチのほうが包括的アプローチよりも優れていると考えられるようになっていった。つまり、分析的アプローチこそが正しいものとして認識され、高く評価されるようになったのである。

②内的属性への帰属　社会生活の基礎をなすものが、人間関係から個々人へとシフトするにつれてしだいに、個人の内的属性との関連性が重視されるようになっていった。こうした内的属性には、傾向性、選好、パーソナリティのような安定した特質に加え、信念や意図のような心的状態も含まれた。やがて、法律家や神学者たちは、個人には「権利」が備わっているとまで考えるようになった。

③独立志向と非同調　自分の独自性を培おうとする意欲に駆られた人々は、由緒ある伝統や先人の知恵を尊び、博識の年長者を敬う気持ちをしだいに失っていった。どんな地域に暮らす人類も、仲間に合わせ、年長者を敬い、長年変わらぬ伝統に従う傾向があるが、それは十分に進化上の理由があってのことなのだ。ところが、親族の絆が弱まり、非人格的市場に支配されるようになった社会のインセンティブが、こうした傾向を押し止めて、個人主義、独立志向、非同調、さらには自信過剰な自己宣伝の広がりを促した。

④非人格的向社会性　日々の暮らしがしだいに、非親族や見ず知らずの他人と付き合うための非人格的規範に統制されるようになるにつれて、人々は、公平な規則や非人格的な法律を好むようになっていった。それは、社会関係、部族意識、社会階級といったものとは無関係の集団や共同体（都市、ギルド、修道院など）に属する人々に適用される規則や法律だった。もちろん、こうした姿を見せ始めたばかりのルールを、人間の権利や平等性や公平性を謳う、現代世界の本格的にリベラルな諸原則と混同してはならないことは言うまでもない。

中世盛期にはすでに、西ヨーロッパ各地に散在する、小規模だが影響力のある諸集団に、これまで述べてきたような心理が根付きつつあった。本書全体を通し、折に触れて、このようなプロトWEIRD心理が、新たな公式制度の誕生に及ぼした影響を指摘してきたが、まずは、法と政治の分野から、そうした考えをここにまとめておこう。

普遍的な法、衝突する原理、個人の権利

中世盛期に、特に教会や自由都市において、WEIRDな傾向の強い心理が徐々に出現してくると、西洋の法概念や政治体制の概念の基礎をなす考え方が、直感的に「理解されやすい」ものになっていった。それに加えて、緊密な親族関係が崩壊し、部族への帰属意識が消滅したことにより、法律を施行して個人を統制し、代議員会を十分に機能させることが以前よりも容易になった。

こうした変化の先駆けとなったのは、「民主主義」や「法の支配」や「人権」についてのグランドセオリーを提唱する、高名な知識人、哲学者、神学者たちではなかった。むしろ、修道士、商人、職人など、個人主義的傾向の強い心理をもったごく平均的な人々が、競い合う任意団体を結成していくなかで、こうした考え方がゆっくりと一つ一つ形成されていったのである。

他組織との競争環境の中に置かれた組織は、既存の成員に受け入れられ、なおかつ、新たな成員を惹きつけることのできる組織統治を行なう必要があった。そんなわけで、何か抽象的な合理性に根ざした知性のひらめきがあったわけではなく、ただひたすら目の前のことだけを考えて手探りで進んでいくうちに、社会規範や組織慣行が継ぎ接ぎでまとめられていき、それが憲章となり、成文法となったのである。たとえば、商慣習法が、商法となった。

個人の権利や自然権（生得の権利）という概念について考えてみよう。それこそが今日、一九四八年に国際連合総会で採択された「世界人権宣言」のような、重要な声明の基礎をなしている。すでに見てきたように、中世の都市や町は、成員を獲得しようと競い合って、市民に与える特権を拡大していき、それが正式に都市憲章という形にまとめられたのだった。憲章をもつ都市がより多くの成員を惹きつけたのはおそらく、人々が欲するものを提供すると同時に、経済的繁栄を生み出したからであって、他の諸都市もそれをまね、一部修正したり組み合わせたりして採り入れていった。時が経つにつれて、都市憲章はしだいに、法的保護〔正当な法の手続きによらなければ個人の権利・自由は奪われないとすること〕、免税措置、財産権、相互保険、そして（地方領主が課す）兵役義務からの解放を約束するようになっていった。勃興する都市の中間階級が、さらなる権利、自由、特権を要求して、支配者たちに圧力をかけた。王族、諸侯、その他の支配者たちは、租税収入も信用のアベイラビリティも増大するからと説き伏せられて、たいていこれらの要求を飲んだ。[5]

一二〇〇年には、教会の法律家——教会法学者——たちが、すでに世間に広まっていた考え方をもとに、自然権の概念を正式に発展させ始めていた。こうした概念は、この時期に急速に広まりつつあった諸大学（図10・6B）にたちまち浸透していった。そして、何百年もの間に、こうした概念はゆっくりと国家レベルの政治機構に吸い上げられていった。たとえば、一六二八年と一六八九年には、イングランド議会がそれぞれ、「権利の請願」と「権利の章典」を可決した。これらはいずれも、君主を凌ぐ個人や議会の権利を主張するものだった。権利の請願は、アメリカ合衆国憲法の権利章典（基本的人権を定めた追加修正条項）一〇か条のうちの四か条を先取りしている。[6]

当時、人々の心理がどのように変化しつつあったかを考えると、個人の権利に関するこうした考え方がなぜ、どのようにして、この時期に現れたのかを推し量ることができる。居住地に縛られない人々が、中世ヨーロッパのさまざまな地域の都市部に集まりつつあったが、そうした人々は法というものをどのように考えていたのだろうか?

親族の紐帯という身を守る手段を失い、非人格的な市場、鎬を削り合う組織、専門分化が進む職業からなる世界を渡っていかざるを得なくなった人々は、しだいに、自分自身の属性、意図、傾向性に関心を向けるようになっていったであろう。それまでとは違って分析的にものを考えるようになった彼らは、人間関係や血統ではなく、人々の内的特性をもとに、規則や法律の理由づけや説明を試みたであろう。法を体系化する際には、必要に応じて、目に見えない「権利」のようなものをでっち上げたことだろう。それは、既存の(代々受け継がれてきた)人間関係の調和をはかる必要性から法を作り上げるのとは違っていた。

中世ヨーロッパでは、このように個人を中心に据えた法が発展していったのに対し、同じ時期の中国では、関わった者同士の関係性いかんによって、犯罪に対する処罰が異なっていた。概して、親族に対して犯した罪は、非親族に対する罪よりも厳しく処罰されたが、年長者が年下の親族に対して犯した罪は、その逆の場合よりも処罰が軽かった。実際、二〇世紀に入ってからも、中国の父親は息子を殺害しても警告を受けるだけで済んだのに対し、父親や兄に危害を加えた者は、それよりはるかに厳しい処罰を受けた。このような非対称性は、儒教の原則のもと、年長者への深い敬意によって正当化されているが、WEIRDな心理をもつ者にはどうにもしっくりこない。理解はできても、それが、関係性を重視した法を支持する十分な論拠になっていると考える者はほとんどいない。[7]

では、これを別の方向から考えてみよう。アメリカ独立宣言にはこう謳われている。「われわれは以下の諸事実を自明なものと見なす。すなわち、すべての人間は生まれながらにして平等であり、創造主によって一定の侵すべからざる権利を賦与されており、その中には、生命、自由、および幸福を追求する権利が含まれている」。人間にそのような抽象的なものが賦与されていると聞いて、確かにそのとおりだと思うならば、若干WEIRDであることは間違いない。「侵すべからざる権利」という主張を自明のことだと思えるのは、次のような人間だ。ⓐ物事を（関係性や出自ではなく）内なる永続的な属性に照らして、分析的に説明したり理由づけたりする傾向がある。ⓑ別個のカテゴリーや階級（「地主」「人類」など）にも広く適用される公平なルールを好む。

しかし、人類のほとんどの共同体に暮らす人々にとっては、各人が、社会関係や先祖伝来のものとは切り離された固有の権利や特権をもっている、という考えは自明なものとは言えない。また、科学的な観点からしても、ヒトのDNAその他の場所に潜んでいる「権利」などといったものは、まだ発見されていない。この考えが受け入れられるのは、特定の文化心理を惹きつけるからこそなのだ[8]。

個人の権利が認められていくのと同時に、教会法学者たちは、刑事上の責任を問うにあたり、精神状態の役割をどう考えるかという法的概念についても詳細な議論を始めた。ローマ法もその他の初期の法体系も、刑事責任を問うにあたっては、加害者の精神状態をある程度考慮に入れ、たいてい、故意の殺人なのか、不慮の死なのかを区別していた。しかし、第二千年紀の西洋法は、精神状態をさらにいっそう重視するようになっていった。中世史学者のブライアン・ティアニーは次のように記している。

二〇世紀の文化を特徴づけている、個人の意図、本人の同意、個人の意思といったものへの関心が、教会法のさまざまな分野にまで溢れ出した。婚姻法においては、二〇世紀末までに、当事者間の合意さえあれば、その他の儀式は何もせずとも、効力を有する神聖な婚姻が成立するようになった。つまり契約法においては、口約束であっても、拘束力のある義務が生じるようになった。契約者の意図が重視されるようになったのだ。刑法においてもやはり、罪や刑の重さが個々の被告人の意図によって変わるようになり、これによって、現代の法体系と同様に、行為者の過失や限定責任能力が複合的に配慮されるようになった。今日のわれわれが、個人の権利を保護しつつ公共の秩序を維持すると考える法領域が生まれたのである。(9)

刑事裁判で有罪か無罪かを決めるにあたって、教会法学者は加害者の信念、動機、意図を詳細に調べた。こんな事例を考えてみよう。鍛冶屋が自分の助手にハンマーを投げて、彼を殺してしまう。中世の法律家たちは、鍛冶屋が助手の殺害を望んでいたかどうか(動機としては、鍛冶屋の妻との浮気)だけでなく、鍛冶屋が助手の殺害を目論んでおり、ハンマーでそれができると信じていたかどうかも問題にするようになった。たとえば、鍛冶屋はその翌週に(毒を盛って)助手を殺害するつもりだったのだが、強盗だと勘違いして、図らずもその前にハンマーで殺してしまった場合はどうなのか? 鍛冶屋が有罪かどうかは、その時どんな精神状態にあったかによって変わってくると彼らは判断した。このような精神状態を分析するなかで、教会法学者たちは、加害者の行為が正当防衛だった場合や、幼少、心神喪失、または心神耗弱(しんしんこうじゃく)ゆえに自らの行動を理解できていなかった場合には、殺人や暴行の刑事責任が軽減されることを示唆している。古代ローマの法学者たちの主要目的は、政策を推し進め、重要な利益（財産など）を守ることだったが、それとは違って、教会法学者たちは被告人の精神状態にこだわった。精神状態が注目されるということはつまり、中世初期のヨーロッパや近代以前の中国の法や慣行とは違って、加害者が有罪という判断を下すのに必要な精神状態になかった場合には、加害者の罪や責任を問い、処罰を求めるわけにはいかないということだ[10]。

このような法の発展は、これまでの章で論じてきた心理学的研究と結びつく。クラーク・バレット率いる人類学チームは、小規模社会において、規範違反者の意図性の有無が人々の判断にどんな影響を及ぼすかという研究に加えて、さまざまな「軽減要因」が加害者の精神状態についての考え方をどう変えるか、それによって、（顔を殴打するなど）暴力的な攻撃を有罪とするかどうかの判断にどんな影響を及ぼすか、という調査を行なった。研究チームは、行為それ自体（殴打）とその結果（鼻血）を一定にしたまま、次のような五つの軽減要因について探った。加害者は①正当防衛だった。②状況を誤認していた。③移住してきたばかりの共同体で、道義的責任の認識に齟齬（そご）があった。④精神に異常をきたしていた。⑤必要に迫られた行為だった。二番目の状況（状況の誤認）では、加害者は攻撃行為を止めに入るつもりだったのだが、「闘っている」人たちは実はふざけているだけだっだ。三番目の状況（道義的責任の認識違い）では、加害者は、根性のない若者を殴って鍛え上げることこそが、尊敬に値する正しい行為だと考えられている社会の出身者だった。五番目の状況（緊急性）では、加害者は、危険な火を消すためにバケツの水を取りに行かねばならないのに、人がごったがえす騒々しい部屋の中で、行く手を阻む男を片付けないと手遅れになりそうだった。

調査を行なった一〇の集団のすべてにおいて、正当防衛と緊急性は重要な軽減要因だと認識された。したがって、精神状態を全く無視する者はいなかった。しかし、一部の社会では、考慮されたのはこれだけで、状況誤認や精神異常といった事情は一切斟酌(しんしゃく)されなかった。

それとは全く逆に、ロサンゼルスに暮らすＷＥＩＲＤな人々は、これらの軽減要因すべてに基づいて、加害者の「悪質性」と彼が受けるべき処罰を細かく分類した。情状酌量の余地が最も大きいとされたのが、正当防衛と緊急性であり、それに次ぐのが状況誤認、その次が精神異常だった。興味深いことに、ＷＥＩＲＤな人々は、道義的責任の認識違いをしている加害者に対して、より厳しい裁きを下した。つまり、相手を故意に殴って自分は正しいことをしたと思っている者は、故意に殴って間違ったことをしたと思っている者よりもたちが悪いということのようだ。一〇の集団を全体として見ると、親族ベース制度が緊密でない社会ほど、五つの軽減要因として示した、加害者の精神状態の微妙な違いに注意を払う頻度が高かった[11]。

個人を――その権利や精神状態を――第一義とすることこそが、西洋法的伝統の発展の中核をなすものだが、中世盛期における法の発展には、さらにいっそう奥深いものがあった。法学者で歴史学者のハロルド・バーマンは、権威ある著書『法と革命』（中央大学出版部）の中で、一二世紀の教会法学者たちは、古代ローマ法――ユスティニアヌス法典――を研究しながら、そこには実際に存在しないものまで見ていた、と述べている。

六世紀に東ローマ帝国で編纂されたユスティニアヌス法典は、数千ページに及ぶ膨大な法典である。そこには目が眩むほど多数の法令、事例、法解釈が集録されている。分析的傾向をもち、キリスト教由来の普遍的道徳を身につけていた中世の法学者たちは、当然のこととして、法の細目や実際の判決は、何らかの普遍的な法の原理原則に根ざしており、各論はすべてがそこから派生しているはずだと考えた。それゆえ、彼らはこうしたローマのさまざまな具体例や判例から、一般的な原理原則を導き出す仕事に取りかかった。しかし、バーマンは、ローマ法的伝統には、そのような根本原理も十分に発達した法概念もなかったと説得力をもって主張する。彼は次のように記している。

確かに、ローマ法には早い時期から、所有権、所有物、違法行為、詐欺、窃盗等々、多数の概念が浸透していた。それこそがローマ法の優れた点だった。しかし、こうした概念が、諸規則を支配するもの、あるいはそれらの適用方法を決めるもの、と見なされることはなかった。これらに哲学的検討が加えられることもなかった。ローマ法の諸概念は、ローマ法の数々の規則と同様に、特定の状況と結びつけられていたのだ。ローマ法は、複雑に絡み合う規則のネットワークで構成されていた。しかし、それが知の体系として提示されたわけではなく、単に、特定の法的問題を実際に解決するための緻密極まりないモザイクとして提示されたにすぎなかった。したがって、ローマ法には諸概念が存在していたが、概念という概念は存在しなかったと言えよう。(12)

ローマ法学者たちは、法を適用するにあたって整合性を保とうと努力はしたが、一連の根本原理や原則や権利に根ざした、総合的で統一的な適用を目指していたわけではなかった。それに対し、教会法学者たちは、道徳を説く宗教を背景にもつ分析的思考者だったので、普遍的な原則を求めようとした[13]。

分析的思考をする者は矛盾を嫌うがゆえに、西洋法の発展過程の大部分は、一連の原則を付随する状況から切り離して幅広く適用しようとするときに生じる、諸矛盾を探し出し、それを解決することに充てられてきた。分析的に考えると、ある個人の権利が、別の個人の権利や集団の利益と衝突する可能性が出てくる。しかしもっと包括的に考えれば、矛盾がことさら際立つことも、それに煩わされることもない。二つの現実の状況が全く同じということはありえず、また、具体的な事情や当事者間の関係は常に変化しているのだから、二つの法的判断に矛盾があるなどと言えるはずはない。さらに、多くの社会では、調和を取り戻して平和を維持するために法が存在しているのであって、分析的傾向の強い人々が考えるように、個人の権利を守り、抽象的な「正義」の原則を貫くために法が存在しているわけではないのだ[14]。

中世の法学者は、神聖で普遍的な法——神の法——を大前提にして、そこから結論を導き出しているのだと考えていた。そのような法が（どこか彼方に）存在しており、それを見つけ出すのが学者の務めだと信じていた。ということはつまり、中世の支配者たちは、ゲルマン法やローマ法の時代の支配者たちとは違い、その法の支配下に置かれることになった。大法（たいほう）は、どんな皇帝、国王、王族よりも高位の権威に由来するものであった。こうした考え方は、プロトWEIRD心理をもつキリスト教徒にとって直感的にわかるものとなっていったが、まさにこれこそが、執政権を制限する立憲政治の発展にとっても、また、法の支配という概念の発達にとっても不可欠のものだった[15]。

その後、自然哲学者たちが、法領域の仲間たちの後を追って、物理世界を説明する法則を探し求めるようになった。自然哲学者も、教会法学者と同様に、宇宙を支配している隠れた（神聖な）法則が本当に存在しており、それを解き明かすことは可能だと信じていた。心理的普遍主義者と同じく、多くの自然哲学者もやはり、ある物理現象を説明する二通りのモデルや原理が提唱された場合、両方とも正しいということはあり得ない——宇宙は必ずどちらか一方に従う——と信じていた。分析的思考をする彼らはたいてい、複雑なシステムをその構成要素——元素、分子、惑星、遺伝子など——に分解した上で、質量、電荷、重力、構造のような(通常は目に見えない)内的特性に基づいて、その作用を説明しようとした。個人主義者であり、集団に同調しない彼らは、自らの非凡な才能、創造性、独立心を、友人や仲間にだけであれ、見せびらかしたいという意欲に満ちていたであろう。

ニコラウス・コペルニクスの場合を考えてみたい。彼は教会法の博士号を取得した後、一五一四年に、太陽を中心にしてその周囲を惑星が回るという太陽系のモデルを考え、太陽中心説を唱えた(この理論をまとめた本が出版されたのは一五四三年)。コペルニクスの功績を理解するために、特筆すべき背景事情を二つ取り上げよう。

まず第一に、少なくとも一四世紀までは、ムスリムの天文学者のほうがヨーロッパの天文学者よりも進んでいた。実は、従来のプトレマイオスのモデルに基づいて研究していたムスリムの学者たちは、コペルニクスのモデルの主要な構成要素のほとんどを、彼よりもずっと前に発見していたようだ。たとえば、一四世紀に、イブン・シャーティル(ダマスクスのモスクの時守)が提示した数理的天体モデルは、天動説だったという点を除けば、コペルニクスのモデルとまるで同じものだった。しかし、こうした学者たちは、目覚ましい成果を挙げながらも、コペルニクスのような概念上のブレークスルーを実現することができなかったのだ。

第二に、コペルニクスは、太陽の相対位置を正確に把握していたが、惑星は真円の軌道を描いていると思い込んでいた。ということは、イブン・シャーティルのモデルの方が依然として、天体運行の予測精度が高かったということだ。しかし、コペルニクスの太陽系モデルは、発表されると、競合するモデルと鎬(しのぎ)を削り、後続の研究を刺激した。ヨハネス・ケプラーは、太陽中心のコペルニクスのモデルをもとに、楕円軌道を用いて惑星の運動を解明した。こうして、ケプラーのモデルが、それ以前のモデルすべてに完勝したのだった。当然のことながら、ケプラーは、宇宙を支配する神の法則を発見したのは自分だと信じていた。では、コペルニクスの偉大な貢献とは何だったのだろう？(16)

それは、太陽を中心に置き、地球を単なる惑星の一つとすることによって、ギリシャやキリスト教の根本的世界観に抗することになろうとも、危険を冒すことをいとわなかった彼の気概ではないかと私は思う。権威をものともせず、古代の賢人に挑戦することによって、他の人々の思索の足がかりとなる説を世の中にもたらしたのである。また、モデルを裏づける経験的証拠がそれほど強固ではなかったにもかかわらず、彼は自分の主張を貫いた——彼が自信過剰だったことも幸いしたと言える。

しかし、コペルニクス自身以上に重要な役割を果たしたのは、彼の住んでいた社会的世界が比較的開かれた世界だったことだろう。彼の説を批判する学者もいたが、それを讃える学者もいた。教会側は、ガリレオがこの問題を追及するようになるまでの七〇年間は、彼の説に真っ向から異議を唱えたりはしなかった。もちろん、科学者個人やそのコミュニティに関する心理学的データなど手元にはないが、このケースを見れば、本書を通して述べてきたような心理的差異が、いかにして科学的な洞察、慣行、論議を形成していったかがよくわかる。

コペルニクスによって地球が宇宙の中心から追いやられるのと同時に、WEIRDな傾向の強い心理の影響が、さまざまな面にはっきりと現れ始めた。こうした影響の二つについて考えよう。

まず第一に、伝統を捨てることをいとわなくなった近世の知識人たちは、アリストテレスのように偉大な古代の賢人でもやはり間違えることがあるのだと気づき始めた。実際、古代の賢人たちは、実に多くの事柄を誤って理解していた。ということはつまり、個人が全く新しい事実を——まだ誰も知らないことを——発見する可能性があるということだった。歴史学者のデイヴィッド・ウートンは、意識的活動としての「発見」という概念は、まさにこの時期に出現したと主張している。「発見（discovery）」に相当する言葉が、ヨーロッパ各地の言語に広まっていったことがそれを物語っていると言う。「発見」に当たる言葉は、まず、ポルトガル語（一四八四年）とイタリア語（一五〇四年）に現れ、その後、書籍のタイトルとして、オランダ語（一五二四年）、フランス語（一五五三年）、スペイン語（一五五四年）、英語（一五六三年）に現れた。

第二に、精神状態への注目度が高まったことで、知識人たちは、新たな思想、概念、知見を特定の個人と結びつけて考えるようになり、可能な限りそれを、初めて提唱、発見、発明した人物の功績と認めるようになった。私たちは発明品と発明者を結びつけて考えるのを当たり前と思っているが、それは歴史的に見ても、通文化的に見ても稀なことなのだ。人名に由来する土地（「アメリカ大陸」）、科学法則（「ボイルの法則」）、考え方（「ニュートン学説」）、解剖学的部位（「ファロピアン管」）等々が増えたことが、こうした変化を物語っている。

一六〇〇年頃以降、ヨーロッパ人は、遥か昔の発見や発明まで、それを提唱または発見したとされる人物の名前で呼ぶようになった。たとえば、「ピタゴラスの定理」はそれまで、「ダルカノン」と呼ばれていた（これは、ピタゴラスの図に付された「二角の」という意味のアラビア語に由来する言葉だった）。

そして結局、特許法が制定される遥か以前から人々は、クレジット表記をせずに他人の著作物、数学的証明、あるいはアイデアをまねたり、広めたりするのは間違っている、と考えるようになった。アイデアにせよ、概念にせよ、方程式にせよ、レシピにせよ、心の中で生まれた新奇なものは、最初にそれを公に主張した人物と何らかの形でつながっている、あるいは、その人物の「所有物」である、と考えるようになったのだ。そのような所有という考えは、私たちには直感的に理解できるかもしれないが、昔からずっと続いてきた慣行とは相容れないものだった。にもかかわらず、アイデア、歌、概念のような形のないものでも個人の所有物になりうるという考えが、直感的に理解され始めたのである。英語に刻まれたその足跡として、一五九八年に、誘拐を意味するラテン語に由来する「剽窃（plagiary）」という言葉が英語に採り入れられ、一六世紀にそれが広まり始めた[17]。

では、要点をまとめよう。産業革命以前に一部のヨーロッパ集団に現れた、ＷＥＩＲＤな傾向の強い心理が、ある種の法、規範、原理原則（人間関係を扱うものと、物理世界を扱うものの両方が含まれる）の発達と普及に有利に作用した。西洋法や西洋科学が現れ始めると、当然ながら、それらがＷＥＩＲＤな心理の諸側面をさらに形成していった。新たな法制度の影響が一番よくわかるのは、民主主義制度がもたらす心理効果の研究だろう。同様に、科学がもたらした影響も注目に値する。しかし、後述するように、科学者たちは、十分な証拠あるいは正当な理由と見なせるものは何かを明確にすることによって、私たちの認識に関する規範（エピステミック規範、第13章参照）に最大の影響を与えてきたのかもしれない。

代議政治と民主主義

中世盛期に入ると、参加型の代議制統治の諸要素が普及し始めた。指導者を選んで意思決定を行なうために、選挙という仕組みを利用する任意組織が増えていった。たとえば、すでに見たように、シトー会修道士たちは一一世紀に、成員の中から修道院長を選ぶようになった。同じ頃、いくつかの都市共同体では、ギルドなどの諸団体が権力を競い合うようになって、代議員会が設置された。こうした代議員会のメンバーは、地区ごとの代表ではなく、たいてい、共同体内にあるギルドや宗教組織を代表していた。議会の運営が商人の少数独裁でしかない都市も一部にはあった。しかしそれ以外の地域では、数を増していく団体の成員が、しだいに団体を代表する「権利」を主張するようになり、そうした人々も含めるべく参政権が拡大されていった。個人が単独では、権利を主張する力は皆無に等しかったが、共通の利益をもつ者が集まって団結すれば、実質的な影響力を行使することができた。都市も、ギルドも、大学も、修道会も、成員を求めて競ったので、最も魅力ある統治形態を採用しているところが、最も急速に成長することになり、また、WEIRDな心理傾向の著しい人々を惹きつけることになった[18]。

このような社会的・政治的変化を支えたのが、早期に発達した教会法であり、これが近代の会社法の基礎を築くことになる。教会法には、指名を受けた会社組織（任意団体）の指導者や代表は、重要な行動を起こす前に成員の同意を得なければならないと定められていた。この考え方が、「万人に関わることは万人によって検討され承認されねばならない」というローマの法諺に要約される、立憲主義の原則へと発展したのである。しかし実を言うと、中世ヨーロッパの法律尊重主義者たちは、ローマ法の中に見出したと思ったものに、うっかり別の解釈を加えることによって、新たな原則に到達したのだった。ローマ皇帝は断じて、被統治民の同意が必要だとは考えておらず、この文言は、ある特定の状況や事例だけに当てはまるものだった。ところが、プロトWEIRD心理のプリズムを通ると、この文言が、すべてに当てはまる、ほとんど自明の真理のように響き始めたのだ。大学で教育を受けた法律家たちは、教会法の基礎をしっかりと教え込まれていたので、教会法のこうした側面やその他の側面が出発点となって、その後、ヨーロッパ全域で、さらにはそれを越えた地域でも、会社法や立憲政治が発展していった。(19)

中世盛期には、民主的慣行や民主主義思想への扉が開かれたが、それには社会的理由と心理的理由の両方が関わっていた。

社会的な面について言うと、強力な親族ベース制度が土台にある場合には、投票や合意形成といった手法はなかなかうまく機能しない。なぜなのかを知るために、アフガニスタン生まれの作家、タミム・アンサーリーが描いている次のような場面を考えてみよう。

けれども私は、タリバーンが逃げ去ったのちにアフガニスタンで行なわれた選挙のことを、何かにつけて思い出す。そう、国中の人々が緊急国民大議会(ロヤ・ジルガ)に出席する代議員を選んだ選挙のことだ。この会議は、国会と憲法と大統領と内閣を完備した新しい民主的政府をつくる準備段階として、アメリカがお膳立てしたものだった。……私は、この代議員選挙で投票したという一人の男に会った。その男はお決まりの長い上衣とだぶだぶのズボンを身につけ、ターバンを被って顎髭(あごひげ)を生やしていた。少年時代の私が馴染んでいた地方の村人そのもののように見えたので、彼が投票している姿を思い描くことができなかった。そこで、私は彼に投票の手順を具体的に教えてほしいと頼んだ――実際にどのように行動したのですか、と。

「いいですとも」と、彼は応じてくれた。「町から二人の男が紙切れをたくさんもってやって来て、それにどのようにマークをつければよいのか、何度もくどくどと説明しました。私たちは礼儀正しく、彼らの話を聴いていました。わざわざ遠いところからやって来たのだし、無作法な真似はしたくありませんでしたから。でも、あんな町の奴らに教わらなくとも、誰が自分たちの代表なのか、みなわかっていました。彼らが望むとおりにマークをつけましたが、私たちはいつだって、誰が私たちを代表してくれるか知っています――もちろん、アガー・サヤーフですとも」

「それでは、あなたはどうしてサヤーフを選んだのですか？」と、私は尋ねた。

「選んだですって？　あなたはいったい何を言っているのですか？　彼の一族は、ドゥースト・ムハンマド・ハーンの時代か、それ以前からここに住んでいるのです。……私の姉の亭主の従兄弟が、サヤーフの義理の妹と結婚していることをご存知ですか？　彼は私の一族の一員なんですよ」[20]（『イスラームから見た「世界史」』小沢千重子訳、紀伊國屋書店）

この言葉に現れている内集団への忠誠心の強さからすると、このアフガニスタン人の男性が投票するつもりがあるのは、一族の一員である候補者のみ、つまり、親族関係をたどっていくと自分にまでつながる候補者に限られるということになる。「私の姉の亭主の従兄弟が、サヤーフの義理の妹と結婚している」。これは、組織票の大きさによって、選挙結果がほとんど決まってしまうことを意味している。たいてい、より大きな氏族、部族、民族集団が選挙に勝利し、場合によっては政党を組織するまでになるので、政権を交代させるのは容易ではない。中世ヨーロッパにおいて、緊密な親族関係や部族組織が崩壊したということは、民主的方法がうまく機能する可能性が出てきたことを意味していた。また、誰もが、自氏族の長や、エスニックマーカー〔民族を識別する目印〕や宗教を同じくする人物に同意するだけの場合には、新たな政策をめぐって協議や討論をしても実りある結果は得られない[21]。

心理面について言うと、人々が統治に参加する代議制統治は、二つの点で人々に受けたであろう。個人主義的傾向や独立志向の強い人々は、意見を表明することで自分の存在を際立たせることを好み、それが人と食い違ってもあまり気にしない。グループ討論や選挙での投票は、人々に、自分を他者と区別する手段、自己の独自性や個人のアイデンティティを表現する手段を与えてくれる。ここに見られる心理は、仲間に合わせ、年長者に従い、恥をかくことを避け、伝統的権威を敬うことをよしとする心理傾向とは対照をなすものだ。それまでのほとんどの複雑な社会では、集団の意見に異を唱えたり、先人の知恵の欠陥を指摘したりしても、他人に好印象を与える手段にはならなかったが、それとは大違いである。

それとも関連して、個人主義観念複合体（コンプレックス）のもう一つの側面は、自ら選択したり、支配権を握ったりするのを好むことだ。ＷＥＩＲＤな人々は、自らが選んだ物事を好むので、たとえ同じ仕事であっても、自分で選んだ場合には、命じられて取り組む場合よりも精が出る。それに対し、個人主義的傾向の弱い人々は、自ら選択したり支配権を握ったりする機会を与えられても、特に意欲を掻き立てられることはない。[22]

このような心理パターン、その中でも特に、権威に逆らって自ら選択しようとする傾向が、**デモクラシー・プレミアム**と呼ばれているものに影響を及ぼす。実験室実験とフィールド実験の両方において、一部の集団は、意思決定に際して発言権――普通は投票権――がある場合のほうが、グループへの寄付金額が高く、グループの規則によく従うことが示されている。例によって、こうしたテーマの実験室研究は、もっぱらＷＥＩＲＤな人々を対象に行なわれてきた。

ところが、最近、モンゴルと中国で行なわれた二つの研究では、デモクラシー・プレミアムが認められなかった。中国の農村部で、男性たちに公共財ゲームを用いた実験を行なったところ、寄付金額が最も高くなったのは、自ら票を投じたときではなく、外から「掟」を課せられたときだった。心理的な面から見ると、権威に従う傾向が強く、支配権を握ることへの欲求が弱い人々は、外から掟を課せられた場合には協力度が高まる一方で、民主的な投票の結果を受けても協力度は高まらなかった。このような心理傾向が、集団内の大多数において十分に弱まっていない限り、デモクラシー・プレミアムは現れてこない。デモクラシー・プレミアムは文化心理の発露なのである。[23]

こうした証拠から示唆されるのは、中世ヨーロッパの人々が、社会的にも心理的にも、民主的な公式制度を受け入れやすくなっていた、ということだけではない。こうした証拠からはさらに、民主主義制度自体がプロトＷＥＩＲＤ心理をもつ人々を刺激して、集団への貢献度を高め、規則に従わせることによって、制度がますますうまく機能するようになったであろうことも示唆される。

また、心理的土台の変化は、人々が何を、政治的支配の正統性の源泉と認めるかにも影響を与えたのではないかと思う。中世ヨーロッパの支配者たちは、人類史上に登場したほとんどの君主と同様に、神から負託された権限と自らの血統の特殊性とが結びついたものに、正統性の源泉を見出してきた。ところがしだいに、特に一五〇〇年以降になると、神や血統やそれらの結びつきではなく、「民衆」や「被統治民」を正統性の潜在的源泉と見なすようになった。

緊密な親族ベース制度と民主主義的制度を、人々の心理を介してつなぐこうした主張は、ほとんどが大学の実験室で行なわれた最近の研究に基づくものだ。このようなつながりを実世界で見出し、過去の歴史に結びつける方法はあるのだろうか？

それには三通りの方法がある。

第一に、現代の世界で、成人後のヨーロッパ移民第二世代について調査すると、第7章で非人格的信頼、個人主義的傾向、同調傾向について調べたときと同じく、親族関係の緊密な社会に出自をもつ人ほど、政治活動にあまり関与していないことがわかる。つまり、選挙での投票も、陳情書への署名も、不買運動の支持も、デモへの参加もあまり行なわない。もちろん彼らの親は他国からの移民だが、本人たちはみな、同じヨーロッパの国々で生まれ育っている。それにもかかわらず、親族関係が緊密でない文化的背景をもつ人々ほど、政治活動に関与する度合いが高いのだ。そして、こうした傾向は、年齢、性別、宗教、所得、雇用状態、差別感情、その他さまざまな要因の影響を統計的に一定にした場合でも保たれる。以上のような調査結果は、緊密な親族関係が——文化伝達を通して——心理的な面から、参加型統治や政治的多元主義、そして質の高い民主主義制度を阻害してしまうことを示唆している。また、再びイタリアに目を向けると、二〇世紀にイトコ婚率が高かった州ほど、二一世紀に入ってからの投票率が低いことがわかる。(24)

第二に、第9章でも触れたとおり、教区に近いがゆえに教会の婚姻・家族プログラム（MFP）にさらされた期間が長かった都市ほど、代議制の統治形態を発展させる傾向が強かった（図9・6）。ということは、MFPへの曝露は実際に、参加型統治を発展させ、独裁政治を抑えるのに効果を発揮したということだ。それを裏づけるかのように、これと同時期のイスラム世界や中国では、参加型や代議制の統治形態を導入しているところは皆無だった――それは「考えもつかない」ことだったのだ。[25]

第三に、国別に比較した場合、緊密な親族関係と民主主義のレベルとの間に同様の関係が認められる。親族関係の緊密な国ほど、世界ランキングで、政治の民主主義レベルが低い。実際、ある国のイトコ婚率がわかれば、国家レベルの民主主義制度の質全体のおよそ半分を説明できる（図12・1）。緊密な親族ベース制度が根強いと、国家レベルの民主主義制度がなかなか発展しないのである。[26]

以上に挙げた証拠を総合すると、教会は緊密な親族関係を崩壊させ、人々の心理を変化させることによって、政治的多元主義や近代民主主義が徐々に広がっていく道を開いた、という見方が裏づけられる。[27]

誤解のないよう言い添えておくと、因果関係は一方向だけのものではない。人々の心理、社会規範、そして公式制度が、フィードバック・ループのように作用し合うのだ。ある集団内に特定の心理パターンが出現してくると、諸法規、民主制、代議政治など、新たな公式制度の確立に向けた道筋が準備される。その一方で、人々の心理や社会規範にぴったり合う新たな公式制度が誕生することによって、人々の心理的変化がさらに加速する可能性がある。それを確認するために、産業革命

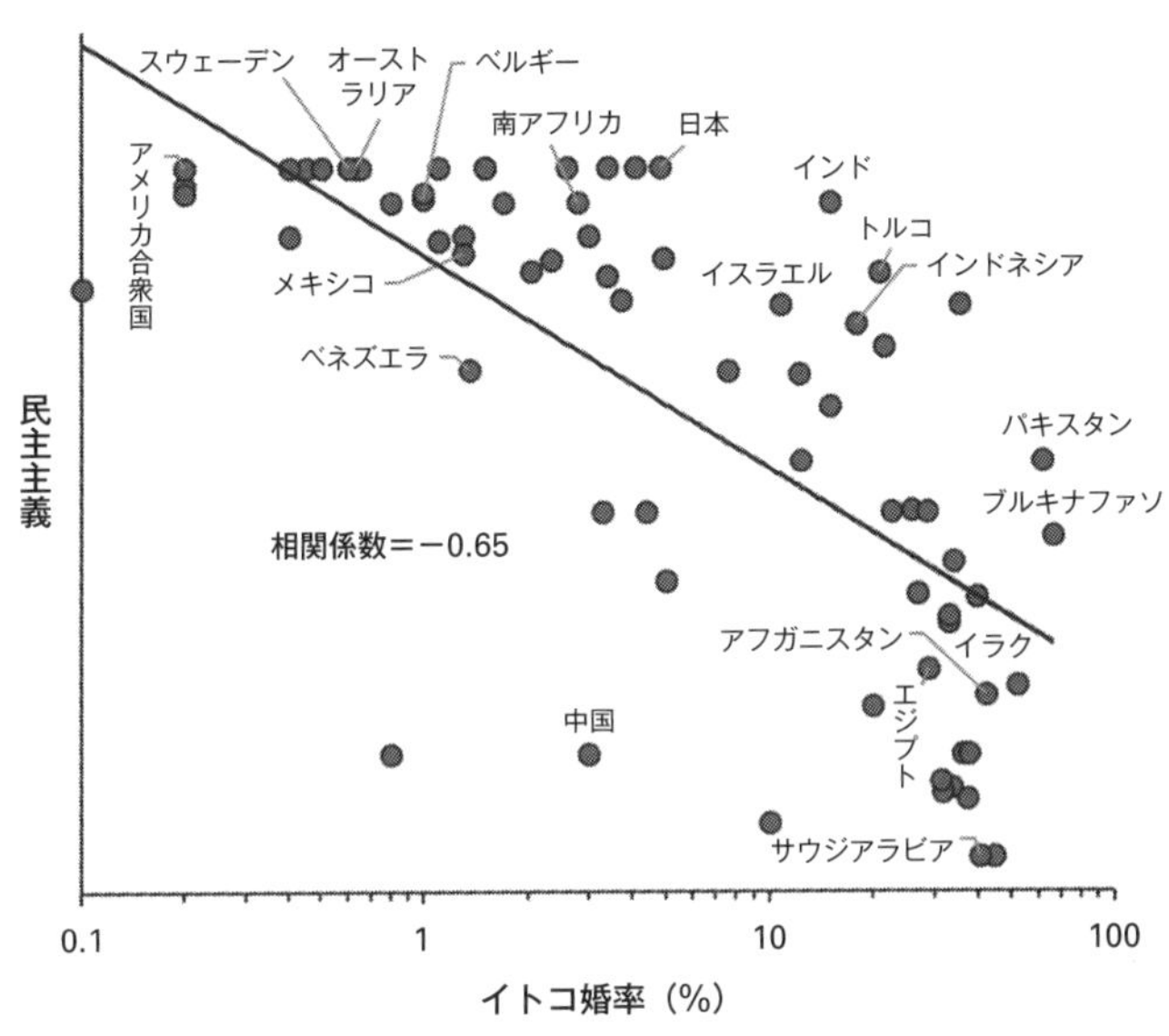

図12.1 イトコ婚率と国家レベルの民主主義制度の質との関係。イトコ婚率の高い国ほど、民主主義が根付きにくい(28)。

前に民主的な公式制度を導入したことが、長期的にみて人々の心理にどのような影響を与えたかを検討しよう。

一三世紀初頭、現代のスイスとなる地域には、実にさまざまな町や都市が生まれていた。その中には、参加型の統治形態を導入するようになったところもあれば、世襲貴族の専制支配下に置かれたままのところもあった。このような民主制と独裁制の混在状態がずっと続いていたが、やがて一八〇三年にナポレオンがこの地域を征服して、各州に地方自治権を認めたことで、この時点から民主制が広く普及していった。

経済学者のマルチェッラ・ヴェロネージとデヴェッシュ・ルスタギは、この状況を自然実験と見て取り、スイス各地の一七四の市町村に暮らす二六二人に対して、二人で行なう公共財ゲームを実施した。この一回限りの実験は、ルスタギが市場統合の影響を調査するために、エチオピアのオロモ人に行なった実験（第9章）と同じものだ。この実験では、参加者に、相手がどれだけ寄付するかを想定したそれぞれの場合について、自分がどれだけ寄付するかを答えてもらう。相手の寄付額にどれほどプラスまたはマイナスに反応したかに基づき、各参加者にマイナス一〇〇点からプラス一〇〇点までのスコアを割り当てることによって、見ず知らずの相手との条件付き協力の傾向を評価する。このスイス人のサンプルの平均スコアは六五点である。

スイスの各州が初めて民主的な参加型の公式制度を確立した時期を把握するために、経済学者二人は歴史資料を詳しく調査した。ナポレオンが侵攻してきてからは、スイス全州が何らかの形で民主化されたので、一八〇三年以前に、各州がどれだけの期間、民主的または参加型の統治下に置かれていたかを算定した。

分析から明らかになったのは、参加型統治の歴史の長いスイスの州に暮らす人々ほど、今日、見ず知らずの相手との条件付き協力の傾向が高いということだ。具体的には、民主政治を経験した期間が一〇〇年長くなるごとに、現在その地域に暮らす人々の条件付き協力の傾向が九ポイント近く高まった。平均スコアは六五点なので、九ポイントという差は大きい。見方を変えて、ナポレオンの襲来前から参加型統治を行なっていた州と、襲来後に初めて参加型統治になった州とで比較してみると、「ナポレオン以前から民主制」だった州の人々の条件付き協力の傾向（スコア八三点）は、「ナポレオン後に民主制」になった州の人々の協力傾向（スコアわずか四二点）のおよそ二倍であることがわかる。

当然考えられるのは、早くから民主的な統治形態を導入した州には、何か特別な要因が――早期の政治的発展を引き起こし、なおかつ、現代の心理的差異の原因を説明してくれる何かが――あるのかもしれないということだ。「民主政治」を各州にランダムに割り当てることができていないので、これは真の実験とは言えない。

こうした問題に取り組むべく、ヴェロネージとルスタギは、ランダムに起きた政治的ショックを利用した。一二一八年、ツェーリンゲン公ベルトルト五世が跡取りのないまま死去し、ツェーリンゲン家〔ドイツの貴族の家系の一つで、現在のドイツの一部やスイスを治めていた〕は突如、平和裡に予期せぬ終わりを迎えた。それまでツェーリンゲン家の所領内にあった都市や町は、支配から解放されてそれぞれ独自の統治形態を生み出し、その多くが参加型の代議制を発展させていった。一方、周囲の名家には突然の家系断絶は起こらなかったので、その所領内の共同体が代議制を発展させるにはまた別の機会を待つことになり、ナポレオン襲来までその機会がなかったところもある。公爵の跡取りなきままの死が、私たちに必要な無作為性を与えてくれるのだ。この歴史上の事件を詳らかにすれば、事実上ランダムだとわかっている過去の民主的統治期間の差だけを――複雑な統計手法を用いて――「引き抜く」ことができ、その期間の差だけで、今日の見知らぬ相手との条件付き協力の傾向を説明できるかどうかを確認することができる。

分析の結果、予想したとおり、民主的統治が行なわれていた期間が一〇〇年増すごとに、現代のスイス人の条件付き協力の傾向が、九ポイント近く高まることが確認された。前述の全体的分析の結果とほぼ同じである。どうやら、民主的な公式制度には、少なくともスイスにおいては、その地域に暮らす人々の条件付き協力の傾向を実際に高める効果があるようだ。(29)

では要点をまとめよう。ＷＥＩＲＤな心理傾向が高まるにつれて、より民主的な参加型の統治形態の発展が促されていった。そして、こうした公式制度がいったん確立されると、それがＷＥＩＲＤな心理傾向を、少なくともいくつかの側面で、さらに高めていった。おそらくそれは、こうした制度が、非人格的な商業を促進し、任意団体間の競争を激化させる一方で、拡大家族や緊密な親族ネットワークの価値をさらに低下させたからだと思われる。(30)

最もＷＥＩＲＤな宗教

プロテスタンティズムとは、個人の信仰心、および神との直接の関係を精神生活の中心に置く、キリスト教諸教派の総称である。大仰な儀式、巨大な聖堂、多大な犠牲、聖職の受任といったものはほとんど何の意味ももたず、むしろ真っ向から非難される可能性がある。個々人が、自らの選択の力を通して、神との間に直接、個人的な関係を築いていく。そのための方法の一つが、一人または小グループで聖書を読み、その言葉にじっくりと思いを巡らすことなのだ。神との関係を築くために、自らの祖先や諸聖人を敬う必要も、聖職位階制（ヒエラルヒー）や教会の伝統に従う必要もない。原則として、プロテスタント信者が唯一、敬意を表して従うのは聖書のみである。多くのプロテスタント教派では、誰でも宗教指導者になることができ、特別な教育は必要とされない。宗教指導者は、もちろんその名声ゆえに、一定の特権が認められるかもしれないが、宗教指導者も平信徒も神の前では平等である。死後世界での救済は、概して、本人の内的な精神状態、つまり信仰心によって達成される。儀式を行なっても善行を積んでも、ほとんどあるいは全く意味を成さない。何よりも重要なのは、意図や信念、つまり人の心の中にあるものなのだ。殺人、窃盗、姦通について考えること自体が、宗教上の罪になる。主要なプロテスタント教派は、すべての人間に天職がある、とも強調する。天職とは、独自の特性や天賦の才にぴったり合う、自由に選択された職業や使命のことである。自らの天職を全うするために、自制心をもって勤勉に、忍耐強く働くことは、神から授かった仕事に取り組むことに他ならない。天職に励むことによって、天国に行きやすくなる場合もあれば、神に選ばれし者として広く世に知られるようになる場合もある。[31]

どこかで聞いたような話ではないだろうか？　今述べた内容と相通ずるのが、これまで本書全体を通して順を追って説明してきた、次のような心理パターンではないかと思う。個人主義的傾向、独立志向、非親族的道徳意識（親族か否かによらない道徳意識）、非人格的な向社会性（見ず知らずの相手を平等に扱う）、非同調、伝統に対する抵抗、恥感情よりも罪感情、勤勉さ、自己制御、精神状態を中心に据えた道徳的判断、選択した職業に合わせた自己の資質の育成。

一六世紀にプロテスタンティズムが行なったこととは何かと言えば、宗教改革に至るまでの数百年間にすでにヨーロッパに浸透していた、諸々の心理的要素の複合体（コンプレックス）を、神聖化することだったのである。裏返して言えば、プロテスタンティズムを生んだ一六世紀の宗教改革運動の核をなす心理を――不完全な形であれ――具現化するような、個人主義的傾向の強い心理が、すでに多くの集団で芽生えていたということだ。マルティン・ルター自身は、ヴィッテンベルクという憲章都市の大学に雇われている聖アウグスチノ修道会士だった（傍点は三つとも任意団体）。

プロテスタントの教義が急速に広まっていった理由の一つは、その核心にある宗教的価値観や世界観が、その時代のプロトＷＥＩＲＤ心理にぴったり適合していたからなのだ。もちろん、各地の国王、諸侯、王族が、時流に乗ってこの運動を支持した政治的・経済的な理由も多数存在する。たとえば、そのおかげで世俗支配者たちは、教会の所有する膨大な土地を没収できた、ということもある。しかし、支配者たちがうまく立ち回れたのは、一つには、プロテスタントの教義が、大勢を占める民衆の心情と、深く共鳴したからなのだ。言い換えると、これまで本書全体を通して述べてきたプロセス——核家族化の進展、非人格的市場の出現、任意団体間の競争——によって、ヨーロッパにはすでに、宗教改革の種子を播くための精神的土壌が準備されていたのである。[32]

もちろん、宗教改革は、降って湧いたように起きたことではないし、また、一回限りの運動や出来事として理解すべきものでもない。むしろそれは、同じような志向をもつ個々人が、それぞれ独自の超自然的な信念、儀式、慣行をもつ多種多様な宗教組織を発達させていった文化進化のプロセスを象徴するものなのである。こうした宗教パッケージのいくつかは、キリスト教の主流をなすローマ・カトリック教会のパッケージよりも、新たに生まれつつある心理パターンにうまくフィットしたのだった。

宗教改革の先駆者の多くが、すでに中世に現れていた。たとえば、少なくともマックス・ヴェーバーにまでさかのぼる識者たちが、プロテスタンティズムとシトー修道会(一〇九八年設立)との類似性を認めている。その後、一四世紀に入ると、イングランドのジョン・ウィクリフが、キリスト教徒は教皇や司祭に頼らずに、自ら聖書を読むべきであると主張した。その一〇〇年以上後にルターが行なったように、ウィクリフは聖書を、その土地の言語——中世英語——に翻訳した。ルターやその同時代人と同じように、ウィクリフはアウグスティヌスを崇敬し、ローマ・カトリック教会の聖職位階制や贖宥状を激しく非難した。ウィクリフが進めたような宗教運動は、根付く前に鎮圧されてしまったが、それはカトリックの教義よりもむしろ、当時、多くのヨーロッパの集団で芽生えつつあったプロトＷＥＩＲＤ心理にフィットするものだった。

プロテスタンティズムの教義は、人々の心理状況の変化に対応するものでもあったと認識することによって、なぜ、こうした教派が出現し普及していったのかが理解できるだけなく、なぜ、プロテスタンティズムはこれほどまでに個人主義的で、規律を重んじ、平等主義的で、自己に注目し、信仰のみを重視し、精神状態に関心を払うのかも理解できるようになる。[33]

多くのプロテスタント教派とは対照的に、教会それ自体は皮肉にも、家父長制の家族モデル（古代ローマに典型的な家族形態）の上に築かれていた。教会の権威は、父権制社会と同様に、厳密に階層化されていた。「ファーザー」または「パーパ」（ポープ）〔いずれもギリシャ語の「パパス（父）」に由来〕と呼ばれるようになった最高位聖職者は、聖なる真実を知る特権や、神の赦しを与える（伝える）権限など、特別な権限をもっていた。見識と神聖さを備えた教会指導者は崇めなければならないし、その命には従わなければならない。教会を通して、その特殊な儀式や、選ばれし者の力を借りなければ、普通の人間が、神や来世へとつながる道を見つけることはできない。媒介する者なしに、直接、神との関係を築くことはできないのである。[34]

当然ながら、プロテスタント諸教派との競争を余儀なくされた教会は、時とともに、ＷＥＩＲＤな心理に適合しやすくなるように変化していき、特にイエズス会などではそれが顕著だった。とはいっても、ある程度までの改革でしかなかった。なぜなら、天国に行くためのルールを変えるたびに、教会はその不朽の権威を損なうことになるからだ。宗教改革が起きるまでは、信者獲得競争もそれほど激しくなかったので、教会は、変化しつつある信徒たちの心理に適応できていなかった。

プロテスタンティズムもまた、民主的統治と同様に、人々の心理と双方向に影響を及ぼし合うのだろうか？　急激に増えていくこうした宗教的共同体で生まれた制度や信仰が、その後の人々の心理的変化を促進したのだろうか？　プロテスタンティズムは――少なくともプロテスタント諸派のいくつかは――人々の心理に、経済的繁栄を推進するような効果をもたらしたのだろうか？

おそらくそうなのだと思われる。だが、これから見ていくように、話はそれほど単純ではない。序章では、キリスト教徒一人一人が自分で聖書を読むべきであるというプロテスタントの教えが、まずヨーロッパ各地で、その後世界中で、識字能力や正規教育の普及を促した経緯を見てきた。プロテスタンティズムは、識字能力を広く普及させることによって、人々の脳梁を太くし、言語記憶力を向上させ、顔認識能力を低下させた。それ以外の面で、プロテスタンティズムは人々の心をどのように形成していったのだろうか？[35]

ブースター・ショット

プロテスタンティズムは、本書全体を通して吟味してきたＷＥＩＲＤな心理パターンの多くに、追加注射（ブースター・ショット）のような効果をもたらした。第６章では、親族関係の緊密度や西方教会への曝露度が、さまざまな心理尺度にどのような影響を及ぼすかを、国家レベルで検討した。これらの分析から、親族関係の緊密度や教会投与量の影響に加えて、プロテスタントが多数を占める国々は、カトリックが多数を占める国々よりもさらにいっそう、個人主義的傾向が強く（図１・２および６・４）、非人格的信頼の水準が高く（図１・７および６・６）、創造性を重視することが明らかになった。概して、プロテスタントの国の人々のほうが匿名での献血をよく行なうし、そうした国々の国連外交官は、駐車違反の罰金未払い件数がはるかに少なかった。ヨーロッパ内の同じ地域の人々を比較した場合（第7章）、プロテスタントを名乗る人々のほうが（カトリックを名乗る人々に比べて）、個人主義的傾向や独立志向が強くて、同調性や服従傾向が弱く、見ず知らずの相手に対する非人格的信頼や公正さの水準が高かった。つまり、プロテスタンティズムという「ブースター・ショット」が、過去に教会から受けた影響を、さらに増大させているのである。[36]

別のデータベースを用いた分析が、これらの知見をさらに確かなものにしている。経済学者のベニート・アルニャーダは、三二か国の数千人を比較することによって、プロテスタント信者は、同じ国内に暮らす人口統計学的・経済的特性の類似するカトリック信者よりも①一族の絆が弱く、②脱税に厳しく、③見ず知らずの相手を信頼することを明らかにしている。プロテスタント信者は、「同乗者のジレンマ」（図1・6）の場面でも、無謀運転をした友人を助けるために法廷で虚偽の証言をしようとはしない。以上のことからして、ヨーロッパのプロテスタント信者は、カトリック信者よりもさらに、非親族的道徳意識が強く、非人格的な向社会性が高いようだ。[37]

この状況をさらに掘り下げるべく、アダム・コーエン率いる心理学的研究では、アメリカ合衆国のプロテスタント、カトリック、およびユダヤ教信者が、精神状態をどれほど重視するかを比較している。ペンシルベニア大学で行なわれた研究の参加者たちに、次のようなシナリオが提示された。

K氏は、ペンシルベニア大学を一九九二年に卒業した。K氏は、マーケットリサーチの会社で仕事に打ち込んでいる。K氏は、大学を卒業したら、もう親の世話にならなくてもすむように何としても就職したかった。なぜなら、K氏は実は、両親をあまり好いていなかったからだ。

K氏は、心の中で、両親は自分の人生に干渉しすぎると感じており、両親は性格も目標も自分とは全く異なると思っている。

その上で、K氏が次のような行動をとっている場合について考える。Ⓐ両親をほとんど無視しており、誕生日に電話をかけたり、訪問したりすることもない。Ⓑ電話をかけたり、訪問したり、誕生日プレゼントを贈ったりして、好いているふりをする。

K氏は良い人物だろうか？　本当は好きでなくても、それを「ごまかし」て、両親を敬うそぶりを見せ続けるほうがいいのか？　それとも、自分の感情に正直になるべき（あるいは、自分の感情そのものを変えるべき）なのか？

ペンシルベニア大学のプロテスタント信者とユダヤ教信者とでは受け止め方が異なった。概して、ユダヤ教信者は、両親に対して折り目正しい行動をとった場合に、K氏は良い人物だと判断した。感情と行動を一致させて、両親を粗末に扱った場合には、悪い人物だと評価した。それに対し、プロテスタント信者は、いずれにせよK氏は悪い人物だと考えた。どんな行動をとるかに関係なく、ほとんど同じ——感心しない人物だという——評価を下した。プロテスタント信者にとって重要なのは、K氏の精神状態であって、彼は両親に対して「誤った」感情を抱いていると判断されたのである。

ユダヤ教信者とプロテスタント信者に、ある男性——魅力的な同僚との不倫を目論むが、いろいろ考えた末に断念した男性——について判断を下してもらった場合にも、同じような結果が現れる。ユダヤ教信者は概して、彼が実際にとった行動に焦点を当て、あまり重い罪には問わなかった。それに対して、プロテスタント信者は、男性がきっぱり自制したにもかかわらず、はるかに厳しい判断を下した。ちなみに、男性が情事に及んだ場合にどんな判断を下すかは、アメリカのユダヤ教信者とプロテスタント信者とで違いはなかった。違いが見られたのは、男性の行動と精神状態とに齟齬がある場合だけだった。

ジョージア州出身で、南部バプテスト連盟の教会員だった大統領ジミー・カーターが、インタビューで語った次の言葉には、プロテスタントの心情が明確な形で表現されている。「私はこれまで大勢の女性たちを欲情しながら眺めてきました。心の中で何度も姦通の罪を犯してしてきたのです」。それに対し、多くの非プロテスタントは、心の中だけにとどまっているのであれば、それは姦通ではないと主張する。(38)

アメリカのプロテスタント信者とカトリック信者を比べると、違いはそこまで大きくないが、それでもやはり、プロテスタント信者のほうがカトリック信者よりも、人々の内的状態、信念、感情、資質に主眼を置くようだ。コーエンらは、ある総合テストを行なって、プロテスタント信者はカトリック信者に比べて「根本的な帰属の誤り」を犯す傾向が強いことを明らかにした。つまり、WEIRDな人々は、他者について判断を下すとき、明らかな状況要因に注意を向けずに、個人の内的属性のほうを重視してしまうのである。コーエンらのチームは、一連の実験を通して、魂の独立性に関するプロテスタントの考え方が、こうした傾向の促進要因になっていると主張する。カトリック信者の場合は、所属している教会や、司祭、秘跡（たとえば許しの秘跡など）、共同体、そして家族や友人の祈禱の力で、魂が天国に入るのを助けてもらえるが、プロテスタント信者の場合には、たった独り、丸裸のままで神の裁きの座に立つことになる。

さて、では、マックス・ヴェーバーの仮説——プロテスタンティズムこそが、人々の心理に及ぼした影響を介して、資本主義をもたらしたとする仮説——についてはどうだろう。プロテスタント諸教派、もしくは一部のプロテスタント教派（カルヴァン派など）は、かの有名なドイツの社会学者が指摘したとおり、人々の労働倫理を高め、倹約志向を強め、忍耐力を養うのだろうか？

神聖な労働、禁じられたセックス、そして自殺

プロテスタンティズムと、労働倫理の高まりなどの心理的結果との間に、明確な因果関係を確立するのは、いくつかの理由で難しいことがわかっている。

第一に、ヨーロッパでは、宗教改革以前にも、同様の心理効果を生み出したと思われるさまざまな宗教上の改革運動が繰り広げられてきたことがわかっている。宗教改革に先立つ五〇〇年間に、ヨーロッパでは、労働のもつ浄めの力を強調する、シトー派修道会のような修道院運動が沸き起こっていた。前述のとおり、労働倫理の点では、「シトー会の処置を受けた」カトリックは、まるで「プロテスタント」のように見える。ということは、プロテスタンティズムの影響だけを切り離したいのであれば、シトー会の影響を明らかにする必要がある。

第二に、カトリック教会とプロテスタント教派の競争が繰り広げられるうちに、少なくとも競争が激しかった地域では、プロテスタントとカトリックの差が縮まっていった可能性がある。たとえば、対抗宗教改革（カトリック改革）の試練の中で創設されたイエズス会は、多くのプロテスタント系教派と同じような方法で、学校教育を強く推進し、識字能力、自制心、勤勉さを向上させた。最新の証拠からすると、イエズス会が生み出した長期の精神的遺産は、少なくとも完全に掌握され

ていた地域においては、シトー会が遺したものよりもさらにいっそう「プロテスタント」的であるように思われる。

第三に、ユダヤ教徒や漢民族など、他の民族集団や宗教団体もそれぞれ独自に強力な労働倫理を発展させたので、そのせいで、明確なつながりがかすんでしまう可能性がある。

そして最後に言っておくと、本章冒頭のエピグラフのアレクシ・ド・トクヴィルの言葉にあるとおり、ピューリタン（清教徒）の心理のある側面が、宗教的な拠り所から解き放たれて、アメリカ人の文化と心理の基礎部分にさらに広く浸透していったので、（私のような）無宗教のアメリカ人でも、やや「プロテスタント」的に見えたりする。[39]

以上のような問題点があるにもかかわらず、プロテスタントの信仰や実践が勤勉さと忍耐力を培う、という考え方を裏づける研究が相次いで発表されている。まず全体像から見ていこう。グローバルな視点から、国別に見ていくと、プロテスタントの割合が高い国ほど、図1・4に示した遅延価値割引テストにおいて、人々が強い忍耐力を示した。現在の割合ではなく、一九〇〇年当時のプロテスタントの割合を用いて比較すると、こうした効果はいっそう大きいものとなる。[40]

しかし、この研究には問題がある。それは何かと言うと――遅延価値割引のような心理尺度や、労働時間のような実際の行動と、プロテスタンティズムとの関連性を調べる研究ほぼすべてに共通することだが――今日の人々は改宗も棄教も可能であるという点なのだ。つまり、忍耐強い人ほどプロテスタンティズムを好むのかもしれないし、所得が高いと、忍耐強くなり、なおかつプロテスタントに改宗するのかもしれないが、本当のところはわからない。その両方が、見せかけの相関関係を引き起こしている可能性もある。

幸いなことに、一六世紀の神聖ローマ帝国の複雑な政治情勢によって生み出された自然実験が存在する。それによるとどうやら、プロテスタンティズムは実際、少なくとも一時的には、労働倫理の強化を促すようである。神聖ローマ皇帝カール五世と、それに抵抗するルター派諸侯との争いを終結させた、一五五五年のアウクスブルクの宗教和議において、帝国内の領邦君主は各々個別に、領邦内の住民をカトリックにとどまらせるか、それともプロテスタントに改宗させるかを選択できることが決議された。これらの領邦君主たちは、自らの宗教的信念やら、地域政治上の要請やら、それぞれ独得のさまざまな理由で決断を下した。ドイツ人はいずれ、自分の信仰する宗教を自由に選べるようになるのだが、その時にはもはや宗旨替えの機を逸しており、大多数の人々が、アウクスブルクの和議の後にたまたまその地域を治めていた領邦君主が選択した宗派を信仰することになった。今日、ドイツ各州がプロテスタントとカトリックのいずれであるかもやはり、これらの領邦君主たちがどんな決断を下したかでほとんど説明がつく（一八七一年当時の割合は図P・2）。

一六世紀の領邦君主の決断によって、帝国全域のそれぞれの集団に、プロテスタントまたはカトリックいずれかの「処置」がなされたと考えるならば――つまり「プロテスタント処置」群と「カトリック処置」群が作られたと考えるならば――まさに自然実験のお膳立てがなされたことになる。領邦君主がどちらを選択したかで分ければ、今日信仰している宗教の違い（カトリックかプロテスタントか）だけを抽出して調査したことになる。

これを現代の労働時間のデータと組み合わせて、詳細な分析を行なうと、プロテスタント処置群は今日、カトリック処置群に比べて長時間働いていることが明らかになる。具体的に言うと、プロテスタンティズムの影響を受けたドイツ人は、平均で一週間当たり三～四時間ほど長く働いている。

このような効果は、人々の年齢、性別、教育水準、婚姻状況、子どもの数、その他の要因とは全く関係がない。ちなみに、（教育水準の差を考慮して分析した場合）、プロテスタント信者はカトリック信者より、高賃金ではなくても結局、高収入を得ている。それは、より長時間働くからであり、また、起業するなどして余計に働ける仕事を選ぶ傾向があるからなのだ。これは、プロテスタント信者が職を失うと、カトリック信者の場合よりもいっそう幸福感が損なわれることを明らかにした別の研究結果とも一致する。おそらく、プロテスタントにとって職業は、自己を意識したり、神を近くに感じたりする上で、より中核的な役割を果たしているのだろう。[41]

　こうした実世界の証拠を補完するかのように、心理学者が行なう実験的研究によって、プロテスタント信仰が人々の自己制御力を高め、よりいっそう仕事に励むようにさせる機序のいくつかが解明され始めている。カトリック信者の場合は、罪を犯して、罪悪感に苛まれても、その罪を司祭に告白して贖罪を果たせば、それで何とかなる。贖罪を終えたカトリック信者は、赦しが与えられて、天国への近道に再び合流することができる（と信者たちは考えている）。それに対して、プロテスタント信者の場合は、罪を犯したときに、告白や贖罪を行なって赦しを得るという直接的なルートは存在しない。その代わりに、何か罪深いこと——禁じられたセックスについて妄想するなど——をした場合には、もっと「良いこと」をするなどの代償反応が引き起こされるようだ。多くのプロテスタント信者は、自らの職業は神の召命であると、あるいは、生産的な仕事をすれば罪が浄められると考えているので、代償反応として、よりいっそう仕事に励むようになる場合が多い。

　これを実験室で確かめようとしたエミリー・キムらは、まず最初に、巧みな方法を用いて、プロテスタント、カトリック、およびユダヤ教信者の男性参加者たちに姉妹とのセックスを妄想させ、次に、アルファベットを並べ替えて英単語を完成させるゲームを用いて、一部の男性参加者たちに永遠の救済について連想させた。最後に、男性たちにさまざまなプロジェクトで働いてもらった。その結果、プロテスタント信者は、姉妹との近親相姦を妄想させられると、より熱心に、しかも創造力を発揮してプロジェクトに取り組むようになった。このような効果は、救済について連想した後で、特に強く認められた。それに対し、ユダヤ教やカトリックの信者の場合は、罪悪感をもっとむしろ、これらのプロジェクトでの努力度が低下した。このような結果になったのは、プロテスタント信者のほうが、近親相姦の妄想は悪だという意識が強いからか、または、そうした罪を容易に洗い清める手段がないからか、そのいずれかだと思われる。

この研究からすると、あるタイプのプロテスタンティズムは、カトリックの信仰に手を加えることによって偶然にも、男性の禁じられたセックスへの渇望を利用して、より勤勉に、長時間、創造力を発揮して働くように仕向ける巧妙な方法を見つけ出したようである。プロテスタント信者は、自らの天職に意識を注ぐことにより、生産的な仕事を通して、自分が犯した罪を消し去ることができるのだ。この予備的研究の結果が有効であるならば、これは、宗教的信念が何とも見事な方法で、奥深い創造的エネルギーの宝庫を利用するようになったことを示すものだ。

人々の動機の源は何であれ、プロテスタントの労働倫理は、実世界においてさまざまな形で確認されており、それは有権者の投票パターンにも現れている。研究者たちは、スイスでの自然実験を利用して、プロテスタンティズムの歴史が、国民投票での住民の投票パターンに影響を及ぼしていることを実証した。スイスは直接民主主義の度合いが高く、個別の法律についての投票記録が多数残されている。その投票結果から明らかなのは、労働時間を制限されるような法令——たとえば、より多くの休暇取得の義務化、定年年齢の引き下げ、週労働時間の短縮といった法令——には、プロテスタントは反対票を投じる傾向があるということだ。プロテスタントは働くことを欲している——労働は神聖なものなのだ。(42)

一五〇〇年以降、ヨーロッパにおいて経済規模が大幅に拡大した時期に、その中でも特に、産業革命と呼ばれる経済発展の離陸期に、プロテスタンティズムはどのような役割を果たしたのだろうか？　この問いに取り組む前に強調しておくべきことがある。それは、これまで述べてきた心理的変化によって、精神状態、個人の信仰、個人の意思の上に成り立つ宗教の個人化に向けた道筋が、すでに十分に準備されていたということだ。

神聖ローマ皇帝カール五世が、一五二一年のヴォルムス帝国議会（宗教改革運動の鎮圧を図った）でルターをすぐさま処刑していたとしても、プロテスタンティズムのようなものがまたすぐに現れて、これに取って代わっていたことだろう。私はかなりの自信をもってそう言える。なぜなら、ルター以前にも、プロテスタント運動のような運動がすでに現れていたからである。一例を挙げると、オランダの多くの都市や町にはすでに、共同生活兄弟会と呼ばれる運動が普及しており、一四世紀に入ると、それがドイツにも広がっていった。やがて起きてくるプロテスタント運動と同様に、共同生活兄弟会もやはり、肉体労働の価値を説き、個人が独自に神との個人的関係を築くことを奨励した。当然、そのためには、自分で聖書を読めるようになる必要があると考えられていた。プロテスタンティズムとは違って、共同生活兄弟会は教区司教から認可を得ていたので、正式な教会内の組織だった。共同生活兄弟会は、一五一七年にルターが登場する以前からすでに、オランダの多数の都市やドイツの一部の都市で、読み書きできる人々を増やし、都市の成長を促していたに違いない。ここで押さえておくべき重要なポイントは、プロテスタンティズムとは、ヨーロッパのいくつかの集団にすでに現れていた心理パターンを軸にして、さまざまな形で融合していった一連の宗教改革運動だったということだ(43)。

この点を踏まえるならば、プロテスタンティズム（または、その特定の教派）の普及は、人々の心理、選好、行動を変化させて、経済成長や政治変動を促すような方向へと導いていった可能性が高い。ヨーロッパではもともと、経済的に豊かなところはカトリックの地域に多かったのだが、一五〇〇年以降、プロテスタントが多数を占める地域のほうが、カトリックの地域よりも急速に経済成長を遂げていった。一八〇〇年以降、プロテスタントの教義は、所得の伸びや経済成長に極めて大きな影響を与えたことだろう。倹約や忍耐を植え付けて、労働倫理を内面化させると同時に、読み書き能力を求め、学校教育を促すことによって、プロテスタンティズムは、農村部の住民が産業革命に参加してそれを推し進めていくことができるよう、心理面での準備を整えたのである。ドイツ産業革命のさなかの一九世紀の状況を示す証拠から、初期のプロテスタンティズムのほうがカトリシズムよりも、識字率を高め、所得を増やし、（農業ではなく）製造業やサービス業での就業を促進していったことが明らかだ(44)。

政治面について言えば、プロテスタンティズムは、まず最初にヨーロッパにおいて、そしてその後、世界中の国々で、民主政治や代議政治の発展を促したことだろう。こうした現象が起きたのには（そして、その後も起こり続けているのには）、いくつかの相互に関連する理由がある。

まず第一に、位階制度（ヒエラルヒー）が確立されているカトリック教会とは違って、プロテスタンティズムの場合には、民主主義の原則に基づいて自治を行なう、独自の宗教組織を作り上げる必要があった。フルドリッヒ・ツヴィングリの指導のもとにあった宗教改革初期の頃からずっと、スイスの町や村は、多数決によって地域の意思決定を行なうように奨励されてきた。これが、プロテスタント信者たちに、自治組織を作って民主主義の原則を実施するという経験をもたらしたのだ。一九世紀や二〇世紀には、プロテスタント宣教師たちが世界中で、政治団体やＮＧＯ（非政府組織）の結成を促した。

第二に、すでに述べたとおり、プロテスタンティズムは識字能力を高め、学校教育を推進し、印刷機を普及させた。こうしたことは結果的に、中産階級の強化、経済生産性の向上、そして自由な言論の促進につながっていく。

第三に、プロテスタンティズムがＷＥＩＲＤな心理に与えたブースター・ショットの効果によって、法の公平性、個人の自主独立、表現の自由といったものが、ますます人々の心を惹きつけ、社会に不可欠なものとなる。地球規模で見た場合、非ヨーロッパ諸国のうち、過去においてプロテスタントの布教活動が積極的に行なわれた国ほど、二〇世紀後半の民主主義のレベルが高くなっている。[45]

プロテスタンティズムは、識字能力を高め、学校教育を普及させ、民主主義を根付かせ、経済成長を促すだけではない。もう一つ重要な作用がある。人々を自殺へと誘う力をもっているのだ。この極めて個人主義的な信仰においてなされる神への旅は、結局のところ単独行動であり、それが人々に孤立や孤独の感情をもたらす可能性がある。マックス・ヴェーバーは、プロテスタンティズムは「いまだかつて経験したことのない孤独感」を引き起こしうると指摘している。他の識者たちもかなり以前から、少なくともあるタイプの——自助努力や自己責任を重んじるタイプの——プロテスタンティズムは、カトリシズムに比べて、人々の自殺率を高めるのではないかと考えてきた。

これは長く続いてきた議論であり、少なくとも、フランスの社会学者、エミール・デュルケームがこの問題を取り上げて論じた一九世紀末にまでさかのぼる。

今日、質の高いデータセットが得られたことで、この昔からの疑問に新たな光を投じることができるようになった。特に注目されるのは、序章で登場した経済学者、サーシャ・ベッカーとルドガー・ヴェスマンが、一九世紀のプロイセン王国の三〇五の郡で発生した自殺について、入手可能な最初期の統計データをまとめたものだ。二人はまず、一九世紀にプロテスタントの割合が高かった郡ほど、自殺率が高かったことを立証した。住民全員がプロテスタントの郡は、全員がカトリックの郡よりも、年間の自殺者が平均で（人口一〇万人当たり）一五人近く多かった。平均自殺率は人口一〇万人当たり一三人だったので、一五人も多いというのはたいへんな違いだ。こうした関連性は、識字能力、世帯規模、都市化率、製造業やサービス業の発展度など、その他の重要な要因を統計的に排除しても維持される。

次に、ベッカーとヴェスマンは、識字能力について検討したときと同様に、それぞれの郡が宗教改革の震源地からどれだけ離れていたかに基づいて、自然実験の状況を作り出した。つまり、ヴィッテンベルクに近い郡ほど、高用量のプロテスタンティズムにさらされたと考えたのだ。そして、歴史データを用いて、それらの郡が数世紀にわたって「あぶられた」後の自殺率を調べた。すると、さらに強い効果が認められた。過去にたまたまルター主義への曝露量が多かった郡ほど、自殺率が格段に高かったのである。ヴィッテンベルクに一〇〇キロメートル近づくごとに、一九世紀における郡内のプロテスタントの割合が七〜九ポイントずつ上がった。そして、郡内のプロテスタントの割合が二〇ポイント上がって、その分カトリックが減るごとに、人口一〇万人当たりの自殺者数が四～五人ずつ増加した。別の研究によって、こうした結果はスイスにも、そしておそらくヨーロッパのかなりの地域に当てはまることが示唆されている。以上のようなデータを総合するとどうやら、プロテスタンティズムは人々に孤独を感じさせ、それによって自殺率を高める可能性があるようだ(46)。

今一度、論点を明確にしておくと、プロテスタンティズムの出現は、人々の心理的変化の結果であると同時に、その原因でもあるのだ。諸教派の総称であるプロテスタンティズムは、中世に多くの都市地域で文化的に進化してきた、WEIRD心理の先駆けとなる考え方や感じ方が、宗教と融合したことを象徴するものだ。しかし、プロテスタントの教義の一部が、こうした価値観や動機や世界観を包み込んで、それに神の恵みを授け、不確定な死後生と結びつけることによって、強力な文化的再結合をもたらすと、それが、WEIRDな心理傾向をますます強めただけでなく、経済成長を促し、民主主義制度を効果的に機能させ、同時に自殺率も高めていったのである。

ダークマターか、それとも啓蒙か？

一七世紀と一八世紀には、ジョン・ロック、デイヴィッド・ヒューム、ヴォルテール、モンテスキュー、トマス・ペイン、アダム・スミスといったヨーロッパの一流知識人たちの頭脳の中で、立憲政治、自由、法の公平性、自然権、進歩、合理性、科学など、相互に関連し合う概念の複合体が形成され始めていた。このWEIRDな概念の集積物は、本書全体を通して分析してきた心理学的暗黒物質(ダークマター)――個人主義、傾向性主義、分析的思考、非人格的向社会性――からなる川の増水によって押し流され、数百年の歳月をかけて蓄積されてきたものだ。この心理学的なダークマターは、物理学のダークマターと同様に、目には見えないので気づきにくいが、遥か以前から、自由都市、修道会、大学の憲章や会憲の中にも、また教会法の中にも現れていた。啓蒙思想家たちが、プロトWEIRD心理を備えた頭脳を使って、こうした考え方や概念を引き出し、それを再結合させたのである。

たとえば、ロックもルソーも、社会は個人間の社会契約の上に築かれており、政府の権威は統治される人々の同意に由来すると考えていた。つまり、彼らは社会を任意団体として——言ってみれば、会社組織として——認識し始めていたのだ。その何世紀も前に、教会法にはすでに、会社組織の指導者がその成員に影響の及ぶ措置を講じる際には、その成員の同意を得なければならないと明記されていた。さらに、中世ヨーロッパでは、非人格的市場や商人が中心的役割を果たしていたがゆえに、**商慣習法**の規範に基づく契約法が、いまだかつてないほど発達していた。人間は、氏族やキンドレッドやリネージから独立して自由に行動し、社会のしがらみを断って合意（契約）を結ぶことができるという考え方はまさに、非人格的な交換が主流をなす、極めて個人主義的な世界を前提としているのだ。[47]

優れた知性をもつ教会の先達と同様に、啓蒙思想家たちもやはり、個人や物体に諸特性を割り当てることによって、政治理論や科学理論を構築していった。彼らもやはり分析的思考者だったのである。特に、啓蒙主義の政治理論は、ロックが掲げた「生命、自由、財産」のように、自然権をまず個人に割り当てて、そこから理論を構築していった。このようなアプローチは、一二世紀の自由都市ですでに、あまり目立つ形ではないにせよ実際に用いられており、その後、教会法の体系に導入されるときに、哲学的概念にまで磨き上げられた。一四世紀に入ると、自然権の考え方は、オッカムのウィリアム（思考節約の原理である「オッカムの剃刀」の提唱者として知られる人物）のようなフランシスコ会修道士によって——哲学的観点から見て——さらにいっそう整合性がとられていった。それに対し、ほとんどの非西洋社会の政治理論においては、政治的権力や経済的特権は、個人の権利ではなく、系譜・血統関係や神の命令に基づいて与えられていた。しかし、WEIRDな心理傾向が強くなるほど、親族の絆への関心が薄れるとともに、目に見えない特性をこしらえて個々人に割り当て、それを用いて普遍的に適用される法の正当性を示そうという気運が高まっていくことになる。(48)

では、結論をまとめよう。啓蒙思想家たちが、あるとき突然、パンドラの箱のダイヤル錠を開けて、理性の嗅ぎ煙草入れと合理性のラム酒瓶を取り出したところから、現代世界がスタートしたわけではない。啓蒙思想活動は、ヨーロッパ人の感じ方や考え方、判断の仕方や人との付き合い方を形成してきた古代末期にまでさかのぼる長い累積的文化進化プロセスの一部だったのだ。WEIRDな傾向の強い考え方がとうとう、ヨーロッパにあってそれに最後まで抵抗していた人々、つまり貴族階級にまで浸透していったとき、その場にいたのが啓蒙思想の知識人や著述家だったにすぎないのである。

第13章　離陸速度に達する

商業においてある程度の進歩を遂げた国々で、何よりもよく見受けられるのは、近隣諸国の進歩を疑惑の目で眺め、すべての貿易相手国をライバルと見なし、相手を食い物にしない限り繁栄はあり得ないと考える傾向である。……しかし、一歩踏み込んで考えると、国家間のオープンなコミュニケーションが保たれていれば、どの国の国内産業も他国の進歩から刺激を受けないはずがないことに気づく。現在のグレートブリテン王国の状況を、二〇〇年前と比較してみよう。当時は、農業でも、工場制手工業でも、あらゆる技術が極めて稚拙で欠陥だらけだった。以来、わが国は改良を重ねてきたが、それはすべて外国を模倣したものである。したがって、これまでのところ、他国がわが国に先んじて新技術を生み出し、創意工夫を凝らしてくれたことを幸運と見なすべきなのだ。幸いなことに、こうした通商関係は依然として維持されている。わが国の工場制手工業は先進的でありながら、どの技術についても、近隣諸国の発明や改良を日々採り入れている。最初に商品が外国から輸入されると、わが国の金銭が奪われてしまうように思えて、不満ばかりが募ってくる。その後、しだいに技術そのものが輸入されるようになると、利点が目に見えるようになる。……もしも最初に教えを受けていなければ、私たちは現在も野蛮人のままだったであろう。そして、引き続き教えを受け続けなければ、技術の進歩は停滞状態に陥り、進歩に大きく貢献している目新しいものの模倣はなされなくなるに違いない。

――デイヴィッド・ヒューム「イギリス産業革命の夜明けに」(一七七七年)[1]

一八世紀後半にイングランド中部地方から産業革命が勃発し、経済的変化の巨大な波が押し寄せてくることになった。現在もなお、さまざまな面で世界中を巻き込み続けているこの経済的変化の波が、平均的なイギリス人の所得を、一八〇〇年の三四三〇ドル(二一世紀のケニアと同じ)から、一九〇〇年の八〇〇〇ドル超へ、さらに二〇〇〇年の三万二五四三ドルへと押し上げた(図13・1A)。イギリスに始まった巨大なうねりに押されるようにして、他の西ヨーロッパ諸国やアメリカ合衆国もたちまち、この湧昇流にすっかり乗ることになった。

経済的繁栄が、また別の変化をもたらした。たとえば、平均寿命が延びて、乳幼児死亡率が低下し、飢饉が世界からほとんど姿を消した。一八〇〇年には三九歳だったイギリス人の平均寿命が、その一〇〇年後には四六歳に、そして二〇〇〇年には七八歳にまで延びた(図13・1B)。現在では、西ヨーロッパの多くの国々と同様に、イギリス人の平均寿命(新生児の平均余命)は八〇歳を超えている[2]。

変わったのはそれだけではない。ガス灯を利用して、夜間の街路に初めて明かりが灯るようになり、やがて、電線が敷設されて、人々の家も明るく照らされるようになった。人々は、陸路や水路での移動速度を速めようと、黒い石(石炭)を燃やして蒸気動力を生み出した。その後、地中から噴き出す褐色のヘドロ(石油)を利用することによって、移動はますます迅速、容易、かつ安全に

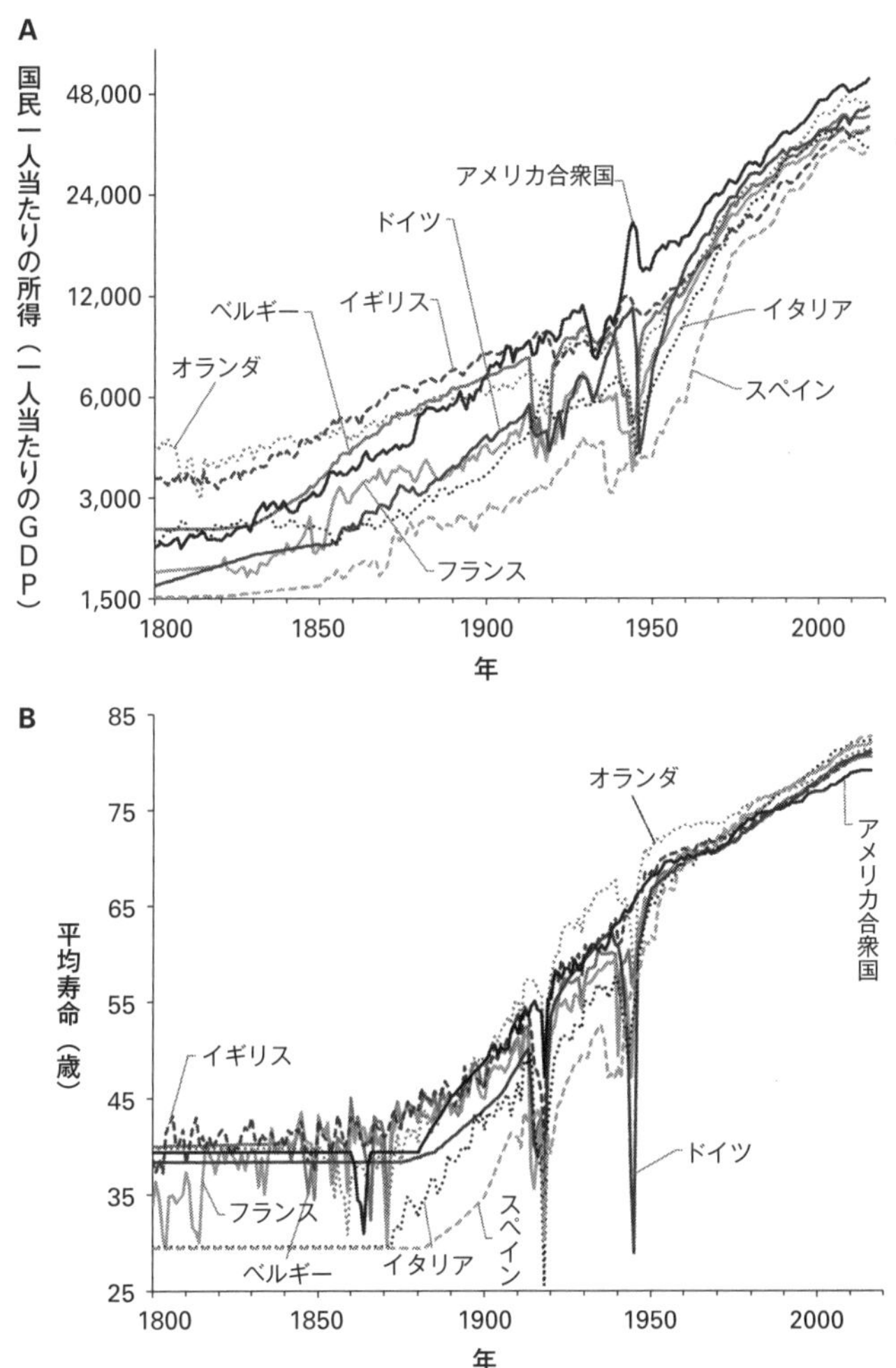

図13.1　ヨーロッパ8か国の（A）1800年から2018年までの国民一人当たりの所得（一人当たりの国内総生産）、および（B）1800年から2018年までの平均寿命。所得は、2011年の国際ドルに換算し、各国・各時代の購買力平価の差で調整してある[(3)]。

なり、ついに人々は、アルミニウム合金のチューブの中でハニーローストピーナッツをかじりながら、高度一万メートルの上空を高速で飛んでいくようになった。人々は、金属ワイヤーを通して音声を伝送する方法を、そしてとうとう、音声を目に見えない電波にして空気中を伝える方法をも発見した。疫学の創始者たちは、死亡者の発生場所を地図上に記入することによって、汚染された井戸こそが、コレラのような公衆衛生上の脅威の源であることを突きとめた。さらに、医師たちは、弱毒化または不活化した病原体を用いて、大昔から世界中の都市を脅かしてきた命取りの疫病の免疫を、赤ん坊に与える方法を発見した。

この革命がヨーロッパ人にもたらした経済的、政治的、軍事的な力によって、世界貿易の拡大に弾みがつき、また、ヨーロッパの法や、教育、宗教、政治制度の普及に拍車がかかった。言うまでもなく、こうしたヨーロッパの世界進出に伴って始まったのが、征服や残虐行為であり、集団虐殺、隷属化、秩序崩壊、弾圧、奴隷制、環境破壊などさまざまな災厄を招くことになった。それはともかく、経済やテクノロジー分野の華々しい功績に注目するにしても、はたまた征服戦争や残虐行為に主眼を置くにしても、次のような同じ疑問が湧いてくる。このイノベーションに駆動された経済的・軍事的な拡大が、どうして、一五〇〇年以降のヨーロッパから爆発的に始まったのか？(4)

西暦一〇〇〇年頃に、高い周回軌道から地球を調査していた、第1章の異星人を思い出そう。あるいは、イスラム世界の学者、サイード・イブン・アフマドの目を通して、一〇六八年のスペインの都市、トレドから眺めた地球の状況を考えよう。サイードは全世界の人々を、科学や学問に貢献してきた「文明人」と、そうでない「野蛮人」の二大グループに分けた。サイードにとって、文明人に含まれるのは、インド人、ユダヤ人、エジプト人、ペルシャ人、ギリシャ人、そしてローマ人

(ビザンツ帝国の住民)だった。彼は野蛮人をさらに、上級クラスとそれ以外とに分けた。上級クラスに含まれるのは中国人とトルコ人(優れた戦士)で、それ以外を構成しているのが、南方の「黒色野蛮人」(サハラ以南のアフリカ人)と北方の「白色野蛮人」(ヨーロッパ人)だった。サイードは、当時のイスラム世界の学者の間で広く共有されていた見方を明確化して、一一世紀のイギリス人とオランダ人を次のように評している。

これまで学問を興してこなかったこのグループの人々は、人間というよりも獣に近い。七種類の区分のうちの最悪の気候と、人間が住める限界との狭間にある、北の地の果てに暮らす彼らにとって、太陽までの距離はあまりも遠く、そのせいで空気は冷たく、空はどんより曇っている。だからであろうか、性格は冷ややかで、ユーモアのセンスがなく、腹はでっぷりとして、血色が悪く、毛髪は長くてカールしていない。かような次第で、鋭い理解力や明晰な知性に欠けており、無知や無関心、認識力の欠如や愚鈍さのほうが目立っている……(5)。

サイードの言う、北の地の果ての人々には、あの異星人の人類学者も好印象は持たなかったことだろう。それから一千年も経たないうちに、この野蛮人と、北アメリカに移住したその文化的末裔が、世界の大半を征服し、夜間も地球を明るく照らし、ほとんどの疫病を克服し、空を飛ぶ技術を身につけ、原子核を分裂させることを覚え、月面を歩き、自ら学習する機械を製作し、生命の根本をなす情報コードをいじるようになるとは、ほとんど誰も想像しなかったであろう。

異星人の人類学者が西暦一五〇〇年に再び地球を訪れていたとしたら、ヨーロッパはさらに都市化が進み、多くの立派な大聖堂やおびただしい数の城郭が築かれていたことだろう。ベネチア、ジェノバ、ミラノ、フィレンツェ、ボローニャのような北イタリアの諸都市は、まさにルネサンスたけなわだったことだろう。しかし、イギリスにはまだ、明らかに産業革命の発祥地となりそうな、目立った進歩は見られなかったはずだ。

ムスリムの観察者たちは、それよりも一〇〇年ほど前に、ヨーロッパで何かが進行していることに気づき始めていた。著名な歴史学者のイブン・ハルドゥーンは、一三七七年頃に、多少の驚きとともにこう述べている。「最近、聞いたところによると、フランク族の領土、つまり地中海の北岸に位置するローマやその属領では、哲学の研究が盛んになって、古代の文物がよみがえり、その研究集会が増えるとともに、取り上げられる内容も幅広くなり、それを唱道する人々は数知れず、それを学びにくる学生も増えているらしい」。異星人の観察者は、質素な造りの帆船が、イベリア半島から大西洋を渡り、アフリカ大陸最南端を回って航行していることにも気づいていたかもしれない(6)。

これは好奇心をそそる出来事ではあったろうが、世界の趨勢を握る国々は別の場所に存在していた。トルコ一帯では一五世紀の中頃に、オスマン帝国が、コンスタンティノープル(現在のイスタンブール)に残る「文明化された」ビザンツ帝国の最後のひとかけらを滅ぼした後、急速に版図を拡大しつつあった。オスマン帝国皇帝、スレイマン一世(壮麗帝)はまもなく、ハンガリー、セルビア、スロバキア、クロアチアにまで版図を広げていく。中国では、明朝が、後のクリストファー・コロンブスやバスコ・ダ・ガマの船を一回り小さくしたような壮大な帆船からなる大艦隊で、インドやアフリカの海岸の探索を行なったほか、大運河や万里の長城を修復し、紫禁城を築き、巨大な軍隊と広大な後宮を整えていた。

要するに、第二千年紀前半のほとんどの期間は、少なくとも当時の一流の強国から見る限り、ヨーロッパはまだぱっとしない後進地域だったのである。しかし、イブン・ハルドゥーンの先を見越した困惑ぶりからうかがわれるように、第二千年紀半ばにはすでに、観察眼をもった人々は「北方の野蛮人」の間で何かが進行していることに気づき始めていた。

そもそもなぜ産業革命が起きたのか、また、産業革命が起きたのはなぜヨーロッパであって、他の地域ではなかったのか、という問いに答えようとして多くのことが書かれてきた。第二千年紀の前半の間は、この世界を揺るがす経済的変革の震源地となりそうな地域と言えば、まず中国やインドやイスラム世界であって、決してヨーロッパではなかったはずだ。それが「ヨーロッパで起きた理由」には諸説あり、代議政治の発達、非人格的商業の発展、アメリカ大陸の発見、イングランドの石炭を利用できたこと、海岸線が長く沿岸海運を活用しやすかったこと、啓蒙思想家たちの知的営為、ヨーロッパで繰り広げられた一連の激しい抗争、イギリスの労働力が割高だった（機械設備が割安だった）こと、科学という知的体系の発展、といったことが挙げられている。私は、これらの要因がすべて、小さな役割の場合もあるにせよ、何らかの役割を果たしたのではないかと考えているが、しかし、一つ抜け落ちていることがある。それは、教会によるヨーロッパの親族ベース制度の解体をきっかけに、一部のヨーロッパ集団に現れ始めた心理的差異についての理解である。こうした心理的変化がもとになって、非人格的な市場、競い合う任意団体、新たな宗教的信仰、代議制統治、そして科学の発展が促されるとともに、そのような諸々の発展をきっかけにして、それまでの心理的変化がさらに増強されていった。私はここで、これまでなされてきた説明を退けようとしていわけではない。ただ、産業革命が起きた理由について諸説乱れ飛ぶ混沌とした状況の中で、もう少し深いところに、しっかりとした社会的・心理的基盤を据えようとしているのである。(7)

次に進む前に、重要なポイントを強調しておきたい。それは、産業革命が起きた理由とされるこれらの説のどれ一つとして、これまで一二の章で示してきた心理的差異や心理的変化の理由を説明することができない、という点である。したがって、こうした他の説明は、部分的には正しいとしても、中庭に鎮座する巨大なマストドンを認識できていない。すべての集団は心理学的に区別がつかない、あるいは、文化進化によって人々の考え方、感じ方、捉え方が体系的に変化することはない、と主張し続けるのはもはや難しくなっている。

産業革命が起きた理由についてはさまざまな説がある一方で、一八世紀半ば以降の経済成長の加速を説明するためには、そもそもなぜ技術革新（イノベーション）が加速したのかを説明する必要がある、という幅広い合意が得られている。したがって、産業革命が起きた理由として、名誉革命による議会政治の出現を挙げるにしても、イギリスの労働力が割高だったことを挙げるにしても、一七五〇年頃以降、イノベーションのスピードがアップし、それが持続した理由をともかくも説明できなくてはならないのだ。なぜイノベーションが起きたのかを理解するには、われわれが行なってきた人間の本性についての研究に立ち返る必要がある。

すでに見てきたとおり、人類の成功の秘密は、天性の知力や思考力にあるのではなく、周囲の人々から学び取り、学んだことを社会的ネットワークを通じて他者に広め、さらに未来の世代にまで伝える能力にある。他者から選択的に学習し、多様な個人や集団の知恵を統合していくので、時を経るうちに文化進化のプロセスによって、ますます多くのいっそう優れた道具、スキル、技法、目的、動機、信念、ルール、規範が生み出されていく。そして、この文化的ノウハウの総体が、共同体やネットワークの頭脳や習慣の中で、集団的に維持されていくのである。イノベーションを理解する上で問うべき重要な問題は、累積的文化進化の速度を決めるのは何なのか、ということだ。技術力を含めた、この適応的な情報の蓄積をスピードアップさせるのはどのような要因なのだろうか？[8]

多くの人々は、イノベーションが起きるかどうか――新たな価値が広まって社会に大きな変化がもたらされるかどうか――は、インベンション（発明）がなされるかどうか――ある人物やチームが今までにない新たなものを作り出せるかどうか――でほとんど決まると思い込んでいる。また、多くの人々は、発明が生まれるには、非凡な才能をもつ人、つまり天才に、多くの自由時間と強い物質的誘因（大きな見返り）が与えられる必要があると思い込んでいる。もちろん、こうした要素も関与している可能性がある。しかし、文化進化の研究から、それよりもはるかに重要な要因が二つ存在することが示唆されている。

第一に、関与する頭脳集団の規模が大きいほど、累積的文化進化のスピードは速くなる。つまり、何かを学んだり、何かに取り組んだりする人々のネットワークが大きいほど、偶然のひらめきであれ、幸運なミスであれ、慎重な実験の成果であれ、あるいは何らかの組み合わせであれ、個々人が新たな価値を生み出すチャンスが増すということだ。

第二に、個人間の相互連絡性が高いほど、つまり、学ぶ側と教える側のつながりが何世代にもわたって保たれているほど、累積的文化進化のスピードは速くなる。また、学習者がアクセスできる師匠、専門家、その他の人々の多様性が高いほど、誰から学ぶか、どんなことを学ぶかという選択の幅が広がる。豊かなつながりをもつ学習者は、それぞれ異なる達人からスキルや習慣やアイデアを模倣し、それを意図的にであれ偶然にであれ、組み合わせることによって、新しいものを「発明」することができる。意識的なインベンション（発明）がなされずとも、イノベーションは起きる可能性があり、この無意識の発明こそが、人類の進化史の大半において、累積的文化進化の最大の駆動力になっていたと思われる。[9]

そう聞いて、何か違和感を感じるとしたら、それは、技術史家が言うところの「英雄的な発明家という神話」にたぶらかされているからなのだ。イノベーションのメカニズムを説明するこのＷＥＩＲＤな通俗モデルでは、天才による発明という一度きりの行為がもてはやされる（個人主義者にとっては魅力的なモデルである）。しかし、テクノロジーの発達史から引き出される四つの事実によって、このモデルは覆される。

第一に、複雑なイノベーションは必ずと言っていいほど、ささやかな追加や変更の積み重ねから生まれており、最も重要な貢献をした人でさえ、何かをちょっとだけ追加したにすぎない。多くの重要なイノベーションが、複数の人々によって、同時に、別々になされた理由はそこにある。つまり、重要なアイデアはすでに、人々の頭脳の中にばらばらに存在しており、最後に誰かがそれらをまとめ上げたのである。[10]

第二に、ほとんどのイノベーションは、実を言うと、既存のアイデア、技術、アプローチ法の新たな組み合わせにすぎない。ある分野で使われているツールが、別の分野で応用されることもある。

第三に、発明において中心的役割を果たしているのは、幸運なミス、好都合な勘違い、偶然のひらめきであって、それに恵まれるかどうかが、有名な発明家になれるか、無名のまま終わるかの分かれ目となる場合が多い。

最後、第四に、必要は決して発明の母ではない。人類の長い歴史の中では、命を救える発明がずっと見過ごされてきた例が少なくない。発明されてから何年も経ってようやく、それをどれほど必要としていたかに気づくこともあった（ペニシリン、笑気ガス、車輪など）。疫病、略奪、飢饉、干魃といった災いは、命懸けの発奮材料を人類に与え続けてきたが、それでも、「母なる必要」によってヒトの発明の才が養われ、重要な発明が生まれることはめったになかった。危機を脱する方法を発明するのではなく、むしろ、苦しみを耐え忍ぶか、死ぬか、逃げるかする場合がほとんどだった。[11]

以上の点を例証するために、五つの重要なイノベーションについて考えてみよう。

①印刷機（一四四〇～一四五〇年）　ヨハネス・グーテンベルクは、すでに数十年前からヨーロッパに広まっていたいくつかのツールと、技術、および部品を組み合わせた。具体的に言うと、チーズやワインの製造に利用されていたスクリュープレス（ネジ方式で上から押圧する仕組み）と、木版印刷の技術、および金属の活字を組み合わせたのである。金属の活字というこの重要なアイデアは、グーテンベルクが、父親（マインツの造幣所で働いていた）から得た軟質金属の知識と、旅回りの徒弟（そのオランダ人の親方が木活字を試みていた）から学んだと思われる活字のアイデアを組み合わせたものだった。グーテンベルクの印刷機が急速に普及したのは、言うまでもなく、自分で聖書を読むようにと説く、新たな宗教の教えに後押しされたからだ。[12]

②蒸気機関（一七六九年）　機械技術者のジェームズ・ワットは、ニューコメン式蒸気機関の模型を修理しているとき、蒸気凝縮器をシリンダー外に設けることによって、ニューコメン機関の効率を上げる方法を発見した。そのもとになった蒸気機関は、金物商を営み、バプテスト教会の説教者も務めているトマス・ニューコメンによって、一七一二年に開発されたものだった。ニューコメンは、エアポンプから得たヒントと、ピストンを使うというアイデアを組み合わせたのだが、そもそもそれは、ユグノー〔フランスのカルヴァン派〕であるドゥニ・パパンが著した、圧力鍋に関する書物（一六八七年発行）の中で見つけた可能性が高い。それを組み合わせて改良を加えていたニューコメンに、突破口（ブレークスルー）とも言うべき瞬間が訪れたのは、シリンダーのハンダ付けされたわずかな隙間を「突破（ブレークスルー）」して、シリンダー内に冷水が吹き込んだときだった。そのせいでシリンダー内の気圧が急激に低下し、上昇していたピストンが勢いよくシリンダー内に引き込まれたので、エンジンが破損した。偶然、冷水が蒸気の中に直接噴射されたことによって、突如、真空に近い状態が生じたのである。結局、ニューコメンの機関が新時代を切り開くことになったが、それとほぼ同じ時期に、ドゥニ・パパンも、イギリスの工兵トマス・セイヴァリも蒸気動力の着想を得ていた[13]。

③ミュール紡績機（一七七九年）　サミュエル・クロンプトンの発明は「ミュール〔雄ロバと雌ウマとの雑種、ラバのこと〕」と呼ばれている。なぜなら、明らかにそれは、リチャード・アークライトの水力紡績機（一七六九年）とジェームズ・ハーグリーブスのジェニー紡績機（一七六四年）を組み合わせたものだからだ。ハーグリーブスが、ジェニー紡績機を思いついたのは、一本糸の糸繰り車をうっかり床にひっくり返してしまったときだった。車輪も紡

錘もそのまま回り続けていたが、紡錘は水平ではなく、直立していた。それは、紡錘を縦にすれば、複数並べて使用できることを物語っていた。ハーグリーブスが自分の発明を公表したことで、クロンプトンの組み合わせへの扉が開かれた。ミュール紡績機の登場は、綿織物の製造をたちまち、工場での大規模生産へと変化させた。[14]

④加硫ゴム（一八四四～一八四五年）　チャールズ・グッドイヤーは、現在、タイヤに使われるゴムを製造するのに用いられているプロセス、加硫法を開発した。突破口となる重要な発見がなされたのは、グッドイヤーが誤って、硫黄を加えた生ゴムを熱いストーブに接触させたときだった。生ゴムは溶解してしまわずに焼け焦げて、強靱で弾力性をもつ物質になったのだ。生ゴムに硫黄を加えるというアイデアは、グッドイヤー〔アメリカ人〕が一八三九年にナサニエル・ヘイワード〔アメリカ人〕から得たものだ。そのヘイワードは、ドイツ人化学者と共同で研究しているときに、生ゴムに硫黄を加えると、厄介なべたつきがなくなることを発見したのだった。ヨーロッパ人はそれまでゴムの有用性に気づいていなかったが、二人のフランス人博物学者が、アマゾン川流域の先住民はゴムを使ってブーツ、フード、テント、容器、その他さまざまなものを作っていることを知るようになる。するとアマゾン川流域の人々とは異なり、ヨーロッパ人がゴムの特性に気づくや否や、たちまちイギリス、フランス、アメリカ合衆国に、消しゴムやゴム長靴やゴム合羽を製造する工場が建設されていった。[15]

⑤白熱電球（一八七九年）　トマス・エジソンと彼のメンロパーク研究所のチームは、一八四一年から一八七八年の間にスコットランド、ベルギー、フランス、ロシアの発明家たちが特

許を取得した、二十数種の電球に改良を加えることによって、白熱電球を「発明」した。イギリスでは、ジョセフ・スワンが、エジソンと同じ年に、類似の電球の特許を取得している。この累積的プロセスは、ベンジャミン・フランクリンにまでさかのぼることができる。フランクリンは、一七四三年に、生まれ故郷のボストンを訪ねたとき、アーチボルド・スペンサーというスコットランド人が公開講座で静電気の力を実証するのを目撃した。フランクリンは、スペンサーの装置を購入すると、フィラデルフィアで仲間三人にこの現象を紹介した。一七六一年、その仲間の一人、エベニーザー・キナーズリーが、高温のフィラメントから光が放出されること——高温発光——を実証した。(16)

要するに、アイデア、知識、技術の新たな組み合わせに、偶然の幸運や意図せぬ出来事が適度に加わることによって、イノベーションが駆動されていくのである。したがって、多様な頭脳をもつ人々の間にアイデアが伝わりやすい制度や規範や信念や心理傾向、あるいは、幸運な偶然によって道が開かれるチャンスが生まれやすい制度や規範や信念や心理傾向はみな、イノベーションを活性化する。

もちろん、アイデアを融合させることは肝心だが、テクノロジーに関して言えば、発明者はそれを物理的にやり遂げなくてはならない。しかし、複雑な発明を成し遂げるためのスキルやノウハウをすべて持ち合わせている者などいない。そこで、分業制、すなわち、社会における情報の分散と見なすべきものについて考える必要が出てくる。

ほとんどの社会は、歴史を重ねるにつれて規模が拡大し、代々継承されてきた知識量が増大すると、それぞれ別個の集団が特定のスキルを専門に扱うようになり、鍛冶屋、靴職人、織工、農民、戦士といった専門家集団が生まれてくる。鍛冶屋は、自分が作った鋤や蹄鉄を、靴や縄や小麦や警護と交換すればいい。こうした世界でもやはり、累積的文化進化やイノベーションの起きやすさは、集団の規模や相互連絡性で決まるが、このように複雑な分業体制がとられるようになると、それぞれ異なるスキルや知識や経験をもつ者同士が出会って、信頼を育み、協力し合える環境が必要になってくる。蒸気動力について、この事実を例証するかのように、ジェームズ・ワットは出資者のジョン・ローバックに、「エンジンを組み立てるときに最大の障害になるのは、決まって鍛冶屋の仕事の出来映えだ」と書き送っている。ワットは、ジョン・ウィルキンソンのような鋳鉄製造業者をはじめ、何人かの熟練職人のスキルや専門知識を頼りにしていた。大砲の砲身にドリルで穴を開けるウィルキンソンの技術は、ワットの機関に用いられるシリンダーの製作に欠かせないものだった。[17]

要するに、イノベーションを含めた累積的文化進化は、つまるところ、ヒト社会を**集団脳**に変えていく社会的・文化的プロセスなのである。ヒト社会はそれぞれ、イノベーションを起こす力に大きな開きがあるが、その原因は主として、幾世代にもわたり、関与する頭脳集団を通して情報がどれだけ円滑に伝えられていくか、また、個々人が新たな手法を試したり、新たな信念や概念やツールを採り入れたりすることにどれだけ積極的か、ということにあるのだ。[18]

さて、集団脳についてのこうした考え方を、過去一〇〇〇年間のヨーロッパに当てはめてみると、一八世紀後半から始まったイノベーション駆動型の劇的な経済成長（図13・1）のみならず、工業化に先立ってすでに起きていたもっと緩やかな経済成長のパターンをも、私が強調してきた社会的・心理的変化で説明することができる。第9章では、西暦九〇〇年以降、西ヨーロッパの多くの地域で、都市化——つまり、経済的繁栄の代替指標となる現象——が進んでいたのを見てきた。それと符合する現象として、オランダでもイングランドでも、少なくともそれぞれ一三世紀と一六世紀以降、長期間にわたって所得が増加したことが、歴史データから明らかになっている。というわけで、産業革命は確かに目覚ましい経済成長を特徴づけるものだが、実際には、何世紀も前にまでさかのぼる長期的傾向の一端にすぎないのである。(19)

一七世紀以前の経済成長のほとんどはおそらく、商業の発展や貿易の拡大——一三世紀の「商業革命」——に由来するものであり、そもそもこうした革命は、市場規範の普及や任意団体間の競争激化に伴って高まっていった、非人格的信頼や、公正さ、誠実さに根を下ろすものだった。とはいえ、こうした初期の成長の一部は、さまざまな技術の進歩を含むイノベーションの結果でもあった。中世初期には、水車（六世紀、ローマ発祥）、重量有輪犂（ゆうりんすき）（七世紀、スラブ世界発祥）、輪作法（八世紀）、蹄鉄や馬具（九世紀、おそらく中国発祥）によって農業生産力が徐々に高まっていった。水車は、さまざまな製品の生産の機械化に活用されていった。たとえば、ビール（八六一年、北西フランス）、麻糸（九九〇年、南東フランス）、織物（九六二年、北イタリア、スイス）、鉄（一〇二五年頃、南ドイツ）、植物油（一一〇〇年、南東フランス）、マスタード（一二五〇年、南東フランス）、ポピーシード（一二五一年、北西フランス）、紙（一二七六年、北イタリア）、鋼（一三八四年、ベルギー）などである。中世後期には、すでに見てきたとおり、機械式時計と印刷機がともに広く普及し、それらをいちはやく導入した諸都市に経済成長をもたらした。なぜヨーロッパ人は、新たなアイデアや技術や習慣を、ありとあらゆる地域からオープンに採り入れるようになったのか——これまで述べてきた社会的・心理的変化を考慮すると、それが説明しやすくなる。新たに吸収されるアイデアが多いほど、多くの組み合わせが生まれ、それに伴ってイノベーションが着実かつ迅速に進展していく[20]。

なぜ、これらの集団は、イノベーション力をかくも高めていったのだろうか？[21]

集団脳を配線する

これまで本書全体を通して、人々の心理変化と制度の発展について述べてきたが、この二つの共進化こそが、ヨーロッパの集団脳の成長を促したのだ。非人格的信頼の水準が高まって、同調傾向が低下し、識字能力が向上して、独立志向が強まるなど、心理面に変化が生じたことによって、ヨーロッパに暮らす人々やその共同体の間では、アイデア、信念、価値観、習慣などがよどみなく伝わるようになっていったことだろう。同時に、任意団体が次々と結成されて、都市化が進み、特に自由都市が成長してくると、多種多様な人々がそこに集まってきて興味や関心を共有することによって、集団脳が拡大していったことだろう。実際、四種類の任意団体――憲章都市、修道院、ギルド、大学――はどれもみな、知識や技術の流れをヨーロッパ各地に広げる上で大きな役割を果たした。個人レベルで見ると、新しいアイデアやより優れた技術を生み出したい――他者とは異なるユニークな存在でありたい――という人々の欲求が、高まりつつある忍耐力、時間節約志向、分析的思考、自信過剰傾向、ポジティブサム思考（楽観主義）と作用し合って、相乗効果をもたらしたことだろう。このような社会、心理、そして制度上の変化が、一千年以上にわたって徐々に蓄積されていった背景を考えると、ヨーロッパで起きた経済成長や技術革新の加速化が、それほど不思議なことではないように思えてくる。[22]

私たちの物語は、教会がヨーロッパの緊密な親族ベース制度を解体したところから始まる。親族集団が核家族に分解されたことは、集団脳に複雑な影響を及ぼしたに違いない。孤立した核家族内で暮らす幼い学習者たちは、多くの重要なスキル、能力、動機、技術――いずれも、緊密に接触し、長期にわたって見守り、忍耐強く教えることを必要とするものばかり――を身につけるにあたって、母親や父親から学ぶほかなくなる。

それに対し、氏族やキンドレッドのような親族ベース制度の場合には、教えてくれる師匠はもっと大勢いるし、学ぶ機会ももっと豊富だ。たとえば、機織りが上手くなりたいと思っている氏族社会の娘は、その技術を母親からだけでなく、イトコやおば、さらには父親の兄弟の妻たちからも学ぶことができよう。しかし、緊密な親族集団は、同調や服従をよしとする世界なので、当然ながら、長年経験を積んできた親族たちは、新しい技法や新たな組み合わせを、その中でも特に革新的なものを、あまり受け入れたがらないかもしれない。そうなると、学習者の側も、自分の独自性や個性を強調するために、新奇さを求めたり、伝統を破ったりする気にはならないだろう。

一方、核家族は、規模や相互連絡性という点では、大勢の人々を結びつける大きな親族集団にはかなわないが、もし、幅広い人間関係を築いたり、専門家ネットワークの要となる任意団体に加わったりできれば、よりいっそう大きな集団脳の一部となる可能性を秘めている。さらに、親族の紐帯による制約がないので、学習者は、このより広いネットワークの中から、卓越した知識や技術をもつ師匠を選ぶことが可能になる。

なぜそれが重要なのか。たとえば輪作法を、拡大家族の中の最優秀者（たとえば父方のおじ）から学ぶ場合と、町の中の最優秀者（大きな屋敷に住む裕福な農民）から学ぶ場合の違いを考えると、その理由が見えてくる。おじさんはあなたの父親よりも注意深かったか、あるいは、独自の工夫を凝らすかして腕を上げたのだろうが、いずれにせよ、受け継いだ農業のノウハウは父親と同じものだ。それに対し、共同体の中で最大の実績を挙げている農場主は、あなたの父親の一族が全く知らない文化的ノウハウを持っている可能性が十分にあり、したがって、彼から学んだことと自分の家族から学んだことを組み合わせれば、さらに優れたやり方や手法を生み出すことができるかもしれない。[23]

相互連絡性の力を確かめるために、マイケル・ムスクリシュナと私が大学生一〇〇人に行なった単純な実験について考えてみたい。私たちは、参加者がそれぞれ個別に難しい課題に取り組み、それを順繰りに一〇回、つまり一〇「世代」にわたって繰り返すという、情報「伝達路」をこしらえた。まず第一世代では、実験室に入室した未経験の参加者に、何の指示も説明もないまま課題が与えられる。一定時間内に、極めて難しい画像編集ソフトを用いて、複雑な幾何学図形を再現する方法を見つけ出すという課題だ。時間切れになったら、参加者はそれぞれ、次の世代、つまり「生徒」に向けて、何らかの指示や助言を書き留める。

ポイントは、参加者をランダムに二つのグループに振り分けて実験を行なったことだ。一方は、前世代の一人だけから指示を受け取る群（1－1群）で、もう一方は、前世代の最大五人までの指示を参照することができる群（5－1群）である。1－1群では、核家族での親から子への伝達のような、単一の文化的系統が生み出されるのに対し、5－1群では、任意団体の場合のように、各世代を通して情報が広く伝えられる。第二世代以降は、最初の見本画像と、前の世代が作成した画像（一枚または複数枚）、および助言や指示が書かれた説明書を受け取った[24]。すると、驚くべき実験結果が得られた。5－1群の参加者の成績の平均値は、一〇世代を経るうちに劇的に上がり、一世代目の平均は二〇％そこそこだったのが、一〇世代目では八五％を超えるまでになった（見本を完璧に再現できると一〇〇％となる）。それに対して、1－1群では、世代を経ても、系統的に改善されていく様子は認められなかった。一〇世代目になると、5－1群で最も下手だった者でも、1－1群で最も上手かった者の成績を上回っていた。

マイケルと私には、もう一つ気に掛かっていることがあった。5－1群の参加者たちは、前世代のうちで最も優れた師匠だけを取り上げてそれを模倣したのか、それとも複数の師匠から要領や技術を学んだのか、ということだ。詳しい分析の結果、参加者たちは、手本のうちの最も優れたものから最大の影響を受けてはいるものの、ほぼすべての手本を参考にしていることが明らかになった。概して、完全に無視するのは、最も下手な手本だけだった。参加者たちは、複数の手本から得た技術やヒントを組み合わせることによって、「新発明」に匹敵するものを考え出したのである。それは、それぞれ異なる師匠から習得した要素を組み合わせることによって生まれたものだった。

もし、旅人がたまたまこの場面に居合わせて、1－1群と5－1群の両方の一〇世代目の人に出会ったとしたら、5－1群の一〇世代目のほうが、1－1群の一〇世代目よりも賢いと思ったかもしれない。当然ながら、この実験で生じた差異は、私たちが課した社会的ネットワーク構造の違いや、その構造が各グループの世代間の相互連絡性に及ぼした影響の違いによるものであって、個人の知性の違いに起因するものではない。それでもやはり、5－1群の人々のほうが賢そうに見えるのである[25]。

歴史的観点から見て、この結果は重要な意味をもっている。なぜなら、中世にまでさかのぼる、ヨーロッパの人々の社会経済生活の珍しい特徴の一つは、召使いや農場労働者として、血縁ではない（そして奴隷でもない）人々を雇っていたことだからである（第5章）。一〇歳前後の子どもやティーンエージャー、さらには二十代前半くらいまでの若者の多くが、結婚する前や独立する前の数年間、よその家に、たいていは生家よりも裕福で有力な家に、手伝いとして預けられた。そのような「奉公制度」は、緊密な親族関係が解体された後のヨーロッパに特有のものだ。[26]

このような風習があったということはつまり、若者が自分自身で世帯を形成する前に、もっと裕福で有力な世帯がどのように営まれているかを見る機会が頻繁にあったということだ。新婚夫婦が自分たち自身の所帯を構えたとき（教会が独立居住婚を奨励したのでそうする場合が多かった）、各々が奉公先の家で過ごしたときに身につけた要領、技術、選好、そして動機が、新たな家庭生活に活かされた可能性がある。こうして文化的に伝達されたものの中には、輪作や馬の首輪の導入から、家庭の運営方針や家庭争議での自制の重要性にいたるまで、さまざまなものが含まれていたと思われる。

新婚夫婦が自ら独立した所帯を構える必要に迫られたこともまた、新たな試みを促す要因になった可能性がある。男性も女性もまだ若いうちに、それぞれが担当する分野（耕作、料理、裁縫など）の長になった。男性は、祖父や父や兄たちが全員逝去して初めて一家を任されるのではなく、（平均すると）二十代半ばで独自の小世帯の主となった。人間は年齢が若いほど、リスクをあまり恐れず、伝統にも縛られにくいので、若者に任せることを促すような制度は、社会の活力を高めることになる。それがひいては、実験やイノベーションを加速させたのだろう。[27]

修道士とジャーニーマン

世帯や農園の枠を超えて広がっていった、修道院、徒弟制度（たいていギルドが管理）、都市、大学、非人格的市場といったものすべてが、職人のスキル、ノウハウ、そして工業技術のイノベーションを加速させる上で一定の役割を果たした。最初にその効果が現れたのは、おそらく、修道院が国家の枠を超えた組織に発展して、キリスト教世界の隅々にまで広がっていったときだろう（図10・5）。修道院は自らが進出していく地域に、最新の作物や、農業技術、生産方式、そして諸々の産業をもたらした。修道院はビール醸造、養蜂、牧畜の技術を、実にさまざまな地域に伝えている。また、アイルランドで鮭漁を始めたのも、イタリアのパルマでチーズの製造を始めたのも、ロンバルディアで灌漑設備を整えたのも、みな修道士たちだった。

そうした中でも特にシトー修道会は、製粉、鉄の鋳造、皮革加工、縮絨〔毛織物を緻密にする仕上げの工程〕、そしてブドウ栽培のための最新技術を導入した修道院兼工場からなる、広大なネットワークを構築していた。ほとんどのシトー会修道院は水車を備えており、各種作業向けに四つも五つも水車を設置している修道院もあった。フランスのシャンパーニュ地方では、一二五〇年頃から一七〇〇年頃まで、鉄の生産ではシトー会が首位の座についていた。ブルゴーニュにある母修道院は、世界最高峰のワインを生み出すブドウ畑を開墾し、また、ドイツ各地の修道院は、丘陵地の斜面でブドウを栽培する方法を開発した。年次総会には、数百人に及ぶ各地のシトー会修道院長が出席し、最良の技術や工業や農業の実践方法をシトー会全体で共有し合った。言ってみればこれは、ヨーロッパの集団脳に、シトー会という神経回路網を張り巡らせ、最も遠方の修道院（図11・2）にまで、技術進歩の最新情報を届けるものだった。質素、禁欲、献身を旨とする修道士たちは、そ

のノウハウや戦略やスキルを、地元の村々に惜しみなく伝授した。(28)

一方、成長を遂げつつある中世の都市部には、徒弟制度が出現し、これが、居住地に縛られない職人や熟練工たちに活動の機会を与えた。他の社会とは違ってヨーロッパでは、このような非人格的な制度が中心となって、職人のノウハウや熟練スキルが何世代にもわたって伝達されていった。最も優れたスキルをもつ親方のもとには多数の徒弟たちが集まり、こうした徒弟たちはさまざまな方法で訓練費用を支払った。親方に直接、費用を支払う者もいれば、長い修行期間中の労働によって支払う者もいた。ギルドがこうしたプロセスを管理することもあったが、通常それは、親方と徒弟の双方がギルドの規則に従って義務を果たしているかどうかを確認することが目的だった。(29)

当然ながら、親方はたいてい、赤の他人よりも自分の息子や親族を指導したがった。しかし、こうしたノウハウが代々直系の子孫に伝えられていった中国やインドなどと比べると、ヨーロッパの親方たちはもっと広く、あまねくそのスキルを伝授し、それによって、より多くの組み合わせや、より急速な累積的文化進化を促したのだった。信頼できるデータはそう多くはないが、中世のオランダのギルドに関するあるデータベースから、徒弟の五人に四人は親方の息子ではなかったことがわかっている。それより時代を下った一七世紀のロンドンでは、血縁ではない親方のもとで修行する職人の割合は、七二％から九三％の間だった。それに対し、インドや中国では、その割合が逆だったようで、熟練職人のほぼ全員が、血縁者か、もしくは緊密なつながりをもつ一族から訓練を受けていた。中国では、今日でさえ、新参者や非親族は最も重要な工芸技術を学ぶことが許されておらず、技術の極意は特定の家系の秘伝とされたままである。(30)

さまざまな家庭出身の徒弟がトップクラスの親方に弟子入りできるようになった（前述の実験の

5－1群のようになった）ことに加え、その他にもいくつかの点で、徒弟制度はイノベーションに拍車をかけたと思われる。

第一に、徒弟の身分から独立して親方になるまでの間に、長い修業期間が設けられるようになった。ジャーニーマン〔渡り歩く職人〕の段階である。徒弟としての年季奉公を終えて、ジャーニーマンに昇格した者は、その名が示すとおり、たいてい他の町や都市にいる別の親方の工房に移って下働きをした。これによって、訓練を受けてからまだ日の浅い者たちが、別の専門家のやり方を学ぶ機会が生まれたのだ。それだけではない。高い評価を得ている親方の工房には、さまざまな都市や工房から何人ものジャーニーマンが集まってくることが多かった。ということはつまり、ジャーニーマンや徒弟の一団が、複数の親方の知識を蓄えて、それらを組み合わせ、さらに磨き上げることが可能になったのである。ジャーニーマンが親方となった暁には、この多様性を利用して、独自の特徴的なアプローチをとることができたであろう。それは彼らの望むところだったはずだ。なぜなら彼らは、自分の独自性で他者に感銘を与えようとする個人主義者だったからである。前述のとおり、グーテンベルクは、旅回りの見習い職人から、活字のアイデアを得ていた可能性がある。[31]

第二に、都市やギルドは集団間競争にさらされていたので、高度なスキルをもつ親方は売れっ子であり、誘いを受ければ、こちらの都市からあちらの都市へと工房を移した。世界中のほとんどの地域や人類史上のほとんどの時代とは違い、人々は強い親族の絆や特定の場所での義務に縛られていなかったので、工房を移動させる親方は少なくなかった。たとえばウィーンでは、一七四二年に四〇〇〇人ほどいた親方の四分の三以上が、ウィーン以外の生まれだった。彼らはドイツ語圏全域から来ていたが、主な出身地は、ドナウ川から上ライン〔ライン川上流部〕にかけての中核地域だった。他のどの地域よりも流動性が高かったイングランドでは、若者たちが年季奉公のためにヨーロッパ中からロンドンに集まってきており、機械製造の見習いをしていたジェームズ・ワットもその一人だった。

第三に、独立志向が強くて流動性の高い、あらゆる種類の職人たちが、町や都市のたいてい同じ通りや区画に集まってくる傾向があった。その結果、競争が生まれて、もっと良いものを作ろうという意欲が刺激され、互いに学び合う機会も増えたはずである。それに対し、熟練した技術やスキルが氏族内部で伝達されていた中国では、職人たちが故郷の農村から離れることはなく、分散している状態のままだった。(32)

当然ながら、国家も、都市も、そして熟練の技をもつ親方さえも、貴重なノウハウは秘密にしておくことを望んだ。開放性と情報の流れがあってこそ集団脳が育まれていくのだが、狭量な利己心はどうしても秘密主義に加担しようとするものだ。ところが、他の社会とは違って、ヨーロッパの家族構成や、居住地の流動性、集団間競争、そして非人格的市場は、秘密主義とは全く相容れないものだった。野心的な都市は、常に親方の引き抜きを画策していたし、ジャーニーマンは最良のチャンスを求めていた。情報の流れを阻害するような法律は、大衆から嫌われて施行するのが難しく、産業スパイの暗躍を許すことにもつながった。ギルドの中には、ギルド内部でのノウハウの共有について、明示的な規範を作成し始めるところさえあった。たとえば、オランダの熟練造船技師たちは、年次総会の場で秘密情報や重要な発見を伝え合った。このように情報を共有しようという意識が高まったのはおそらく、優れた成果には褒美――智者という名声――が与えられるからであり、情報共有を拒めば非公式な処罰を受けるからだった。(33)

より大きな都市、より優れた脳

都市の人口が多ければ多いほど、その都市の住民の生活は、人口のより少ない都市に比べて奢侈的となる。(森本公誠訳)

——イスラム世界の歴史学者、イブン・ハルドゥーン『歴史序説』(一三七七年)

もっと大きなスケールで見ると、都市や町の急増と成長が、ヨーロッパの集団脳を拡大していった。第二千年紀に入る直前に、ヨーロッパのいくつかの地域で、農村部から都市部へと人口の流入が始まった。特にそれが著しかったのは、北イタリアから、スイス、ドイツを経て、低地帯〔現在のベルギー・オランダ・ルクセンブルクが占める地域〕へ、さらにロンドンにまで至る一帯だった。市制施行が急増し、人口一万人を超える都市に暮らす人々の数は、西暦八〇〇年には七〇万人程度だったのが、一八〇〇年には一六〇〇万人近くにまで達した。二〇倍に増えたことになる。同時期の一〇〇〇年間に、イスラム世界の都市人口は二倍にさえならず、中国の都市人口も横ばいのままだった。(34)

都市部、とりわけ人口集中地域では、人、アイデア、技術が集まることによって、集団脳が拡大していく。都市に人が大勢集まると、特に互恵関係を求める個人主義者が集まってくると、既存のアイデアの出会いや組み換えが起こるとともに、新たな発想が生まれて、イノベーションがもたらされる。都市にはまた、異なるスキルや専門分野をもつ者同士が出会って、互いに補い合える点を見つけ、協力し合えるというメリットもある。仮に、私がジェームズ・ワットだとして、新しい蒸

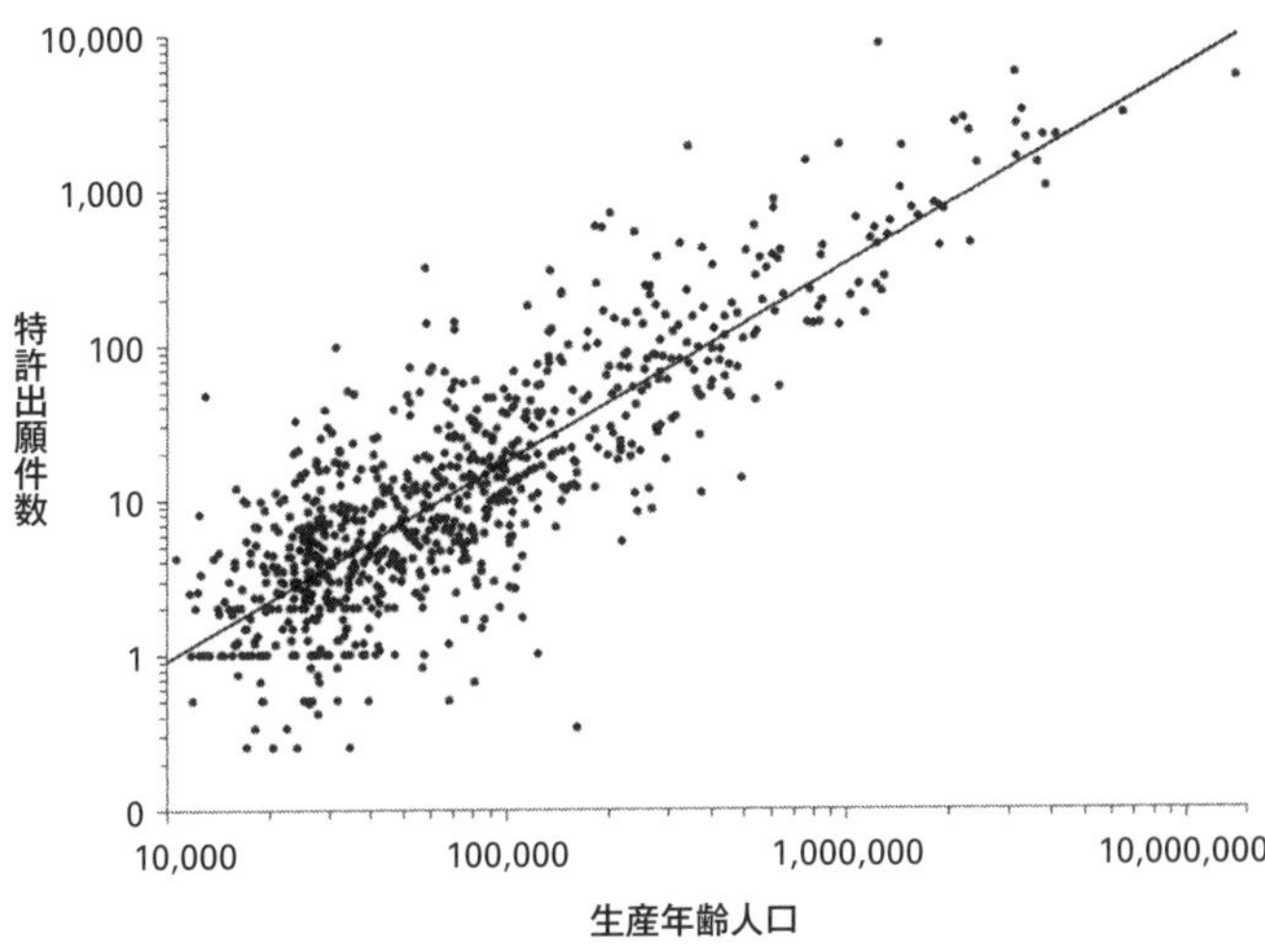

図13.2 2002年の特許出願件数で見た場合、人口規模の大きい都市ほど多くのイノベーションが生まれている。これは、全米800か所の都市地域のデータに基づくもの。この図に示されている両変数間の相関係数は0.84[36]。

気機関の設計には、精密にくり抜かれたシリンダーがどうしても必要だとしよう。その場合、私としては、そういった精密な作業が可能だと知ることができ、しかも、その仕事を引き受けてくれる人物を実際に探し当てることができる地域に住んでいるのが一番いい。住んでいる都市または人口集中地域の規模が大きくて、流動性が高いほど、有利になる[35]。

大都市の力を明らかにするために、図13・2に、現代のアメリカ合衆国の諸都市の生産年齢人口と、イノベーション力（二〇〇二年の特許出願件数で評価したもの）との関係を示してある。都市の人口がわかると、アメリカ合衆国の都市間でのイノベーション力のばらつきの七〇%を説明できる。このグラフは対数目盛で表示してあるが、縦軸と横軸の関係から、都市にはシナジー効果があることがわかる。人口規模が一〇倍に（たとえば一万人から一〇万人に）なるごとに、イノベーション力は一三倍になる。もし、都市の作用が、人々を集中させることだけであるならば、人口規模が一〇倍になったら、発明件数もそれに比例して一〇倍になるはずだ。ところが実際には、一三倍になっているのである。ここでは、二〇〇二年の特許出願件数を用いたが、さかのぼることができる最も古い一九七五年のデータセットを用いても、同様の強い関連性が保たれる[37]。

これは現代のアメリカ合衆国のデータなので、過去の時代についてはこのような関連性は維持されないのでは、と思われるかもしれない。しかし、産業革命前のイギリスのイノベーション力を分析してみてもやはり、人口規模が大きく、人口が都市部に集中している地域のほうが、特許出願件数なども含め、イノベーションや技術改善の点で優位に立っていることが明らかだ。むしろ、航空機や電話やインターネットが登場する前のほうが、都市のもつシナジー効果はずっと強かったに違いない[38]。

キリスト教世界の都市地域は、成長していくのと同時に、相互連絡性を高めていった。その様子を具体的に把握するには、ある都市に暮らす一人の人間が、何かを習得したり協力し合ったりするために——理屈上——何人の他者にアクセス可能かを考えてみればいい。まず、自分と同じ都市に住んでいる人であれば、全員にアクセスできるものとする。次に、よその都市に住んでいる人については、そこまで出かけて行くのにかかるコストに応じて重みづけする。したがって、人口の多い都市に住んでいて、その都市が、安価な交通手段で周辺の諸都市と緊密につながっている場合には——たとえ自分で旅をしなくても——より大きな集団脳の一部でいられることになる。そのような計算を行なった上で、現代のヨーロッパ各国について、一〇〇年ごとに、その値の平均を求めればい。

図13・3は、一二〇〇年から一八五〇年までの、都市地域の相互連絡性の変化を示している。まず最初に注目すべき点は、黒死病の影響を受けていったん低下した一四世紀を除くと、一二〇〇年以降ずっと、ヨーロッパ全域で都市地域の相互連絡性が高まってきていることだ。しかし、相互連絡性が高まっていくスピードは地域によって異なる。具体的に言うと、オランダは一四〇〇年頃、早々に加速を開始し、イギリスは一六〇〇年頃から急激に加速していった。

ヨーロッパの集団脳のサイズが拡大した効果は、経済生産性の向上という形で現れた。たとえば、ヨーロッパ人は、一二世紀にはすでに、羊毛の服を作るための紡ぎ車を開発していた。ベルトによる動力伝導を、知られる限り初めて応用したこの発明によって、羊毛紡績の生産性が二倍ないし三倍にまで向上したのだった。その後、ギルドのもとで、高い技術をもつ毛織物工業が生まれ、だいたい一三〇〇年から一六〇〇年までの間に、製織効率は三〇〇%アップして四倍になった。書物の表紙などに金箔を押す箔押し加工の生産性は、一六世紀の間に七五〇%アップして八・五倍になった。ロンドンでは、一六八五年から一八一〇年の間に、時計の価格が七五%ほど下がった。これは生産効率が相当向上したことを物語っている。もちろん、こうした生産性向上の理由の一端は、個々人がより長時間、勤勉に働くようになったことにあると思われる（第11章）が、数々の発明や技術改善がイノベーションに重要な役割を示している。[39]

つまり何が言いたいのかと言うと、緊密な親族関係の解体は、ヨーロッパの都市化に拍車をかけただけでなく、こうした新たな都市居住者の心理を、世界中の他の集団とはまるで異なる方向に変化させていったということだ。個人主義的傾向が強まり、非人格的信頼が高まり、人間関係の流動

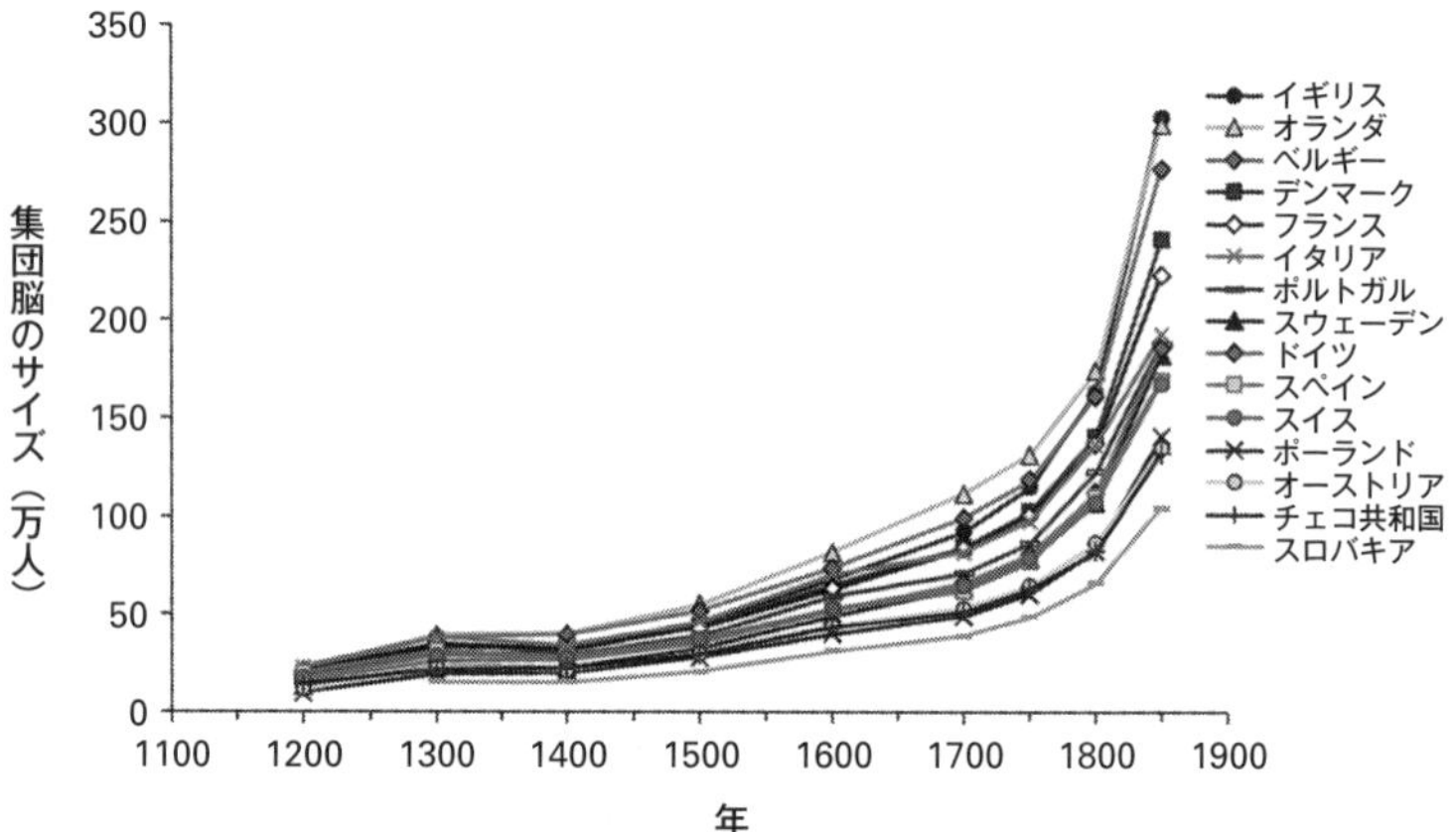

図13.3　1200年から1850年までのヨーロッパにおける集団脳の成長。ここでの集団脳のサイズは、ヨーロッパの都市地域の規模と相互連絡性で評価している。評価の仕方として、まず、誰もが自分と同じ都市に住んでいる全員と交流できるものとする。それに加えて、誰もがよその都市の人々と交流でき、少なくとも何かを学ぶことは可能だが、ただし、両都市間を移動するコストに応じてその能力は制約されるものとする。こうした考え方に基づき、自都市の人口に、ヨーロッパの他都市の人口を都市間移動コストで割ったものを加えて、その都市の相互連絡性スコアを算出する。都市ごとのスコアを集計して平均値を求め、国としての相互連絡性スコアとする。自都市が成長し、近隣の都市が拡大し、移動コストが低下するにつれて、都市居住者の相互連絡性が高まっていく(40)。

性が増したということはつまり、個々人が社会的ネットワークに縛られない人々を見つけ出して、その関係を発展させていきやすくなったのである。誰に対しても公正かつ誠実で協力的であるべしという非人格的規範が、そうした交流の枠組みを作り上げ、正式な書面契約が、あらゆる種類の合意に拘束力をもたせるコンクリートを注いだ。このような心理的、社会的変化のすべてが、集団の相互連絡性を高めて、イノベーションの創出に拍車をかけたのだろう。

ここまでは、イノベーションを引き起こす上での、修道院、徒弟制度、都市の影響力について考えてきた。ここからは、また別の任意団体二つ、大学とナレッジ・ソサエティに話を移そう。

ナレッジ・ソサエティとプロテスタント

すでに触れたように、一二世紀末から各地に設立され始めた大学もまた、ヨーロッパの集団脳に神経回路網を張り巡らせるのに一役買っていた。これまでの話の中ではまだ、大学が技術訓練や工学技術に及ぼす影響は大きくなかったが、それでも大学は、教育を受けた人々や書物をヨーロッパ中に行き渡らせ、また、機械式時計や印刷機の迅速な導入を促すことによってイノベーション創出に貢献した。大学は、識字能力に優れ、なおかつ流動性の高い知識人や専門家階級を生み出したが、そのような人々が、キリスト教世界全域の都市共同体で、法律家、医師、行政官、教授、公証人などの職に就くようになった。大学はまた、さまざまな種類の知識人たち——アイザック・ニュートンやダニエル・ベルヌーイなど——が集って自主的に運営していく場となり、それがやがて、裕福な貴族たちの間に競争を生み出した。つまり、自らも大学教育を受けた後、一流の思想家や科学者たちに囲まれて過ごすことを望む貴族が増えていったのである[41]。

一六世紀にはすでに、個人主義的で分析的傾向の強い思想家たちからなる流動的な共同体が、**リパブリック・オブ・レターズ（学問の共和国、または文芸共和国）**と呼ばれる緩やかなネットワークを形成し、西欧と中欧の広いエリアをつなぐようになっていた。この仮想共同体のメンバーは、主に飛脚や郵便を使って、互いに手書きの書簡を送り合った。その中には、公的な書簡もあれば、私的な信書もあった。知識人たちは自分の考えを手紙にしたためて、友人や同僚、さらにはヨーロッパ各地にいる文通相手に送ったのだった。重要な情報の場合には、主要拠点に到着するや、（必要ならば）翻訳されたのち、手書きで複製されて、他のネットワークメンバーに向けて一斉に送られることが多かった。こうしたネットワークが、フランス、イギリス、オランダ、ドイツ、北イタリアの思想家だけでなく、遠方の知識人をもつないでいた。たとえば、初の放物面鏡を製作したクロアチアの数学者、マリン・ゲタルディッチも、また、ミツバチが作る巣の六角形のハニカム構造は蜜を貯蔵するのに最も効率的な方法であることを数学的に証明したクラクフ（ポーランド）のヤン・ブロジェクも、そのメンバーだった。両科学者とも、リパブリックの中核をなすパドヴァ大学で過ごしたことがあり、ゲタルディッチはガリレオと書簡のやりとりをする仲になった。

極めて重要なのは、このような神経細胞の連結は、政治的境界を無視して情報ネットワークを形成していたということだ。たとえば、イギリスの知識人たちは、三次にわたる英蘭戦争の間もオランダの知識人たちと交流を続けていたし、フランスの思想家たちは、長期にわたって英仏間で戦争が繰り返されていた時期でも、ニュートンの著書『自然哲学の数学的諸原理（プリンキピア）』（一六八七年刊行）について学んでいた。(42)

リパブリック・オブ・レターズが手書きの書簡で情報のやりとりを続けていたのと同じころ、印刷機、製紙工場、識字能力、そしてプロテスタンティズムで構成されるカルテットが、書籍、小冊子、技術マニュアル、雑誌のシンフォニーを下支えするようになり、やがてそこに、学術雑誌や公共図書館も加わって、集団脳をさらにネットワーク化していった。[43]

地域レベルで見ると、リパブリック・オブ・レターズがヨーロッパ各地に、さまざまな哲学研究グループや科学研究グループの種子を播き、それを育てていた。こうしたナレッジ・ソサエティ（知識人グループ）は、たいていサロンやコーヒーハウスに定期的に集まって、政治、科学、哲学、技術の最新の動向について議論を交わした。多くのソサエティが小規模な図書館をもっており、そのほとんどが月ごと、または季ごとに講演会を開催していた。これらの任意団体の存在は極めて重要だった。なぜなら、その地域の知識人たちを、技術者や、企業家、職人、思想家といった幅広い層の人々と結びつける役割を果たしていたからである。

たとえば、バーミンガム・ルナー・ソサエティは、ベンジャミン・フランクリンやジョセフ・ブラック（潜熱を発見）のような科学者と、ジェームズ・ワットやジョン・ホワイトハースト（水槌ポンプを発明）のような技術者、そしてマシュー・ボールトンやジョン・ローバックのような実業家との交流を促した。あなたがもしジェームズ・ワットのような発明家で、グラスゴー大学が所有するニューコメン式蒸気機関の不具合の解決を試みているとしたら、熱力学についてジョセフ・ブラックと語り合い、さらに、ボールトンの工場で働く鍛冶職人と接触できれば、これほど都合のよいことはない。一六〇〇年から一八〇〇年までのナレッジ・ソサエティの急増ぶりを示す図13・4を見ると、ナレッジ・ソサエティの中でも特に科学や技術に重点を置くものの数が、一七五〇年以降、急激に増加したことがわかる。[44]

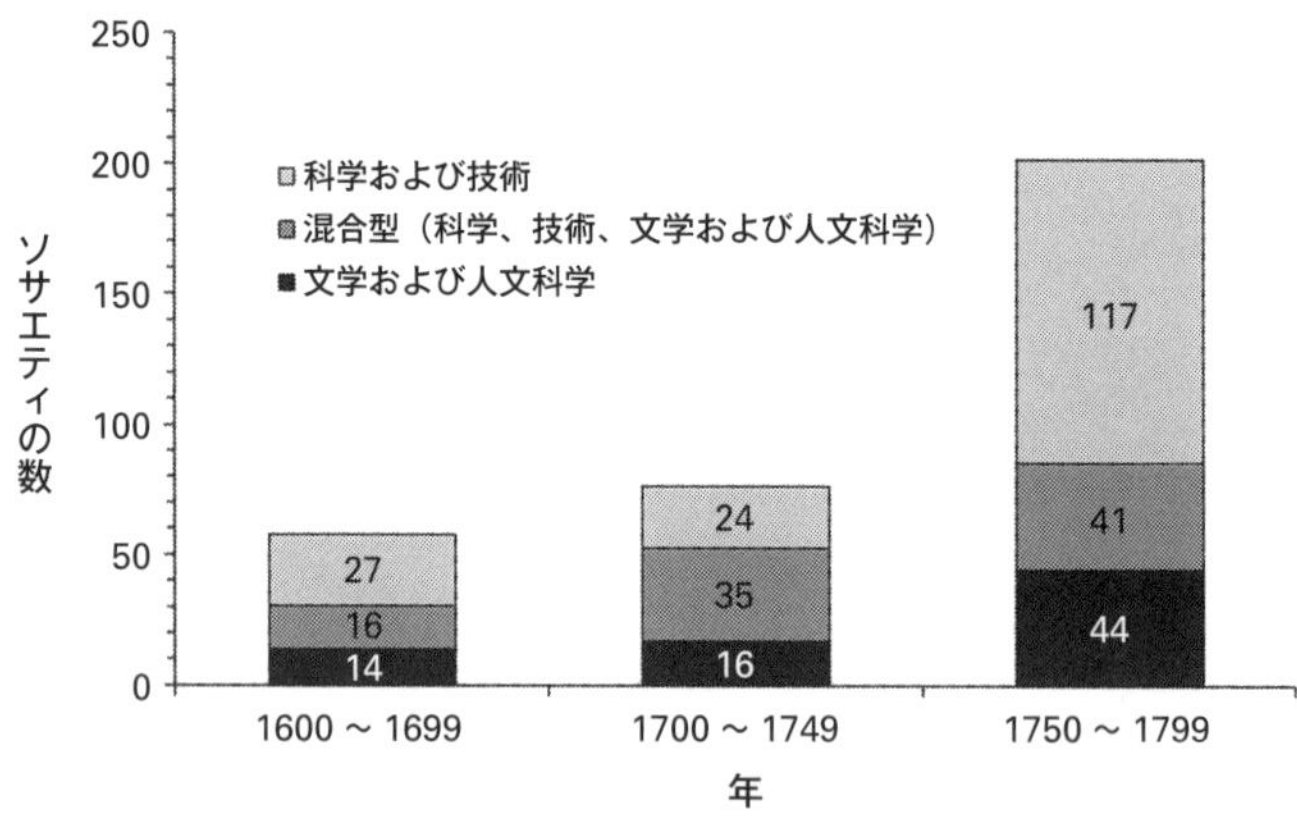

図13.4 1600年から1800年までのヨーロッパにおけるナレッジ・ソサエティの成長[(45)]。

リパブリック・オブ・レターズやこれら急増するナレッジ・ソサエティの重要性を主張する中で、著名な経済史学者のジョエル・モキイアは、知識の惜しみない共有を促す一連の社会規範が、コミュニティ内でどのように形成されていったかに言及している。当時ヨーロッパ全土で、人々の心理がますますWEIRDな傾向を強めていたことを考えると、これらの規範がどのようにして生まれたかがよくわかる。こうした任意団体の主眼は、新たなアイデアや発見を共有することだったので、独自の洞察や新たな発見をもたらした貢献者に名声が与えられた。名声というインセンティブに惹かれる成員たちは、新たなアイデアが自分の功績として他者の心に銘記されるよう、それができるだけ早く「世間に知られる」ことを望んだ。成員たちはまた、コミュニティ内の評者に応じることをも余儀なくされた。貢献度を判定するのは、ピア――自身の貢献によって権威を得ているコミュニティの仲間――だったからだ。

こうしたことがもとになって、知識の公開や共有を

賞賛するとともに、秘密主義、証拠の捏造、あるいはアイデアの盗用に制裁を加える規範が発展していったのである。(46)

知識の共有と並んで、新たなエピステミック規範も発達していった。エピステミック規範（認識に関する規範）とは、何をもって「十分」な証拠や「適切」な論拠と見なすかを決める文化的基準となるものだ。こうした事柄についてはわずかな研究しかないが、エピステミック規範は、社会により、また時代により大きく異なることが一部の研究から示されている。たとえば、今日でもなお、多くの集団では、夢の中で体験したことでも証拠と「見なされ」て、本人の行動を正当化する理由になる。夢のお告げに現れた植物の種子を煮出したスープを飲ませてわが子を介抱した母親は、その子が快方に向かう限り、賢明な行動をとったとして評価される。しかし別の地域では、たとえばＷＥＩＲＤな集団の多くでは、子どもが元気になったとしても、母親はそれほど評価されないだろう。

同様に、古代の賢人や年長者の助言をどれだけ重んじるかも、集団によってまちまちだ。ほとんどの複雑な社会では、古代の賢人が非常に重視されてきた。ところがヨーロッパでは、医学から天文学に至るまで自然界のさまざまな側面について、古代人の認識は誤りだったことが、コペルニクスのような人々に徐々にわかり始めた。すると、新たな発見や最新の提案が賢人の見解に沿うのか、反するのかにかかわらず、古代人の認識はしだいに軽視されるようになっていった。エピステミックな基準そのものが議論されたが、より優れた基準に依拠する個人や集団ほど、正しい答えにたどりつく確率が高かったことから、こうした社会的世界での名声を求める競争によって、エピステミック規範にどんどん磨きがかけられていった。

ナレッジ・ソサエティの諸規範が、WEIRDな科学の研究慣行へと進化していった。たとえば、一七世紀半ばには、医師や自然哲学者（すなわち科学者）からなる非公式の団体が、ロンドン界隈で会合を開くようになっていた。一六六〇年、この「目に見えない学会」が、国王チャールズ二世の勅許を得て、王立協会という明確な形をとり、世界初の国立の自然科学研究団体となった。その数年後、王立協会は世界で二番目に古い学術雑誌、フィロソフィカル・トランザクションズ（哲学紀要）を創刊し、現在もなお刊行を続けている。この雑誌は創刊当初から、提出された論文に対してピアレビュー〔専門的第三者による論文査読〕を実施し、発見の先取権を認定すべく、慎重に提出日の日付印を押していた[47]。

最近の分析により、ナレッジ・ソサエティは、実際に、産業革命前および産業革命中のイノベーションを促進したことが確認されている。経済学者のジェームズ・デューイは、一七五二年から一八五二年までのイギリスの特許取得件数のデータを用いて、ある年のある地域におけるナレッジ・ソサエティの数が多いほど、その後一〇年間のその地域の特許取得件数が多いことを明らかにしている。同じ地域同士を異なる一〇年間で比較した場合でも、また、同じ一〇年間について異なる地域同士を比較した場合でも、このような関連性が認められる。また、大きな影響力をもつ特許――つまり、その後のイノベーションにつながるような特許――だけに注目した場合でも、このような関連性が認められる。こうしたナレッジ・ソサエティがイノベーションに及ぼす効果は、都市化、人口密度、識字能力、既存知識の蓄積――いずれもイノベーションの加速に貢献する要因――によって生み出される効果を凌ぐものだった[48]。

この分析結果の問題点は、特許取得件数はイノベーションの尺度として適切ではないかもしれない、ということだ。とりわけこうした黎明期には、多くの有名な発明家がその発明の特許を取得していないことがわかっているからである。この問題に対処するために、デューイは、世界初の国際博覧会である、一八五一年のロンドン万国博覧会の目玉となったイノベーションについて調査した。イギリスの発明家が出展した八二〇〇ほどの発明品の中から、博覧会での展示品として、およそ六四〇〇のイノベーションが選ばれた。その六四〇〇の展示品のうち、およそ三〇%が、有用性と新奇性に基づく審査基準で賞を獲得した。展示品に選定されたか、賞を獲得したかというどちらの観点から分析しても、イギリスのナレッジ・ソサエティの重要性が明らかだ。ソサエティの会員数が多い地域ほど、その地域から出展された発明品が博覧会で数多く展示され、その展示品が賞を獲得する確率も高かったのである。具体的に言うと、地域内のソサエティ会員数が七五〇人増えるごとに、その地域からの展示品数も受賞数もともに五〇%近く増加した(49)。

それにしてもなぜ、ナレッジ・ソサエティの数には地域差があるのだろうか？

一六世紀に入り、プロテスタンティズムによってカトリック教会の一元的支配が断たれると、さまざまな教派が現れて信者獲得競争を始めたことを思い出そう。プロテスタント系教派のほとんどが、識字能力の普及を強力に推し進めたが、その多くは、科学、イノベーション、進歩の概念に反対する姿勢をとり続けた。しかし、少数の教派は、科学研究や技術改善や企業家活動を、たいてい神の仕事を為す手段として、それぞれ異なる方法で擁護した。デューイの分析からは、後にユニテリアン派として分類されるいくつかのプロテスタント系教派が、ナレッジ・ソサエティの結成を奨励したことがうかがえる。ユニテリアン派の思想を吹き込まれた地域には、それ以外の地域の四倍近いナレッジ・ソサエティが誕生した。ユニテリアン派の地域は、ユニテリアン派のいない地域よりも半世紀近く（四六年）前にナレッジ・ソサエティを発展させていたのだ。時とともに、これらのプロテスタント教派の社会的・経済的成功に刺激されて、他教派も競ってこれを模倣するようになり、その結果、ほとんどの人々が科学に対して開かれた態度をとるようになった。つまり、イギリスでは、ユニテリアン主義がナレッジ・ソサエティの誕生を促し、ナレッジ・ソサエティがイノベーションを推進したということになる。(50)

フランスでもやはり、イノベーションと、ナレッジ・ソサエティや、都市の相互連絡性、および特定のタイプのプロテスタンティズムとの間に関連性が見てとれる。イギリスの場合と同様にフランスでもやはり、一七五〇年以前に大規模なナレッジ・ソサエティのあった都市は、遅くとも一八五〇年までに急速な経済成長を遂げている。

啓蒙思想を代表する出版物、ドゥニ・ディドロの『百科全書』（四折判、一七七七〜七九年）の購読状況を調べて、都市の相互連絡性の尺度として利用すると、この点をさらに深掘りできる。『百科全書』は、一流思想家たちの政治、宗教、哲学に関する評論に加えて、新たなテクノロジーや工業技術についての知識を、フランスの一一八の都市に暮らす、数千人に及ぶ中間階級の購読者たちに広めた。詳細な分析から、『百科全書』の購読者数が（人口比で）多かったフランスの都市ほど、一八五一年のロンドン万国博覧会に数多くのイノベーション（発明品）を出展し、一七五〇年からの一〇〇年間に経済的に繁栄したことが明らかになっている。つまり、ヨーロッパの集団脳にしっかりと接続されている都市ほど、イノベーションが加速し、大きな成長を遂げたのである。経済成長と都市の相互連絡性との関連は、フランス革命の前にも後にも認められるが、一七五〇年以前には認められない。したがって、それ以前から蓄積されていたノウハウ、裕福さ、あるいはインフラとの関連性を見ているわけではない。[51]

フランスでも、都市によって、ヨーロッパの集団脳とうまくつながっていたところと、そうでないところがあったのはなぜなのだろう？

大きな要因の一つはおそらく、イギリスのユニテリアン派と同様に、カルヴァン派の新教徒、ユグノーの共同体が各地に広まっていったことだろう。一七〇〇年頃の著述家が、ユグノーとフランスのカトリックを比較して、ユグノーは「冷静」かつ「勤勉」で、読み書きや算術を学ぼうという気概があると述べている。また、「商売熱心」で、商人の「気骨」があるとも指摘している。それから半世紀後、また別の著述家がユグノーについて、「生活は質素」、「仕事は精力的」、「筋金入りの倹約家」で、「贅沢や怠惰」の対極にあり、「新たなアイデアを何でも摑みとる」能力があると述べている。そして、ユグノーは「神の審判に対する強い恐怖心」に駆られて、経済的業績に主眼を置くようになったのだとほのめかしている。以上のような見解は、前章で取り上げた、プロテスタントの教義が人々の心理に与えた影響に関する現代の研究結果とも一致する。そのような心理傾向をもつユグノーは、『百科全書』に強い関心を示したに違いない。

果たせるかな、一七世紀および一八世紀にユグノーの人口が多かったフランスの諸都市は、他の都市よりも『百科全書』の購読者数が多くなり、その後、経済的に大きな繁栄を遂げた。おそらくイノベーション力が高まったからであろう。しかし、まさにこの時期に、ユグノーはフランス国家からますます激しい迫害を受けるようになり、何万人ものユグノーがイギリス、デンマーク、スイス、オランダなどに亡命した。[52]多くのイノベーションの担い手や企業家が、フランスの競争相手の国々に移住してしまったのである。その一人、ドゥニ・パパンにはすでに本書に登場している。彼の圧力鍋に関する書物が、ニューコメン式蒸気機関の重要なヒントになったようだ。ということは、もし、フランスが宗教的少数派を弾圧していなければ、蒸気機関はフランスで発明されていたのかもしれない[53]。

それはともかく、カルヴァン主義のようなプロテスタントの教義はやはり、カトリック教会に競争をもたらし、重要な変革の駆動力となった。イエズス会は、教育や実用知識を求めるプロテスタントの強い要請に対応すべく、学校教育の推進、工芸技術の発展、科学的思考力の育成に力を注いだ。ヴォルテール、デカルト、ディドロ、コンドルセなど、フランス啓蒙思想の代表的知識人の多くが、イエズス会の学校で教育を受けており、また、イエズス会の聖職者の多くが、大きな影響力をもつ科学者になった。

視野をぐっと拡大してみよう。これまで私は、ヨーロッパの集団脳における相互接続性の向上ぶりを示すために、キリスト教世界の内部でのアイデアやノウハウの流れに焦点を当ててきた。しかし、ここが極めて重要な点なのだが、教会の婚姻・家族プログラム（ＭＦＰ）がもたらした社会的・心理的変化によって、ヨーロッパの人々は、祖先を敬い伝統を重んじる同調傾向の強い社会の人々に比べて、世界中のアイデアや習慣や産物をどんどんすばやく吸収するようにもなっていた。

火薬、風車、製紙、印刷機、造船、航海術に関連する重要なアイデアやノウハウは、中国、インド、イスラム世界の繁栄している社会から紆余曲折を経て伝わったものだった。たとえば、風力を利用するというアイデアは、おそらく中世盛期に、中東から帰還してくる十字軍兵士が持ち帰ったのだろう。といっても、ペルシャの風車は垂直軸風車〔羽根車が地面に対して水平に回転する〕だったのに対し、ヨーロッパ人がこのアイデアを採り入れて作ったのは、もっと効率のよい水平軸風車

〔羽根車が地面に対して垂直に回転する〕だった。ヨーロッパの共同体はしだいに、穀物を挽くという元々の利用法以外にも、絹の撚糸、油の抽出、火薬の製造といったさまざまな作業に風車を利用するようになっていった。その後、ヨーロッパ人は、扱いにくいローマ数字（Ⅰ、Ⅱ、Ⅲなど）を捨てて、もっと使い勝手のよいアラビア数字（1、2、3など）を採用するとともに、インドを起源とする0（ゼロ）という数字も用いるようになった。

一五〇〇年以降、ヨーロッパ人が世界の貿易航路を開拓し、海外の巨大帝国を支配下に置くようになると、遠方の社会の産物、技術、習慣がどんどん流れ込んできて、科学やイノベーションをさらに活気づけ、新たなものを生み出した。ラテックス、キニーネ、肥料（グアノ）、ジャガイモ、砂糖、コーヒー、綿繰り機（インドの糸紡ぎ車であるチャルカからヒントを得たもの）などはほんの一例だ。近世のヨーロッパ人は、自分たちのほうがこれらの他民族よりも優れていると思っていたに違いないが、それでも、有用なアイデア、作物、技術、習慣に出会うとさっそくそれを採り入れた。多くの場合、ヨーロッパの集団脳に注ぎ込まれた製品や技術は、たちまち修正や組み換えが施されて、新たなイノベーションを生み出した。[54]

この節を終えるに当たり、重要なポイントをもう一度確認しておきたい。それは、都市、国家、宗教、大学、その他の任意団体間の競争があればこそ、ヨーロッパの集団脳のフル稼働状態が維持されたのだということだ。ヨーロッパの歴代の国王やエリートたちには、既存の権力構造を揺るがしかねない新たなアイデア、技術、発明の才をもつ人物が現れると、必ずや厳重に取り締まろうとする傾向があった。ヨーロッパにおいてこの問題が緩和されたのはなぜかと言えば、それは、多数の国家が競い合った状態で、政治的統一がなされないまま、教会、大学、ギルド、リパブリック・

オブ・レターズなど、多様な任意団体が織りなす超国家的ネットワークが育まれて、文化的統一が比較的進んだからだった。この二つの要因が組み合わさったことにより、革新者、知識人、熟練職人たちに、世界の他の地域では通常あり得ないような選択の余地が生まれたのである。反骨精神をもつ者は、個人であれ集団であれ、別のパトロン、大学、都市、国家、あるいは大陸に移動することによって、弾圧から逃れることができた。国王、ギルド、大学、あるいは宗教共同体が、経済的生産性の高い個人やイノベーション力に優れた集団を厳重に取り締まると、そのたびに、もっと寛容でオープンな相手との競争に破れる結果となった。イギリスの北米植民地群の中で、フィラデルフィアが成長し繁栄を遂げたのは、一つには、この都市が宗教的に寛容であって、競合する諸都市では得られないような信教の自由を認めたからだった。このような集団間競争が、寛容、公平、自由を重んじる社会規範、文化的信念、公式制度を後押ししたのである。その後の一九世紀から二〇世紀にかけての、アメリカ合衆国全体としてのイノベーション力や急速な経済成長も、そしてまた、郡や州によるその格差も、移民に対する開放性という面から見ていくと説明しやすい。より多くの移民を受け入れた郡ほど——たとえそれがやむをえない事情からであったとしても——その後、イノベーション力が高まり、教育水準も上がって、経済的に繁栄した。[55]

発明力が高まる?

産業革命期にイノベーションが加速していった最大の要因は、ヨーロッパの集団脳の規模が増すとともに、相互連絡性が高まったことにあるのだが、おそらく個人の側にも——集団から切り離されて単独であっても――発明を生み出す力が高まるような変化が生じていたものと思われる。この点について理解するためには、プロトWEIRD心理のある特性が、個人の発明力を高めていったプロセスと、新たな経済的・社会的状況が、自己触媒的相互作用によってこうした特性をさらに強めていったプロセスの両方について考える必要がある。

まず、すでに論じてきた心理特性のいくつか――忍耐力、勤勉さ、分析的思考について思い出そう。「発明（あるいは「天才」）とは一％のひらめきと九九％の努力である」というエジソンの名言に従うならば、個々人の勤勉さや忍耐力が増すほど、優れた発明が生み出される確率が高まったであろう。さらに、分析的思考をするようになるにつれて、実験への関心が高まり、普遍的法則が存在するという信念が強まり、さらに、文脈にとらわれずに世界をカテゴリーに（生物種、元素、疾病などに）分類する傾向が増すなどして、イノベーションに拍車がかかった可能性がある。[56]

このような心理の諸側面に加えて、ポジティブサム的な思考傾向の高まりが、発明を生み出す力に重要な影響を及ぼしたと思われる。つまり、人々がだんだんと、世の中での、特に見ず知らずの相手との社会的・経済的交流を、ウィンウィンの関係になりうるものと見なすようになっていったのである。なぜそれが重要かと言うと、（本章冒頭のエピグラフのデイヴィッド・ヒュームのみならず）多くの人類学者が述べているように、農耕社会の人々は世の中をゼロサムゲームと捉える傾向があるからだ。ゼロサムだとすれば、もし誰かが、収穫量が多かったり器量よしの子を授かったりして、いい思いをすると、他の人々はみな割を食うことになるので、当然ながら、嫉妬や怒りを招き、再配分を求める強い社会的圧力を生み出すことになる。

世の中をゼロサムゲームと捉える者は、わざわざ時間をかけて道具や技術や手順を改良したりはしない。なぜなら、自分の生産性が上がるとすれば、それは誰かを犠牲にしているからであって（もちろん、短期的にはそのとおりの場合もある）、他者から悪く思われるに違いないと暗黙のうちに信じているからだ。さらに、世の中をゼロサムゲームと捉える者は、他者が自分の成功を羨むに違いないと考えがちなので、改良を加えて生産性が上がってもそれを隠してしまい、集団脳にはつながらない可能性がある。ということは、裏を返せば、人々が世の中はポジティブサムゲームだと考えるようになるにつれて、技術改善を追い求める傾向も強まっていくことになる。(57)

世の中はポジティブサムゲームだと考える一般的傾向こそが、「人類は進歩する」という信念が普及するための心の扉を開いたのかもしれない。歴史学者たちはずっと以前から、こうした文化的な要素が、啓蒙運動はもとより、産業革命にも、科学革命にも一定の役割を果たしたと主張してきた。人類の進歩や科学技術の向上を信じて疑わない気持ちは、宗教的信仰心に根ざしていることが多いが、そのような信念が、大勢の革新者や科学者を研究に駆り立て、産業革命にまで至らせたようだ。

一五四七年から一八五一年までの、一五〇〇人近いイギリスの発明家について分析を行なった経済史学者のアントン・ハウズは、発明に拍車をかけたのは「向上メンタリティ」〔常により良いものを追い求める心的傾向〕の普及であり、それは主として、名声ある師から、その指導を受けた者たちに伝達されていったと主張する。こうしたネットワークの広がりが、ヨーロッパ独特の徒弟制度によって生まれた社会構造と相俟って、「向上メンタリティ」を広く一般に行き渡らせたのだろう。一般の人々がポジティブサム思考をするようになったことで、そうしたメンタリティの普及が容易になっていた。つまり、進歩や向上といった概念は、ポジティブサム思考のレンズを通して世界を見る者に、より強く訴えるのだ(58)。

このような心理変化を徐々に引き起こしながら、経済的・社会的状況が向上していくにつれて、ますます多数の人々が自らの心を——成長の過程で——各自が遭遇する新たな制度、規範、価値観により効果的に適応させていったことだろう。経済的・社会的状況の変化としては、栄養状態が改善（摂取カロリーやタンパク質の増加など）されたこと、世帯規模が縮小したこと、それによって、きょうだい間競争が緩やかになり、子ども一人一人に対する親の投資が増大したことなどが挙げられる。

他の生物種と同様に、ヒトもやはり、幼少期に得た手がかりをもとに適応的に反応する仕組みを、遺伝的に進化させたようだ。つまり、幼少期の手がかりを利用して、長期的な身体的成長や知的技能にどの程度投資すべきかを、ある意味で読み取るのである。危険で、過酷で、短い一生だとわかれば、将来に投資しようとはしない。ヒトの場合、幼い子ども、乳幼児、さらに胎児でさえ、自分が置かれている環境（「常に空腹で寒い」など）を察知した上で、その土地で重視されている属性やスキル獲得のために、自己制御力をどの程度働かせるかを決めているようだ。具体的に言うと、衣食が足りているほど、子どもは、自分が属する共同体の社会規範や目標（たとえば、出世の階段を上るなど）に合うように精神を鍛えることに多くのエネルギーを振り向ける。たとえば、名誉と血筋がすべてであるような軍部特権階級に生まれた男の子は、衣食が足りていれば、家の名誉の概念を内面化して、氏族への忠誠心を深め、敵の同盟関係を探り、少しでも名誉を傷つけられたら即刻やり返すことに精神的なエネルギーを注ぐだろう。それに対し、学校教育や非人格的市場が重視されている近世ヨーロッパの都市部で、心理的属性として高く評価されたのは、（たとえばユグノーの場合だと）ポジティブサム的世界観、見ず知らずの相手への信頼、時間を厳守する几帳面さ、分析的思考力、そして読解力の高さなどであったと思われる。いずれの場合も、これから渡っていく文化的に構築された世界に、うまく認知的に適応するという意味において、本人はより「賢く」なったであろう。

現代世界から得られた証拠により、胎児期、乳幼児期、および学童前期の食料入手や栄養摂取の状況が向上すると、優れた認知能力や向社会的な動機の発達が促されることが確認されている。五歳くらいになる前に、飢饉や食料不足のようなショックに見舞われると、自制心の発達や、ポジティブサム思考、さらには、抽象的な問題の解決やパターン認識に関連する知的技能の獲得が阻害される。人生初期に欠乏状態にさらされると、非人格的信頼や協力行動に関わるような、重要な社会規範の内面化が妨げられることもある。現代世界ではそれが、学業成績の不振や成人後の低所得といった、長期的な影響をもたらす結果となる。(59)

歴史を振り返ってみると、前近代のヨーロッパの農業生産性は、技術的な理由と心理的な理由の両方によって、産業革命前の数百年の間にすでに向上していた。また、一五〇〇年以降、世界中の多様な集団と接触したことによって、有用な新しい作物が突如、特にアメリカ大陸から持ち込まれることになった。最も注目すべきなのは、トマト、トウガラシ、ピーナッツのような貴重な栄養源とともに、ジャガイモ、トウモロコシ、サツマイモのような主要作物がもたらされたことだ。ヨーロッパ人は、征服したインカ帝国とアステカ帝国のそれぞれ主食だったジャガイモとトウモロコシを自らの食体系に組み入れたのだ。分析結果によるとどうやら、ジャガイモだけで、一七〇〇年から一九〇〇年までのヨーロッパ諸都市の成長を、少なくとも二五％加速させたようだ。重要な点として、これらの新しい作物は、ヨーロッパの食の量と質を全体的に向上させただけでなく、ヨーロッパの飢餓をなくすのにも力を貸した。

このように栄養摂取や食料入手の状況が変化したことによって、イノベーションが加速するとともに、これまで述べてきたような心理的変化も加速したであろう。興味深いことに、食料供給の改善や国民の健康状態の向上がいちはやくなされたのは、産業革命の準備段階にあるイングランドだった。(60)

栄養の欠乏や衝撃的な事態が認知能力や社会技能(ソーシャルスキル)に及ぼす悪影響は、政府が管掌する社会的セーフティネットの導入によっても緩和された可能性がある。凶作に見舞われたり親が仕事を失ったりすると、子どもは欠乏状態に陥り、それが成人後の知的能力に悪影響を及ぼすおそれがある。それまでも、たいてい教会が運営する継(つ)ぎ接(は)ぎの社会的セーフティネットは存在していたのだが、宗教改革をきっかけに、ヨーロッパ諸国の政府は独自の世俗的セーフティネットを設けるようになった。イギリスでは、一六〇一年に救貧法が制定され、エリザベス女王のもとで本格的にこうした取り組みが始まった。一八三四年に改正救貧法（新救貧法）が制定されるまで続いたこの制度は、それぞれの教区に、貧民を救済する義務を課すとともに、救貧税を徴収してその財源とする法的権利を与えた。常時、イギリス人の五～一五％が救貧法による直接支援を受けていた。より広範な層を、より強力にカバーするようになったセーフティネットのおかげで、国民の認知能力やソーシャルスキルは総じて向上したはずである。このような心理面への影響と、それまで保険の役目を果たしていた家族や教会に頼れなくなってきた背景を考え合わせると、なぜ、セーフティネットが盤石であるほど、イノベーションが促進されるのかが見えてくる。それは、産業革命前のイギリスでも現代世界でも同じことだ[61]。

低栄養状態や食料不足が解消されるにつれて、識字についての社会規範や正規教育が、産業革命前のヨーロッパ人の認知能力の発達にますます強い影響を及ぼすようになっていった可能性がある。序章で触れたように、プロテスタンティズムがまず、ヨーロッパ各地に読み書き能力や学校教育を普及させると、その圧力を受けて、カトリック教会も独自の教育プログラムを発展させていった。マルティン・ルターは、世俗当局に青少年を教育する責任を負わせ、それを受けてドイツで次々と作られた学校が、他の国々の手本となった。たとえば、ピューリタンが入植した一六三〇年代のニューイングランド〔アメリカ北東部の諸州〕では、地方政府が公立学校や大学（ハーバード大学）を開設して聖職者を教育し、そのほとんどがユニテリアン派の牧師となった。しかし、正規の学校教育が始まる以前から、ピューリタンの親たちは、わが子に読み・書き・計算を教える手段を求めていた。プロテスタント信者はまた、女子にも学校教育が必要であり、教育を受けてこそ、読み書きができて教養のある母親になれるのだと考えていた。序章で触れたとおり、母親の識字能力は、子どもの健康や認知能力の発達に極めて大きな影響力をもっている[62]。

以上を総合するならば、産業革命前のヨーロッパの多数の共同体では、個人がそれぞれ、発明力を高めるような心理特性を培っており、そのことが集団脳の規模拡大にさらに拍車をかけたと考えるのは理の当然と言えよう。

現代世界における心理とイノベーション

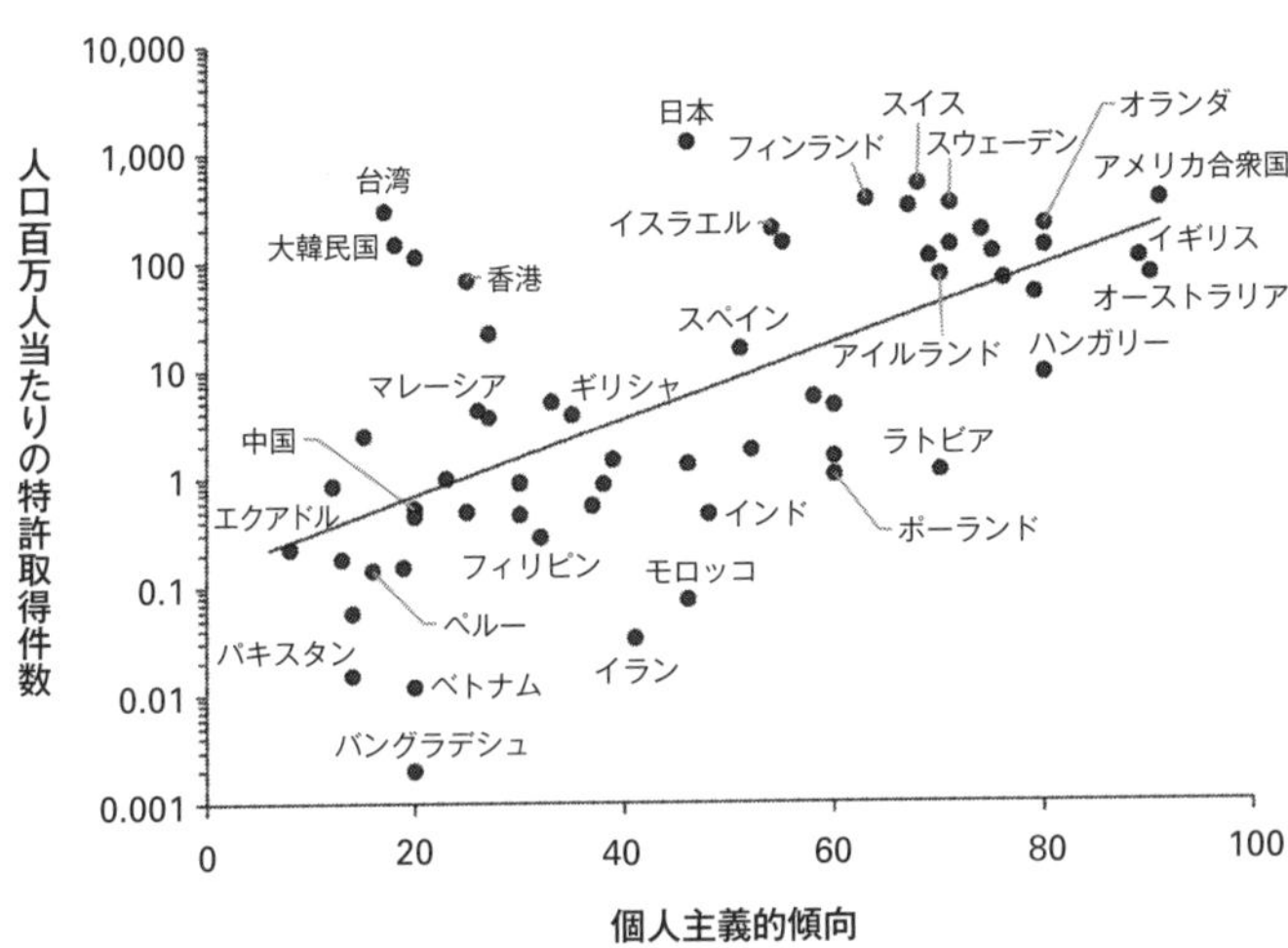

図13.5 イノベーション力と個人主義的傾向。ここでのイノベーション力は、2009年の人口100万人当たりの特許取得件数を用いて評価しており、個人主義的傾向は、図1.2に示した多項目評定尺度を用いて捉えている(63)。

前近代のヨーロッパ人の心理が、少なくとも八〇〇年にわたって、水面下でひそかに進化してきていたことがわかると、産業革命の原動力となったイノベーションというエンジンが、いかにして組み立てられたのかが見えてくる。もちろん、さまざまな経済的・地理的要因も重要ではあるが、もし、ヨーロッパの集団脳をつくり上げるためのレシピに、何か秘密の材料があるとしたら、それは、数百年かけてじっくり煮込んだ、個人主義、分析的傾向、ポジティブサム思考、非人格的向社会性からなる心理特性パッケージである。

人々の心理とイノベーションの関連性は、今日でもやはり認められる。図13・5は、特許取得件数のデータを用いてイノベーション力を評価しているが、この図から、個人主義的傾向の強い国ほどイノベーション力が高いことが明らかだ。このような関連性は、正規教育、緯度、法的保護、宗教宗派、およびヨーロッパ系住民の割合の違いが及ぼす影響を、統計的に一定にした場合でも、また、同じ大陸の国々だけを比較した場合でも保たれる。さらに、すべての特許ではなく、インパクトの強いイノベーション（つまりその後の特許に引用された重要な特許）だけに注目した場合でも、こうした関連性は保たれる。もちろん、この分析結果一つだけでは、個人主義観念複合体（コンプレックス）こそが、国によるイノベーション力の違いの原因だとは言い切れない。それでもやはり、ＷＥＩＲＤな心理と、集団脳の規模拡大やイノベーション力向上とのつながりを示すあらゆる証拠に照らして予測されるのは、確かにこの種の関連性である[64]。

このようなデータから示唆されるのは、集団間に見られる社会的・心理的な違いが――公式制度や政治体制とは全く無関係に――イノベーション力の大きな差を生み出すということだ。そして、少なくとも一八世紀の半ばには、イノベーションこそが、経済成長、経済的繁栄、そして長寿をもたらす主要な力になっていた。ということは、文化進化はいかにして家族や婚姻に関する基本制度を形成したのか、さらに、そのようにして生まれた制度が、いかにして社会的・心理的変化を駆動したのかを理解することによって、国家の貧富の差を含めた、現代世界の起源をもっとはっきりと照らし出すことができるようになる。

罠を回避する

一八〇〇年以降、長期にわたり所得の増加を維持していくにあたって、キリスト教世界の人々は、私がまだ取り上げていないもう一つの強みをもっていた。歴史を振り返ると、爆発的な経済成長を経験した社会は世界中に多数あるのだが、そのような成長を維持するのは難しく、加速させるのはいっそう難しかった。大きな課題となるのは、社会が繁栄すると、繁殖力も高まって、女性が産む子どもの数が増えることだ。その結果、経済史学者が「マルサスの罠」と呼ぶ事態に陥ることになる。人口が等比級数的に（つまり急激に）増えていき、経済成長がなかなかそれに追いつけなくなってしまうのだ。ところが、この二〇〇年もしくはそれ以上にわたる、イノベーションに駆動された経済成長は、人口の増加を凌ぐものだったので、世間一般の人々が以前よりもはるかに豊かになった。これまで私は、WEIRDな心理やそれに由来する諸制度が、いかにしてイノベーション力を高めたかに焦点を当ててきたが、まさにこの同じ要素が、出生率を抑える働きもしてきたのである。

産業革命前のヨーロッパに普及していた、婚姻や家族に関する独特の規範の多くは、出生率を低下させて、人口増加を抑制したであろう。まず第一に、現代の研究に基づいて考えると、一夫一婦婚を課せられ、しかも見合い婚が行なわれなくなったことで、女性が一生の間に産む子どもの総数が少なくなったと思われる。なぜならば、このような規範によって、女性の結婚年齢が上がる（妊娠可能性は下がる）とともに、夫婦間での女性の権力が増し、その両方の要因が出生率を低下させるからである。

第二に、MFPが独立居住婚を奨励したことで、若者にとって住居地や人間関係の流動性が高まった（もはや親族間の義務に縛られなくなった）。概して、女性をその血族や姻族から隔てるものはみな、出生率を低下させる。なぜなら、育児の支援を得にくくなるし、妊娠を催促する身内からの圧力を受けにくくなるからだ。

第三に、他の複雑な社会とは違って、ヨーロッパには、結婚もせず、出産もしない女性たちが大勢いた。女子修道院に入ることによって結婚の圧力から逃れる道を、教会がつくり出したからである。

第四に、プロテスタンティズムが推進した女子のための正規の学校教育が、総じて出生率を下げている。それにはいくつか理由があるが、一つには、学業を終えるために、女子が早々と結婚するのを避けるようになるからだ。

そのようなわけで、一五〇〇年以降の経済的繁栄に呼応してヨーロッパの人口は増加したが、ヨーロッパ特有の結婚規範が人口の爆発的増加を抑えるとともに、増えた人口を（移民というかたちで）都市に移動させたのだ。要するに、ヨーロッパの親族ベース制度の崩壊が、イノベーションを駆動すると同時に、出生率を抑制することによって、マルサスの罠を跳ね返すのを助けたのである。[65]

では、本章を終えるに当たって要点をまとめておこう。過去数百年間のイノベーションに駆動された経済的拡大を説明するために私が唱えたのは、教会が緊密な親族関係を破壊したことによって生じた社会的・心理的な変化が、かつてない大規模な社会的ネットワークを通じた情報の流れを生み出し、それがキリスト教世界全域の多様な頭脳を結びつけたということだ。これを説明する上で、ヨーロッパの集団脳の規模拡大に寄与したものとして、次の七つを取り上げた。①徒弟制度、②都市化と非人格的市場、③地域横断的な修道会、④大学、⑤リパブリック・オブ・レターズ、⑥ナレッジ・ソサエティ（並びに『百科全書』などその出版物）、⑦識字能力や学校教育を奨励し、勤勉さや科学的洞察や実利的成果を神聖なものとする新たな宗教的信条。このような諸制度や諸組織が、個々人の発明力を高めて繁殖力を下げる一連の心理的変化と相俟って、人口増加を抑えながらイノベーションを駆動した結果として、前代未聞の経済的繁栄が生み出されたのである。

第14章　歴史のダークマター

ヒトは、極めて文化的な生物種である。これまで一〇〇万年以上にわたって、複雑なテクノロジーや言語、制度といった累積的文化進化の産物が、ヒトの遺伝的進化を駆動して、その消化器系や歯や足や肩のみならず、脳や心理をも形成してきた。あらゆる文化は変化するので、先祖代々若い学習者たちは、分配規範や、食のタブー、性役割、技術的要求（投擲具や水中採集など）、文法規則といった常に変化し続けるものに、自らの心と身体を適応させ、修正することを余儀なくされてきた。またその一方で、文化進化は、儀式や社会化トレーニング（たとえば就寝時のおとぎ話）やゲームなど、文化的に構築された世界をうまく渡っていかれるように人々の心をつくり上げる、マインド・ハック（書き換えプログラム）の数々をも生み出してきた。

このように文化と遺伝子が共進化を遂げてきたことを考えると、人々の心理を理解するためには、ヒトの遺伝的性質を検討しただけでは十分とは言えない。ヒトの心がいかにして——現在のまたは数世代前までさかのぼる——各地域のテクノロジーや制度に、個体発生的にも、文化的にも適応してきたのかを考慮する必要がある。当然ながら、全く異なる社会には、それぞれの文化に根ざした全く異なる心理が形成されていることが予想される。文化とともに進化する人々の心理は、歴史を通してずっと、見えないところで脈々と流れ続けているダークマターなのである。

制度と心理の相互作用についての理解を深めるために、本書ではまず、人類にとって最も古く、なおかつ最も基本的な制度——親族関係や宗教に関する制度——に焦点を当てた。親族ベース制度がヒトの心理〔つまり自然選択によって獲得された心理〕に根ざしていることを考えると、移動型狩猟採集民が自らを組織して協力のネットワークを広げていくための主要な方法として、親族ベース制度が文化的に進化したのは当然のことと言えよう。

その後、定住して農耕を営むようになると、激しい集団間競争に立ち向かいつつ領地を支配していく必要性から、親族ベース制度が強化され、氏族、イトコ婚、共同所有、父方居住、分節リネージ、祖先崇拝などに関する諸規範が生まれることになった。社会の規模が拡大しても、最も効果的な政治制度は依然として、親族関係と深く絡み合っていた。軍隊や徴税機構を備えたプレ近代的国家が出現してもなお、親族ベースの制度が依然として、エリート層と下層部両方の生活を支配していた。こうしたことを考えると、親族ベース制度や国家の出現に影響を及ぼした生態的、気候的、生物地理学的要因こそが、さまざまな経路を介して、現代の世界に見られる心理的差異をもたらしている可能性がある。

親族関係と並んで、宗教や儀式もまた、計り知れないほど長い年月をかけて、ヒトの心理の諸側面を利用して社会の規模を拡大し、より大きな集団での協力行動を可能にする方向へと、文化的に進化してきた。ところが、世界帝国の発展とともに多様な普遍宗教が出現したことによって、文化進化にとっては新たに、婚姻や家族に関する神の指示命令や禁止をいろいろ「試してみる」機会がもたらされたのである。世界宗教の中には、近縁の親族との結婚を推奨する宗教（ゾロアスター教）もあれば、イトコ婚や姻族との結婚など、それまで広く行なわれてきた結婚を禁止する宗教もあった。また、男性が望むだけの（可能なだけの）人数の女性と結婚することを認める宗教もあれば、妻は四人までとし、複数の妻を平等に扱うことを求める宗教（イスラム教）もあった。

紀元後第一千年紀の初頭には、ローマ帝国内ではすでに、古代ローマの神々や、ユダヤ教、ゾロアスター教、ミトラ教、キリスト教諸宗派、土着の宗教など、さまざまな宗教が激しい競争を繰り広げていた。こうした状況の中で、キリスト教の一派がたまたま、婚姻や家族に関して一連の奇妙な禁止および指示命令を下すようになり、それらがやがて「教会の婚姻・家族プログラム（MFP）」として明確な形をとるようになった。

このような禁止事項や指示命令が、西方教会のもとで、何世紀にもわたって、キリスト教化されていく集団に吹き込まれ（図14・1の矢印A）、その緊密な親族ベース組織を解体することによって、人々の社会生活（矢印B）や心理（矢印C）を変化させていった。こうした変化によって、個人主義的傾向、分析的傾向、罪感情が強く、（他者に裁きを下す際に）意図性を重視する一方で、伝統や年長者の権威に縛られず、集団に同調しない心理の発達が促されたのだろう。一夫多妻婚が廃止され、男性の性衝動が厳しく抑制されるようになったことによって、男性同士の地位争いや競争に歯止めがかかり、ゼロサム思考に陥ることも、短気になってリスクを冒すことも減っていった可能性がある。

緊密な親族関係が解体されたことにより生じた社会面・心理面での変化が、都市化への扉を開き、非人格的市場を拡大し（矢印DおよびE）、さらに、憲章都市やギルドや大学のような、競い合う任意団体の結成を促した。非人格的な交流がさまざまな形で促進・強化されたことによって、都市地域や商業市場ではますます非人格的向社会性が高まり、公平なルールが遵守されるようになると同時に、忍耐力、ポジティブサム思考、自己制御力、時間節約志向のような個人属性を身につけようとする動機が高まっていった（矢印FおよびG）。このような新たな社会環境の中で、分業制が進み、より広い階層の人々が職業や社会的ニッチを自ら選択できるようになったことで、（やがてＷＥＩＲＤ－５因子となる）パーソナリティ特性の分化が促されるとともに、他者や他集団を傾向性に基づいて理解しようとする傾向が強まっていったのかもしれない。

静かに醸成されていった、このような心理面・社会面での新たな気運が、中世後半およびそれ以降の政治体制、法秩序、宗教的信条、そして経済制度の形成に影響を及ぼした。たとえば、個人やその所有権（「権利」）に焦点を当てた法律を作ることに意味があるのは、一族の絆が弱く、人間関係がかなり流動的で、世界を傾向性（「彼女は信頼に足る」など）に基づいて説明しようとする、個人主義的な心理が根付いている共同体で生活している場合に限られる。それに対し、親族の絆が中心的役割を果たしていて、まず何より、人同士のつながりや家族の縁で人々を判断するような共同体で生活している場合には、個人の権利を中心に据えた法体系や政治体制を構築しても、意味があるとは思えない。人々の心理傾向に「フィット」しないからである。

前章では、ヨーロッパの親族関係の変質と都市化の進展をきっかけに、文化進化がいかにして、キリスト教世界の集団脳を拡大するとともに、人々の心理の重要な諸側面を変化させていったのか、それによって、イノベーションを促しながら、出生率を抑えて、経済成長を推進していったのかについて考察した。すでに見たとおり、このような社会的・心理的変化が進むにつれて、新たな洞察を得て旧来の思い込みを打破しようとする人々のネットワークが拡大していき、その内部でだんだ

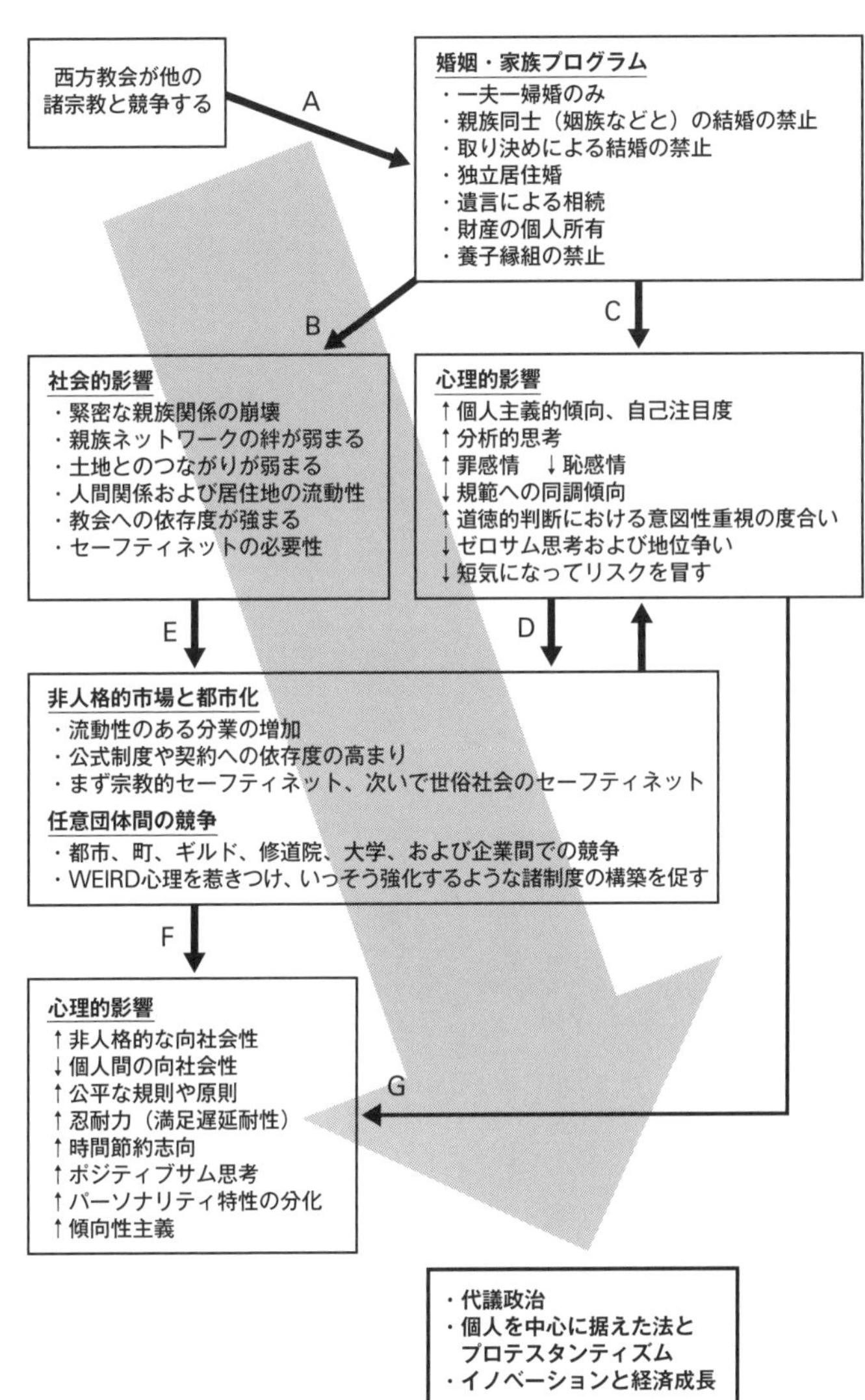

図14.1　本書で取り上げた主要プロセスの概要

んと、諸々の思想、信念、習慣、技術がよどみなく流れるようになっていった。それを可能にする道筋は無数に存在していた。たとえば、（プロテスタンティズムによる）識字能力の普及、学術団体の急増、遠く離れたヨーロッパの都市間での職人や学者や商人の移動、などである。このようにして拡大していった集団脳が、啓蒙運動に火を付け、産業革命を駆動し、そして今でも世界中の経済成長の推進力となっている。

では、以上にまとめた内容を念頭に置きながら、第1章で提示した、本書の核心をなす三つの問いに答えよう。

①グローバルな心理的多様性は、特に本書で取り上げた違い（表1・1）は、どうすれば説明できるか？

答え　広域の心理的多様性を説明するためには、それぞれの地域においてどのような歴史が繰り広げられたのかを調べ、人々の心が、それぞれ異なる制度、技術、言語と共進化を遂げていったプロセスについて考える必要がある。本書では、表1・1で取り上げた心理パターンに的を絞り、次の四項目と関連する諸制度の進化に主眼を置いて考察した。⑴緊密な親族関係、⑵非人格的市場と都市化、⑶任意団体間の競争、⑷流動性の高い人々による複雑な分業。

②WEIRD社会はなぜ、これほど標準から外れており、地球規模で見た心理や行動の分布の最端部に位置することが多いのか？

答え　ローマ・カトリック教会となったキリスト教の一宗派が、たまたま、一連の婚姻・家族政策を実施するようになり、それまでのヨーロッパの緊密な親族ベース制度を解体していった。こうして社会生活が根本から変化したことによって、これらの集団は、それまであり得なかった社会進化の道筋をたどることになり、その結果、任意団体、非人格的市場、自由都市などが登場してくるための扉が開かれた。

③このような心理的差異は、過去数百年に起きた産業革命やヨーロッパの世界進出に、どのような役割を果たしたのか？

答え　ヨーロッパの一部の共同体は、教会が引き起こした社会的・心理的変化によって、中世盛期にはすでに、個人の権利、個人の責任、抽象的な原則、普遍的な法、精神状態の重視といった考え方を受け容れやすくなっていた。こうして出来上がった精神的土壌に、代議政治や、立憲主義、そして個人主義に基づく宗教的信条が芽生え、また、西洋法や西洋科学が出現した。このような変化が、すでに進行していた社会的・心理的変化をさらに加速させ、イノベーションや経済成長に拍車をかけたのである。

銃、病原菌、その他の要因

ヨーロッパの変容が始まった西暦一〇〇〇年頃、世界はすでに、経済的に極めて不平等な状況になっており、心理的にかなり多様化していたと思われる。食料生産が早くに発達したことで最も繁栄し、都市化の進んでいた社会は、いずれもユーラシア大陸に——つまり中東、インド、中国に——あった。ジャレド・ダイアモンドは、ピューリッツァー賞を受賞した著書『銃・病原菌・鉄』

の中でこの傾向を取り上げて、次のように主張している。ユーラシア大陸は、特に中東地域は、複雑な社会の形成という点で非常に有利なスタートを切った。なぜなら、これらの地域は、世界で最も生産性の高い作物や、家畜化に最適な哺乳類の多くに恵まれていたからである、と。

ユーラシア大陸には、小麦、大麦、アワ・キビ、エンバク、米といった穀物のもとになる野生種が生えていたし、ウシ、ウマ、ブタ、ヤギ、ヒツジ、スイギュウ、ラクダも生息していた。それにひきかえ、アメリカ大陸には、作物や家畜にしやすくて生産性も高い、野生の植物や動物はごくわずかしかなかった。新世界の主食であるトウモロコシは、野生種から生産性の高い作物を作り出すのに多数の遺伝的変化を要するので、そこまでの道のりは長かった。家畜について言うと、アメリカ大陸にはリャマやマーモットや七面鳥しかおらず、これらは、雄ウシ、ウマ、スイギュウ、ロバのように、鋤を引いたり、重い荷物を運んだり、挽き臼を回したりする、用途の広い使役動物にはならなかった。そして、オーストラリア大陸の場合、栽培化可能な野生植物や、家畜化できる野生動物は、アメリカ大陸よりもさらに少なかった。(1)

このような動物相や植物相の不公平を際立たせるがごとく、ユーラシア大陸の複雑な社会は、東西方向の地理的広がりによっても、急速な発展を遂げていった。そしてその発展が、新たな作物、農業知識、家畜、技術的ノウハウの急速な発達と普及を促したのだった。第3章で論じたように、このような地理的広がりによって、社会間の熾烈な競争にいっそう拍車がかかり、政治的・経済的にますます複雑な社会が形成されていったものと思われる。

以上を総合すると、ダイアモンドの明快な議論の諸要素は、最も大規模かつ強力な社会が最初に出現するのはユーラシア大陸であって、アメリカ、オーストラリア、アフリカ、ニューギニア、オセアニアではないと予想される理由を見事に説明しており、そのような社会が現れると予想される地域まで指摘している。それは、中国からインド、中東、地中海へと伸びる「恵まれた緯度地域」である。[2]

ダイアモンドの主張は、西暦一〇〇〇年の世界で認められる、地球レベルでの格差の多くを説明している。さらに、彼の見解を検証するその後の分析によって、家畜化・栽培化できる動植物の有無、灌漑開発の可能性、大陸ごとの地理的広がりの違いといった生物地理学的な諸要因が、労働集約型の農業の発達に関連していること、そして、そのような集約型農業が早期の国家形成を促したことが確認されている。他の地域に先駆けて有利なスタートを切ったこれらの集団は、その後、社会の規模をさらに拡大して、政治的階層構造、複雑な経済システム、都市的中心地、そして高度な技術を発展させていった。[3]

しかし、このような有利なスタートとその後の経済的繁栄との強い正の相関関係は、一二〇〇年頃以降しだいに弱まっていく。早咲きの国家も初期農耕も経験していないヨーロッパの諸集団が、いちはやく経済的離陸を遂げていったのだ。実際、この離陸期に経済をリードしたのは、ユーラシア大陸の中でも、農耕の開始や国家の形成が比較的遅かった地域、つまりイングランド、スコットランド、そしてオランダだった。そしてここ最近の二〇〇年間に、これらの地域は、アメリカ合衆国のようなイギリス由来の社会と並んで、人類史上いまだかつてない急速な経済成長を遂げたのである[4]（図13・1）。

私は、ダイアモンドの理論では説明しきれなくなる、西暦一〇〇〇年頃の世界の格差について取り上げて、社会制度と人々の心理の共進化をその説明の中心に据えている。ダイアモンドのアプローチは、サイード・イブン・アフマドが第二千年紀の初頭に、イスラム文明をはじめとするいくつかの文明は、南方および北方の「野蛮人」よりも優れていると思えたわけを、実に見事に説明している。地球上で最も早く農耕が始まった農耕起源の地を擁する、古代の中東や地中海の社会は、サイードたちのイスラム世界に膨大な文化遺産を残し、この地域の優位性は一六世紀に入ってもなお維持されていた。

しかし、ダイアモンドの生物地理学的アプローチでは、なぜ産業革命がイングランドで始まったのか、なぜスコットランド啓蒙がまずエディンバラやグラスゴーで起こったのかをうまく説明することができない。カトリック教会の家族再編によって引き起こされた社会的・心理的変化を考慮に入れない限り、ヨーロッパがたどった独特の道筋も、また、その結果として、この二〇〇〇年間に広がった世界の格差のパターンも、理解することはできないのである(5)。

ちなみに、社会の長い複雑な歴史がもたらした文化的・心理的な影響を知ることによって、日本、韓国、中国のような一部の社会が、WEIRDな社会の作り出した経済システムやグローバルな機会に、比較的迅速に適応できている理由も理解しやすくなる。それには次の二つの要因が大きく絡んでいそうだ。

第一に、これらの社会はみな、農耕の歴史が長く、遥か昔から国家レベルの統治を経験しており、そのおかげで、正規教育や、勤勉さ、そして満足の先延ばしを奨励するような、文化的価値観、習慣、規範の形成が促されてきた。ある意味で、こうした文化的適応がすでになされていたわけで、それがたまたま、WEIRDな社会から導入した新たな諸制度にぴったり適合したのである。

第二に、上意下達型を志向する傾向の強い社会であるがゆえに、鍵となるWEIRDな社会の親族制度を、迅速に導入して実行に移すことが可能だった。たとえば、日本は、一八八〇年代の明治維新のさなかに、一夫多妻婚の禁止をも含めて、WEIRDな民事制度を模倣するようになった。また、すでに述べたとおり、中国共産党は一九五〇年代に、氏族を撤廃し、一夫多妻婚や見合い婚や近縁の親族同士の結婚を禁止し、父系相続を根絶する（娘にも平等に相続権を与える）計画を開始した。韓国では、一九五七年に西洋流の民法が可決成立したことで、結婚には新郎新婦双方の同意が必要となり、一夫多妻婚は認められなくなり、また、血族・姻族ともに、みいとこまでの親族との結婚は禁止されることになった。それ以降、さまざまな法改正が行なわれた結果、韓国社会は、家父長を中心とする緊密な親族関係からさらに遠のいていった。一九九一年には、ついに両系相続となり、現在では息子も娘も平等に相続するようになっている。以上のようなアジアの三か国では、カトリック教会のもとで中世ヨーロッパに浸透したヨーロッパ流の結婚様式が、トップダウンで迅速に実行に移されたのだった[6]。

産業革命前のヨーロッパと比べたときの大きな違いは、一九世紀ないし二〇世紀のこれらアジアの国々は、すでに運用されている代議政治、西洋法、大学、科学研究プログラム、近代的企業組織といったものを、模倣し改変して、世界経済に直接つなげていくことができたという点にある。近代的な公式制度は今や、「すぐに入手する」ことがある程度は可能だが、ただし、それが効果を発揮するかどうかは、文化に根ざした民衆の心理いかんで決まってくる[7]。

私のアプローチはまた、エジプト、イラン、イラクのような、特に長い農耕の歴史をもつ集団が、なぜ、ヨーロッパで最初に生まれた近代的な公式の政治経済制度を導入しきれなかったのか、という疑問をも解明できるかもしれない。これらの社会では、おそらく宗教的な理由から、極めて緊密な親族関係が維持されてきた。イスラム社会では、神が是認する相続慣行（娘の相続分を息子の相続分の二分の一とする）が主な原因となって、娘を父親の兄弟の息子と結婚させるという、通常はごく稀な族内婚の風習が広まった可能性、あるいは、少なくとも維持された可能性が高い。どういうことかと言うと、農耕牧畜社会がイスラム教を信仰するようになると、一族の土地を守り続ける必要があるにもかかわらず、娘が（別の氏族の男性と）結婚するたびに土地が失われるおそれが出てくる。多くの農耕牧畜社会では、土地こそが主要な財産なので、その財産が持続的に減少していくのを防ぐために、氏族内での結婚という方策がとられるようになるのだ。この族内婚の風習が、極めて緊密な親族関係を助長し、それが、すでに示したとおり、特定の考え方や感じ方、さらには特殊な公式制度（非民主主義体制など）の形成を促したのである。(8)

物質的豊かさと心理

ＷＥＩＲＤな人々の多くは、一連の俗信から、集団間に心理的な差異が見られると、それはすべて経済的な格差——所得、財産、物資的安寧の差——に起因していると考えてしまう。確かに、この直感にはいくらかの真実が宿っている。たとえば、欠乏状態に置かれた人には、（一過性の）心理的変化が現れることがある。あるいは、乳幼児や学童が成長期に、より豊かで不安のない環境に置かれた場合には、心理面や生理面に修正がなされて変化が起きてくる可能性がある。私がこうした効果に気づいたのは、社会的セーフティネットがイノベーションに及ぼす影響を調べているときだった（第13章）。最も有効な戦略、動機、世界観を、同じ共同体や社会的ネットワーク内の人々から学ぶ際にも、そのような効果が生じる可能性がある。貧しくて、抑圧された、不安定な状況に置かれている場合には、もっと別の、つまり親族ベース制度に根ざした心理傾向、アプローチ、才覚のほうが多少とも功を奏するだろう[9]。

とはいうものの、富の増大こそが、近代世界に火をつける最初のスパークとなったと考える理由はほとんど存在しない。ヨーロッパのキリスト教世界において、所得や物質的安寧の増大は、少なくとも最初のうちは、親族ベース制度の変容や心理傾向の変化の結果であって、原因ではなかった。このことを確かめるために、四つの点について考えてみよう。

第一に、歴史的変化の順序からしても、財産、所得、物質的安寧――以後、まとめて「物質的豊かさ」と呼ぶことにする――は火付け役ではありえない。なぜなら、すでに述べたとおり、諸制度や心理傾向の変化の後を追うかたちで、物質的豊かさがもたらされているからである。具体的には、裁判記録、親族語彙、教会史、その他の情報源によると、ヨーロッパの親族関係の変化は、物質的豊かさが増してくるはるか前に起きていた。同じく、叙述史料（文学的情報源）、個人の移動記録、法的文書から判断すると、個人主義的傾向や独立志向といった最初の心理的変化は、物質的豊かさが相当増大する前に起きていた。

第二に、何度も述べたように、本書で取り上げてきた心理的差異に関する分析の多くは、財産、所得、さらには物質的安寧についての主観的体験の影響が統計的に一定に保たれている。このような物質的豊かさの尺度が、人々の心理特性とある程度の相互依存関係を示す場合もあるが、たいていは全く何の影響も示さない。物質的豊かさの影響が認められる場合であっても、その影響は、私が強調してきた諸要因、つまり、宗教、親族ベース組織、非人格的市場、集団間競争に比べて小さいのが普通だ[10]。

この点をより明確にするために、第三のポイントについて考えよう。つまり、予想される心理的差異のパターンが、エリート層と貧困層の両方に現れるという事実である。階層化された社会ではどこでも、エリート層は裕福で、栄養が行き届き、通常（少なくとも貧民に比べて）身の安全を感じているので、全員に物質的豊かさの心理的影響が現れていいはずである。具体的な例として、第6章で取り上げた国連外交官、会社経営者、上級管理職について考えよう。全員が物質的に恵まれた生活をしているにもかかわらず、①非人格的な正直さ（駐車違反、図6・11参照）、②普遍的道徳（危険運転の友人を守るために法廷で偽証する、図6・7参照）、および③縁者びいき（経営幹部に親族を雇う）の傾向は非常にまちまちであって、その違いは、親族関係の緊密さや教会への曝露度合いで説明することができる。実際、このような裕福なエリート集団同士の間に、全国標本調査や大学生のサンプルで見られたのと同等の心理的差異が認められたのである。以上の事実から、このようなグローバルな心理的差異の形成に、物質的豊かさはほとんど何の役割も果たしていないことがうかがえる[11]。

産業革命を駆動した人々は誰だったのかを考えると、こうした傾向がさらにはっきりしてくる。近世ヨーロッパでは、エリート層が富のほとんどを保有していた。富で軍隊を買い、軍隊で安全を買うのである。WEIRDな心理傾向を高めたのが物質的豊かさであったとしたら、当然、産業革命の推進エンジンとなったのはヨーロッパの貴族だったはずである。しかし、これまで見てきたように、最初のジョイント・ストック・カンパニーに投資したのも、印刷機や蒸気機関やミュール紡績機を発明したのもみな、都市に移住してきた中間階級の個人主義者、職人、聖職者たちだった。それに対して、エリートは、贅沢な生活をして借金を繰り返すばかりで、財産を投資に回したり、長期的展望に立って貯蓄したりすることはなかった。これは、物質的豊かさが駆動力だと考えた場合に予測される事柄とは全く逆である[12]。

物質的豊かさの分布のもう一方の端に目を向けてもやはり、相当な心理的差異が認められる。世界各地に暮らす狩猟採集民、牧畜民、自給自足農耕民の間でも、非人格的な向社会性に違いが認められたことを思い出そう。これらの集団の多くは、一日二ドル未満で生活している。飢饉、ハリケーン、干魃、けが、病気は、人々の暮らしや家族にとって深刻な脅威となっている。しかし、研究者たちは、こうした集団間にかなり大きな心理的差異が存在することを発見しただけでなく、見知らぬ相手を公正に扱おうという動機をもたらす最も重要な要因は、市場統合や宗教と関連していることも明らかにした。わずかに見られる物質的豊かさの影響を統計的に一定に保った場合でも、こうした関連性は強いまま維持された[13]。

ここから、第四のポイントに導かれる。一部の研究者たちは、富や物質的安寧の増大には、忍耐力や信頼感といった、人々の心理のいくつかの側面を直接変化させる力があると主張しようとしてきたが、私が本書で取り上げた心理の諸側面の多くは、物質的豊かさとは全く関連していなかった。たとえば、富が増大すると、分析的思考傾向が強まったり、道徳的判断の際の意図性重視の度合いが高まったり、恥感情より罪感情を体験しやすくなったりすることを証明した者、あるいは、その理由を説明した者は誰もいない。

要するに、財産や所得や物質的安寧の増大は、物語の一部であり、何らかの影響を及ぼしている可能性は十分にあるが、しかし、最初の火付け役ではなかったし、過去一五〇〇年間に起きた心理的変化の最も重要な駆動力でもなかったのである。

グローバルな心理的多様性に遺伝子は関与しているか？

WEIRDな心理の起源や産業革命の発端について説明するにあたって私は、人々の心理の変化は、文化的環境や発達環境への適応プロセスであって、遺伝子に自然選択が作用した結果ではないと主張してきた。文化的学習、制度、儀式、技術が、ヒトの遺伝子には手を加えずに、ヒトの心理、脳、ホルモンを変化させる仕組みに関する知見（識字能力獲得後の脳、一夫一婦制の男性のホルモンなど）に照らせば、これはほぼ間違いのないことだ[14]。

しかし、私の取り上げてきた文化的・経済的発展が、同じような心理的変化を促す遺伝子に作用する選択圧を生み出した、という可能性もある。そのような可能性については真正面から取り組む必要があるが、それには二つの理由がある。

まず第一に、すでに述べたとおり、遥か遠い石器時代からずっと、文化進化の産物がヒトの遺伝的進化を決定づけてきた。そして、この数千年間には、農耕革命と動物の家畜化が、無数のやり方でヒトのゲノムをさらに変化させてきた。たとえば、ミルクやアルコールの体内での処理能力を上げる遺伝子が有利になったのもその一つだ。したがって、文化にはヒトゲノムに影響を及ぼす力があるという考え方は、今や十分に確立されている。

第二に、ヒトにもともと備わっている部族意識に加え、行動を傾向性で説明したがるWEIRDな性癖ゆえに、私たちは、実際には生得的・本質的な差など存在しない場合でも、それがあるかのように思ってしまいがちだ。このような説明バイアスのせいで、一部の研究者たちはこれまで、集団間に心理的差異が確認または推測されると、それは遺伝的差異によるものだと勘違いしてきた。これは根強いバイアスなので、証拠をきちんと吟味して見極めることがますます重要になってくる[15]。

全体的に見ると、本書で取り上げた研究の多くが、グローバルな心理的多様性にせよ、ヨーロッパ域内や中国・インド国内に見られる心理的多様性にせよ、その形成に主要な役割を果たしてきたのは文化的プロセスであることを示唆している。遺伝子に作用する自然選択が、これまで述べてきた宗教的信念、社会制度、経済的変化が作り出した世界に、緩やかに反応した可能性はあるが、いくつかの理由から、今日の心理的多様性に遺伝子はほとんど関与していないと考えられる。そして、もし関与しているとしても、その作用は、通常考えられているのとは逆方向の可能性がある。

ごく一般的には、文化進化のプロセスは、遺伝子に作用する自然選択に比べて、迅速かつ強力である。ということは、何千年といった長期の間には、遺伝的進化のほうが文化よりも大きな効果を発揮し、大きな影響をもたらす場合が多いが、(この場合のように)何百年という期間には、文化的適応のほうが遺伝的適応よりも優位に立つ傾向がある。さらに、文化進化は、人々を――心理面で――その制度的環境にうまく「なじませる」ことによって、(必ずではないが)しばしば、自然選択がその適応課題に対処すべく遺伝子にかける作用を弱める。

すでに述べたように、この典型的な例が、何千年もの歳月をかけて、成人でもミルクの乳糖を分解できるようにした遺伝子バリアントの進化である。こうした遺伝子バリアントに選択圧がかかるようになったのは、(ウシやヤギなどの)牧畜文化が普及し始めてからのことだ。人類は、遺伝的進化と文化進化の両方で牧畜文化に対応した。ある集団では、チーズやヨーグルトに加工する技術が開発され、そのおかげで、特殊な遺伝子をもっていなくても、成人がミルクに含まれる豊富な栄養を摂取できるようになった。一方、そのような習慣が文化的に進化しなかった集団では、成人後も乳糖の分解を可能にする遺伝子バリアントが広がっていった。[16]

さらに最近では、二〇世紀の学歴（修学年数）に、遺伝子と文化がそれぞれどれだけ寄与しているかを調べる研究において、遺伝的進化にまさる文化進化の力がはっきりと認められている。研究者たちは、ヨーロッパ系集団において、修学年数と関連のある、およそ一二〇の遺伝子を特定した。遺伝子は、先天的な認知能力に関係するだけでなく、じっと座っている、注意を集中する、避妊法を利用する、薬物を避ける、自習に取り組むといったことへの意欲を含め、さまざまな面で修学年数に影響を及ぼす可能性がある。興味深いことに、アメリカ合衆国とアイスランドの両方の研究で、自然選択によってこれらの遺伝子頻度が低下し、その結果、世代を経るごとに通算修学年数が一・五か月ずつ減少することが明らかになっている。つまり、これらの集団では、学校教育を継続する確率を低下させる遺伝子の頻度が高まっているのである。ところが、この学校教育に逆らう遺伝的な力は、反対方向に加速していく文化進化の力に打ち負かされた。同じ時期に、文化進化の力によって、修学年数が世代を経るごとに二五・五か月（ＩＱで六〜八ポイント）ずつ押し上げられたのである。二〇世紀全体を通してみると、アメリカ人の修学年数は、文化の力によって九〜一一年長くなったが、自然選択によって短くなった期間は八か月に満たなかった[17]。

さて、これまで展開してきた歴史的な話の中では、文化進化と遺伝的進化によって生み出される適応プロセスは——原則としては——同方向に進んできたのかもしれない。社会的・経済的成功と、生存や子孫繁栄との間に正の相関関係が保たれている限り、文化進化と遺伝的進化の両方が、ＷＥＩＲＤな心理傾向を高めていったであろう。ところが実際にはそうならず、自然選択は文化進化に比べて、凄まじい逆風にさらされたと推測されるもっともな理由があるのだ。制度面や心理面での変化のほとんどは、ヨーロッパの都市化が進展している地域、つまり憲章都市や自由都市で出現した。こうした地域は、居住地に縛られない人々が集まってきて、ギルドが生まれ、非人格的市場が栄え、都市憲章が花開き、大学が実を結んだ場所である。

だとすると、ここに厄介な問題がある。ヨーロッパの都市部は、遺伝子にとって死の罠（デストラップ）だった。「都市墓場効果」と呼ばれる状況である。近代以前には、ヨーロッパの都市居住者が感染症で（それからおそらく戦争で）死亡する頻度は、農村居住者よりもはるかに高く、都市部の出生時平均余命は農村部の平均余命の半分ほどだった。都市での生活を志向させるような、遺伝子に由来する、何らかの心理傾向や行動傾向があったとしても、それには負の自然選択が働いたであろう。たとえば、見ず知らずの相手を信頼したり、分析的にものを考えたりする遺伝的素因をもつ人々がいて、都会で暮らす機会を見つけてやって来たとしても、これらの遺伝子は、自然選択によってたちまち消滅するか、少なくとも遺伝子頻度を下げるかしたであろう[18]。

ヨーロッパの都市や町が存続し成長することができたのは、むしろ、農村地域から絶えず移住者が流入してきたからだった。都市の人口を維持するためには、非常に多くの人間が流入してくる必要があり、常に、住民の三〇％が他の地域の出身者で構成されていた。たとえば、一〇年ごとに一〇％成長するには、その二倍の人口が都市や町に流入してくる必要があった。都市には墓場効果があり、後背地からほぼ恒常的に移住者が流入していたとすれば、ＷＥＩＲＤな心理を生み出す上で、遺伝的進化がその役割の大半を担っていたと考えるのは難しい。自然選択はむしろ、人口密集地や、非人格的市場、個人主義、職業の専門分化、そして匿名他者との交流に適応した心理にとって、不利に作用したことだろう[19]。

私はまた、鍵となる文化進化的な動きの一部は、シトー会修道院のような修道院で起きたとも主張してきた。言うまでもなく、自然選択の観点からすれば、修道院もやはり遺伝子の墓場である。修道院での貞節（女人禁制）の誓いはたびたび破られたに違いないとしても、修道士たちがもうける子どもの数は、こうした任意団体に加入しなかった場合に比べて、やはり少なかったはずである。

遺伝子に作用する自然選択の場合とは違って、文化進化の選択プロセスは、墓場効果の影響を受けることが圧倒的に少なかったのではないかと思われる。都市に移住してきた人々の大半は、年が若く、独身で、子どももいなかった。ギルドのような任意団体に加入して、成功している仲間や名声のある年長者から、その社会の文化、価値、規範を学んでいった。そこで受け入れられれば、地元の人間と結婚して、より強固な足場を固めることができた。命を落とす者がいても、生き残った成功者の話を聞いて都市に憧れる新来者が農村地域からやって来て、たちまち死者に取って代わった。遺伝上の子どもとは違い、文化を習得しようとする者は、遺伝上の親からすべてを学ぶ必要はなく、名声と繁栄を勝ち取った生存者の中から「文化上の親」を選び取ることができる。

都市が存続し繁栄してきたのは、文化が遺伝子にまさったからなのだ。これまで述べてきた文化進化のプロセスが、とてつもなく大きな集団脳をつなぎながら、効率的な統治制度を構築していった結果として、予防接種、上下水道、細菌説といったイノベーションが生み出され、公衆衛生の水準が向上していった。二〇世紀に入ってようやく、墓場効果のうちの高死亡率という要素は消えるか、少なくとも薄らぐかして、今や、多くの都市は農村地域よりも健康状態がよくなっている。しかし、都市居住者の子どもの数が、農村居住者より少ないという状況は、今もなお続いている。

総合的に考えると、都市の墓場効果からは、ＷＥＩＲＤな心理傾向を強めるような遺伝子が存在したとしても、自然選択はそれらが不利になるように作用した可能性があることが示唆される。文化は、遺伝的な流れに逆らってもっと急速かつ強力に、流れをさかのぼっていかなければならなかったのかもしれない。

グローバリゼーションとその不都合

ものごとの捉え方、考え方、感じ方、推論の仕方、道徳的判断の下し方は、個人により、集団によりそれぞれ異なる。だから何なのか？　このような違いは、文化進化によって生み出された。だから何なのか？　このような心理特性の変化が、政治体制、法、宗教、商業の性質に影響を与えた。そのことに何か意味があるのか？

もちろん、重要な意味がある。こうした視点をもつことによって、私たちは何者なのか、私たちが何より大切にしている制度、信念、価値観の源はどこにあるのか、という認識に変化が起きてくる。人権、自由、議会制民主主義、そして科学のような、盛んにもてはやされる西洋文明の理念は、多くの人々が考えているような、純粋理性や論理の賜物ではない。人間は一七〜一八世紀の啓蒙主義時代に突如、理性的になって、その後、近代世界を発明したわけではないのだ。

これらの制度はむしろ、累積された文化の産物であって、その生みの親は独得の文化に根ざした心理なのだが、こうした心理傾向の起源を求めて何世紀も歴史をさかのぼっていくと、戦争、市場、修道士などが絡んだ因果の連鎖を経て、最終的に、ＭＦＰ（婚姻・家族プログラム）にまで行き着く。近親婚の禁止、婚姻の規制、家族関係の規定からなるこの独特のパッケージは、ある革新的な宗派——西方教会——内で発展したものだ。

キリスト教指導者たちは、数世紀にわたって何度も、公会議でMFPを強化し、それを強制的に実施していった。彼らは、人間の性生活に深い関心を寄せている——と信じる——強力な超自然的存在に仕えたいという純粋な欲求に加えて、何らかの非宗教的な動機をもっていたに違いないが、しかし、どのように新たな世界を創っていくのかという長期的ビジョンは定かでなかった。ところが、MFPは意図せずして、中世のヨーロッパ諸集団の再編に成功し、社会の進化を新たな道筋へと導いたのだった。

一五〇〇年以降、ヨーロッパ社会は世界各地へと拡大を開始し、特にヨーロッパ以外の社会やあまり複雑ではない社会に、しばしば甚大な被害をもたらした。現代世界において「グローバリゼーション」と呼ばれているものは、私が古代末期から説き起こしてきたプロセスの延長にすぎない。代議政治、大学、社会的セーフティネットといった非人格的な諸制度はどれもみな、(啓蒙主義時代以前の)ヨーロッパで進化したもので、それが数多くの集団に輸出され、移植されてきたのだ。新たに移植された諸制度は、特に国家がそれまで成立していなかった社会では、得てして、人々の文化心理と不適合を起こし、政治、経済、市民社会の機能不全を招いた。そして、貧困、汚職、栄養不良をますます悪化させ、氏族、部族、民族集団間の内戦へと発展することがあまりにも多かった。

政策アナリストの多くは、このような不適合に気づいていない。彼らは心理との適合性を盲目的に信じている。つまり、人々の心理はすぐに変化して、新たな公式制度を受け入れるようになると思い込んでいるのである。しかし、親族ベース制度や宗教が根本から組み換えられない限り、人々は、氏族や分節リネージのような「下位」の制度と、民主政治や非人格的組織のような「上位」の制度との間で身動きが取れなくなってしまう。前者が、人々の心理をある一連の方向に押しやるのに対し、後者は、それと逆の方向に押しやるからである。何事においても親族に忠誠を尽くすのか、それとも、非人格的ルールに従って公正な判断を下すのか？　義弟を雇うのか、それとも、その仕事に最適な人間を雇うのか？

こうした捉え方をすると、「発展」（とはつまり、ＷＥＩＲＤな諸制度の導入）のスピードやそれに伴う苦痛の大きさが、世界の地域ごとにそれぞれ異なるのはなぜなのかが理解しやすくなる。それまで親族ベース制度や関連する諸制度に依存してきた集団、あるいは今も依存している集団ほど、大きな苦痛と困難を体験することになる。このような非人格的な諸制度への関与が増していくと、それまで人々に安らぎと結びつきを与え、人々を守ってきた社会的関係のネットワークが、都市化や、第二千年紀にヨーロッパで発展を遂げた非人格的な政治、経済、社会制度を受け入れる過程で、大世界市場、世俗的セーフティネット、個人主義的な成功観や安全観といった酸に冒されて、徐々に崩壊していくことになる。経済的な秩序の混乱に加えて、人々は、過去に生きた祖先と未来に生きる子孫の両方に向けて伸びる、広範な親族ネットワークをつなぐ存在なのだという、自己の存在意義の喪失にも直面することになる。このような社会と経済の再編を通して、人々の「自己」の本質が変化していくのである。

もちろん、ヨーロッパ諸国による支配や植民地化、そして昨今のグローバル化の過程は一概に語れるものではないし、しかも私は、奴隷制、人種差別、略奪、集団虐殺といった、世の中に蔓延する忌まわしい現実は取り上げていない。そのようなテーマについてはすでに多数の本が書かれている。私が本書で訴えたいこと、それは、ヒトの心理は何世代もかけて文化的に適応していくものであるがゆえに、グローバル化に伴うような大規模な社会変化が起きると、必ずや、人々の文化心理と新たな制度や習慣との間に齟齬が生じ、その結果、自己の存在意義やアイデンティティを揺るがす事態になる、ということだ。こうしたことは、前述のような惨事がなくても起こりうるし、それが終わってからずっと続くこともある。

残念なことに、社会科学や通常の政策手法には、グローバル化によって生じる制度と心理の不適合を理解する力も、それに対処する力もあまり備わっていない。なぜかというと、集団間の心理的差異にほとんど目が向けられていない上、そのような差異がいかにして生じたのか説明する努力も全くと言っていいほどなされていないからなのだ。

たとえば、心理学者はたいてい、自分たちの研究対象は、遺伝的に進化したコンピューターのハードウェア（デスクトップパソコンのようなもの）なのだと（無意識のうちに）思い込み、ヒトの心理のハードウェアにダウンロードされるソフトウェア、つまり文化的コンテンツについては人類学者や社会学者に任せてしまっている。しかし、ヒトの脳や認知能力は、相当程度まで自己プログラミングできるように遺伝的進化を遂げており、生まれたときからすでに、その演算処理方法を、自らが直面する社会的、経済的、生態学的環境に適応させていく準備が整っていることがわかっている。ということはつまり、人々の心理が文化進化によってどのように形成されてきたかを考慮しない限り、人々の心理を真に理解することはできないということだ。

多くの研究、その中でも特に、アメリカ合衆国やヨーロッパのような地域にやって来た移民の子どもたちの研究ではっきりと確認されたように、人々の心理は、自らが生まれ育った共同体の影響のみならず、過去の諸制度の亡霊、つまり祖先たちが生きた世界の影響も受けている。それを軸にして、豊かな信念、慣習、儀式、アイデンティティの体系が構築されているのである。

そう考えてくると、現在、『心理学』あるいは『社会心理学』といったタイトルが付いている教科書は、『二〇世紀後半のアメリカ人の文化心理学』というように改める必要がある。しかし、心理学の分野に文化が絡んでくるのは、主として、日本や韓国のような地域の人々がアメリカ人と心理的に異なるのはなぜかを説明しようとする場合に限られる。日本人や韓国人の心理について知ろうとする場合には、文化心理学の教科書にあたる必要がある。心理学者たちは、アメリカ人を、そしてWEIRDな人々全般を、文化に染まっていない集団として扱い、それ以外をすべて、「文化」のせいで標準から外れている集団と考えるのである。願わくば、そろそろ、私たちこそWEIRDな集団であることを明らかにしたい。

同様に、経済学の分野も依然として、文化的に生み出された知覚、注意、感情、道徳性、判断、推論の違いはもちろんのこと、動機や選好の違いもほとんど入り込む余地のない考え方のままだ。人々の選好や動機は固定されたものとして受け止められているのである。人々の信念のような単純明快な事柄について考えるときでさえ、経済学の標準的アプローチでは、こうした信念は実証可能な現実を反映していると考える。しかし、文化進化には、現実と人々の信念とを対応させる必要などない。

たとえば、アフリカでは、広く流布している妖術信仰によって、人々の行動が強く影響を受けていることはほとんど疑いがない。ところが、アフリカの経済成長がなかなか進まない理由を解明しようと鋭い目を向けているにもかかわらず、アフリカやその他の地域の妖術を取り上げた経済学の研究はほとんどない。大多数の経済学者は、その可能性を考えてみようともしない。もちろん、超自然的存在を信じる傾向はアフリカだけに限ったことではない。アメリカ人のおよそ半数が幽霊は実在すると考えているし、アイスランド人のやはり半数が妖精（エルフ）の存在を信じている。重要なのは、それぞれ別の地域で、それぞれ違った形で、特定の信念が芽生え、根強く生き続けてきた理由や経緯を理解することだ。ある種の超自然的信念や儀式は、些末なものではないどころか、大規模かつ政治的に複雑な社会の発展と繁栄の推進力になってきたのである[20]。

こうした心理的多様性に富む世界で問題となるのは、特にＷＥＩＲＤ心理の特異性を考えると厄介なのは、人間はたいてい独自の文化モデルやローカルな直感で世界を捉え、解釈してしまうということだ。政策立案者も、政治家も、軍事戦略家も、自らがとった措置を、他の社会の人々がどう理解し、判断し、反応してくるかを推測するときに、相手もやはり自分と同じような捉え方をし、同じような動機をもって判断を下すだろうと思い込んでしまう傾向がある。しかし、政策それ自体は完璧に実行されたとしても、ロンドンやチューリッヒでの効果と、バグダッドやモガディシュでの効果は全く異なる可能性がある。なぜなら、それぞれの地域に暮らす人々は、心理的に全く異なっているからである。

政策分析家は、心理的多様性を無視するのではなく、特定の集団に合わせて政策をどのようにカスタマイズすべきか、また、新たな政策によって人々の心理が長期的にどのように変化しうるか、といった点について検討する必要がある。

たとえば、特定の国々、宗教コミュニティ、あるいは移民集団のように、人々が一夫多妻婚やイトコ婚をごく普通のことと考えている共同体で、それを正式に承認した場合の心理的影響を考えよう。企業間競争を抑制して、少数の巨大企業による市場支配を促すような法律は、どのような影響をもたらすだろうか？　農村地域での任意団体間の競争や市場統合は、促進すべきなのか、それとも抑制したほうがいいのか？

そのような意思決定は、経済効果に影響するだけでなく、長い間には、心理的・社会的に重要な影響を及ぼすことになる――人々の脳を変化させるのである。即時的な経済効果は小さい場合でも、また、プラスの効果が得られる場合でも、どのような心理的変化が起きるかを考えてみる価値がある。そこから連鎖反応的に、政治的・社会的効果が生じる可能性があるからだ。

最後になったが、ヒトの心理がこれからも文化的進化を続けていくことはほぼ確実であり、何千年もの間には遺伝的にも進化を遂げていくに違いない。多くの社会では、新たなテクノロジーが、ヒトの記憶力を補強し、認知能力を向上させ、人間関係や婚姻様式を変化させている。それに加えて、ジェンダー平等の推進や教育レベルの向上が、家族を再編するとともにその規模を縮小させている。ロボットや人工知能がだんだんと、肉体労働や煩わしい認知的作業の多くを代行してくれるようになっている。オンライン取引が普及し、金融分野でのセキュリティが強化されると、人としての信用を担保する必要がなくなり、見ず知らずの相手を信頼して協力しようとする意識も希薄になっていくかもしれない。このような新たな世界を前にして、ヒトの心がそれに適応し、変化を続けていくことに、ほとんど疑いの余地はなさそうだ。これから先、人間のものの考え方、感じ方、捉え方、道徳的判断の仕方が徐々に変化していき、やがて、第三千年紀の初頭に生きていた人間のメンタリティを理解するのに苦労する時代が訪れることだろう。

訳者あとがき

今から八〇年ほど前、第二次世界大戦に惨敗した日本には、占領政策のもとで民主的な諸制度が導入された。それと同時に、欧米諸国の繁栄ぶりを眩しく眺める日本人自身が、自ら積極的に、「家」中心の考え方や全体主義的傾向を排して、公平公正、個人の尊重、能力主義といった欧米の価値観を身につけようとした。その結果、こうした価値観が日本社会にすっかり浸透し、現在では、自由、民主主義、基本的人権、法の支配、市場経済こそが人類共通の「普遍的価値」であると言われても、ほとんど違和感を感じないまでになっている。

しかし、著者は、さまざまな研究成果をもとに、そのような考え方をする人々はグローバルな観点からするとむしろ少数派であることを明らかにし、こうした人々やその心理を「WEIRD（奇妙な）」と評する。一方で、こうした集団が、第二千年紀（西暦一〇〇一年から二〇〇〇年）の末に、世界で最も経済的に豊かな社会を築いていたこともまた事実であり、彼はこの「WEIRD」という言葉を、Western（西洋の）、Educated（教育水準の高い）、Industrialized（工業化された）、Rich（裕福な）、Democratic（民主主義の）という単語で構成される頭字語としても用いている。

このヨーロッパに起源をもつWEIRDな集団は、いかにして出現したのか、そして、どのようなプロセスを経て世界をリードするに至ったのかを解明するのが本書の目的である。原題は『*The WEIRDest People in the World*』。著者ジョセフ・ヘンリックは、ハーバード大学の人類進化生物学の教授で学科長を務める。前著『文化がヒトを進化させた』（原題 *The Secret of Our Success*）では、ヒトという生物種が地球上を席捲するまでになった経緯を文化進化の視点から描いているが、実は、この前著は本書を執筆する過程で出来上がったもので、もともと本書の第一部になるはずだったという。本書は言わば、前著の続編であり、本編でもあるのだ。

さて、ＷＥＩＲＤな社会の起源を探ろうとすると、一つ大きな疑問が持ち上がる。それはこういうことだ。

ヒトにはもともと、他の霊長類と同様に、子どもを養い、配偶者と絆を形成し、近親個体を助けようとする本能が備わっており、人類社会の最も基本的な諸制度は、はるか昔からずっと、血縁関係やその拡大版である姻戚関係に根ざしていた。こうした親族ベースの制度を、族内婚や一夫多妻婚などを通じてさらに強化することによって、人々は集団間競争に勝ち残り、集団の規模を拡大しようとしてきたのだ。この世界で生き延びられるかどうかは、自分が属する社会集団の規模と結束力にかかっていたし、警察や法廷のような公的制度がまだない世界では、親族の絆こそが人々のセーフティネットの役割を果たしていた。当然ながら、こうした緊密な親族ネットワーク社会で育った人々は、内集団への忠誠心が強く、伝統や年長者の権威に従おうとし、集団内の他者との関係性を重視する傾向がある。

ところが、ＷＥＩＲＤな人々は、それとは全く逆の心理傾向を示し、人類史を通じてずっと基準とされてきた事柄をむしろ軽んじる。つまり、個人主義的傾向や独立志向が強くて、集団に同調せず、分析的にものを考え、公平公正の原則を重んじて、身内びいきを嫌う。そして何よりも、一夫一婦婚しか認めない。言い換えると、古来、人類社会の基盤を形成してきた親族ベース制度が、社会の礎とはなっていないのである。いったいなぜ、この集団は、本来、縛られて当然の従来の方向性を断ち切って、通常ではあり得ないような社会進化の道筋をたどることになったのだろうか。

その理由を探っていくと、ローマカトリック教会となるキリスト教一派が、四世紀頃から八〇〇年ほどにわたって実施した「婚姻・家族プログラム（ＭＦＰ）」に行き着く、と著者は主張する。カトリック教会は、一夫多妻婚や血族間・姻族間での婚姻を禁ずる指示命令を何十回にもわたって次々と発し、とうとう一一世紀初めには、近親婚禁止の範囲が、むいとこ（自分の七代前の先祖の子孫にあたる人々）にまで拡大される。その結果、ヨーロッパ諸部族の緊密な親族関係は徹底的に解体されることになった。

その廃墟の中で、中世ヨーロッパの人々はやむなく、親族や部族への帰属意識ではなく、共通の利益と信念に基づく新たな団体を自発的に結成し始めた。ギルド、修道院、大学、そして憲章都市などである。都市が成長し、市場が拡大し、徒弟制や分業が発展していく中で、面識のない相手に対する社会性が高まり、公平なルールが遵守されるようになり、さらに、個人の権利や普遍的な法といった考え方を受け入れる精神的土壌が培われていった。こうした土壌にやがて、代議政治や立憲主義が芽生え、西洋法や西洋科学が出現する。また、普遍宗教であるキリスト教によってつくられた仮想共同体内で、広範囲の人々が緊密な交流を繰り広げる中で、数々のイノベーションが生み出されていった。

要するに、先ほどの疑問に戻ると、人類にとって最も基本的な制度を強化するという道を閉ざされた人々が、諸々の制度を基礎の基礎から再構築して創り上げたのが、ＷＥＩＲＤな社会だということになる。

ちなみに、第二千年紀初頭の地球上に見られた地域優位性や格差は、ジャレド・ダイアモンドの生物地理学的アプローチで見事に説明できるが、啓蒙思想や産業革命がなぜ一八世紀のヨーロッパで始まったのかは、それでは説明できないとヘンリックは主張する。「カトリック教会の家族再編によって引き起こされた社会的・心理的変化を考慮に入れない限り、ヨーロッパがたどった独特の道筋も、また、その結果として、この二〇〇〇年間に広がった世界の格差のパターンも理解することはできないのである」と。

本書は、第一千年紀と第二千年紀の二〇〇〇年の時空を駆け抜ける壮大な物語。親族関係の緊密化という道筋を絶たれ、そのくびきから解き放たれた集団の中から、現代世界の法制度や科学が誕生していくプロセスを緻密に描き出した物語である。その中で著者が繰り返し強調するのは、人々の心理変化によって準備が整えられた精神的土壌の上に、それに最もフィットする制度が芽生え成長していく、ということだ。

今始まったばかりの第三千年紀の世界には、今後、どのような心理や価値観が広まっていくのだろうか。それが見通せない今だからこそ、西洋の普遍的価値観がどのようなプロセスを経て誕生したのかを確認しておきたい。

最後になりますが、翻訳に当たってひとかたならぬお世話になりました白揚社編集部の筧貴行様に深く感謝申し上げます。

二〇二三年一〇月

今西康子

ェーバーを詳しく考察するように勧めてくれたダン・スメイルに感謝する。

8. Korotayev, 2000, 2004; Schulz 2019.
9. Baumard, 2018; Hruschka et al., 2014; Hruschka and Henrich, 2013b; Mullainathan and Shafir, 2013.
10. Goody, 1983; Greif, 2006; Greif and Tabellini, 2010; MacFarlane, 1978; Mitterauer and Chapple, 2010; Mitterauer and Sieder, 1982; Serafinelli and Tabellini, 2017.
11. 心理的差異のほとんどは、生活史戦略が「晩熟戦略」と「早熟戦略」のいずれなのかによって説明することができ（Baumard, 2018）、そうした違いはたいてい子ども時代の生活環境によって生じる、と主張する研究者もいる。これは興味深い研究であり、それも何らかの役割を果たしているかもしれないが、理論的（Baldini, 2015; Barbaro et al., 2016）にも経験的（Purzycki, Ross, et al., 2017）にも重大な懸念が残されている。
12. Doepke and Zilibotti, 2008; Jacob, 2013.
13. Ensminger and Henrich, 2014; Henrich et al., 2004; Henrich, Ensminger et al., 2010; Lang et al., 2019.
14. ヘンリック『文化がヒトを進化させた』。
15. Clark, 2007a; Wade, 2014.
16. Durham, 1991; ヘンリック『文化がヒトを進化させた』。
17. Beauchamp, 2016; Flynn, 2007; Kong et al., 2017; Nisbett, 2009; Okbay et al., 2016. 推定値は、ブションから得ている。
18. Dincecco and Onorato, 2018; Ogilvie, 2019; Winter, 2013. 当然ながら、農村部もある時点で、非人格的市場、任意団体、新たな法律の強い影響を受けるようになり、その結果、墓場効果を受けなかった農村部でも、WEIRD な傾向の強い心理に有利な選択圧が生み出された可能性がある、と主張することもできよう。その可能性は無きにしもあらずだが、想定される次の三つの要因がその妥当性を弱める。①そのような選択圧が重要になるのは、この話の何百年も後のことである。②農村地域の住民のうちで最も WEIRD な傾向の強い人々が、やはり都市墓場効果によって引き抜かれていった。③農村部の社会的ネットワークが都市部に似通ってくるほど、こうした地域も感染症に罹りやすくなっていった——つまり、見知らぬ人々との間でイノベーションや商業を育むネットワークが、病原体が移動するための扉を開くことになる。
19. Dincecco and Onorato, 2018; Winter, 2013.
20. Gershman, 2015; Nunn and De La Sierra, 2017. 幽霊に関する統計は下記を参照のこと。www.economist.com/graphic-detail/2018/10/31/pagan-beliefs-persist-in-the-new-world. エルフに関しては下記を参照。www.theatlantic.com/international/archive/2013/10/why-so-many-icelanders-still-believe-in-invisible-elves/280783.

の国家形成と経済的繁栄の関連性も、教会が見事に突き崩していった可能性が高い。

5. Hibbs and Olsson, 2004; Olsson and Paik, 2016; Putterman, Bockstette, and Chanda, 2001; Putterman and Weil, 2010.
6. Baker, 1979; Greif and Tabellini, 2015; Henrich et al., 2012; Wha-Sook, 1995.
7. Bentzen, Kaarsen, and Wingender, 2016; Buggle, 2017; Chanda and Putterman, 2007; Galor and Özak, 2016; Hamilton and Sanders, 1992; Putterman and Weil, 2010; Sowell, 1998. WEIRD心理の起源と、第二千年紀におけるヨーロッパ社会の勃興について私が論じてきたことは、偉大な社会学者マックス・ヴェーバーから、私の素晴らしい同僚であるダロン・アセモグルとジェイムズ・ロビンソン（『国家はなぜ衰退するのか——権力・繁栄・貧困の起源』の共著者）まで、さまざまな方々の見解とも大筋で一致している。ヴェーバーと同じく、私もやはり、宗教の中心的な役割、ヨーロッパの諸都市の特質、そして、文化や制度には人間の心理の基本的側面を形成する力があるという見方を強く主張する。ある意味で、私は、文化的進化や遺伝的進化に関する現代的理解や、新たに得られた歴史、心理、および経済学的データに照らしながら、ヴェーバーの見解を更新しているのだとも言える。それに対して、ダロンとジェームズは、現代世界で繁栄する国家を生み出す上で、中心的役割を果たすのは「政治制度」だと主張する。しかし、彼らが「制度」という言葉で意味しているのは、公式の組織や法（行政府の権力を憲法によって制限する）と、「非公式の制度」とが組み合わさったものだ。社会規範、期待、慣行からなる「非公式の制度」いかんによって、公式制度が実際にどう機能するかが決まってくる。したがって、彼らの言う「制度」とは、私が「公式制度」および「文化」（社会規範など）と呼んでいるもののブレンドである。本書全体を通して見てきておわかりのように、私は、公式の政治制度と非公式な政治制度の両方が重要だと考えている。さらに私は、このような「高次」の政治・経済制度が、親族関係、婚姻、宗教といった「低次」の制度や、人々の文化心理と、どのような作用を及ぼし合うかについても検討する必要がある、と主張している。制度の最も基礎をなす部分について検討して初めて、ダロンとジェームズが非常に重要視する「多元的」な政治制度が、なぜ最初に西ヨーロッパに出現したのかを説明することができるのだ。ダロンとジェームズによるアプローチは、他の多くの経済学者の場合と同様に、人々の心理は文化的に進化していくこと、そして、重要な心理的差異が厳然として存在することを認めようとしていない。経済学部の教授として9年間過ごした経験に基づくと、それは、心理的差異が存在するという事実が、伝統的な経済学の理論的枠組みや世界観——すなわち経済学の文化や非公式のルール——にそぐわないからではないかと思う（Acemoglu, Johnson, and Robinson, 2002; Acemoglu and Robinson, 2012; Weber, 1958a, 1958b, 1978）。ヴを置く企業は、若いCEOを雇う傾向がある。それはおそらく、個人主義的な国々の人々は、あまり年長者を敬おうとしないからだろう。CEOが若い企業ほど、イノベーション力が高いだけでなく、影響力の強いイノベーションを生み出す可能性が特に高い（Acemoglu et al., 2013; Acemoglu, Akcigit, and Celik, 2016）。これらは、同じ論文の二つの引用文献だが、前者には、後者にはない、ここでの私の主張にとって価値のある分析結果が含まれている。

このような効果は、アメリカの大学生を対象にした経済学実験でも確認されている。ある実験で、大学生たちに、経営破綻しそうなレストランを救うための独創的なアイデアを自由に出すように求めた。コイン投げの結果に基づいてランダムに、参加者の半数は、無意識のうちに自分自身やその独自性について考えさせる――個人主義の――プライム刺激を受け、残りの半数は、自分たちの関係性や他者との類似性について考えさせる――関係主義の――プライム刺激を受けた。個人主義のプライム刺激を受けた参加者は、関係主義のプライム刺激を受けた参加者よりも、生み出したアイデアの総量が多く、しかもユニークなアイデアが多かった。もともと個人主義的傾向の強いアメリカ人でも、個人主義のプライム刺激で創造性が刺激されるのである（Goncalo and Staw, 2006）。

65. Clark, 2007a; De Moor and Van Zanden, 2010; Lee and Feng, 2009; Mitterauer and Sieder, 1982; Newson et al., 2007; Newson, 2009; Van Zanden, 2009a.

第14章　歴史のダークマター

1. Chanda and Putterman, 2007; Diamond, 1997; Hibbs and Olsson, 2004; Morris, 2010. 感染症に対する抵抗力の進化の度合いの違いは、ここでは取り上げなかった。ユーラシア大陸の集団が拡大を始めて、アメリカ大陸やオーストラリア大陸の集団とぶつかると、この点が重要になってくる。
2. Diamond, 1997; Kremer, 1993; Morris, 2010; Turchin, 2015; Turchin et al., 2013.「恵まれた緯度地域（lucky latitudes）」という言葉は、モリスから引用。
3. Chanda and Putterman, 2007; Hibbs and Olsson, 2004; Putterman, 2008; Putterman and Weil, 2010.
4. 緊密な親族関係と経済的繁栄の関連性の強さを、過去にさかのぼってみるというのも、何が起きていたのかを知る一つの方法である。まず現代世界においては、親族関係が緊密な集団、あるいは家族の絆の強い集団ほど、経済成長の速度が遅い。ところが、この相関関係は、過去にさかのぼるにつれて弱くなり、西暦1000～1500年の間にほとんど消滅してしまう（Enke, 2017, 2019）。教会と親族関係の崩壊について論じた、第6章および第7章の分析結果に照らすならば、もともと確固として存在していた、生物地理学的要因と食料生産の関連性も、また、早期ーヒーが大量にヨーロッパに届くようになったのは、海外貿易が劇的に拡大し始めた1500年以降のことだ。たとえば、砂糖の消費量は、1663年から1775年の間に20倍になった。甘いカフェイン入りの飲物は、18世紀にはすでに、都市の中間階級が毎日のように飲むものになっていただけでなく、労働者階級にも広がりつつあった。イギリスの海軍官僚、サミュエル・ピープスが、1660年にはすでにコーヒーを嗜んでいたことが、彼の有名な日記から読みとれる。グルコースとカフェインを含む飲物がもたらす即効性のエネルギーは、革新者や、実業家、労働者、そして（居酒屋ではなく）カフェで知的交流をする人々の、自制心、知力、生産性をさらに高める働きをした可能性がある。ヨーロッパ以外の地域で昔から、砂糖、コーヒー、紅茶が用いられてきたが、カフェイン入り飲み物に砂糖を混ぜるというやり方を採り入れた者は、それまで誰もいなかった（Hersh and Voth, 2009; Nunn and Qian, 2010）。心理学者たちはグルコースの摂取と自制心の強化とに関連性を見出してきたが、そのメカニズムについては議論が交わされている（Beedie and Lane, 2012; Gailliot and Baumeister, 2007; Inzlicht and Schmeichel, 2012; Sanders et al., 2012）。人類学者のシドニー・ミンツは、砂糖が労働者階級の誕生に力を貸したことをほのめかして、次のように記している（Sidney Mintz, 1986, p. 85）。「農場や工場の労働者にカロリーを補給して満足させる――はっきり言えば、砂糖中毒にする――ことによって、［砂糖は］大都市のプロレタリアートを生み出し再生産するのにかかる全体的コストを大幅に削減した」

59. Almond and Currie, 2011; Baumard, 2018; Clark, 2007a; Flynn, 2007, 2012; Frankenhuis and de Weerth, 2013; Hanushek and Woessmann, 2012; Haushofer and Fehr, 2014; Hersh and Voth, 2009; Hoddinott et al., 2011; Jaffee et al., 2001; Kelly, Mokyr, and Gráda, 2014; LeVine et al., 2012; McNeill, 1999; Muthukrishna and Henrich, 2016; Nisbett, 2009; Nisbett et al., 2012; Nores and Barnett, 2010; Nunn and Qian, 2011; Rindermann and Thompson, 2011; Whaley et al., 2003. 近親交配率が下がると、健康状態や認知能力も改善される可能性がある。

60. Kelly et al., 2014.

61. Greif and Iyigun, 2012, 2013; Iyigun, Nunn, and Qian, 2017; Muthukrishna and Henrich, 2016.

62. Davis, 2014; LeVine et al., 2012; Nisbett, 2009; Nisbett et al., 2012; Nores and Barnett, 2010; Whaley et al., 2003.

63. Gorodnichenko and Roland, 2016.「エコノミスト・インテリジェンス・ユニット」から、2009年のイノベーションのデータのみを利用し、ホフステードのウェブサイトから個人主義のデータを利用した。

64. Gorodnichenko and Roland, 2011, 2016. 国家ではなく、世界中の企業を比較した場合にも、同じパターンが現れる。企業同士で比べると、個人主義的な国々に拠点

54. Basalla, 1988; Cipolla, 1994; Hoffman, 2015; McNeill, 1982; Mokyr, 2011, 2016; Seife, 2000. ペルシャのムハンマド・イブン・ザカリヤー・ラーズィーは、実験方法（処置群と対照群）、天然痘と麻疹の症状の違い、アルコール（アラビア語の「アルクール」に由来）の蒸溜法などについて論文や本を書いており、中世ヨーロッパの医者たちは、その医学概念や実践方法を採り入れた。やがて、ヨーロッパ人は、ムハンマド・イブン・ムーサー・アル＝フワーリズミーをはじめとする、ペルシャのムスリム博識家たちが開発した代数学〔アルジブラ〕（アラビア語の「アルジャブル」〔バラバラのものを再結合する〕に由来）を利用するようになった。プロトWEIRD心理が作り出したヨーロッパの大学もやはり、イスラム社会から、ひいては中央アジアの社会から採り入れた、制度面での諸要素を組み合わせたものだった可能性が高い（Beckwith, 2012）。

55. Bosker et al., 2013; McNeill, 1982; Sequeira, Nunn, and Qian, 2017; Serafinelli and Tabellini, 2017; Stasavage, 2011, 2016. 反骨精神をもつ者自身は自国から出られなくても、その著書はたいていそれをやってのけた。ガリレオの最後の著書に対して教会から出版禁止命令が下されたが、彼はそれを、教会の権限の及ばないオランダで発刊した。刷られた書物はローマに逆輸入され、たちまち売り切れとなった。

56. Ji, Zhang, and Guo, 2008; Nisbett, 2003. もちろん、包括的にものを考える人々のほうが、分析的に考えがちな人々よりも、複雑な相互作用を理解する心の準備ができている。しかし、だからこそ、複雑に絡み合った実世界の因果関係から、単一の要因を切り分けるための、単純な実験を考案することが苦手だったりするのだ。一方で、分析的思考にもやはり盲点がある。たとえば、分析的にものを考える人々は、株式相場が反転したり循環したりするとは考えずに、現在の上昇傾向、または下降傾向がそのまま続くと予測する傾向のあることが、実験で示されている。

57. Foster, 1965; Henrich, 2009.

58. Howes, 2017; Mokyr, 2011, 2016. 面白いことに、イギリスの発明家に関するハウズの研究からうかがえるのは、発明家の多くは、発明を行なった分野での専門教育をほとんど、あるいは全く受けていなかったということだ（ニューコメンやワットもしかり）。むしろ、昔ながらの問題や技術やテクノロジーに新鮮な目を向けて、独学したり、あるいは、必要なスキルやノウハウをもっている人々と協力したりする場合が多かった。革新者たちが共通してもっていたのは、粘り強さ、「向上メンタリティ」、他の革新者たちとの（たいていナレッジ・ソサエティを通しての）社会的つながり、そして多少の幸運だった。

人々の勤勉性は、新たに登場した飲み物に支えられていた可能性がある。それは、砂糖を加えたカフェイン入りの飲み物——紅茶やコーヒーである。紅茶やコったが、四折判（1777～79年）になってからは、より入手しやすくなった。イノベーション力の高さは、文字どおり、人の成長も育んだようだ。1819年から1826年までの調査によると、『百科全書』の購読者の多い県出身のフランス兵は、購読者の少ない県出身の徴収兵よりも、身長が高かったのだ。これは、子ども時代の栄養状態が良くて健康だったことを意味しており、イノベーションが引き起こした繁栄が、社会階級のいかんを問わず、広く行き渡っていたことがうかがえる。興味深いことに、このよく知られた『百科全書（エンサイクロペディア）』は、実は、1728年にロンドンで最初に発行された『サイクロペディア』をフランス風に作り替えたものだった（Mokyr, 2011, 2016）。ここでもまた、模倣の力が見てとれる。最後に、『百科全書』利用の効果は、また別の重要な出版物からも確認することができる。『*Descriptions des arts et métiers*（美術工芸解説書）』は、1761年から1788年の間に、パリ王立科学アカデミーが発行した事典で、二折判全116巻と補巻からなる。この事典は、冶金や製粉から、採鉱や織物まで、幅広い部門の工業技術を網羅していた。1750年からの100年間について見ると、『解説書』の購入者が多数住んでいるフランスの都市ほど、経済成長が速かった。

ナレッジ・ソサエティや『解説書』および『百科全書』の購読についての、フランスでのこうした調査結果はすべて、その都市の当初の繁栄度や、平均的識字率、地理的位置、さらには大学や印刷機があるか否かなど、さまざまな要因とは無関係に認められる。極めて重要なのは、相互連絡性の尺度として用いた三つ――ナレッジ・ソサエティの会員数、『百科全書』および『解説書』の購読者数――のいずれも、それ以前の経済成長とは関係がない、という点である。たとえば、『百科全書』の購読者数で、1750年以前の経済的繁栄や兵士の身長の高さを説明することはできない。なぜこの点が重要かと言うと、すでに繁栄している地域にナレッジ・ソサエティや事典類が広まっただけではないのかという懸念、つまり、以前から続く歴史的傾向をたどっているにすぎないのではないかという懸念を払拭するものだからだ。以上の分析から、私たちは、歴史に刻まれた、フランスの地域ごとの違いを捉えているわけではなく、都市によって異なる、ヨーロッパの集団脳への接続度合いの効果を見ているのだ、ということが示唆される。

52. 引用部分は、Scoville, 1953, pp. 443–44; Squicciarini and Voigtla, 2015より。18世紀のフランスのユグノーは、人目を忍んで信仰を守らねばならなかった。しかし、守り抜いたことがわかっている。ナポレオン体制下で礼拝の自由が確立されると、突如としてまたユグノーが現れ、どの都市においても、ナポレオン後のユグノーの人口規模は、1700年以前の人口規模と極めて近かった。カルヴァン派は、カトリックの祝祭日の多くを排除したので、労働時間がカトリック教徒よりも15～20%長かったという点は注目に値する。

53. Hornung, 2014; Inkster, 1990.

40. これらのデータを提供してくれたノエル・ジョンソンとマーク・コヤマに感謝する（Johnson and Koyama, 2017）。
41. Cantoni and Yuchtman, 2014; Mokyr, 2016.
42. Inkster, 1990; Mokyr, 2016. また、en.wikipedia.org/wiki/Marino_Ghetaldi および en.wikipedia.org/wiki/Jan_Bro%C5%BCek も参照のこと。当然ながら、この情報ネットワークの脈動は、新たな交通手段や通信技術が生み出されるにつれて、速くなっていった。運河、閘門、駅馬車、そして鉄道が発達すると、集団脳の神経回路が劇的に太くなった。たとえば、イギリスでは、1750年にはロンドンからエジンバラまで駅馬車で10～12日かかったが、1836年には、両都市間が2日未満（正確には45.5時間）で結ばれた。駅馬車に、蒸気機関車という強敵が現れたのだった。同じくフランスでも、1765年から1785年の間に、多くの都市がそれまでの時間の半分で結ばれるようになった（Daunton, 1995; Mokyr, 2011）。
43. Dowey, 2017; Mokyr, 2002, 2011, 2016; Pettegree, 2015. リパブリック・オブ・レターズが初めて言及されるのは、1417年にイタリアにおいてだが、少なくとも現在の証拠資料からすると、数百年の間は盛り上がらなかったようだ。1697年、トマス・ブレイ師が、イギリス各地に、貸出しを行なう教区図書館を400箇所設立するように求めた。彼は、知識へのアクセスを容易にする図書館は、「学会のメンバーの崇高なる競争意識を高め、より多くのメンバーを世界の役に立とうと奮起させるであろう」と主張した（引用部分は Mokyr, 2011, p. 299 より）。
44. Dowey, 2017; Mokyr, 2011, 2016.
45. 図は、Mokyr, 2011. www.references.net/societies/1600_1699.html から改変。
46. Mokyr, 2016.
47. Mokyr, 2011, 2016.
48. Dowey, 2017.
49. Dowey, 2017; Inkster, 1990; Simon and Sullivan, 1989. 公共図書館や友愛結社フリーメイソンのロッジ（地方支部）も、それぞれ独自の方法で知識の普及を図ったはずであり、やはり何らかの影響を及ぼしたと思われるが、その効果を他の諸要因すべてから区別するのは難しい。フリーメイソンは1717年に、最初のグランドロッジをロンドンに設立し、そこから組織が急拡大していった。1767年には、そのようなロッジがイングランドに440――ロンドンに206、地方に234――存在していた。1800年には、フリーメイソンの会員数は5万人に上り、「科学分野の指導的人材」を多数抱えるまでになった。
50. Dowey, 2017; Jacob, 2000; Merton, 1938; Mokyr, 2016. エンジニアの密度とイノベーションを関連づける研究は、Maloney and Caicedo, 2017 を参照。
51. Squicciarini and Voigtländer, 2015. 本文中では、四折判の『百科全書』について述べている。『百科全書』の最初期の版は、ほとんどが少数の裕福な外国人の手に渡

1982; Laslett, 1977; Laslett and Wall, 1972; Mitterauer and Sieder, 1982.

28. Donkin, 1978; Gimpel, 1976; Mokyr, 1990; Woods, 2012.
29. de la Croix et al., 2018; Epstein, 1998; Van Zanden, 2009a, 2009b.
30. Coy, 1989; de la Croix et al., 2018; Epstein, 1998, 2013; Moll-Murata, 2013; Ogilvie, 2019; Prak and Van Zanden, 2013; Roy, 2013; Van Zanden, 2009a, 2009b.
31. Ogilvie, 2019. 徒弟制度の一環として、中世期には社会規範によって、旅回りが「道徳的・社会的義務」とされる場合が多かった。その後、ギルドがしだいに、こうした旅回りを強制するようになっていった。ギルドが何らかの方法で、旅回りの便宜を図ることもあった。たとえば、ジャーニーマンにその地域内で通用する公式証明書を与えたり、ギルドや親方の間で相互協定を結んだり、といった方法をとった（de la Croix et al., 2018）。
32. de la Croix et al., 2018; Epstein, 1998; Leunig et al., 2011. 18世紀のフランスでは、ジャーニーマンの80％以上が、現在働いている町や都市とは別の地域の出身者だった。中国の都市よりも、ヨーロッパの都市のほうが熟練工が集まってきたのは、戦争の性質の違いに起因すると主張する者もいる（de la Croix et al., 2018）――これは、第10章で戦争について論じた点ともつながる。
33. Cipolla, 1994; de la Croix et al., 2018; Epstein, 1998; Leunig et al., 2011.
34. Bosker et al., 2013.
35. Meisenzahl and Mokyr, 2012; Mokyr, 1995, 2002, 2011, 2013.
36. これらのデータを提供してくれたアンドレス・ゴメスに感謝する。発明者が複数人いる特許については、特許のデータを都市間で「分割」してある。つまり、発明者が3人いる特許の場合には、特許の3分の1ずつが各出身都市に与えられる。人口1万人未満の都市のデータ点3つはプロットしていない。
37. Bettencourt, 2013; Bettencourt, Lobo, and Strumsky, 2007; Gomez-Lievano, Patterson-Lomba, and Hausmann, 2017; Pan et al., 2013.
38. Bettencourt, Lobo, Helbing et al., 2007; Carlino, Chatterjee, and Hunt, 2007; Collard et al., 2012; Dowey, 2017; ヘンリック『文化がヒトを進化させた』; Kline and Boyd, 2010; Lind and Lindenfors, 2010; Lobo et al., 2013; Mokyr, 1995; Simon and Sullivan, 1989; Squicciarini and Voigtländer, 2015; van Schaik et al., 2003. このような傾向が産業革命前の世界でも認められるのは、当然のことなのだ。なぜなら、ここで適用される文化進化の基本原則は、世界中の伝統的農耕集団の間に見られる、技術的複雑度の違いをも説明しうるものだからである。しかし、狩猟採集民の集団規模や相互連絡性がテクノロジーに及ぼす影響については、活発な議論がなされている（Henrich et al., 2016）。
39. Epstein, 1998; Gimpel, 1976; Kelly and Ó Gráda, 2016; Mokyr, 1990; Van Zanden, 2009a, 2009b.

Galor and Moav, 2002)。ところが、集団によっては、この罠を徐々に抜け出して、中世から途切れることなくプラス成長を続けたことを示す証拠が増えつつある（Fouquet and Broadberry, 2015; Humphries and Weisdorf, 2017; Van Zanden, 2009a）。

20. Algan and Cahuc, 2010, 2014; Basalla, 1988; Cantoni and Yuchtman, 2014; Cipolla, 1994; Gelderblom, 2013; Gimpel, 1976; Guiso et al., 2004; Guiso, Sapienza, and Zingales, 2008; Karlan, Ratan, and Zinman, 2014; Lopez, 1976; Mokyr, 1990, 2002; White, 1962.

21. 18世紀には、重要なイノベーションがほとんど絶え間なく出現するようになっていた。ファーレンハイトの温度計（1709年）、ハリソンの経度を測定できるクロノメーター（1736年）、ローバックの硫酸製造法（1746年）、ホイットニーの綿繰り機（1793年）、ジェンナーの種痘（1798年）、メドハーストの空気圧縮機（1799年）などは、そのほんの一部にすぎない。

22. Andersen et al., 2017; Buringh and Van Zanden, 2009; Cantoi and Yuchtman, 2014; Mokyr, 2016; Wootton, 2015.

23. Coy, 1989; de la Croix et al., 2018; Henrich, 2009.

24. Muthukrishna et al., 2013. 現在ではこうした効果に関する実験的研究の文献が多数ある（Derex et al., 2013, 2014; Kempe and Mesoudi, 2014）。

25. 累積的文化進化が、個人の「賢さの度合い」を――つまり、新たなものを発明する確率を――高めていく方法は、ごく単純である（ヘンリック『文化がヒトを進化させた』; Muthukrishna and Henrich, 2016）。工業機械であれ、科学理論であれ、芸術様式であれ、新たなアイデアや発明はほとんどみな、既存のアイデアや、アプローチ、ツール、思考法を再結合させたものにすぎない。文化として蓄えられているアイデアやツールの数が増すと、可能性を秘めた新たな組み合わせの数はどんどん増えていく。たとえば、最初の荷車に取り付けられていた車輪は、やがて、他の要素と組み合わせて、ろくろ、水車、風車、滑車、歯車に活用されるようになる。より大きな文化的蓄積をもつ社会に暮らす人々は、作業に用いられるツールや概念――車輪、ばね、滑車、てこ、弾性エネルギー、蒸気動力、核融合など――を数多く備えているだけでなく、思考に用いられる概念まで多数備えている。機械式時計は人々の宇宙についての考え方を形成し、蒸気機関は人々の熱力学についての考え方を形成し、そして、コンピューターは私たちの思考（脳）についての考え方を形成し続けている。人々がアクセスできるツール、概念、メタファーの蓄えが増すほど、新たなもの、有用なものを生み出したり、偶然に発見したりする確率が高まるのである。

26. Laslett, 1977; Laslett and Wall, 1972; MacFarlane, 1978; Mitterauer and Chapple, 2010; Mitterauer and Sieder, 1982; Lynch, 2003.

27. Acemoglu et al., 2013; De Moor and Van Zanden, 2010; Falk et al., 2018; Hajnal,

うやってばらばらで偏狭なローカル集団に分裂するかではない。

10. Basalla, 1988; Henrich, 2009; Mokyr, 1990. 19世紀半ば頃以降は、トップダウン型の科学が発達したせいで、そうとも言えなくなってきたが、1800年以前は、確かにまだそのとおりだった（Mokyr, 2002）。

11. Akcigit, Kerr, and Nicholas, 2013; Basalla, 1988; Diamond, 1999, 1997; Hargadon, 2003; Meyers, 2007; Miu, Gulley, Laland, and Rendell, 2018; Mokyr, 1990, 2002; Muthukrishna and Henrich, 2016; Sneader, 2005; Williams, 1987. 威勢のいい俗説の典型として、Pinker（1997, p. 209）を参照。

12. Briggs and Burke, 2009; Burke, 2012; Cipolla, 1994; Diamond, 1999; Dittmar and Seabold, 2016; Pettegree, 2015; Rubin, 2014. グーテンベルクは運にも恵まれていた。というのは、ヨーロッパの表記文字は、何千字もある漢字とは違って、20字余りしかなく、また、イスラム世界を経てヨーロッパに伝えられた中国の製紙技術をもとに、ヨーロッパではすでに製紙産業が発展していたからである。ヨーロッパの紙製造は、中国やイスラムの技術を水車と組み合わせることによって、工程を機械化した。活字について言えば、グーテンベルク以前にすでに、11世紀の中国で生まれた焼成粘土の活字に改良が加えられ、14世紀の韓国で青銅製の活字が作られるようになっていた。

13. Basalla, 1988; Mokyr, 2002, 2011, 2016; Rolt and Allen, 1977; Wootton, 2015. 歴史学者のジョセフ・ニーダムは、蒸気機関を構成する多数の要素について時間をさかのぼり、「一人の人間が「蒸気機関の父」ではないし、一人の人間が文明の父でもない」と結論を下している（Needham, 1964, p. 50）。どういうわけか、その全ピースが18世紀のイギリスに集まったのだ。

14. Baines, 1835; Mokyr, 2002.

15. Goodyear, 1853; Nunn and Qian, 2010; Saccomandi and Ogden, 2014. マヤの社会は、コロンブスが到来する少なくとも200年前に、加硫法を考案していた（Hosler, Burkett, and Tarkanian, 1999）。トマス・ハンコックという名のイギリス人が、グッドイヤーの8週間前に同様の加硫法で特許を取得していて、重複特許が疑われるが、いくつかの証拠から、ハンコックはグッドイヤーの作ったサンプルをもとに、この方法をリバースエンジニアリング（逆行分析）したのではないかと考えられる。

16. Blake-Coleman, 1992; Conot, 1979; Diamond, 1997; Hargadon, 2003.

17. ヘンリック『文化がヒトを進化させた』; Meisenzahl and Mokyr, 2012; Mokyr, 2002; Muthukrishna and Henrich, 2016.

18. Allen, 1983; Nuvolari, 2004; Sasson and Greif, 2011.

19. 経済史学者たちはずっと以前から、ヨーロッパは1800年頃にはゼロ成長に突き当たっていた――マルサスの罠にはまっていた――と主張してきた（Clark, 2007a;

は、自殺率がカトリックの地域とそれほど変わらない。また、頻繁に礼拝に通う人ほど、自殺は受け入れがたいもの、正当化できないものと考えている。ちなみに、ヨーロッパのプロテスタントとカトリックの信仰はどんどん差が縮まっており、ラベル貼りをすることにはあまり意味がなくなっている。

47. Israel, 2010; Pinker, 2018.
48. Davies, 2004; Israel, 2010; Lape, 2002; Tierney, 1997.

第13章　離陸速度に達する

1. Hume, 1987, p. 34.
2. Pinker, 2018, www.gapminder.org/data.
3. このデータは、www.gapminder.org/data から得ている。
4. 近世のヨーロッパ人が「邪悪」だったから、という答えには無理がある。その理由として、第一に、他民族を征服・隷属化することに心を奪われた専制君主は、人類史を通してどこにでも存在しており（Hoffman, 2015; Keeley, 1997; McNeill, 1982, 1991; Pinker, 2011）、新たなことではなかった。第二に、ヨーロッパに「邪悪さ」が出現していたのだとしても、それを理由にすると、結局、なぜヨーロッパ社会が真っ先にこの不幸な特質を進化させたのか、どうしてそれがヨーロッパの強大な経済力や軍事力をもたらしたのか、という問いに戻ってきてしまう。
5. Lewis, 2001, p. 52.
6. Khaldûn, 2015.
7. Acemoglu, Johnson, and Robinson, 2005; Acemoglu and Robinson, 2012; Allen, 2009; Hoffman, 2015; Landes, 1998; Mitterauer and Chapple, 2010; Mokyr, 2016; Pinker, 2018; Robinson, 2011; Sowell, 1998.
8. Boyd, Richerson, and Henrich, 2011; ヘンリック『文化がヒトを進化させた』; Muthukrishna and Henrich, 2016.
9. Creanza, Kolodny, and Feldman, 2017; Henrich, 2004, ヘンリック『文化がヒトを進化させた』; Kolodny, Creanza, and Feldman, 2015; Muthukrishna and Henrich, 2016. 数理モデルや実験室実験では、集団の相互連絡性が「過度」になると、イノベーションの速度が遅くなる可能性がある。というのは、多様なアプローチが独立に発展しないからである（Derex and Boyd, 2016）。こうした理論的知見を、実験室実験で確認することはできるが、実世界でもやはりそうであることを示す証拠に、私はまだ出会っていない。現実世界のヒト集団は、言語や、部族主義、政治的崩壊、および民族性の進化ダイナミクスによって、自然に分裂してばらばらになる（McElreath et al., 2003）。私たち人類が常に向き合ってきたのは、いかにしてまとまって大規模な協力行動を維持するか（Boyd, 2017; Turchin, 2015）であって、ど研究については、Sanchez-Burks, 2002, 2005; Uhlmann and Sanchez-Burks, 2014を参照。Cohen and Rozin（2001）のエピグラフに、『プレイボーイ』誌のインタビューを受けたときのジミー・カーターの言葉が引用されている。

39. Baumol, 1990; Caicedo, 2017; Kieser, 1987; Tocqueville, 1835; Uhlmann et al., 2010; Uhlmann and Sanchez-Burks, 2014. イエズス会の布教活動には、プロテスタンティズムと同じような心理的・経済的効果がいろいろあったことが、フランシスコ修道会のような他の修道会と一対一で比較してみても読み取れる（Caicedo, 2017）。

40. Ashkanasy et al., 2004; Casey et al., 2011; Dohmen et al., 2015.

41. Spenkuch, 2017; Van Hoorn and Maseland, 2013. 2009; Nunziata and Rocco, 2014; Schaltegger and Torgler, 2010も参照のこと。

42. Basten and Betz, 2013. スイスのプロテスタントは、失業保険、障害保険、譲渡所得税といった、再分配機能を高める法令にも反対票を投じる傾向がある。

43. Akçomak et al., 2016.

44. Becker et al., 2016; Becker and Woessmann, 2009; Cantoni, 2015; Cavalcanti, Parente, and Zhao, 2007; de Pleijt, 2016; Young, 2009. しかし面白いことに、プロテスタンティズムはおそらく、1517年以降のヨーロッパの諸都市の成長にはそれほど大きな効果を与えていない。なぜなら、都市地域は、はるか以前から先頭に立って、勤勉さや、時間厳守（時計の普及）、非人格的信頼、創造性、独立志向、個人主義、識字能力などに関わる、価値観、習慣、動機づけを育んできたからである。また、いくつかの都市はすでに、共同生活兄弟会やそれに関連する諸運動の影響を受けていたので、プロテスタンティズムによる追加注射（ブースター・ショット）は不必要だったと思われる。

　一方でプロテスタンティズムは、広大な土地を解放し、カトリック教会へ誘導する教育の道筋を閉ざすことによって、経済成長にかなり重要な影響を与えた。プロテスタントに改宗した支配者たちは、修道院やその他の教会関連組織が所有していた土地を差し押さえた。これらの土地を売却することで、紳士階級や企業家階級の手に、より多くの富がもたらされることもあった（Heldring et al., 2018）。支配者がその土地を利用して、行政府の庁舎や宮殿を建てることもあった（Cantoni, Dittmar, and Yuchtman, 2018）。

45. MacCulloch, 2005; McGrath, 2007; Woodberry, 2012. もちろん、心理面での大局的な動向とは裏腹に、多くのプロテスタント運動は、新たな正統性を確立しようとして、たちまち強圧的で権威主義的になっていった。しかし、人々の心理の変化は、もはや元に戻らないところまで進んでいた。

46. Becker and Woessmann, 2016; Torgler and Schaltegger, 2014. 追加分析によって、プロテスタンティズムの自殺誘発効果は、頻繁に教会に通うことで抑えられることも示されている。信者が定期的に日曜礼拝に通っているプロテスタント地域でく、たいてい何らかの参加型の仕組みを備えていた。しかし、それだけにとどまらず、自己統治の達成は、市民の心理に長期的な効果をもたらしたようだ。第二千年紀初頭の中世期に、自己統治を達成したイタリアの諸都市は、人口 1000 人当たりの非営利組織の数が多かった（任意団体が多い）だけでなく、調査の結果、見ず知らずの人に臓器を提供しようとする成人が多かった（非人格的向社会性が強い）。また、自由都市として発展した歴史をもつ都市に住む子どもたちは、全国数学テストでカンニングする確率が低かった（非人格的正直さの度合いが高い）（Guiso et al., 2016）。

30. Bosker et al., 2013; Guiso et al., 2016; Van Zanden et al., 2012.

31. MacCulloch, 2005; McGrath, 2007; Weber, 1958; Durant, 2014.

32. プロテスタンティズムの種子はヨーロッパ中に播かれた。特に、教会の施策によって人々の心理状態がすでに変化していた地域に播かれていった。しかし、種から芽生えた苗は、強力な司教や絶対君主国家（互いに同盟関係にある場合が多い）によって、根絶されてしまうこともあった。たとえば、フランスでは、多くの地域にユグノー（カルヴァン派の新教徒）が生まれ、特にフランス南西部では、ユグノーが人口の 10％を占めるまでになった。しかし、国王による容赦ない迫害を受けて、1774 年にルイ 15 世が死去したときには、フランスのプロテスタンティズムはほとんど壊滅状態になっていた（Hornung, 2014; Scoville, 1953; Squicciarini and Voigtländer, 2015）。

33. Andersen et al., 2017; Baumol, 1990; Kieser, 1987; Pettegree, 2015; Weber, 1958. 宗教改革の思想は、まさに予想されるとおりの地域に広まった。神聖ローマ帝国内の 65 の自由都市のうちの 50 が、プロテスタント思想を導入したのだ。こうした地域にやって来た宗教改革指導者は、ギルドの組合員や、商人、その他の市民を納得させる必要があった。しかし、プロテスタンティズムが広まり得たのは、単に思想戦に勝利したからではない。もしオスマン帝国の侵略がなかったならば、教会は、他の競合する諸宗派と同様に、プロテスタンティズムを抑え込むことができていたであろう（Iyigun, 2008）。イスラム軍との戦い（第 10 章）やその脅威が集団の結束力を高めてくれたおかげで、プロテスタンティズムは、まだ脆弱でおぼつかない初期の時代を生き延びることができたのかもしれない。

34. Burguiere and Klapisch-Zuber, 1996.

35. Becker et al., 2016.

36. 公式制度の質によって心理的差異を説明しようとする場合にも、同様の効果が現れる。プロテスタンティズムは、政府の有効性をさらに押し上げるような働きをしている（Hruschka and Henrich, 2013b）。

37. Algan and Cahuc, 2014; Arruñada, 2010; Guiso, Sapienza, and Zingales, 2003.

38. Cohen, 2015; Cohen and Hill, 2007; Cohen and Rozin, 2001; Li et al., 2012. 関連する

個々の成員や団体の指導部とどう関わってくるのか？　また、団体は、その成員の行動、その成員の犯罪や負債に対して責任があるのか？　こうした問題に対処するために、教会は、「法人」という新たな解釈を生み出して定義した。

　こうした新たな法は、いくつかの情報源を参考にしており、とりわけローマ法の影響が強かった。しかし、教会法学者たちは、いくつかの重要な点で、ローマの先例を退けた。たとえば、教会法は、任意団体は勅令が発せられない限り、法的立場を獲得することはできない、というローマ法の考え方を退けた。教会法のもとでは、どんな団体も、自発的に確約すれば（通常、聖なる誓いを立てれば）法人と見なされて、法的立場――「法人格」と呼ばれるもの――を獲得することができた。教会法には、法人は成員のための新たな法を制定し、違反者を処罰することができるとも明記されていた。これは理に適っていた。なぜなら、町も都市もすでにこうしたことを行なっていたからである（Berman, 1983）。

16. Barker and Goldstein, 2001; Huff, 1993. サモスのアリスタルコスも、紀元前3世紀に、太陽中心説を唱えていたと指摘する者もいる。
17. Wootton, 2015.
18. Blaydes and Paik, 2016; Dilcher, 1997; Isaacs and Prak, 1996; Serafinelli and Tabellini, 2017; Stasavage, 2011. 商人ギルドが経済実績に及ぼす効果や、実際の地理的な課題を考えると、確かに、それほど単純ではなかったはずだ（Stasavage, 2011, 2014, 2016）。
19. Berman, 1983.
20. Ansary, 2010, p. 352.
21. Ansary, 2010, p. 352; Ben-Bassat and Dahan, 2012.
22. Heine, 2016; Henrich, Heine, and Norenzayan, 2010a. バヌアツでの研究によると、バヌアツの大人たちは、アメリカの親たちとは違って、周囲にうまく合わせられる子どもほど「賢い」と考える（Clegg, Wen, and Legare, 2017; Wen, Clegg, and Legare, 2017）。
23. Campos-Ortiz et al., 2013; Dal Bó, Foster, and Putterman, 2010; Iyengar and DeVoe, 2003; Iyengar, Lepper, and Ross, 1999; Vollan et al., 2017.
24. Schulz, 2017.
25. Bosker et al., 2013; Cahen, 1970, p. 520; Schulz, 2019; Van Zanden, Buringh, and Bosker, 2012.
26. Schulz, 2019; Woodley and Bell, 2012.
27. Schulz, 2019.
28. このデータを提供してくれたジョナサン・シュルツに感謝する。
29. Rustagi and Veronesi, 2017. 北イタリアでも同様のパターンが見てとれる。やはり、教区によりMFPの影響を強く受けた都市ほど、公式の自治制が敷かれる確率が高ローマ人は、原則を例証するため、あるいは一歩下がって原則を検証するため、言ってみれば適用性を確認するために、判例を利用することはなかった。他方で、彼らは判例をただの判決にしてしまい、判例について十分に論じることはなかった……」(Berman, 1983, p. 139)

14. Nisbett, 2003; Yutang, 1936. どういうことかを理解するために、治安判事と暴徒という、社会的ジレンマの典型例について考えよう。「誰だかわからないが、ある民族集団の一員が、町で起きた殺人事件の犯人であることはわかっている。……その町は、それまで激しい民族紛争や暴動を経験してきているので、町の警察署長や判事は、今すぐに犯人を特定して処罰しなければ、町の住民たちが反民族主義を掲げて暴動を起こし、その結果、民族集団の成員の所有する財産に大きな損害を与え、また、民族集団に相当数の重傷者や死者が出るであろうことがわかっている。……警察署長と判事は、あるジレンマに直面する。彼らとしては、暴動を防ぐために、その民族集団の一員で、何の罪もないスミス氏を訴追して有罪とし、投獄することもできる。あるいは、犯人を捜し続けることもできる。その場合には、反民族主義の暴動が起きてしまうが、犯人が逮捕されるまで、力を尽くして暴動の抑え込みのために戦うことになる。……警察署長と判事は、暴動を防ぐために、その民族集団の一員で、何の罪もないスミス氏を訴追して有罪とし、投獄することに決める。そうすることで、民族集団に相当数の死者や重傷者が出るのを防ぐことにしたのである」(Doris and Plakias, 1998, p. 324)。警察署長と判事について、あなたはどう考えるか?

　アメリカでは、何の罪もない男性を有罪にした警察署長と判事に対し、厳しい判断を下す人々のほうがはるかに多かった。中国では、多くの人々が、個人の権利や正義よりも平和や調和のほうが重要であると考えた。このような違いは、個人をどこまで重く見るか、個人の権利をどう考えるか、排他主義を抑えて公平性ルールを中心に据えるか、といった直感的判断からじかに生じるものだ(Doris and Plakias, 1998)。

15. Berman, 1983; Fukuyama, 2011. 任意団体が出現し普及するにつれて、教会も世俗的支配者たちも、このような団体に対応するための新たな法を考え出すようになった。早くから各地に教区や修道院が普及していた西ヨーロッパでは、教会が11世紀後半から12世紀にかけて、任意団体――「法人」――を取り扱う、教会法の一部門を発展させることによって、先導的役割を果たした。教会は、大学教育を受けた法学者たちを任務に就けて、宗教的慈善団体や、学生自治会、修道院、教区教会、救貧院に対応するための総合的な法典を編纂させた。法学者たちは、次のような問いに答えを出さねばならなかった。これらの存在が、財産を所有したり、土地を相続したり、契約を締結したり、契約を破棄したり、犯罪を犯したり、処罰を受けたりすることは可能なのか?　可能であるならば、そうした状況は、

51. Smith et al., 2018; Woodburn, 1998.

第12章　法、科学、宗教

1. Tocqueville, 1835, p. 279.
2. Rockmore et al., 2017.
3. Pinker, 2018.
4. たとえば、MacFarlane, 1978, 2014; McCloskey, 2007; Tierney, 1997 を参照。
5. Bartlett, 1993; Berman, 1983; Lilley, 2002; Stephenson, 1933; Tierney, 1997.
6. Tierney, 1997, p. 76.
7. Boswell, 1988; Burguiere and Klapisch-Zuber, 1996; Gellhorn, 1987; Greif and Tabellini, 2015; Lape, 2002; Slingerland, 2008, 2014. 同様に、中国の役人の親族は、その役人の階級、および、加害者との関係の近さに応じて処罰を受けた。もちろん、このような偏りは、今日、WEIRD な社会にも現れるが、成文法にはないし、それを容認できる者はほとんどいない。中国の父親と同様に、古代ローマやギリシャの父親も、わが子を殺害したり、遺棄したり、場合によっては奴隷として売ったりする広範な権限をもっていた（Boswell, 1988; Burguiere and Klapisch-Zuber, 1996; Lape, 2002）。20 世紀初めの中国の考え方や論法について、内部の者がどう見ていたかは、Yutang, 1936 を参照。
8. 言うまでもなく、アメリカ合衆国建国の父たちは、奴隷制に加担していることも含め、大きな矛盾を抱えて葛藤していた。この矛盾は、彼らをはじめとする多くの分析的思考者たちを悩ませた。分析的という点が重要だ。彼らは、次のいずれかの方法で解決せざるを得ないことに気づいていた。奴隷制を終わらせるか、さもなければ、奴隷は人間とは別種の被造物であって自明の前提の対象には含まれないので、あらゆる権利を否定できると結論づけるか。分析的にものを考えない人々は、カテゴリー分けの矛盾に悩まされることはない（Buchtel and Norenzayan, 2008; Ji, Nisbett, and Su, 2001; Nisbett, 2003）。
9. Tierney, 1997, p. 56.
10. Berman, 1983; Tierney, 1997. バーマンは次のように記している。「神は法を通じて支配するので、神の命を受けた教会や世俗の権威者は、法の原理を明らかにして、その違反に応じた制裁措置を講ずる。彼らは、神のように、人間の魂を直接見通すことはできないが、神の審判に近づく道を見つけることならばできる」（Berman, 1983, p. 195）
11. Barrett et al., 2016; Curtin et al., 2019.
12. Berman, 1983, p. 150.
13. Berman, 1983, Chapter 3 and 4; Tierney, 1997. バーマンはこう記している。「一方で、

検査を行なった場合には、WEIRD－5は現れなかった。ところが、30年間にわたって、アチェ族と協力しながら仕事をしてきた人類学者が、同じ調査票を用いて評価を行なうと、WEIRD－5すべてが現れたのだ（Bailey et al., 2013）。

43. Gurven et al., 2013. 注目すべきこととして、ガーヴェンのチームは、研究の難しさについての議論の中で、チマネ族の参加者たちが標準的なパーソナリティ調査票で使用される「性格」を表す用語の理解に苦しんだことに言及している。チマネ族は、状況によらない一貫した性格特性について、WEIRDな人々のような考え方はしないようだ。したがって、1年後に、全く同じパーソナリティ調査票を渡されたときの回答は、典型的なWEIRDな参加者の場合ほど、整合性がとれていない。このような結果になるのは、チマネ族自身が、WEIRDな人々ほど、時間や状況によらない一貫性に重きを置いていないからなのかもしれない。

44. データを提供してくれたマイケル・ガーヴェンに感謝する（Lukaszewski et al., 2017）。ここでは、中世ヨーロッパについて、（図9.5のように人口1000人ではなく）人口1万人を超える都市に居住している人々の割合に基づいて都市化率を算出している。現代の都市化率の推定値と比較しやすいようにするためだ。

45. Lukaszewski et al., 2017. WEIRDな社会のほとんどは、図11.4の直線の下側にあることに注目されたい——黒い菱形である。これは、現時点での都市化や職業多様性のレベル以外の何かが、パーソナリティ特性間の相互相関を押し下げている可能性を示唆している。一つ考えられるのは、こうしたWEIRDな傾向が特に強い地域は、都市化が進展し、人間関係が流動的になり、職業選択の幅が広がってから久しいので、これらの集団では文化進化が、パーソナリティの形成により長い時間をかけてきたということだ。興味深いことに、パーソナリティ特性の組み合わせの中には、都市化の度合いが低下するにつれて、他の特性の組み合わせよりも急速に相関が高まっていくものがある。都市化の度合いが低下するにつれて、調和性、誠実性、および経験への開放性の因子は、外向性および神経症傾向の因子よりも、急速に独立性が失われていくようである。こうした研究結果には驚かされる。なぜなら、すでに述べたとおり、これらの研究の対象者は、それぞれの国の成人から無作為に抽出されたものではないからだ。サンプルのほとんどは、都市に住む大学生である。もし、これらの国々から成人を無作為に抽出していたならば、さらにいっそう劇的な結果になっていたのではないと思われる。

46. Choi, Nisbett, and Norenzayan, 1999; Morris and Peng, 1994.

47. Marlowe, 2010; Woodburn, 1982, 1998, p. 54; Woodburn, 2016.

48. Apicella, Azevedo et al., 2014.

49. Apicella, Azevedo et al., 2014; Plott and Zeiler, 2007.

50. Harbaugh, Krause, and Vesterlund, 2001; Maddux et al., 2010; Morewedge and Giblin, 2015.

38. MacFarlane, 1978; Van Zanden and De Moor, 2010; Winter, 2013.

39. Smaldino et al., 2019.

40. パーソナリティの類型とその起源にについては、心理学者たちの間で議論されているところなので、ここでは、普遍性はないが、ごく一般的な見方について述べている（Heine, 2016; Ross and Nisbett, 1991）。学生ではない成人を対象にしたある研究では、ガーナ、ケニア、スリランカ、雲南省、ラオス、ベトナム、フィリピン、コロンビア、マケドニア、セルビア、ジョージアのサンプルには、WEIRD－5のパーソナリティ特性が確認されなかった（Laajaj et al., 2019）。ところが、その同じ論文において、対象とする国々は同じでも大きな偏りのあるオンライン・サンプルを用いた場合には、WEIRD－5が確認されている。このような調査結果の不一致は、本文の論点を際立たせるものだ。オンライン参加者は、若年層で、教育水準が高く、ドイツ語、オランダ語、英語、またはスペイン語の読み書きができる（調査はこれらの言語のみで行なわれた）。サンプルのさらなる偏りをもたらしたのは、オンライン参加者は自分自身やそのパーソナリティについての関心から調査に参加した、という事実である。この関心こそが、WEIRDな文化の特質であり、まさに本書で取り上げているプロセスによって築かれたものであって、個人主義とも切り離せない。多様な社会的ニッチや職業へのアクセスが十分保証されている人々を選択的にサンプリングすると、WEIRD－5が見つかるのである。 パーソナリティの地理的差異に関する興味深い研究については、Obschonka et al., 2018; Rentfrow et al., 2017を参照。

41. Heine and Buchtel, 2009; Schmitt et al., 2007.

42. Gurven et al., 2013; Gurven et al., 2009. ガーヴェンらの研究に対するよくある批判は、①WEIRD－5因子は遺伝によるところが大きい、②ヒト以外の動物にも、WEIRD－5のパーソナリティ構造が見られる、というものだ。一つ目の批判は、バスケットボールやテレビの視聴のような、純粋に文化として獲得される多くのスキルもやはり遺伝によるところが大きい、という事実が認識されていないことの現れである（Hatemi et al., 2015; Plomin, Defries, and McLearn, 2000; Plomin et al., 2016）。もちろん、遺伝子は、いろいろ遠回りの道筋を経てさまざまな影響を生み出すが、そのような道筋が存在するかどうかは、制度、生態、その他の多くの要因に左右される。ヒト以外の動物のWEIRD－5については、都市化され、職業が多様化された社会出身の人間が分類したことが原因だと考えなくてよい証拠を、私はまだ確認できていない（Weiss et al., 2012）。もちろん、だからと言って、動物には、新奇探索傾向や群居性といった、さまざまな種類の性格特性がないというわけではない。ちなみに、観察者が自分のパーソナリティを相手に投影するという現象は、人間の場合にも当てはまる。パラグアイの狩猟採集・焼畑農耕民であるアチェ族の間で行なわれた研究で、アチェ族自身が通常のパーソナリティ

26. Clark, 2007a; Eisner, 2001, 2003. これらの算出方法を吟味するには、Clark, 1987, 2007a を参照。土地収益と地代の両方をもとに、金利を推定して平均値を求め、七つの推定値の移動平均を用いてグラフを作成した。

27. Clark, 2007a; Dohmen et al., 2015. クラークは、このような心理的変化はおそらく遺伝的変化によるものだろうとしつつも、それが文化に起因している可能性を残したままにしている（Clark, 2007b）。逆に、いくつかの証拠はみな一様に、文化的進化が心理の変化を促す役割を果たしていることをほのめかしている。文化が遺伝子に影響を及ぼす可能性については、本書の終章で論じる。

28. Clark, 2007a; Rubin, 2017; Van Zanden, 2009. 金利データは 2001 年まで存在するが、移動平均なので、プロットの最終年は 1974 年となっている。

29. Arantes et al., 2013; Block and Gerety, 1995; Blondel et al., 2007; Casey et al., 2011; Cohn et al., 2014; Dohmen et al., 2015; Godoy et al., 2004; Hanoch et al., 2012; Khadjavi and Lange, 2013; Mischel et al., 1989; Pratt and Cullen, 2000; Reyes-García et al., 2007; Reynolds, 2006; Wichary et al., 2015.

30. Blattman, Jamison, and Sheridan, 2016; Squires, 2016.

31. Eisner, 2001, 2003.

32. Eisner, 2001, 2003; Elias, 1981; Lopez, 1976, p. 124.

33. Hirschman, 1982, p. 1465.

34. こうした忍耐力や自己制御力の変化は、人々の生活史戦略の変化によって引き起こされたものだと主張する方もおられよう。もしそれが真実であるならば、エリートはみな栄養状態が良かったのだから、暴力行為発生率がすでに低くなっていていいはずだ。ところが、そうではなかった。それどころか、エリートは 19 世紀に入っても決闘を続け、しかも、すでに述べたように、長期的な財政投資はしなかった。それとは対照的に、暴力行為の減少と長期的投資の増加の両方が見られたのが、都市の中間階級である職人、商人、銀行家、法律家、役人、会計士などだった（Appiah, 2010; Doepke and Zilibotti, 2008; Pinker, 2011）。

35. Heine and Buchtel, 2009; Smaldino, 2019.

36. Barth, 1965; Carneiro, 1987; Hallpike, 1968; Henrich and Boyd, 2008; Moll-Murata, 2008; Prak and Van Zanden, 2013; Roy, 2013. 18 世紀のインドの民族誌的記述には、次のような記述がよく見られる。「……インド人は、子どもたちを、全員がみな同じ境遇に置かれ、同じ職務を果たすことになるかのように扱う漠然とした表面的な教育は行なわない。各カーストの人々は、幼児期から、一生涯携わる特定の職業に就くために教育されるのである」（Roy, 2013, p. 74）。また、大清帝国末期の中国では、都市部の職業は依然として、特定の地域、または特定の氏族のものだった（Moll-Murata, 2013; Winter, 2013）。

37. de la Croix et al., 2018; Lopez, 1976; Mokyr, 2002.

金をプライム刺激として与えると、容易にヒトの商業心理を掻き立てて、その効果を調べることができる。金銭プライミング実験の基本的な設定は、次のとおりである。まず、参加者を次のいずれかの群に無作為に割り当てる。①金銭プライミング群（現金を扱う、現金の画像を見る、あるいは、金銭に関わる語句を並べ替える)。②対照群（実験群とよく似ているが、金銭や市場を思い出す手がかりが一切含まれないことを行なう)。そのあと、参加者に達成すべき複雑な課題を与えて、どれだけの時間粘り、どれだけ効率よく作業し、全体としてどれだけの成果を挙げたかを研究者が評価する。ポイントは、こうした課題の成果に対する金銭的報酬はなく、実験群でも金銭について思い出すだけという点である。だいたい一貫した結果が得られる。アメリカ合衆国、インド、イタリア、トルコなど、さまざまな国の大学生が、現金のプライム刺激を受けると、刺激を受けなかった大学生（対照群）に比べ、その後に与えられた課題に対して、より長い時間、熱心に、てきぱきと取り組んだ。当然ながら、これらの課題の全体としての出来映えもまさっていた。幼い子どもを対象にした実験でも同様の結果が得られており、このような文化的影響は深く浸透していることがうかがえる（Gasiorowska et al., 2016; Vohs, 2015; Vohs et al., 2006, 2008)。

22. Salali and Migliano, 2015. デニスはまた、同じ町に暮らすバンツー族の農民は、およそ58%が1日待ってキューブ5個をもらおうとし、町に暮らす狩猟採集民のバヤカ族よりも、やや忍耐力が強いことも発見した。この結果もやはり、農耕の中でも特に、特定の種類の農耕は、満足を先延ばしする能力を高めることによって、銀行や預金口座といった制度が機能するための精神的土壌を培う可能性がある、という考えを裏づけている（Galor and Özak, 2016)。

23. Godoy et al., 2004; Reyes-Garcia et al., 2007; Salali and Migliano, 2015; Tucker, 2012. また別の研究では、旧ソ連圏からアメリカ合衆国にやってきた移民たちは忍耐力が増すことが報告されている。WEIRDな文化に接触している期間が長かった移民ほど、祖国に帰ってからも、忍耐強くなっていた（Klochko, 2006)。

24. Clark, 2007; Elias, 1981; Pinker, 2011.

25. Clark, 2007. この背後にはさまざまなことがあり、これらの金利は間接的に推定したものにすぎない（Clark, 1987, 2007)。インフレのほとんどない産業革命前の農業経済においては、生産財のほぼすべてが土地だったので、金利は、土地の平均収益、または地代から推定することができる。たとえば、土地を1000ドルで購入し、商品作物を毎年100ドルずつ生産できれば、金利は10%と見積もられる。同様に、地代はローンのようなものだ。たとえば、私があなたに100ドル与え、あなたは自分の土地を担保に、年に1ドルずつ永久に払い続けると約束したとする。この取引のもとでは、年1%の金利と評価される。有益な議論がなされているので、faculty.econ.ucdavis.edu/faculty/gclark/ecn110a/readings/chapter9.pdfを参照。

10. Smith, 2015.
11. de Vries, 1994, 2008; Glennie and Thrift, 1996; Thompson, 1967.
12. Alonso, 2013; Cooperrider, Marghetis, and Núñez, 2017; Dehaene et al., 2008; Droit-Volet, 2013; Glennie and Thrift, 1996; Han and Takahashi, 2012; Takahashi, 2005; Takahashi et al., 2009. ヴェーバーは、プロテスタンティズムと資本主義に関する議論の中で、時計が刻む時間の重要性に言及している（Weber, 1958）。
13. de Vries, 1994, 2008; Doepke and Zilibotti, 2008; Voth, 1998.
14. de Vries, 2008; Voth, 1998.
15. Bhui and Henrich, 2019. これらの小規模社会の女性に関しては、商業的性格の強い仕事と総労働時間との間に関連性は認められなかったが、女性のほうが男性よりも長く働いていることがわかった。
16. de Vries, 1994, 2008; Glennie and Thrift, 1996; Henrich, 1997; Pettegree, 2015; Sahlins, 1998; Thompson, 1967.
17. Clark, 1987. 同様の傾向がイギリス（Clark, 1987）やフランス（Grantham, 1993）でも見られる。もう一つの可能性として、時が経つにつれて、トウモロコシやジャガイモのような新たな作物から得られるカロリーの大幅な増加などによって、人々の栄養状態が良くなったことが考えられる（Nunn and Qian, 2011）。
18. Andersen et al., 2017; Donkin, 1978; Gimpel, 1976; Woods, 2012.
19. データは、Donkin, 1978 から得ている。チームのデータを共有させてくれたジャネット・ベンツェンに感謝する。
20. Andersen et al., 2017. アンダーソンらの分析について確認したい点がいくつかあったので、うちのラボチームはそのデータを入手した。そこに、クリュニー会、ドミニコ会、フランシスコ会など、いくつかの非シトー派修道会の修道院の、詳しい位置データを追加した。こうすることで、「シトー会効果」と非シトー会修道院による効果を比較できるようになった。非シトー会修道院の存在を統計的に統制すると、シトー会の効果が確かにやや強まった。さらに、非シトー会修道士には、勤勉さについての人々の信念を強める効果が少々あったが、その効果は、シトー会に比べるとわずかで、カトリック信者だけに焦点を当てた場合にようやく判別できる程度だった。この場合、シトー会効果は、非シトー会修道院の効果の23倍だった。次に、ヨーロッパの地図を、アンダーソンらが用いたロビンソン図法ではなく、アルベルス正積円錐図法で描いてみた。こうすると、各地域の土地面積をより正確に見積もることができる。全体として、この再分析は、アンダーソンらの分析結果を裏づけるものとなった。分析作業を行なってくれたカミー・カーティンに感謝する。
21. 市場に関する思考が勤労意欲に与える影響を探るために、非人格的「商業」を無意識のプライム刺激として与える、という方法もとられてきた。金銭を、特に現

第11章　市場メンタリティー

1. 引用句はSmith, 1997, p. 17より。
2. Boerner and Severgnini, 2015; Cipolla, 1977; Dohrn-van Rossum, 1996; Thompson, 1967.
3. Levine and Norenzayan, 1999.
4. Levine, 2008; Levine and Norenzayan, 1999. ノレンザヤンとレヴィーンは、第三の方法で時間節約度を測定した。各都市から無作為に15の市中銀行を選び、その銀行の掛け時計が、標準時（「正確な」時刻）からどれだけずれているかを比較したのである。そこから、都市ごとの、時計の時刻のずれの平均値を算出した。人々が心理的に、時計の針が刻む時間に注意を向け、1分の違いを気に掛けているほど、時計をより正確かつ頻繁に標準時に合わせるだろう、との考えからだ。チューリッヒやウィーンでは、時刻のずれは平均で25秒以下だった。アテネやジャカルタでは、時刻のずれは平均で2.5～3.5分だった。これらの違いを、心理の他の諸側面と関連づけるべく、私が再分析を行なったところ、個人主義的傾向の強い集団ほど時計の時刻のずれが小さく、時間節約志向と一致することが明らかになった。しかしその一方で、（規範の遵守を強く求める）「厳格な」社会ほど、時刻のずれが小さいこともわかった。心理面の厳格さを強める要因には、歴史的な親族関係の緊密さ（第7章）に加え、環境がもたらすショックや戦争など、さまざまなものがある。したがって、心理的、歴史的要因との関係は単純ではない。
5. Cipolla, 1977; Dohrn-van Rossum, 1996; Kleinschmidt, 2000; Richardson, 2004, pp. 19–20. 宗教改革（1517年、序章参照）をきっかけに普及していった学校ではたいてい、機械式時計と連動するチャイムで始業時刻と終業時刻を知らせていた。教師や講師たちは、授業を始めるときに砂時計をひっくり返すのが常だった。時間に対する認識が厳密になったことは、製法を記した作業手順書にも現れている。12世紀初めには、装飾写本に用いられる金泥の製法を記した手順書には、金をミルで「2～3時間」すりつぶすと書かれている。15世紀に入ると、手順書に時間が明記されるのが普通になり、しかもその厳密さが増している。たとえば、火薬製造の手順書には、硫黄、硝石、塩化アンモニウムを火にかけて30分間攪拌する、と明記されている（Dohrn-van Rossum, 1996, pp. 307–08）。
6. Boerner and Severgnini, 2015; Dohrn-van Rossum, 1996.
7. Thompson, 1967, pp. 58–59. それぞれ異なる社会の人々が、時間についてどう考えているかについての研究は、Boroditsky, 2011を参照。
8. Bourdieu, 1990, p. 222; Hallowell, 1937; Levine, 2008; Thompson, 1967, pp. 58– 59; nobaproject.com/modules/time-and-culture.
9. www.franklinpapers.org/franklin/framedVolumes.jsp.

47. Berman, 1983; Cantoni and Yuchtman, 2014; Huff, 1993; Van Zanden, 2009; Verger, 1991; Woods, 2012.

48. Berman, 1983; Huff, 1993; Verger, 1991. 中世のヨーロッパ人は——教育施設としての——大学の重要な構成要素のいくつかを、イスラム社会や、やがては中央アジア社会から習得し、それを組み合わせて、解釈し直したようだ（Beckwith, 2012)。イスラム世界の大学と同様に、前近代の中国の大学も、ヨーロッパの大学に見られるような独立性を発達させることはなかった（Hayhoe, 1989)。

49. Lynch 2003.

50. Alvard, 2011; Barnes, 1996; Tuzin, 1976, 2001. たとえば、イラヒタのタンバランは、ヤムイモ栽培コンテストという形で、儀式グループ間の競争を命じていた。この地域一帯の農民たちはずっと昔から、誰が最も大きく、最も長いヤムイモを栽培できるかを競ってきた。大きいものだと100キロを超える。イラヒタでは、このヤムイモ栽培コンテストがチームスポーツとなっていたが、それは儀式グループ間での競争であって、氏族間での競争ではなかった。チームが一丸となって作業したので、このような競争体験は、儀式グループの成員同士の結束力を育んだにちがいない。儀式グループの成員は、さまざまな氏族の出身だったので、チーム同士の競争は、氏族を越えた個人同士の絆を効果的に強め、イラヒタを全体として強化したはずである。

51. Greif and Tabellini, 2015; Liangqun and Murphy, 2006; Peng, 2004.

52. Goetzmann and Rouwenhorst, 2005; Stringham, 2015.

53. Christmas, 2014; Hofstadter, 1969. 16世紀にはヨーロッパ全土に、新たな宗教結社が続々と出現した。宗教戦争が起こり、修道院が破壊され、多様な宗教的信条が混在する共同体内では内部対立が激化していた。そんな状況下にあった1682年、クエーカーであるウィリアム・ペンは、イングランド王から、ペンシルベニアでの植民地設立を認める特許状を受け取った。ペンは、ニューイングランドに移住したピューリタンがやったように、クエーカーとして、神の国の建設を目指すこともできた。しかし、彼は新しい植民地のために、基本的権利の中でも特に、信教の自由を保証する自由憲章を書き上げたのだった。ほどなく、フィラデルフィアには新たな入植者——クエーカー、ユダヤ教徒、カトリック、ユグノー、アーミッシュ、ルター派信者（熟練労働者層）——が押し寄せて、経済的繁栄を極め、不寛容な北米の入植地を打ち負かしていった。

54. Harris, 1998, p. 190; MacFarlane, 2014; www.baseball-reference.com/bullpen/origins_of_baseball. より。

Puurtinen, 2011.

35. Francois et al., 2011; Peysakhovich and Rand, 2016.

36. Muthukrishna et al., 2017.

37. Shleifer, 2004. 当然ながら、CEOの報酬はさまざまなプロセスの影響を受ける（Murphy, 2013; Murphy and Zabojnik, 2004）。

38. Greenwood, Kanters, and Casper, 2006; Newson et al., 2016; Wann, 2006; Wann and Polk, 2007.

39. Finke and Stark, 2005; Norris and Inglehart, 2012.

40. Berman, 1983; Cantoni and Yuchtman, 2014; de la Croix, Doepke, and Mokyr, 2018; De Moor, 2008; Ekelund et al., 1996; Epstein, 1998; Gelderblom, 2013; Greif, 2006c; Greif and Tabellini, 2015; Kleinschmidt, 2000; McNeill, 1982; Mokyr, 2013; Serafinelli and Tabellini, 2017; Van Zanden, 2009a, 2009b; Lynch 2003.

41. Van Zanden, 2009 a, 2009b, Table 2.

42. Andersen et al., 2017; Mokyr, 2002; Van Zanden, 2009.

43. Andersen et al., 2017; Donkin, 1978; Herbermann et al., 1908; Mokyr, 2002; Woods, 2012. および、en.wikipedia.org/wiki/Cistercians. シトー会の衰退に関しては、シトー会修道士たち、特にその平修士たちが、自らの醸造した大量のワインに溺れるようになっていったからではないか、という意見もある（Gimpel, 1976）。中世盛期には、都市化の進展や市場の拡大とともに、修道院の成長が加速した。ただし、10世紀から12世紀にかけてシトー会修道院が急成長したのは、都市部ではなく、農村部だった。シトー会は、未開拓の地を好み、しばしば人里離れた沼地まで切り拓いていった。したがって、このような修道院の新設は、単に、都市化や商業の発展に「同調」した動きではない。むしろ、こうした任意団体すべての急増を促したのは、都市化や商業の発展を促したのと同じ要因、つまり、教会がもたらした社会的・心理的変化である。注目すべき点として、多数の修道院が広まっていったのは都市の成長と無関係である一方、修道院の広まり方が最も劇的だったのは、長いこと西方教会のもとに置かれていて、家族組織の根本的な変化がすでに起きていた地域だった。

44. Weber, 1958b. 修道院間だけでなく、教区教会間でも競争が起きた。居住地にも親族関係にも縛られない中世のヨーロッパ人は、自分が好む教区教会に移動したようだ（Ekelund et al., 1996）。

45. ギルドのデータは、ゲイリー・リチャードソンがまとめた「イングランドのギルドのデータベース」から得ている（“Database English Guilds,” 2016）。大学のデータは、Verger, 1991から得ている。

46. Richardson, 2004, 2005; Richardson and McBride, 2009. ギルドの生活では宗教が中心的役割を果たしていた（Ogilvie, 2019）.

フランドルやブルージュのような都市は、香辛料、絹、磁器、その他、十字軍兵士が遠征中に出会った贅沢品の交易の中心地となった。十字軍によって、文化的実体としての「ヨーロッパ」や「キリスト教世界」についての人々の理解が強化された可能性がある。

23. Blaydes and Paik, 2016; Bosker et al., 2013; Cahen, 1970; Dincecco and Onorato, 2016, 2018; Fried, Ettinger et al., 1994; Hoffman, 2015; Stasavage, 2016. 引用句は Cahen, 1970より。イスラム世界には、事実上の都市である、自治を認められている領域があった。しかし、治めているのは王族であって、議会や国会ではなかった（Bosker et al., 2013)。
24. Churchill, 2015. 戦争の影響を受けて累進課税制度が創設された（Scheve and Stasavage, 2010）のは、戦争が私たちの心理を変化させた結果の一つである可能性が高い。
25. Aghion et al., 2018; Hoffman, 2015; McNeill, 1982; Stasavage, 2011, 2016.
26. Kroszner and Strahan, 1999. 国家レベルで規制緩和が進められた結果、1994年にリーグル・ニール州際銀行支店設置効率化法が制定され、全米各州で支店設置規制が撤廃された。
27. Nelson and Winter, 1985; Richerson et al., 2016. 企業は互いに模倣し合うことが立証されている（Davis and Greve, 1997; Shenkar, 2010)。社会的ネットワークを通じて向社会的行動が広まっていくプロセスが、実験によって明らかになっている（Fowler and Christakis, 2010)。
28. Francois et al., 2011, 2018.
29. データ（Francois et al., 2011, 2018）を提供してくれた、パトリック・フランソワとトマス・フジワラに感謝する。
30. Francois et al., 2011, 2018.
31. 私たちの祖先が暮らしていた環境についてわかっていることから考えると、ヒトは頻度の低いやりとりや、さらには1回限りのやりとりに対応するように調整されていると考える理由が大いにある（Chudek, Zhao, and Henrich, 2013; Fehr and Henrich, 2003; Henrich, 2016)。
32. データ（Francois et al., 2011）を提供してくれたパトリック・フランソワとトマス・フジワラに感謝する。
33. パトリック率いるチームの実験結果は、集団間競争によって生じた獲得額の増加に起因するものではない（Francois et al., 2011)。実際、彼らの分析によると、獲得額が増加しても信頼が高まることはない（Francois, Fujiwara, and van Ypersele, 2018)。
34. Bornstein and Benyossef, 1994; Bornstein, Budescu, and Zamir, 1997; Bornstein, Gneezy, and Nagel, 2002; Puurtinen and Mappes, 2009; Sääksvuori, Mappes, and

さらに揺るぎないものとなる（Sibley and Bulbulia, 2012）。熱帯暴風雨や地震と社会的動機を関連づける研究は、Castillo and Carter, 2011; Rao et al., 2011; Vardy and Atkinson, 2019を参照。

10. Henrich et al., 2019.
11. Henrich et al., 2019. 戦争の影響は、人々が自己の体験を思い返すにつれて――内省的解釈が加えられるにつれて――時とともに強まっていく可能性もある（Newson, Buhrmester, and Whitehouse, 2016）。
12. Cassar et al., 2013; Henrich et al., 2019. 注目すべきことに、暴力により分断された共同体内では、抗争から10年が経過してもなお、戦争の影響を強く受けた人々は、見ず知らずの他人よりも、（氏族を異にする）村民に対して強い不信感を抱いていた。有益な背景情報を提供してくれたアレッサンドラ・カッサーとポーリン・グロージャンに感謝する。
13. Cohen, 1984; Collier, 2007; Morris, 2014; Tilly, 1993; Turchin, 2015.
14. Dincecco and Onorato, 2016, 2018; Pirenne, 1952; Scheidel 2019.
15. Dincecco and Onorato, 2016, 2018; MacFarlane, 2014; Tilly, 1993. 王族の結婚が1500年以降のヨーロッパでの紛争発生率に与えた影響についての最新の研究結果（Benzell and Cooke, 2016）からすると、教会が姻戚を含めた親族との結婚を制限したことが、中世初期および盛期における紛争の頻度を高めた可能性がある。押えておくべき点として、第4回ラテラノ公会議の後、とりわけ、プロテスタンティズムが勃興して以降、これらの制限は弱められた。
16. 短命だった秦朝は無視しており――それゆえ「安定した」という言葉を用いている。
17. Fukuyama, 2011; Hui, 2005; Levenson and Schurmann, 1971; Morris, 2014.
18. Dincecco and Onorato, 2016, 2018. この著者たちは、この手法では戦争の因果効果を捉えられていないのではという懸念を緩和するために、広範囲な分析を行なっている。
19. データはDincecco and Onorato, 2016から得ている。
20. Martines, 2013.
21. 任務遂行のために、君主たちは領地の一部を売却したり、領地を担保に多額の借金をしたりしていたが、やがて、税金を課すことを思いついた（Blaydes and Paik, 2016）。エリート層が、担保にしていた領地を（たいてい商人に）売却せざるを得なくなったことが、教会が推進する共同所有（相続慣行）反対運動や、個人所有に向けた政策を後押しした。
22. Blaydes and Paik, 2016. 理想的には、戦争に動員されたエリートと非エリート両方のデータがあるといいのだが、ここでは、エリートの動員データを全体的な動員の代替指標として用いている。十字軍の後、ヨーロッパの貿易量は著しく増大し、

第10章　競争を手なずける

1. Bellows and Miguel, 2006, 2009.
2. Bauer et al., 2014. これらの研究は、戦争体験の程度は本質的にランダムであること、したがって、特定の心理傾向や動機が個人や家族を戦争に向かわせたのではとの懸念を排除するために、徹底的な努力をしている。村に対する攻撃については、すでに述べたように、兵士たちはたいてい、村に攻め込んでくると、たまたま通り道にあった家々にランダムに火を付けて、焼いていった。唯一の例外として、村の指導者の家屋は、特に標的にされたようだ。
3. もちろん、暴力には、何らかの隠れた規則性が存在していた可能性もある。だからこそ、自然実験よりも真の実験のほうが優れているのだ。この問題は、Bauer et al., 2016, 2014で論じられている。
4. Cecchi, Leuveld, and Voors, 2016. この研究は、それ自体としては、戦争と意思決定との因果関係を明確に証明してはいない。しかし、シエラレオネに関するいくつかの収束する証拠に照らし、ここでは因果関係を示す言葉を用いている。
5. Bellows and Miguel, 2006, 2009.
6. Annan et al., 2011; Bauer et al., 2014, 2016; Bellows and Miguel, 2006, 2009; Blattman, 2009; Buhrmester et al., 2015; Cassar, Grosjean, and Whitt, 2013; Gilligan, Pasquale, and Samii, 2014; Voors et al., 2012; Whitehouse et al., 2014. こうした研究のいくつかにより、戦争から最も大きな心理的影響を受ける可能性があるのは、小児期、思春期、青年期の人間であることが示唆される。2008年、ロシア軍が南オセチアを爆撃してからわずか6か月後に、わがチームは、のちにシエラレオネで用いたのと同じ実験ゲームを用いて、ジョージアの学童の調査を行なった。実験から、この爆撃は、まだ6歳のジョージアの子どもたちの社会行動を、シエラレオネの成人に見られたのと同じように変化させた、ということが明らかになった。ジョージアでの調査結果と、成人参加者の多くが戦争中は子どもだったシエラレオネでの調査結果とを総合するならば、戦争はどうやら、学童期の半ばから20代前半まで開いている心の窓を通して、人々の心理に最も大きな影響を及ぼしたようである（Bauer et al., 2014）。
7. Bauer et al., 2014; ヘンリック『文化がヒトを進化させた』; Henrich, Bauer et al., 2019; Lang, Kratky et al., 2015; Sosis and Handwerker, 2011.
8. これらの数字や調査結果は、Bentzen, 2013から得ているが、より大きなサンプルと追加データを用いて行なった同種の分析について、Bentzen, 2019も参照のこと。ベンツェン（Bentzen, 2019）は、この結果は仏教徒にはあまり当てはまらないことを示唆している。
9. この結果は、地震体験が宗教的信念に及ぼす影響について調べた研究によって、の情報を他の商人と共有できるか、といったこととは無関係に意思決定が下される」(Greif, 2006c, pp. 221–22)。

59. Gelderblom, 2013; Greif, 2002, 2003, 2006b, 2006c.

60. Berman, 1983; Cantoni and Yuchtman, 2014; Greif, 2003, 2006b, 2006c.

61. Cantoni and Yuchtman, 2014; Gelderblom, 2013; Jacob, 2010, pp. 11–12.

62. Benson, 1989; Berman, 1983; Gelderblom, 2013; Greif and Tabellini, 2015; Ma, 2007. 銀行業については、Rubin, 2017 を参照。

63. Jha, 2013.

64. Ahmed, 2009; Durante, 2010; Gelderblom, 2013; Greif and Tabellini, 2015; Guiso et al., 2016; Jha, 2013; Nunn and Wantchekon, 2011. ナンとワンチェコン(Nunn and Wantchekon, 2011)は、人が居住する大陸のうち、アフリカを除くすべてにおいて、海洋や河川への近さは非人格的信頼の高さと関連している、と指摘している。アフリカ大陸においてこうした関連性が見られないのは、おそらく次の二つの理由からだろう。①アフリカには天然の良港や航行可能な水路がない(Sowell, 1998)、②長期にわたって——1500 年から 1800 年頃まで——奴隷貿易が行なわれたがために、アフリカでは海洋に近いほど、奴隷にされる脅威が増した。一方、中世ヨーロッパでは、商業的な絆が「外国商人を迎え入れようとする態度を促進し、地域の制度をビジネスニーズに合わせようとする取り組みを刺激した」ことを、歴史学者たちが認めている(Gelderblom, 2013: 4)。歴史上の制度や出来事が人々の心理に与えた影響を示す証拠については、Dell, 2010; Grosjean, 2011; Nunn, 2007, 2009; Nunn and Wantchekon, 2011 を参照。

65. このような現象は、イタリアの北半分で見受けられる。9 世紀後半にカロリング帝国の廃墟から初めて自由都市国家が出現した地域である。地中海貿易や、新たな発明、外国の諸制度へのアクセスが容易だったこうした地域の共同体では、ヨーロッパの他の地域に先駆けて、商業が発展し、経済的繁栄を遂げ、新たな制度が形成されていった。しかし、場合によっては、任意団体の結成が、個人や核家族の加入に向けた意思決定によってではなく、強力な父系血統の「一致協力すべし」という言明によってなされることもあった。これが、その後に起きた、イタリアの強力なファミリーによる、反動的な勢力拡大の基礎を築いたのかもしれない(Guiso et al., 2016; Jacob, 2010)。なかなか消えない親族ベース制度の影響力は、商業革命のさなかにも見てとれる。緊密な親族ベースの機関が、トスカナのマーチャントバンクの経営権を引き継いでいるのだ(Padgett and Powell, 2012)。しかし、これらのマーチャントバンクは、中国の徽州の銀行とは違って、100 年間しか続かず、やがて競争力の強い組織に打ち負かされた。イギリスの企業家階級は、産業革命の後も、イトコ婚を通して権力固めを図ろうとした(Kuper, 2010)。

46. Stephenson, 1933. ウィリアム征服王のイトコのウィリアム・フィッツオズバーンは、初代ヘレフォード伯爵として、ウェールズと争っていた国境沿いで事業を開始した。初代伯爵は、ブルタイユ法（それ自体は、彼の故郷ノルマンディー（フランス）の憲章を土台にしている）に基づいて、ヘレフォードに憲章を授けた。この新たなヘレフォード法はたちまちウェールズ中に広がり始め、アイルランドにまで伝わって、多数の「娘」都市や「孫娘」都市を誕生させた。

47. Bartlett, 1993; Berman, 1983; Greif, 2008; Lilley, 2002; Stephenson, 1933; Lynch 2003.

48. Berman, 1983 (p. 379); Stephenson, 1933.

49. Gelderblom, 2013.

50. Schulz, 2017. 一つ懸念されるのは、教会が、将来性のありそうな地域に教区を置くように決めたのではないか、ということだ。しかし、教会はあらゆる地域に布教することを目指しており、可能な限りどこにでもチャンスを狙って広がっていった。ジョナサンの分析は、教会指導者たちが意思決定に利用したと思われる諸要素を明らかにしている。当該地域の当初（西暦500年時点）の経済的繁栄度、ローマ道の存在、さまざまな生態的・農業的要素などである。

51. データはSchulz, 2017から得ている。

52. Berman, 1983; Cantoni and Yuchtman, 2014; Stephenson, 1933. 一般には、中世のギルドは強い独占支配を行ない、保護主義的な関税を生み出したとされてきた。しかし、リチャードソン（Richardson, 2004）は、イングランドの法律や憲章について得られた証拠の定量分析をもとに、中世ギルドの独占主義がもたらした影響は、あまりにも大げさに評価されていると主張する。重要な点として、地元の町ではギルドが生産を管理していた例もあるが、ギルドの生産物はやはり、他の町にある同種のギルドの生産物との競争を余儀なくされていた。別の見解については、Ogilvie, 2019を参照。

53. Bosker et al., 2013; Cantoni and Yuchtman, 2014.

54. Cantoni and Yuchtman, 2014を一部変えてある。

55. Richardson, 2004.

56. Gibson, 2002; Kosfeld and Rustagi, 2015; Richardson, 2004; Rustagi et al., 2010. こうした一夫多妻制の社会に多い、独身の若い男性は、確かに、職を求めてしばしば町に移り住むが、社会的、心理的には依然として、故郷の親族ベースのネットワークの一部になっている場合が多い。

57. Berman, 1983; Clark, 2007a; Lopez, 1976.

58. Benson, 1989; Berman, 1983; Gelderblom, 2013. 経済史学者のアヴナー・グライフは、遠距離交易について次のように述べている。「遠距離交易においては、取引するか否かの意思決定は、取引相手の個人的評判とは無関係になされる。相手の過去の行状はどうだったか、今後も取引を期待できそうか、不正があった場合にそ

30. Greif, 2006b and 2006c; Greif and Tabellini, 2010, 2015.
31. Aubet, 2013; Hawk, 2015. もう一つの例については、11 世紀の地中海貿易で栄えたマグリブ商人に関するグライフの研究を参照（Greif, 1989, 1993, 2006c)。
32. Ma, 2004 (p. 269), 2007.
33. Berman, 1983; Greif, 2003, 2006a, 2006b, 2006c; Greif and Tabellini, 2010, 2015; Hawk, 2015; Ma, 2004; Weber, 1978. 興味深いことに、多くの地域では、宗教的な信念や実践の延長として、法的手続きや訴訟手続きが行なわれていた。
34. Faure, 1996; Greif, 2006b, 2006c; Ma, 2004; Rowe, 2002. 中国の中でも、氏族制が弱くて、個人主義的傾向の強い地域（たとえば北部など）では、氏族ではなく、居住地に基づいて商人の同業者組織や組合が結成されていたが、基本的な傾向はよく似ていた。この他に、集団に特有の交換規範がいろいろあって、それが、カーストや職能氏族といった集団間での、特定の商品やサービスの取引を統制していたことも、歴史学や人類学の文献で明らかにされている。
35. Berman, 1983; Greif, 2006b, 2006c; Mitterauer and Chapple, 2010; Moore, 2000; Pirenne, 1952; Lynch 2003.
36. Bartlett, 1993; Berman, 1983; Lilley, 2002; Pirenne, 1952; Stephenson, 1933.
37. Bosker, Buringh, and Van Zanden, 2013; Stasavage, 2016; Weber, 1958a.
38. データは Bairoch, Batou, and Chevre, 1988 から得ている。Buringh and Van Zanden, 2009; Cantoni and Yuchtman, 2014; Lynch 2003 も参照。最初期段階の変化を捉えるために、ここでは、人口 1000 人を超える居住地をすべて「都市」として数えている。
39. Buringh and Van Zanden, 2009; Cantoni and Yuchtman, 2014; Greif, 2006b, 2006c; Greif and Tabellini, 2010; Lopez, 1976. ヨーロッパがイスラム世界を凌ぐには、あと数百年かかったであろう（Bosker et al., 2013)。しかし、こうした都市化率の推定値の精度については、いくらか論争がある。中国の都市部周辺地域はヨーロッパよりも人口密度が高かったことを考えると、中国の都市化率は低く見積もられている、と主張する者もいる（Ma, 2004)。これは、私の主張の骨子に影響を与えるものではない。正確な推定値が変わっても、重要な質的パターンは保たれる。
40. Guiso, Sapienza, and Zingales, 2016; Lynch 2003.
41. Bartlett, 1993; Berman, 1983; Bosker et al., 2013; Greif and Tabellini, 2015; Lilley, 2002; Stasavage, 2016.
42. Bartlett, 1993; Berman, 1983; Lilley, 2002; Stephenson, 1933. 引用語句については、Stephenson, 1933, p. 25 を参照。
43. Bartlett, 1993; Berman, 1983; Grierson, 1903; Stephenson, 1933.
44. Berman, 1983.
45. Bartlett, 1993.

McCarthy, 1939; Smyth, 1878; Stanner, 1934を参照。交易や市場についての議論は、Cassady, 1974; Grierson, 1903; Hawk, 2015を参照。

26. カルタゴ人の冒険家、ハンノの記述に基づくものと思われる。ここは*The History of Herodotus*（Book IV）, at classics.mit.edu/Herodotus/history.3.iii.htmlから引用している。

27. Grierson, 1903; Hawk, 2015; Woodburn, 1982, 1998. 交易について論ずる考古学的研究の問題の一つは、それが通常、襲撃や窃盗によっても移動する可能性のある、物資の移動に基づいてなされていることである。

28. Cassady, 1974; Grierson, 1903.

29. 信用商品はいたるところにあり、内面化された市場規範や個人同士の関係がない場合には、このような商品の市場は破綻することになる。インドのデリーやウッタル・プラデーシュの非公式市場で、牛乳を買う場合を考えよう。これらの市場について調査するために、デヴェッシュ・ルスタギと共同研究者のマルクス・クロールは、まず、いくつかの市場で多数の独立販売業者から牛乳を1リットルずつ購入し、その水分含有量を調べた。驚いたことに、すべてのサンプルが水で薄められていた。加えられた水の量は、4%と低いものから、37%と高いものまでさまざまで、平均は18%だった。つまり、1リットルの牛乳のだいたい5分の1は、水増し分だということだ。次に、牛乳が信用商品であることを確認するために、デヴェッシュとマルクスは、牛乳販売業者——牛乳希釈のエキスパート——のコンテストを実施した。さまざまなサンプルにどれだけの水が加えられているか、正確に推定できた参加者には、かなりの額の賞金を出すことにしたのだ。結果は明白だった。少なくとも水の量がだいたい40%を超えるまでは、水が加えられているかどうか、正確に判断できた者は一人もいなかった。販売業者は、おおよその希釈度合いの順に並べることさえできなかった。というわけで、牛乳が信用商品であることは間違いない（最新の研究施設をいつでも使えるなら話は別だが）。最後に、研究者二人は、非人格的正直さゲーム——サイコロを振り、報告した目の数に応じて現金が支払われるゲーム——を利用して、72名の牛乳販売業者の正直さを評価した。当然ながら、うその目を報告する頻度が高いほど、牛乳の希釈度合いも高かった——われわれの関心の対象となっている行動が、サイコロを使ったゲームで正確に推測できることが、確認されたのだ。サイコロを40回振るうち、6回うその報告するごとに、牛乳の希釈度合いが3ポイントずつ増した。興味深いことに、牛乳販売業者の特性のうちの二つだけが、牛乳の希釈度合いで捉えた正直さと、一貫した関連性を示した。その特性とは、儀式に参加していることと、カーストに属していることだ。儀式に頻繁に参加している牛乳販売業者ほど、牛乳の希釈度合いが低かった。それに対し、氏族ベースの牧畜カーストに属していると、牛乳の希釈度合いが高くなった（Kröll and Rustagi, 2018）。

を用いても、条件付き協力の傾向に及ぼす市場の効果はやはり保たれる。ウガンダと中国で行なわれた、別の類似の研究（それぞれVoors et al., 2012、Tu and Bulte, 2010）でも、市場統合と非人格的向社会性について、基本的に同じ知見が得られている。しかし、Bulte and Siziba, 2012からは、市場の効果について反証となるものが得られている。アフリカの2か国の、無作為に選んだ共同体において、外部からの介入を行なって市場へのアクセスを高めた。介入を始めてから2年後に調査したところ、非人格的信頼の水準は高まっていないことが明らかになった。こうした結果になった理由はいくつか考えられるが、最もシンプルなのは、市場が新たな方向に文化進化を駆動するには、2年よりも長くかかる可能性がある、という説明である。また、これらの市場は相変わらず、非人格的（インパーソナル）な取引ではなく、個人同士の（パーソナルな）取引によって営まれていた、という可能性もある。

18. これらの数字は、Rustagi et al., 2010の操作変数法による回帰分析から得ている。
19. Rustagi, Engel, and Kosfeld, 2010.
20. アメリカ人大学生を対象に行なわれたプライミング実験で、市場は非人格的な向社会性――この場合は、信頼――を高める可能性があることが示されている。ある実験課題では、一部の参加者に対しては、商業、交換、または取引に関連する言葉がいくつか含まれる、文の組み立て課題を用いて、プライム刺激を与えた。それ以外の参加者たちには、市場関連の言葉が含まれていない、文の組み立て課題をやってもらった。そのあと、両群に単純な信頼ゲームをやってもらった。市場関連のプライム刺激を与えられた参加者たちは、刺激を受けなかった参加者たちよりも、信頼ゲームにおいて、高い信頼を示した（Al-Ubaydli et al., 2013）。
21. 研究者たちは、プライミング手法を用いて、「金銭」を思い出すことが人々の心理に及ぼす影響を探ってきた。金銭は「市場規範」のプライム刺激として作用する可能性がある。この研究は、心理の諸側面の中でも特に、「金銭プライム」が非人格的向社会性に及ぼす効果を吟味している。予想されるとおり、金銭を思い出させると、個人間の（パーソナルな）向社会性は低下し、援助、気前よさ、同情、付き合いの度合いは下がる（Vohs, 2015; Vohs, Mead, and Goode, 2006, 2008）。
22. Bowles, 1998; Fourcade and Healy, 2007; Hirschman, 1982.
23. Hirschman, 1982. 12世紀の歴史家、マームズベリのウィリアム（1125）は、「より文明化された生活様式をもつイングランド人とフランス人は、都市に居住し、交易や商業に精通している」と記している（Lilley, 2002, p. 78）。「穏和な商業」の考え方を否定するとされる研究は、私がここでとっているような含みのあるアプローチには当てはまらない（Falk and Szech, 2013）。
24. Plattner, 1989.
25. オーストラリア先住民社会における交換全般については、McBryde, 1984;

い（Bellemare, Kröeger, and Van Soest, 2008）。

5. 興味深いことに、ただ一人、低い提示額を拒否した者は、実は、この共同体で暮らしていた住人ではなく、クスコから訪ねてきた親類だった（Henrich, 2000; Henrich and Smith, 2004）。
6. Henrich, 2000; Henrich and Smith, 2004.
7. Henrich and Henrich, 2007; Johnson, 2003; Johnson and Earle, 2000.
8. Ensminger and Henrich, 2014; Henrich et al., 2004, 2005.
9. Henrich et al., 2004; Henrich et al., 2005.
10. Ensminger and Henrich, 2014; Henrich, Ensminger et al., 2010.
11. Henrich, Ensminger et al., 2010を改変。この図の回帰直線は、ニューギニアの2集団を除く、すべてのデータ点に合わせてある。ニューギニアでは、実験によって引き出されたのは、非人格的公正さではなく、他の共同体成員の扱いについての社会規範だったようだ（Bolyanatz, 2014; Ensminger and Henrich, 2014; Tracer, 2004; Tracer et al., 2014）。発表した分析結果にはすべてニューギニアの集団が含まれているが（Ensminger and Henrich, 2014; Henrich et al., 2006; Henrich, McElreath et al., 2006; Henrich, Ensminger et al., 2010）、ここでは特に非人格的公正さに注目しているので、この2集団を除外している。
12. 第2段階では、第1段階で認められた市場統合の効果が再現されただけでなく、改良したプロトコルと新たな実験を用いて、特定の集団から得られる結果の珍しい傾向も再現された。たとえば、ニューギニアでは、50％を超える金額を提示し、しかも、その提示額をときおり拒否する共同体を見つけた（Bolyanatz, 2014; Tracer, 2003, 2004; Tracer, Mueller, and Morse, 2014）。
13. Ensminger and Henrich, 2014; Henrich, Ensminger et al., 2010. 世界宗教の変数では、第三者罰ゲームにおける提示額の違いは説明できない。その理由はつかんでいると思う。Henrich et al., 2010の補足資料、およびLaurin et al., 2012を参照。
14. Ensminger and Henrich, 2014; ヘンリック『文化がヒトを進化させた』。
15. Kosfeld and Rustagi, 2015; Rustagi, Engel, and Kosfeld, 2010. プレーヤーは意思決定をするとき、同時寄付なのか、それとも、条件次第の寄付なのかを知らされた。それが、どちらの場合も真剣に考える意欲をもたらした。
16. データは、Rustagi et al., 2010から得ている。
17. 当然ながら、市場以外の、町に関する何かが、人々の条件付き協力の傾向を高めた、という可能性も依然として存在する。この点について考える際には、次の二つの事実も念頭に置こう。第一に、人々が町に赴く最大の理由は、定期市に出かけることだ。したがって、商業それ自体の特定の活動が、ここでの心理的効果をもたらしているわけではないとしても、人々を町に惹きつけているのは、やはり定期市である。第二に、市場への近さの代わりに、人々が定期市に出かける頻度

(Edlund et al., 2007, 2013)。

48. 一人っ子政策によって生じた過剰な男性が犯罪に及ぼす影響は、省の財政状況、雇用率、教育水準、格差、移民、警察力、福祉予算、そして年齢構成とは関係がない。当然ながら、過剰男性プールの未婚男性、つまり、この分野の研究者が呼ぶところの「強制された独身者」は、性的人身取引に関わったり、性感染症に罹ったりする確率が高い(Liu, Li, and Feldman, 2012)。
49. 20世紀半ばの人類学者たちがすでに、一夫多妻婚の比率が高いほど、犯罪発生率が高くなるという関連性を指摘している(Burton and Whiting, 1961; Bacon, Child, and Barry, 1963)。
50. 一夫一婦婚は一夫多妻婚に比べて、父から子への投資、世帯内での対立、家族の組織化といった面でも、乳幼児や学童の健康や安全性が向上していくような方向に影響を及ぼす(Henrich, Boyd, and Richerson, 2012)。
51. こうした社会レベルでのメリットが最も発揮されやすいのは、共同体間の交易に携わり、常設軍を備え、十分に発達した商業と高い技術力をもつ職業があるような、階層化された複雑な社会であろう。このような状況下では、規範としての一夫一婦婚が、集団間競争での勝利を後押しして、社会に広まっていくことになる。しかし、規範としての一夫一婦婚は、必ずしも集団間競争で有利になるわけではない点を強調する必要がある(Henrich, Boyd, and Richerson, 2012)。状況によっては、一夫多妻婚のほうが集団間競争で有利になる可能性もある(Fleisher and Holloway, 2004; Sahlins, 1961; White, 1988)。
52. Herlihy, 1985.
53. 教会の近親婚禁止を積極的、精力的に推進したにもかかわらず、メロヴィング朝やカロリング朝の支配者たち自身は一夫多妻婚だった。シャルルマーニュには、知られている限り、第一夫人と第二夫人が合わせて10人いた。
54. Herlihy, 1995; Todd, 1985.

第9章　商業と協力行動

1. モンテスキューとペインの引用文については、Hirschman, 1982を参照。
2. Henrich, 1997; Henrich and Henrich, 2007.
3. 行動経済学への手引きは、Camerer, 2003を参照。ゲーム理論的分析では、個々人が、他者もみな自己利益の最大化を図ろうとして合理的に行動する、と信じているものと考える。
4. このような傾向は、WEIRDな社会の、学生でない成人に現れる(Ensminger and Henrich, 2014; Henrich et al., 2004)。しかし、これまでほとんどの実験は大学生を対象に行なわれてきた。大学生の場合は、提示額が低く、全般的に向社会性が低で、若い男性にテストステロンとプラセボのいずれかを投与したのち、2種類の株のどちらかに投資する機会を次々と与えていった。人為的にテストステロン値が高められていた男性たちは、プラセボ群と比較して、ハイリスクの株——株価の変動が大きい株——への投資が46%高まった（Cueva et al., 2015）。

39. Booth et al., 2006; Booth, Johnson, and Granger, 1999; Mazur and Booth, 1998; Soler, Vinayak, and Quadagno, 2000. テストステロン値が、標準偏差の1倍以上、平均値を上回る男性は、標準偏差の1倍以上、平均値を下回る男性よりも、犯罪に関与する確率が28%高い。

40. Ackerman, Maner, and Carpenter, 2016. 一夫多妻婚によって、「勝者」と「敗者」にとっての配偶者獲得機会の格差はますます拡大する。こうした勝者のひとり占め状況の影響に関する研究結果は、本章の結論と一致している（Becker and Huselid, 1992; Bothner, Kang, and Stuart E., 2007; Frick and Humphreys, 2011; Taylor, 2003）。

41. Arantes et al., 2013; Block and Gerety, 1995; Blondel, Lohéac, and Rinaudo, 2007; Cohn, Fehr, and Marechal, 2014; Hanoch, Gummerum, and Rolison, 2012; Khadjavi and Lange, 2013; Pratt and Cullen, 2000; Reynolds, 2006; Wichary, Pachur, and Li, 2015.

42. Henrich, Boyd, and Richerson, 2012; Sampson and Laub, 1993; Sampson, Laub, and Wimer, 2006.

43. Duncan, Wilkerson, and England, 2006; Farrington and West, 1995; Horney, Osgood, and Marshall, 1995.

44. Jin et al., 2010.

45. 実際の政策はもっと複雑で、必ずしも夫婦1組につき子どもは1人まで、というわけではない。たとえば、農村部の夫婦については、1人目が女児だった場合には2人目を産んでよいという修正が加えられた。いずれにしても、結局、男児を産まなくてはという気持ちが、性比に変化をもたらしたのである。

46. Edlund et al., 2007, 2013.

47. 次の二つの点を考えると、過剰な男性の心理的変化の効果がいっそう強調される。第一に、一人っ子政策のもとでは、血統を継ぎ、家の伝統を守り、高齢の親の世話をしてくれる男の跡取りは一般に、多くても一人しかいなかった。深く根付いた価値観に照らせば、こうした状況下では、両親も祖父母もできる限りの手を尽くして、唯一の男児の健康、結婚、経済的繁栄を保証しようとしたはずだ。第二に、こうしたことがすべて、中国の高度経済成長期に起きたので、仕事もチャンスも豊富だった。多くの男性が、自分の父親よりも経済的にはるかに豊かになっていったのに、配偶者を見つけるには、より厳しい競争に直面した。以上に挙げた二つの傾向は、男性が犯罪を犯す確率を下げる方向に作用したはずであるう。重要なのはテストステロンの絶対値ではなく相対値であり、ヒトの内分泌系は、任意の値を基準にするらしいと一般に考えられている（Wingfield et al., 1990）。

27. Muller et al., 2009.
28. Sellen, Borgerhoff Mulder, and Sieff, 2000.
29. Betzig, 1992; Harper, 2013.
30. Ellison et al., 2002.
31. ヘンリック『文化がヒトを進化させた』第14章。
32. このようなホルモンの関係は複雑であり、個人がその状況を主観的にどう評価しているかに大きく左右される（Salvador, 2005; Salvador and Costa, 2009）。
33. テストステロンと社会的地位に関するレビューは、Booth et al., 2006; Eisenegger, Haushofer, and Fehr, 2011; Mazur and Booth, 1998を参照。テストステロンは運動の制御や協調性を向上させる可能性もある（Booth et al., 2006; Mazur and Booth, 1998）。社会的警戒心や恐怖抑制についての研究は、van Honk et al., 2001; van Honk et al., 2005を参照。損益に対する感受性の変化については、van Honk et al., 2004を参照。
34. Kouri et al., 1995; Pope, Kouri, and Hudson, 2000. これらの実験はサンプル数が少ないので、注意を要する。
35. この実験は、男性と女性の両方について、同性の相手とペアを組む形で行なわれた（Mehta, Wuehrmann, and Josephs, 2009）。効果は、男性のほうがはるかに強いが、女性にも現れる。図8.4でテストステロン値の高い参加者とは、標準偏差の1倍以上、平均値を上回る者であり、一方、テストステロン値の低い参加者とは、標準偏差の1倍以上、平均値を下回る者である。データは、男性と女性で別々に調整および標準化した上で、図上にまとめてプロットした。残念ながら、この実験のサンプルサイズは小さい（60人）。
36. Mehta, Wuehrmann, and Josephs, 2009のデータを用いた。
37. Bos, Terburg, and van Honk, 2010. この研究の参加者は女性のみだった。しかし、このような心理効果は男性にも当てはまると考える正当な理由がある（Bos et al., 2010; Hermans, Putman, and van Honk, 2006; van Honk, Terburg, and Bos, 2011）。扁桃体との連絡状況に関する追跡調査は、Bos et al., 2012を参照。
38. Mehta and Josephs, 2010; Storey et al., 2000. 高いテストステロン値は、男性の地位追求行動を促すことによって、少なくともある条件下では、より大きな金銭的リスクを冒させる可能性もある（Apicella, Dreber, and Mollerstrom, 2014）。しかし、強調したとおり、テストステロンとリスキーな行動自体の間には単純で直接的な関係はなく、複数の結果を組み合わせて関連性を裏づけるということがなされてきた（Apicella, Carré, and Dreber, 2015）。ほかにも、男性にテストステロンを投与した上で、金銭的選択をさせるということも行なわれた。実生活に似せた状況

6000年前に父親数が最低となる。農耕の開始が比較的遅かったアンデスの集団では、今から2000～3000年前にようやく父親数の落ち込みが現れる。

15. Henrich, Boyd, and Richerson, 2012; Scheidel, 2009a 2009b. インド最高裁判所については、www.ibtimes.co.uk/india-bans-polygamy-muslims-not-fundamental-right-islam-1487356を参照。
16. 「一夫多妻婚の数の問題」はクレイグ・ジョーンズが作った言葉。一妻多夫婚に数の問題はない。
17. Fenske, 2015; Field et al., 2016; Marlowe, 2000, 2003, 2005, 2010. 現代のアフリカ社会とは違い、人口の増加はないことを前提にしている。
18. Henrich, Boyd, and Richerson, 2012. これは、国家レベルの社会には当てはまるが、小規模な社会には必ずしも当てはまらない。
19. Henrich, Boyd, and Richerson, 2012の補足資料を参照。
20. 雄鶏の画像は、ムハンマド・マハディ・カリムが撮影し、commons.wikimedia.org/w/index.php?curid=5507626に掲載されているものを改変して使用。
21. Beletsky et al., 1995; Wingfield, 1984; Wingfield et al., 1990; Wingfield, Lynn, and Soma, 2001. 同様に、雄性ホルモンを抑制するインプラントを装着した一雄多雌制の鳥は、巣にとどまってヒナの世話をする傾向がある。
22. これらのデータは、Gettler et al., 2011から得ている。午後のテストステロン値も同じ傾向を示す。セブ島の住人は非WEIRDなのに、なぜ一夫一婦婚なのかと疑問に思う読者もおられよう。答えはMFPである。西暦1521年に、探検家のフェルディナンド・マゼランがセブ島に到着した。彼の記録には、大々的な一夫多妻婚の様子が描かれ、男性は「望むだけの数の妻を娶ることができるが、必ず第一位妻がいる」と記されている（Pigfetta, 2012, loc. 2322）。マゼランと聖職者チームはさっそくキリスト教の伝道を開始し、一夫多妻婚に文句をつけ始めた（Pigfetta, 2012, Chapter 25）。16世紀には、マゼランに続いて、カトリックの布教団がフィリピンにやって来るようになった。男性のテストステロンを測定するために、クザワ率いるチームが訪れたとき、セブ島はすでに500年間近くMFPにさらされていたのである。
23. Gettler et al., 2011. 最新のレビューは、Grebe et al., 2019を参照。
24. Alvergne, Faurie, and Raymond, 2009; Booth et al., 2006; Burnham et al., 2003; Fleming et al., 2002; Gettler et al., 2011; Gray, 2003; Gray and Campbell, 2006; Gray et al., 2002; Mazur and Booth, 1998; Mazur and Michalek, 1998; Storey et al., 2000.
25. Beletsky et al., 1995.
26. Gray, 2003; Gray and Campbell, 2006; Gray et al., 2002; Muller et al., 2009. ちなみに、WEIRDな男性は、テストステロンの絶対値が極めて高い傾向にあるが、それはおそらく、全般的に栄養状態が良く、病原体が少ない環境で生活しているからだろ

13. Bergreen, 2007; Betzig, 1982, 1986, 1993; Motolinía, 1973; Scheidel, 2008, 2009a, 2009b. 貴族のハーレムは、純粋に政治的同盟を結ぶために形成されたのだ、という主張もよくなされる。政略結婚としての意味があったことは間違いないが、詳細に見ていくと、セックスや生殖がその中心にあったことがうかがわれる。第一に、本文に記したとおり、エリート層の妻たちはたいてい（「同盟」要員としての）特別な扱いを受けたが、エリート男性は同時に、低い階級の女性たちのハーレムをも作った。第二に、政府官僚機構は、皇帝の后や愛人を選ぶための美人コンテストを取り仕切る任務を負っていた。それがすべて政治的結びつきのためであるなら、美人を求める必要などあろうか？　第三に、たいてい、皇帝の后や愛人の性的側面だけを取り扱う機関が存在していた。たとえば、中国では、宦官が警護するハーレムの女性たちの月経周期を、女官がチェックしていた。

14. 私は、大規模なハーレムの実例がいくつも紹介されているのを見たときには最初、複雑な社会の極端さや行き過ぎを強調するのに都合のよい例ばかりを集めているのではないか（というか、西洋人の偏見が反映されているのでは）と思った。ところが、人類学の文献資料や歴史資料をさらに深く調べてみると、このようなケースは極端な例ではなく、むしろ、高度に階層化された社会の平均に近いらしいことがわかってくる。

　さらに驚くべきことに、最近、世界中から集められた遺伝子データの分析によって、過去1万年間に一夫多妻婚が広く行き渡ったがために、ヒトのY染色体——男性にしかないDNA——にその足跡が残されていることがわかっている。遺伝学者たちは、Y染色体とミトコンドリアDNA（母親からのみ受け継がれる）に埋め込まれている豊富な情報を利用して、人類の進化史をずっとさかのぼっていった過去の時代の母親数と父親数の比率を推定した。一夫一婦婚の世界では、母親数と父親数の比率が1に近い値になることがほぼ確実に予想される。農耕が始まる前は、父親1人に対して、母親が2～4人程度でほぼ一定だったことが、データから明らかだ。ところが、農耕が始まってから数千年たつと、人口の増加とともに母親の数が急速に増える一方で、父親の数はぐっと減少した。つまり、人口は全体として増えているのに、父親の数は減ったのである！　ピーク時には、父親1人に対して、母親は16人を超えていた。

　この遺伝パターンとの一致度が最も高いのは、高度な一夫多妻制と熾烈な集団間競争の組み合わせである。拡大中の農耕氏族、分節リネージ、首長制社会はいずれも、征服した社会の男性全員を殺害するか、奴隷にするかし、生殖能力のある女性全員を、妻、愛人、または性奴隷にした（Heyer et al., 2012; Karmin et al., 2015; Zeng, Aw, and Feldman, 2018）。これと符合するように、父親数の落ち込みが最も早く現れたのは、農耕が最初に始まった地域である中東（メソポタミアなど）や東南アジアだった。その後に農耕が出現したヨーロッパで、今から5000～

らに悪いことに、複数の夫と性交すると、父性の混乱を招くおそれがあり、それが、父親としての投資を減らしたり、夫たちの間での性的嫉妬を増したりする結果につながる可能性がある。最後に、女性が月経閉止期に入ると、生殖力のある若い夫を追加し続けても、少なくとも生殖という観点からは、何のメリットもなくなる（楽しいとは思うが）。以上の理由から、夫が余分にいても、苦労に見合うことはめったになく、男性にとっての追加の妻のように、女性の生殖にはずみをつける可能性は全くない。このような進化論的推論からすると、自然選択は、一妻多夫婚を警戒するように女性の性向を形成し、（必ずではなく通常は）一妻多夫婚を完全に嫌うように男性の傾向を形成したというわけだ。総合すると、ヒトに備わっている心理傾向は、一妻多夫の婚姻規範が広く普及するのを抑制または阻害しようとするが、特定の状況下では、文化進化が、こうした心理的障壁を取り除く創造的解決法を作り出し、適度なレベルの一妻多夫婚を生み出してきた（Levine and Silk, 1997）。

9. Henrich, Boyd, and Richerson, 2012; Levine and Silk, 1997. これは、経済状況などが次のような場合に生じる傾向がある。①世帯として、複数の夫の労働からメリットが得られる。②同一の女性と結婚するのが兄弟同士で、父性に関する懸念が軽減されうる。

10. Henrich, Boyd, and Richerson, 2012; Hewlett, 1996, 2000; Marlowe, 2003, 2004.

11. 一夫一婦婚の狩猟採集民が10％という数字には見かけ倒しのところがある。なぜなら、実際には、そのほとんどが一夫多妻婚も一妻多夫婚も禁じてはいないからだ。むしろ彼らは、生態的な諸条件と、男性間の経済格差をなくす平等主義的制度の下で生活しており、最上層の男性たちでさえ、複数の妻を惹きつけるのは不可能なのだ。女性の立場からすると、結婚相手になりうる男性にはほとんど差がないので、未婚男性の第一夫人になるよりも、既婚男性の第二夫人になるほうがメリットがあるとは思えない。生態的諸条件のせいで、広範な食物分配のような制度を通して、格差を積極的にならす社会規範を確立せざるを得ない場合もある。このような集団は、結果的に、事実上の一夫一婦婚に行き着く。注目すべき点として、このような「一夫一婦婚」の集団の中には、夫が自分の妻を別の男性に一晩か二晩「貸す」ことを容認する社会規範を備えていたところもある。貸し出された妻が提供するサービスは、料理だけでなくセックスにまで及ぶこともあった。したがって、これらの社会の規範が、WEIRDな一夫一婦婚の規範とはかなり異なっていたのは明らかだ。

12. Betzig, 1982, 1993; Henrich, Boyd, and Richerson, 2012; Scheidel, 2008, 2009.「一妻多夫」婚のある社会に分類されているということは、一妻多夫婚が低頻度から中頻度で起こるということであり、それが一夫多妻婚や一夫一婦婚と並んで起きているという点を理解することが重要だ。

註

第8章　WEIRDな一夫一婦婚

1. Motolinía, 1973.
2. トリビオは、先住民の風習や信念を広範囲にわたって記している。彼は先住民を改宗させようとし、いつでもどこでも可能な限り、自分の影響力を行使して彼らを守ろうとした。彼は、先住民に対するスペイン政府のやり方に批判的ではあったものの、キリスト教の布教という自らの任務に背を向けたことは一度たりともなく、その生涯を閉じるまでに、40万人を超える人々に洗礼を施したようだ。トリビオは、先住民の穏やかな代弁者と見なされており、スペイン支配の不当性を激しく訴え続けたチアパスの司教、バルトロメ・デ・ラス・カサスと対比されることが多かった。
3. Jankowiak, 2008, 172–73.
4. Jankowiak, 2008, p. 165. Jankowiak, Sudakov, and Wilreker, 2005も参照のこと。
5. 「独特（peculiar）」は、歴史学者のウォルター・シャイデル（Walter Scheidel, 2009）が、古代世界の一夫一婦婚を評して用いた言葉。
6. ヘンリック『文化がヒトを進化させた』; Muller, Wrangham, and Pilbeam, 2017; Pilbeam and Lieberman, 2017. 一妻多夫婚については、Starkweather and Hames, 2012を参照。「集団生活」という場合、テナガザルのような霊長類は除外している。
7. Buss, 2007.
8. Henrich, Boyd, and Richerson, 2012; Hewlett and Winn, 2014. 女性は一妻多夫婚を好むはずだと思う方もおられよう。しかし、複数の妻をもつ男性とは違って、複数の夫をもつ女性には、女性特有の問題が立ちはだかる。それこそが女性の性向、感情、動機を形成してきたのだ。一妻多夫婚の女性は、同時期に複数の夫に受胎させて、男性のような「パラレル」な生殖を行なうことなど不可能なので、そこには何のメリットもない。さらに、哺乳類であるヒトの雌は、妊娠と授乳という二つの大きな仕事を担っており、それを余分の夫に外注することはできない。さ

Yamagishi, T., Matsumoto, Y., Kiyonari, T., Takagishi, H., Li, Y., Kanai, R., and Sakagami, M. (2017). Response time in economic games reflects different types of decision conflict for prosocial and proself individuals. *Proceedings of the National Academy of Sciences* 114 (24), 6394–99.

Yamagishi, T., Takagishi, H., Fermin, A. D. R., Kanai, R., Li, Y., and Matsumoto, Y. (2016). Cortical thickness of the dorsolateral prefrontal cortex predicts strategic choices in economic games. *Proceedings of the National Academy of Sciences* 113 (20), 5582–87.

Yilmaz, O., and Bahçekapili, H. G. (2016). Supernatural and secular monitors promote human cooperation only if they remind of punishment. *Evolution and Human Behavior* 37 (1), 79–84.

Young, C. (2009a). Religion and economic growth in Western Europe: 1500–2000. Working paper, citation.allacademic.com/meta/p_mla_apa_research_citation/3/0/9/0/6/pages309064/p309064-1.php.

Young, L., and Durwin, A. J. (2013). Moral realism as moral motivation: The impact of meta-ethics on everyday. *Journal of Experimental Social Psychology* 49 (2), 302–306.

Young, R. W. (2009b). The ontogeny of throwing and striking. *Human Ontogenetics* 3 (1), 19–31.

Yuki, M., Sato, K., Takemura, K., and Oishi, S. (2013). Social ecology moderates the association between self-esteem and happiness. *Journal of Experimental Social Psychology* 49 (4), 741–46.

Yuki, M., and Takemura, K. (2014). Intergroup comparison and intragroup relationships: Group processes in the cultures of individualism and collectivism. In M. Yuki and M. B. Brewer (eds.), *Culture and Group Processes* (pp. 38–65). New York: Oxford University Press.

Yutang, L. (1936). *My Country and My People.* London: William Heinemann.

Zaki, J., Schirmer, J., and Mitchell, J. P. (2011). Social influence modulates the neural computation of value. *Psychological Science* 22 (7), 894–900.

Zeng, T. C., Aw, A. J., and Feldman, M. W. (2018). Cultural hitchhiking and competition between patrilineal kin groups explain the post-Neolithic Y-chromosome bottleneck. *Nature Communications* 9 (1), 1–12.

Zhou, X., Alysandratos, T., and Naef, M. (2017). Rice farming and the emergence of cooperative behavior. Working paper, sites.google.com/site/xiaoyuzhouresearch/r.

Zimmer, C. (2018). *She Has Her Mother's Laugh: The Powers, Perversions, and Potential of Heredity.* New York: Penguin Random House.

Williamson, R. W. (1937). *Religion and Social Organization in Central Polynesia.* Cambridge: Cambridge University Press.

Wingfield, J. C. (1984). Androgens and mating systems: Testosterone-induces polygyny in normally monogamous birds. *The Auk* 101 (4), 665–71.

Wingfield, J. C., Hegner, R. E., Dufty, Jr., A. M., Ball, G. F., Dufty, A. M., and Ball, G. F. (1990). The "challenge hypothesis": Theoretical implications for patterns of testosterone secretion, mating systems, and breeding strategies. *The American Naturalist* 136 (6), 829–46.

Wingfield, J. C., Lynn, S. E., and Soma, K. K. (2001). Avoiding the "costs" of testosterone: Ecological bases of hormone-behavior interactions. *Brain, Behavior and Evolution* 57 (5), 239–51.

Winter, A. (2013). Population and migration: European and Chinese experiences compared. In P. Clark (ed.), *The Oxford Handbook of Cities in World History* (pp. 403–20). New York: Oxford University Press.

Witkin, H. A., and Berry, J. J. W. (1975). Psychological differentiation in cross-cultural perspective. *Journal of Cross-Cultural Psychology* 6 (1), 5–78.

Witkin, H. A., Moore, C. A., Goodenough, D., and Cox, P. W. (1977). Field-dependent and field-independent cognitive styles and their educational implications. *Review of Educational Research* 47 (1), 1–64.

Wong, Y., and Tsai, J. (2007). Cultural models of shame and guilt. In J. L. Tracy, R. W. Robins, and J. P. Tangney (eds.), *The Self-Conscious Emotion: Theory and Research* (pp. 209–223). New York: Guilford Press.

Wood, C. (2017). Ritual and the logic of self-regulation. *Religion, Brain & Behavior* 7 (3), 266–75.

Woodberry, R. D. (2012). The missionary roots of liberal democracy. *American Political Science Review* 106 (2), 244–74.

Woodburn, J. (1982). Egalitarian societies. *Man* 17 (3), 431–51.

Woodburn, J. (1998). Sharing is not a form of exchange: An analysis of property-sharing in immediate return hunter-gatherer societies. In C. M. Hann (ed.), *Property Relations: Renewing the Anthropological Tradition* (pp. 48–63). Cambridge: Cambridge University Press.

Woodburn, J. (2016). Silent trade with outsiders: Hunter-gatherers' perspectives. *Journal of Ethnographic Theory* 6 (2), 473–96.

Woodley, M. A., and Bell, E. (2012). Consanguinity as a major predictor of levels of democracy: A study of 70 nations. *Journal of Cross-Cultural Psychology* 44 (2), 263–80.

Woods, T. E. (2012). *How the Catholic Church Built Western Civilization.* Washington, D.C.: Regnery History.

Wootton, D. (2015). *The Invention of Science: A New History of the Scientific Revolution.* London: Penguin.

Worm, W. (1950). *The Hanseatic League.* Economic Coooperation Administration–Offce of the Special Representative Information Division, Editorial Research and Analysis Section.

Wrangham, R. (2019). *The Goodness Paradox: How Evolution Made Us Both More and Less Violent.* London: Profile Books.〔リチャード・ランガム『善と悪のパラドックス――ヒトの進化と〈自己家畜化〉の歴史』依田卓巳訳、NTT出版〕

Wrangham, R. W., and Glowacki, L. (2012). Intergroup aggression in chimpanzees and war in nomadic hunter-gatherers: Evaluating the chimpanzee model. *Human Nature* 23 (1), 5–29.

Wright, R. (2009). *The Evolution of God.* Boston: Little, Brown.

Xygalatas, D., Mitkidis, P., Fischer, R., Reddish, P., Skewes, J., Geertz, A. W., Roepstorff, A., and Bulbulia, J. (2013). Extreme rituals promote prosociality. *Psychological Science* 24 (8), 1602–1605.

29 (3), 603.

Whaley, S. E., Sigman, M., Neumann, C., Bwibo, N., Guthrie, D., Weiss, R. E., Alber, S., and Murphy, S. P. (2003). The impact of dietary intervention on the cognitive development of Kenyan school children. *The Journal of Nutrition* 133 (11), 3965–71.

White, D. R. (1988). Rethinking polygyny: Co-wives, codes, and cultural systems. *Current Anthropology* 29 (4), 529–44.

White, L. (1962). *Medieval Technology and Social Change.* New York: Oxford University Press. 〔リン・ホワイト『中世の技術と社会変動』内田星美訳、思索社〕

Whitehouse, H. (1995). *Inside the Cult: Religious Innovation and Transmission in Papua New Guinea.* Oxford Studies in Social and Cultural Anthropology. Oxford: Clarendon Press.

Whitehouse, H. (1996). Rites of terror: Emotion, metaphor and memory in Melanesian initiation cults. *Journal of the Royal Anthropological Institute* 2 (4), 703–715.

Whitehouse, H. (2000). *Arguments and Icons: Divergent Modes of Religiousity.* New York: Oxford University Press.

Whitehouse, H. (2004). *Modes of Religiousity: A Cognitive Theory of Religious Transmission.* Lanham, MD: Altamira Press.

Whitehouse, H., and Lanman, J. A. (2014). The ties that bind us: Ritual, fusion, and identification. *Current Anthropology* 55 (6), 674–95.

Whitehouse, H., McQuinn, B., Buhrmester, M., and Swann, W. B. (2014). Brothers in arms: Libyan revolutionaries bond like family. *Proceedings of the National Academy of Sciences* 111 (50), 17783–85.

Wichary, S., Pachur, T., and Li, M. (2015). Risk-taking tendencies in prisoners and nonprisoners: Does gender matter? *Journal of Behavioral Decision Making* 28 (5), 504–514.

Wickham, C. (1981). *Early Medieval Italy: Central Power and Local Society, 400–1000.* Ann Arbor: University of Michigan Press.

Wiessner, P. (2002). Hunting, healing, and hxaro exchange: A long-term perspective on !Kung (Ju/'hoansi) large-game hunting. *Evolution and Human Behavior* 23 (6), 407–436.

Wiessner, P. (2009). Parent-offspring conflict in marriage. In S. Shennan (ed.), *Pattern and Process in Cultural Evolution* (pp. 251–63). Berkeley: University of California Press.

Wiessner, P., and Tumu, A. (1998). *Historical Vines.* (W. Merrill and I. Karp, eds.) Smithsonian Series in Ethnographic Inquiry. Washington, D.C.: Smithsonian Institution.

Wildman, W. J., and Sosis, R. (2011). Stability of groups with costly beliefs and practices. *Journal of Artificial Societies and Social Simulation* 14 (3), 1–25.

Willard, A. K., and Cingl, L. (2017). Testing theories of secularization and religious belief in the Czech Republic and Slovakia. *Evolution and Human Behavior* 38 (5), 604–615.

Willard, A. K., Cingl, L., and Norenzayan, A. (2020). Cognitive biases and religious belief: A path model replication in the Czech Republic and Slovakia with a focus on anthropomorphism. *Social Psychological and Personality Science* 11 (2), 97–106 journals. sagepub.com/doi/10.1177/1948550619841629.

Willard, A. K., Henrich, J., and Norenzayan, A. (2016). The role of memory, belief, and familiarity in the transmission of counterintuitive content. *Human Nature* 27 (3), 221–43.

Willard, A. K., and Norenzayan, A. (2013). Cognitive biases explain religious belief, paranormal belief, and belief in life's purpose. *Cognition* 129 (2), 379–91.

Williams, T. I. (1987). *The History of Invention.* New York: Facts on File.

(2013). Living with kin in lowland horticultural societies. *Current Anthropology* 54 (1), 96–103.

Walker, R. S., and Hill, K. R. (2014). Causes, consequences, and kin bias of Human group fissions. *Human Nature* 25 (4), 465–75.

Wallbott, H. G., and Scherer, K. R. (1995). Cultural determinants in experiencing shame and guilt. In J. P. Tangney and K. W. Fischer (eds.), *Self-Conscious Emotions: The Psychology of Shame, Guilt, Embarrassment, and Pride* (pp. 465–87). New York: Guilford Press.

Wang, Y., Liu, H., and Sun, Z. (2017). Lamarck rises from his grave: Parental environment-induced epigenetic inheritance in model organisms and Humans. *Biological Reviews of the Cambridge Philosophical Society* 92 (4), 2084–2111.

Wann, D. L. (2006). Understanding the positive social psychological benefits of sport team identification: The team identification-social psychological health model. *Group Dynamics* 10 (4), 272–96.

Wann, D. L., and Polk, J. (2007). The positive relationship between sport team identification and belief in the trustworthiness of others. *North American Journal of Psychology* 9 (2), 251–56.

Watson-Jones, R. E., and Legare, C. H. (2016). The social functions of group rituals. *Current Directions in Psychological Science* 25 (1), 42–46.

Watters, E. (2010). *Crazy Like Us: The Globalization of the American Psyche.* New York: Free Press.〔イーサン・ウォッターズ『クレイジー・ライク・アメリカ――心の病はいかに輸出されたか』阿部宏美訳、紀伊國屋書店〕

Watts, J., Greenhill, S. J., Atkinson, Q. D., Currie, T. E., Bulbulia, J., and Gray, R. D. (2015). Broad supernatural punishment but not moralizing high gods precede the evolution of political complexity in Austronesia. *Proceedings of the Royal Society B: Biological Sciences* 282 (1804), 20142556.

Watts, T. W., Duncan, G. J., and Quan, H. (2018). Revisiting the marshmallow test: A conceptual replication investigating links between early delay of gratification and later outcomes. *Psychological Science* 29 (7), 1159–77.

Weber, M. (1958a). *The City.* New York: Free Press.

Weber, M. (1958b). *The Protestant Ethic and the Spirit of Capitalism.* New York: Scribner.〔マックス・ヴェーバー『プロテスタンティズムの倫理と資本主義の精神』大塚久雄訳、岩波文庫〕

Weber, M. (1978). *Economy and Society.* Berkeley: University of California Press.

Weiner, M. S. (2013). *The Rule of the Clan: What an Ancient Form of Social Organization Reveals About the Future of Individual Freedom.* New York: Farrar, Straus and Giroux.

Weiss, A., Inoue-Murayama, M., King, J. E., Adams, M. J., and Matsuzawa, T. (2012). All too human? Chimpanzee and orang-utan personalities are not anthropomorphic projections. *Animal Behaviour* 83 (6), 1355–65.

Wen, N. J., Clegg, J. M., and Legare, C. H. (2017). Smart conformists: Children and adolescents associate conformity with intelligence across cultures. *Child Development* 90 (3), 746–58.

Wen, N. J., Herrmann, P. A., and Legare, C. H. (2015). Ritual increases children's affliation with in-group members. *Evolution and Human Behavior* 37 (1), 54–60.

Wente, A. O., Bridgers, S., Zhao, X., Seiver, E., Zhu, L., and Gopnik, A. (2016). How universal are free will beliefs? Cultural differences in Chinese and U.S. 4-and 6-year-olds. *Child Development* 87 (3), 666–76.

Wente, A., Zhao, X., Gopnik, A., Kang, C., and Kushnir, T. (2020). The developmental and cultural origins of our beliefs about self-control. In A. Mele (ed.), *Surrounding Self-Control.* New York: Oxford University Press.

Wertz, A. E. (2019). How plants shape the mind. *Trends in Cognitive Sciences* 23 (7), 528–31.

Wha-S ook, L. (1995). Marriage and divorce regulation and recognition in Korea. *Family Law Quarterly*

1188–1789. *Economic History Review* 65 (3), 835–61.

Van Zanden, J. L., and De Moor, T. (2010). Girl power: The European marriage pattern and labour markets in the North Sea region in the late medieval and early modern period. *Economic History Review* 63 (1), 1–33.

Vansina, J. (1990). *Paths in the Rainforests: Towards a History of Political Tradition in Equatorial Africa.* Madison: University of Wisconsin Press.

Vardy, T., and Atkinson, Q. D. (2019). Property damage and exposure to other people in distress differentially predict prosocial behavior after a natural disaster. *Psychological Science* 30 (4), 563–75.

Varnum, M. E. W., Grossmann, I., Katunar, D., Nisbett, R. E., and Kitayama, S. (2008). Holism in a European context: Differences in cognitive style between central and east Europeans and Westerners. *Journal of Cognition and Culture* 8 (3), 321–33.

Varnum, M. E. W., Grossmann, I., Kitayama, S., and Nisbett, R. E. (2010). The origin of cultural differences in cognition: The social orientation hypothesis. *Current Directions in Psychological Science* 19 (1), 9–13.

Ventura, P., Fernandes, T., Cohen, L., Morais, J., Kolinsky, R., and Dehaene, S. (2013). Literacy acquisition reduces the influence of automatic holistic processing of faces and houses. *Neuroscience Letters* 554, 105–109.

Verger, J. (1991). Patterns. In H. de Ridder-Symoens (ed.), *A History of the University in Europe: Volume 1, Universities in the Middle Ages* (pp. 35–68). Cambridge: Cambridge University Press.

Vohs, K. D. (2015). Money priming can change people's thoughts, feelings, motivations, and behaviors: An update on 10 years of experiments. *Journal of Experimental Psychology: General* 144 (4), 1–8.

Vohs, K. D., Mead, N. L., and Goode, M. R. (2006). The psychological consequences of money. *Science* 314 (5802), 1154–56.

Vohs, K. D., Mead, N. L., and Goode, M. R. (2008). Merely activating the concept of money changes personal and interpersonal behavior. *Current Directions in Psychological Science* 17 (3), 208–212.

Vohs, K. D., and Schooler, J. W. (2008). The value of believing in free will: Encouraging a belief in determinism increases cheating. *Psychological Science* 19 (1), 49–54.

Vollan, B., Landmann, A., Zhou, Y., Hu, B., and Herrmann-Pillath, C. (2017). Cooperation and authoritarian values: An experimental study in China. *European Economic Review* 93, 90–105.

Voors, M. J., Nillesen, E. E. M., Verwimp, P., Bulte, E. H., Lensink, R., and Van Soest, D. P. (2012). Violent conflict and behavior: A field experiment in Burundi. *American Economic Review* 102 (2), 941–64.

Voth, H. J. (1998). Time and work in eighteenth-century London. *Journal of Economic History* 58 (1), 29–58.

Wade, N. (2009). *The Faith Instinct: How Religion Evolved and Why It Endures.* New York: Penguin Press.〔ニコラス・ウェイド『宗教を生みだす本能――進化論からみたヒトと信仰』依田卓巳訳、NTT出版〕

Wade, N. J. (2014). *A Troublesome Inheritance: Genes, Race, and Human History.* New York: Penguin Press.〔ニコラス・ウェイド『人類のやっかいな遺産――遺伝子、人種、進化の歴史』山形浩生・守岡桜訳、晶文社〕

Walker, R. S. (2014). Amazonian horticulturalists live in larger, more related groups than hunter-gatherers. *Evolution and Human Behavior* 35 (5), 384–88.

Walker, R. S., and Bailey, D. H. (2014). Marrying kin in small-scale societies. *American Journal of Human Biology* 26 (3), 384–88.

Walker, R. S., Beckerman, S., Flinn, M. V., Gurven, M., von Rueden, C. R., Kramer, K. L., . . . Hill, K. R.

Quantitative historical analyses uncover a single dimension of complexity that structures global variation in Human social organization. *Proceedings of the National Academy of Sciences* 115 (2), e144– e151.

Turner, G. (1859). *Nineteen Years in Polynesia: Missionary Life, Travels, and Researches in the Islands of the Pacific.* London: John Snow, Pasternoster Row.

Tuzin, D. (1976). *The Ilahita Arapesh: Dimensions of Unity.* Berkeley: University of California Press.

Tuzin, D. (2001). *Social Complexity in the Making: A Case Study Among the Arapesh of New Guinea.* London: Routledge.

Ubl, K. (2008). *Inzestverbot und Gesetzgebung. Die Konstruktion eines Verbrechens, 300–1100.* Berlin: Walter de Gruyter.

Uhlmann, E. L., Poehlman, T. A., Tannenbaum, D., and Bargh, J. A. (2010). Implicit Puritanism in American moral cognition. *Journal of Experimental Social Psychology* 47 (2), 312–20.

Uhlmann, E. L., and Sanchez-Burks, J. (2014). The implicit legacy of American Protestantism. *Journal of Cross-Cultural Psychology* 45 (6), 992–1006.

Vaish, A., Carpenter, M., and Tomasello, M. (2011). Young children's responses to guilt displays. *Developmental Psychology* 47 (5), 1248–62.

van Baaren, R., Janssen, L., Chartrand, T. L., and Dijksterhuis, A. (2009). Where is the love? The social aspects of mimicry. *Philosophical Transactions of the Royal Society B: Biological Sciences* 364 (1528), 2381–89.

van Berkhout, E. T., and Malouff, J. M. (2016). The efficacy of empathy training: A meta-analysis of randomized controlled t rials. *Journal of Counseling Psychology* 63 (1), 32–41.

Van Cleve, J., and Akçay, E. (2014). Pathways to social evolution: Reciprocity, relatedness, and synergy. *Evolution* 68 (8), 2245–58.

van Honk, J., Peper, J. S., and Schutter, D. J. L. G. (2005). Testosterone reduces unconscious fear but not consciously experienced anxiety: Implications for the disorders of fear and anxiety. *Biological Psychiatry* 58 (3), 218–25.

van Honk, J., Schutter, D. J. L. G., Hermans, E. J., Putman, P., Tuiten, A., and Koppeschaar, H. (2004). Testosterone shifts the balance between sensitivity for punishment and reward in healthy young women. *Psychoneuroendocrinology* 29 (7), 937–43.

van Honk, J., Terburg, D., and Bos, P. A. (2011). Further notes on testosterone as a social hormone. *Trends in Cognitive Sciences* 15 (7), 291–92.

van Honk, J., Tuiten, A., Hermans, E., Putman, P., Koppeschaar, H., Thijssen, J., Verbaten, R., and van Doornen, L. (2001). A single administration of testosterone induces cardiac accelerative responses to angry faces in healthy young women. *Behavioral Neuroscience* 115 (1), 238–42.

Van Hoorn, A., and Maseland, R. (2013). Does a Protestant work ethic exist? Evidence from the well-being effect of unemployment. *Journal of Economic Behavior and Organization* 91, 1–12.

van Schaik, C. P., Ancrenaz, M., Borgen, G., Galdikas, B., Knott, C. D., Singleton, I., Suzuki, A., Utami, S. S., and Merrill, M. (2003). Orangutan cultures and the evolution of material culture. *Science* 299 (5603), 102–105.

Van Zanden, J. L. (2009). *The Long Road to the Industrial Revolution: The European Economy in a Global Perspective, 1000–1800, Vol. 1.* Leiden: Brill.

Van Zanden, J. L. (2009). The skill premium and the "great divergence." *European Review of Economic History* 13 (1), 121–53.

Van Zanden, J. L., Buringh, E., and Bosker, M. (2012). The rise and decline of European parliaments,

Tönnies, F. (2011). *Community and Society.* New York: Dover.

Toren, C. (1990). *Making Sense of Hierarchy.* London: Athlone Press.

Torgler, B., and Schaltegger, C. (2014). Suicide and religion: New evidence on the differences between Protestantism and Catholicism. *Journal for the Scientific Study of Religion* 53 (2), 316–40.

Toubert, P. (1996). The Carolingian Moment. In A. Burguiere, C. Klapisch-Zuber, M. Segalen, and F. Zonabend (eds.), *A History of the Family* (pp. 379–406). Cambridge, MA: Belknap Press of Harvard University Press.

Tracer, D. P. (2003). Selfishness and fairness in economic and evolutionary perspective: An experimental economic study in Papua New Guinea. *Current Anthropology* 44 (3), 432–38.

Tracer, D. P. (2004). Market integration, reciprocity, and fairness in rural Papua New Guinea: Results from two-village ultimatum game experiments. In J. Henrich, R. Boyd, S. Bowles, C. Camerer, E. Fehr, and H. Gintis (eds.), *Foundations of Human Sociality: Economic Experiments and Ethnographic Evidence from Fifteen Small-Scale Societies* (pp. 232–59). New York: Oxford University Press.

Tracer, D. P., Mueller, I., and Morse, J. (2014). Cruel to be kind: Effects of sanctions and third-party enforcers on generosity in Papua New Guinea. In J. Ensminger and J. Henrich (eds.), *Experimenting with Social Norms: Fairness and Punishment in Cross-Cultural Perspective* (pp. 177–96). New York: Russell Sage Foundation.

Tracy, J. L., and Matsumoto, D. (2008). The spontaneous expression of pride and shame: Evidence for biologically innate nonverbal displays. *Proceedings of the National Academy of Sciences* 105 (33), 11655–60.

Triandis, H. C. (1989). The self and social-behavior in differing cultural contexts. *Psychological Review* 96 (3), 506–520.

Triandis, H. C. (1994). *Culture and Social Behavior.* New York: McGraw-Hill.

Triandis, H. C. (1995). *Individualism and Collectivism. New Directions in Social Psychology.* Boulder, CO: Westview Press.〔H・C・トリアンディス『個人主義と集団主義――2つのレンズを通して読み解く文化』神山貴弥・藤原武弘編訳、北大路書房〕

Trompenaars, A., and Hampden-Turner, C. (1998). *Riding the Waves of Culture: Understanding Cultural Diversity in Global Business.* New York: McGraw-Hill.〔フォンス・トロンペナールス，チャールズ・ハムデン-ターナー著『異文化の波――グローバル社会：多様性の理解』須貝栄訳、白桃書房〕

Tu, Q., and Bulte, E. (2010). Trust, market participation and economic outcomes: Evidence from rural China. *World Development* 38 (8), 1179–90.

Tu, Q., Bulte, E., and Tan, S. (2011). Religiosity and economic performance: Micro-econometric evidence from Tibetan area. *China Economic Review* 22 (1), 55–63.

Tucker, B. (2012). Do risk and time experimental choices represent individual strategies for coping with poverty or conformity to social norms? *Current Anthropology* 53 (2), 149–80.

Turchin, P. (2005). *War and Peace and War: The Life Cycles of Imperial Nations.* New York: Pi Press/ Pearson.

Turchin, P. (2010). Warfare and the evolution of social complexity: A multilevel- selection approach. *Structure and Dynamics* 4 (3), 1–37.

Turchin, P. (2015). *Ultrasociety: How 10,000 Years of War Made Humans the Greatest Cooperators on Earth.* Chaplin, CT: Beresta Books.

Turchin, P., Currie, T. E., Turner, E. A. L., and Gavrilets, S. (2013). War, space, and the evolution of Old World complex societies. *Proceedings of the National Academy of Sciences* 110 (41), 16384–89.

Turchin, P., Currie, T. E., Whitehouse, H., Francois, P., Feeney, K., Mullins, D., . . . Spencer, C. (2017).

115 (39), 201805016.

Szwed, M., Vinckier, F., Cohen, L., and Dehaene, S. (2012). Towards a universal neurobiological architecture for learning to read. *Behavioral and Brain Sciences* 35 (5), 308–309.

Tabellini, G. (2010). Culture and institutions: Economic development in the regions of Europe. *Journal of the European Economic Association* 8 (4), 677–716.

Takahashi, T. (2005). Loss of self-control in intertemporal choice may be attributable to logarithmic time-perception. *Medical Hypotheses* 65 (4), 691–93.

Takahashi, T., Hadzibeganovic, T., Cannas, S. A., Makino, T., Fukui, H., and Kitayama, S. (2009). Cultural neuroeconomics of intertemporal choice. *Neuroendocrinology Letters* 30 (2), 185–91.

Talhelm, T. (2015). The rice theory of culture. Dissertation. Department of Psychology, University of Virginia.

Talhelm, T., Graham, J., and Haidt, J. The budding collectivism revolution. Working paper.

Talhelm, T., Zhang, X., Oishi, S., Shimin, C., Duan, D., Lan, X., and Kitayama, S. (2014a). Large-scale psychological differences within China explained by rice versus wheat agriculture. *Science* 344 (6184), 603–608.

Talhelm, T., Zhang, X., Oishi, S., Shimin, C., Duan, D., Lan, X., and Kitayama, S. (2014b). Supplementary materials for large-scale psychological differences within China explained by rice versus wheat agriculture. *Science*. www.sciencemag.org/content/344/6184/603/suppl/DC1.

Tarr, B., Launay, J., Cohen, E., and Dunbar, R. (2015). Synchrony and exertion during dance independently raise pain threshold and encourage social bonding. *Biology Letters* 11 (10), 1–4.

Tarr, B., Launay, J., and Dunbar, R. I. M. (2014). Music and social bonding: "Self- other" merging and neurohormonal mechanisms. *Frontiers in Psychology* 5, 1096.

Tarr, B., Launay, J., and Dunbar, R. I. M. (2016). Silent disco: Dancing in synchrony leads to elevated pain thresholds and social closeness. *Evolution and Human Behavior* 37 (5), 343–49.

Taylor, J. (2003). Risk-taking behavior in mutual fund tournaments. *Journal of Economic Behavior and Organization* 50 (3), 373–83.

Tenney, E. R., Small, J. E., Kondrad, R. L., Jaswal, V. K., and Spellman, B. A. (2011). Accuracy, confidence, and calibration: How young children and adults assess credibility. *Developmental Psychology* 47 (4), 1065–1077.

Terashima, H., and Hewlett, B. S. (2016). *Social Learning and Innovation in Contemporary Hunter-Gatherers: Evolutionary and Ethnographic Perspectives.* Replacement of Neanderthals by Modern Humans Series. Tokyo: Springer.

Thompson, E. P. (1967). Time, work-discipline, and industrial capitalism. *Past and Present* 38 (1), 56–97.

Thomson, R., Yuki, M., Talhelm, T., Schug, J., Kito, M., Ayanian, A. H., . . . Visserman, M. L. (2018). Relational mobility predicts social behaviors in 39 countries and is tied to historical farming and threat. *Proceedings of the National Academy of Sciences* 115 (29), 7521–26.

Thoni, C. (2017). Trust and cooperation: Survey evidence and behavioral experiments. In P. Van Lange, B. Rockenbach, and M. Yamagishi (eds.), *Trust in Social Dilemmas* (pp. 155–172). New York: Oxford University Press.

Tierney, B. (1997). *The Idea of Natural Rights.* Atlanta: Scholars Press for Emory University.

Tilly, C. (1993). *Coercion, Capital and European States, AD 990–1992.* Hoboken, NJ: Wiley.

Tocqueville, A. de (1835; 1969). *Democracy in America.* Garden City, NY: Doubleday.〔アレクシ・ド・トクヴィル『アメリカのデモクラシー』松本礼二訳、岩波文庫〕

Todd, E. (1985). *Explanation of Ideology: Family Structure and Social System.* Hoboken, NJ: Blackwell.

Stasavage, D. (2014). Was Weber right? The role of urban autonomy in Europe's rise. *American Political Science Review* 108 (2), 337–54.

Stasavage, D. (2016). Representation and consent: Why they arose in Europe and not elsewhere. *Annual Review of Political Science* 19 (1), 145–62.

Stephens-Davidowitz, S. (2018). *Everybody Lies: Big Data, New Data, and What the Internet Can Tell Us About Who We Really Are.* New York: Dey Street Books. 〔セス・スティーヴンズ＝ダヴィドウィッツ『誰もが嘘をついている――ビッグデータ分析が暴く人間のヤバい本性』酒井泰介訳、光文社〕

Stephenson, C. (1933). *Borough and Town: A Study of Urban Origins in England.* Monographs of the Mediaeval Academy of America. Cambridge, MA: Mediaeval Academy of America.

Stillman, T. F., and Baumeister, R. F. (2010). Guilty, free, and wise: Determinism and psychopathy diminish learning from negative emotions. *Journal of Experimental Social Psychology* 46 (6), 951–60.

Storey, A. E., Walsh, C. J., Quiton, R. L., and Wynne-Edwards, K. (2000). Hormonal correlates of paternal responsiveness in new and expectant fathers. *Evolution and Human Behavior* 21 (2), 79–95.

Strassmann, B. I., and Kurapati, N. T. (2016). What explains patrilineal cooperation? *Current Anthropology* 57 (Suppl. 13), S118– S130.

Strassmann, B. I., Kurapati, N. T., Hug, B. F., Burke, E. E., Gillespie, B. W., Karafet, T. M., and Hammer, M. F. (2012). Religion as a means to assure paternity. *Proceedings of the National Academy of Sciences* 109 (25), 9781–85.

Strathern, M. (1992). *After Nature: English Kinship in the Late Twentieth Century.* Lewis Henry Morgan Lectures. Cambridge: Cambridge University Press.

Stringham, E. (2015). On the origins of stock markets. In C. J. Coyne and P. J. Boettke (eds.), *The Oxford Handbook of Austrian Economics* (pp. 1–20). New York: Oxford University Press.

Strömbäck, C., Lind, T., Skagerlund, K., Västfjäll, D., and Tinghög, G. (2017). Does self-control predict financial behavior and financial well-being? *Journal of Behavioral and Experimental Finance* 14, 30–38.

Stuchlik, M. (1976). *Life on a Half Share: Mechanisms of Social Recruitment Among the Mapuche of Southern Chile.* London: C. Hurst.

Sturtevant, W. C. (1978). *Handbook of North American Indians: Arctic.* Washington, D.C.: Smithsonian Institution.

Su, J. C., and Oishi, S. (2010). Culture and self-enhancement. A social relation analysis. Unpublished manuscript.

Suh, E. M. (2002). Culture, identity consistency, and subjective well-being. *Journal of Personality and Social Psychology* 83 (6), 1378–91.

Swann, W. B., and Buhrmester, M. D. (2015). Identity fusion. *Current Directions in Psychological Science* 24 (1), 52–57.

Swann, W. B., Jetten, J., Gómez, A., Whitehouse, H., and Bastian, B. (2012). When group membership gets personal: A theory of identity fusion. *Psychological Review* 119 (3), 441–56.

Sznycer, D., Tooby, J., Cosmides, L., Porat, R., Shalvi, S., and Halperin, E. (2016). Shame closely tracks the threat of devaluation by others, even across cultures. *Proceedings of the National Academy of Sciences* 113 (10), 201514699.

Sznycer, D., Xygalatas, D., Agey, E., Alami, S., An, X.-F., Ananyeva, K. I., . . . Tooby, J. (2018). Cross-cultural invariances in the architecture of shame. *Proceedings of the National Academy of Sciences*

Smith, D. N. (2015). Profit maxims: Capitalism and the common sense of time and money. *Current Perspectives in Social Theory* 33, 29–74.

Smith, K., Larroucau, T., Mabulla, I. A., and Apicella, C. L. (2018). Hunter-gatherers maintain assortativity in cooperation despite high-levels of residential change and mixing. *Current Biology* 28 (19), P3152–P3157.E4.

Smith, V. A. (1917). *Akkar, the Great Mogul, 1542–1605.* Oxford: Clarendon Press.

Smith, W., and Cheetham, S. (1880). *A Dictionary of Christian Antiquities.* London: John Murray.

Smyth, R. B. (1878). *The Aborigines of Victoria.* Melbourne: J. Ferres.

Sneader, W. (2005). *Drug Discovery: A History.* Chichester, UK: Wiley.

Snell, W. W. (1964). *Kinship Relations in Machiguenga.* Dallas, TX: SIL International.

Soler, H., Vinayak, P., and Quadagno, D. (2000). Biosocial aspects of domestic violence. *Psychoneuroendocrinology* 25 (7), 721–39.

Soltis, J., Boyd, R., and Richerson, P. (1995). Can group-functional behaviors evolve by cultural group selection? *Current Anthropology* 36 (13), 473–94.

Sosis, R., and Handwerker, W. P. (2011). Psalms and coping with uncertainty: Religious Israeli women's responses to the 2006 Lebanon War. *American Anthropologist* 113 (1), 40–55.

Sowell, T. (1998). *Conquests and Cultures: An International History.* New York: Basic Books.〔トマス・ソーウェル『征服と文化の世界史——民族と文化変容』内藤嘉昭訳、明石書店〕

Speake, G. (ed.). (1987). Monks and missions. In *Atlas of the Christian Church* (pp. 44–45). New York: Facts on File.

Spencer, C. S. (2010). Territorial expansion and primary state formation. *Proceedings of the National Academy of Sciences* 107 (16), 7119–26.

Spencer, C. S., and Redmond, E. M. (2001). Multilevel selection and political evolution in the Valley of Oaxaca, 500–100 B.C. *Journal of Anthropological Archaeology* 20 (2), 195–229.

Spenkuch, J. L. (2017). Religion and work: Micro evidence from contemporary Germany. *Journal of Economic Behavior and Organization* 135, 193–214.

Sperber, D. (1996). *Explaining Culture: A Naturalistic Approach.* Oxford; Cambridge, MA: Blackwell.〔ダン・スペルベル『表象は感染する——文化への自然主義的アプローチ』菅野盾樹訳、新曜社〕

Sperber, D., Clement, F., Heintz, C., Mascaro, O., Mercier, H., Origgi, G., and Wilson, D. (2010). Epistemic Vigilance. *Mind and Language* 25 (4), 359–93.

Squicciarini, M. P., and Voigtländer, N. (2015). Human capital and industrialization: Evidence from the age of the Enlightenment. *Quarterly Journal of Economics* 130 (4), 1825–83.

Squires, M. (2017). Kinship taxation as a constraint to microenterprise growth: Experimental evidence from Kenya. Working paper.

Srinivasan, M., Dunham, Y., Hicks, C. M., and Barner, D. (2016). Do attitudes toward societal structure predict beliefs about free will and achievement? Evidence from the Indian caste system. *Developmental Science* 19 (1), 109–125.

Stanner, W. E. H. (1934). Ceremonial economics of the Mulluk Mulluk and Madngella Tribes of the Daly River, North Australia: A preliminary paper. *Oceania* 4 (4), 458–71.

Stark, R., and Hirschi, T. (1969). Hellfire and delinquency. *Social Problems* 17 (2), 202–213.

Starkweather, K. E., and Hames, R. (2012). A survey of non-classical polyandry. *Human Nature* 23 (2), 149–72.

Stasavage, D. (2011). *States of Credit: Size, Power, and the Development of European Polities.* Princeton, NJ: Princeton University Press.

about foods: Previous research and new prospects. *Developmental Psychology* 49 (3), 419–25.

Shutts, K., Kinzler, K. D., Mckee, C. B., and Spelke, E. S. (2009). Social information guides infants' selection of foods. *Journal of Cognition and Development* 10 (1–2), 1–17.

Sibley, C. G., and Bulbulia, J. (2012). Faith after an earthquake: A longitudinal study of religion and perceived health before and after the 2011 Christchurch New Zealand earthquake. *PLoS One* 7 (12), e49648.

Sikora, M., Seguin-Orlando, A., Sousa, V. C., Albrechtsen, A., Ko, A., Rasmussen, S, . . . Willerslev, E. (2017). Ancient genomes show social and reproductive behavior of early Upper Paleolithic foragers. *Science* 358 (6363), 659–62.

Silk, J. B. (1987). Adoption among the Inuit. *Ethos* 15 (3), 320–30.

Silver, M. (1995). *Economic Structures of Antiquity.* London: Westport Press.

Silverman, P., and Maxwell, R. J. (1978). How do I respect thee? Let me count the ways: Deference towards elderly men and women. *Behavior Science Research* 13 (2), 91–108.

Simon, J. L., and Sullivan, R. J. (1989). Population size, knowledge stock, and other determinants of agricultural publication and patenting: England, 1541–1850. *Explorations in Economic History* 26 (1), 21–44.

Singh, M., and Henrich, J. (2019). Self-denial by shamans promotes perceptions of religious credibility. Preprint. https://doi.org/10.31234/osf.io/kvtqp.

Singh, M., Kaptchuck, T., and Henrich, J. (2019). Small gods, rituals, and cooperation: The Mentawai crocodile spirit *Sikaoinan.* Preprint. https://doi.org/10.31235/osf.io/npkdy.

Siziba, S., Bulte, E., and Siziba, S. (2012). Does market participation promote generalized trust? Experimental evidence from Southern Africa. *Economic Letters* 117 (1), 156–60.

Slingerland, E. (2008). *What Science Offers the Humanities: Integrating Body and Culture.* Cambridge: Cambridge University Press.

Slingerland, E. (2014). *Trying Not to Try: The Art and Science of Spontaneity.* New York: Crown.

Slingerland, E., and Chudek, M. (2011). The prevalence of mind-body dualism in early China. *Cognitive Science* 35 (5), 997–1007.

Slingerland, E., Monroe, M. W., Sullivan, B., Walsh, R. F., Veidlinger, D., Noseworthy, W., . . . Spicer, R. (2020) Historians respond to Whitehouse *et al.* (2019), "Complex societies precede moralizing gods throughout world history." *Journal of Cognitive Historiography.* 5 (1–2), 124–141.

Slingerland, E., Nichols, R., Nielbo, K., and Logan, C. (2018). The distant reading of religious texts: A "big data" approach to mind-body concepts in early China. *Journal of the American Academy of Religion* 85 (4), 985–1016.

Smaldino, P. E., Schank, J. C., and Mcelreath, R. (2013). Increased costs of cooperation help cooperators in the long run. *American Naturalist* 181 (4), 451–63.

Smaldino, P., Lukaszewski, A., von Rueden, C., and Gurven, M. (2019). Niche diversity can explain cross-cultural differences in personality structure. *Nature Human Behaviour,* 3, 1276–83.

Smith-Greenaway, E. (2013). Maternal reading skills and child mortality in Nigeria: A reassessment of why education matters. *Demography* 50 (5), 1551–61.

Smith, A. (1997). Lecture on the influence of commerce on manners. In D. B. Klein (ed.), *Reputation: Studies in the Voluntary Elicitation of Good Conduct* (pp. 17–20). Ann Arbor, MI: University of Michigan Press.

Smith, C. E. (1972). *Papal Enforcement of Some Medieval Marriage Laws.* Port Washington, NY: Kennikat Press.

Schulz, J. (2019). Kin networks and institutional development. SSRN Working paper no. 2877828. papers.ssrn.com/sol3/papers.cfm?abstract_id=2877828.

Schulz, J. F., Bahrami-Rad, D., Beauchamp, J. P., and Henrich, J. (2019). Global psychological variation, intensive kinship and the Church. *Science* 366 (707), 1–12.

Schwartz, S. H., and Bilsky, W. (1990). Toward a theory of the universal content and structure of values: Extensions and cross-cultural replications. *Journal of Personality and Social Psychology* 58 (5), 878–91.

Scoville, W. C. (1953). The Huguenots in the French economy, 1650–1750. *Quarterly Journal of Economics* 67 (3), 423–44.

Seife, C. (2000). *Zero: The Biography of a Dangerous Idea.* London: Souvenir Press.〔チャールズ・サイフェ『異端の数ゼロ――数学・物理学が恐れるもっとも危険な概念』林大訳、早川書房〕

Sellen, D. W., Borgerhoff Mulder, M., and Sieff, D. F. (2000). Fertility, offspring quality, and wealth in Datoga pastoralists. In L. Cronk, N. Chagnon, and W. Irons (eds.), *Adaptation and Human Behavior: An Anthropological Perspective* (pp. 91–114). New York: Aldine de Gruyter.

Sequeira, S., Nunn, N., and Qian, N. (2020).Immigrants and the making of America. *Review of Economic Studies*, 87 (1), 382–419.

Serafinelli, M., and Tabellini, G. (2017). Creativity over time and space. Working paper, ssrn.com/abstract=3070203.

Shariff, A. F., Greene, J. D., Karremans, J. C., Luguri, J. B., Clark, C. J., Schooler, J. W., Baumeister, R. F., Vohs, K. D. (2014). Free will and punishment: A mechanistic view of Human nature reduces retribution. *Psychological Science* 25 (8), 1563–70.

Shariff, A. F., and Norenzayan, A. (2007). God is watching you: Priming God concepts increases prosocial behavior in an anonymous economic game. *Psychological Science* 18 (9), 803–809.

Shariff, A. F., and Norenzayan, A. (2011). Mean gods make good people: Different views of God predict cheating behavior. *International Journal for the Psychology of Religion* 21 (2), 85–96.

Shariff, A. F., and Rhemtulla, M. (2012). Divergent effects of beliefs in heaven and hell on national crime rates. *PLoS One* 7 (6), e39048.

Shariff, A. F., Willard, A. K., Andersen, T., and Norenzayan, A. (2016). Religious priming: A meta-analysis with a focus on prosociality. *Personality and Social Psychology Review* 20 (1), 27–48.

Shaw, B. D., and Saller, R. P. (1984). Close-Kin marriage in Roman society? *Man* 19 (3), 432–44.

Shenk, M. K., Towner, M. C., Voss, E. A., and Alam, N. (2016). Consanguineous marriage, kinship ecology, and market transition. *Current Anthropology* 57 (13), S167–S1 80.

Shenkar, O. (2010). *Copycats: How Smart Companies Use Imitation to Gain a Strategic Edge.* Cambridge, MA: Harvard Business Press.〔オーデッド・シェンカー『コピーキャット――模倣者こそがイノベーションを起こす』遠藤真美訳、東洋経済新報社〕

Shepherd, W. R. (1926). The Carolingian and Byzantine Empires and the Califate About 814 [map]. In W. R. Shepherd (ed.), *Historical Atlas* (pp. 54–55). New York: Henry Holt.

Shleifer, A. (2004). Does competition destroy ethical behavior? *American Economic Review* 94 (2), 414–18.

Shrivastava, S. (ed.). (2004). *Medical Device Materials: Proceedings from the Materials and Processes for Medical Devices Conference* (Sept. 8–10, 2003). Materials Park, OH: ASM International.

Shutts, K., Banaji, M. R., and Spelke, E. S. (2010). Social categories guide young children's preferences for novel objects. *Developmental Science* 13 (4), 599–610.

Shutts, K., Kinzler, K. D., and DeJesus, J. M. (2013). Understanding infants' and children's social learning as mediated through scientific achievement and economic freedom. *Psychological Science* 22 (6), 754–63.

Ritter, M. L. (1980). The conditions favoring age-set organization. *Journal of Anthropological Research* 36 (1), 87–104.

Rives, J. B. (2006). *Religion in the Roman Empire.* Hoboken, NJ: Wiley-Blackwell.

Robbins, E., Shepard, J., and Rochat, P. (2017). Variations in judgments of intentional action and moral evaluation across eight cultures. *Cognition* 164, 22–30.

Robinson, J. A., and Acemoglu, D. (2011). Why nations fail: The origins of power, prosperity and poverty. PowerPoint presentation. Morishima Lecture, London School of Economics, June 6. www.lse.ac.uk/assets/richmedia/channels/publicLecturesAndEvents/slides/20110608_1830_whyNationsFail_sl.pdf.

Rockmore, D. N., Fang, C., Foti, N. J., Ginsburg, T., and Krakauer, D. C. (2017). The cultural evolution of national constitutions. *Journal of the Association for Information Science and Technology* 69 (3), 483–94.

Rolt, L. T. C., and Allen, J. S. (1977). *The Steam Engine of Thomas Newcomen.* New York: Science History.

Roscoe, P. B. (1989). The pig and the long yam: The expansion of a Sepik cultural complex. *Ethnology* 28 (3), 219–31.

Ross, L., and Nisbett, R. E. (1991). *The Person and the Situation: Perspectives of Social Psychology.* Philadelphia: Temple University Press.

Ross, M. C. (1985). Concubinage in Anglo-Saxon England. *Past and Present* 108, 3–34.

Rowe, W. T. (2002). Stability and social change. In J. K. Fairbank and D. Twitchett (eds.), *The Cambridge History of China,* vol. 9 (pp. 473–562). Cambridge: Cambridge University Press.

Roy, T. (2013). Appenticeship and Industrialization in India, 1600–1930. In M. Prak and J. L. van Zanden (eds.), *Technology, Skills and the Pre-Modern Economy in the East and the West* (pp. 69–92). Leiden: Brill.

Ruan, J., Xie, Z., and Zhang, X. (2015). Does rice farming shape individualism and innovation? *Food Policy* 56, 51–58.

Rubin, J. (2014). Printing and Protestants: An empirical test of the role of printing in the Reformation. *Review of Economics and Statistics* 96 (2), 270–86.

Rubin, J. (2017). *Rulers, Religion, and Riches: Why the West Got Rich and the Middle East Did Not.* Cambridge: Cambridge University Press.

Rustagi, D., Engel, S., and Kosfeld, M. (2010a). Conditional cooperation and costly monitoring explain success in forest commons management. *Science* 330 (6006), 961–65.

Rustagi, D., Engel, S., and Kosfeld, M. (2010b). Supplemental materials for conditional cooperation and costly monitoring explain success in forest commons management. *Science* 330 (6006), 961–65.

Rustagi, D., and Veronesi, M. (2017). Waiting for Napoleon? Democracy and norms of reciprocity across social groups. Working paper, www.brown.edu/academics/economics/sites/br.

Sääksvuori, L., Mappes, T., and Puurtinen, M. (2011). Costly punishment prevails in intergroup conflict. *Proceedings of the Royal Society B: Biological Sciences* 278 (1723), 3428–36.

Saccomandi, G., and Ogden, R. W. (2014). *Mechanics and Thermomechanics of Rubberlike Solids.* Vienna: Springer.

Sahlins, M. (1998). The original affluent society. In J. Gowdy (ed.), *Limited Wants, Unlimited Means: A Reader on Hunter-Gatherer Economics and the Environment* (pp. 5–41). Washington, D.C.: Island Press/The Center for Resource Economics.

Rand, D. G. (2016). Cooperation, fast and slow: Meta-analytic evidence for a theory of social heuristics and self-interested deliberation. *Psychological Science* 27 (9), 1192–1206.

Rand, D. G., Dreber, A., Haque, O. S., Kane, R. J., Nowak, M.A., and Coakley, S. (2014). Religious motivations for cooperation: An experimental investigation using explicit primes. *Religion, Brain & Behavior* 4 (1), 31–48.

Rand, D. G., Peysakhovich, A., Kraft-Todd, G. T., Newman, G. E., Wurzbacher, O., Nowak, M. A., and Greene, J. D. (2014). Social heuristics shape intuitive cooperation. *Nature Communications* 5, 3677.

Rao, L.-L., Han, R., Ren, X.-P., Bai, X.-W., Zheng, R., Liu, H., . . . Li, S. (2011). Disadvantage and prosocial behavior: The effects of the Wenchuan earthquake. *Evolution and Human Behavior* 32 (1), 63–69.

Rauh, N. K. (1993). *The Sacred Bonds of Commerce: Religion, Economy, and Trade Society at Hellenistic Roman Delos, 166–87 B.C.* Leiden: Brill.

Redmond, E. M., and Spencer, C. S. (2012). Chiefdoms at the threshold: The competitive origins of the primary state. *Journal of Anthropological Archaeology* 31 (1), 22–37.

Reich, D. (2018). *Who We Are and How We Got Here: Ancient DNA and the New Science of the Human Past.* New York: Oxford University Press.〔デイヴィッド・ライク『交雑する人類――古代DNAが解き明かす新サピエンス史』日向やよい訳、NHK出版〕

Rendell, L., Fogarty, L., Hoppitt, W. J. E., Morgan, T. J. H., Webster, M. M., and Laland, K. N. (2011). Cognitive culture: Theoretical and empirical insights into social learning strategies. *Trends in Cognitive Sciences* 15 (2), 68–76.

Rentfrow, P. J., Gosling, S. D., Potter, J., Rentfrow, P. J., Gosling, S. D., and Potter, J. (2017). A theory of the emergence, persistence, and expression of geographic variation in psychological characteristics. *Perspectives on Psychological Science* 3 (5), 339–69.

Reyes-García, V., Godoy, R., Huanca, T., Leonard, W., McDade, T., Tanner, S., and Vadez, V. (2007). The origins of monetary income in equality: Patience, human capital, and division of labor. *Evolution and Human Behavior* 28 (1), 37–47.

Reynolds, B. (2006). A review of delay-discounting research with humans: Relations to drug use and gambling. *Behavioural Pharmacology* 17 (8), 651–67.

Richardson, G. (2004). Guilds, laws, and markets for manufactured merchandise in late-medieval England. *Explorations in Economic History* 41 (1), 1–25.

Richardson, G. (2005). Craft guilds and Christianity in late-medieval England: A rational-choice analysis. *Rationality and Society* 17 (2), 139–89.

Richardson, G., and McBride, M. (2009). Religion, longevity, and cooperation: The case of the craft guild. *Journal of Economic Behavior and Organization* 71 (2), 172–86.

Richerson, P. J., Baldini, R., Bell, A., Demps, K., Frost, K., Hillis, V., . . . Zefferman, M. R. (2016). Cultural group selection plays an essential role in explaining human cooperation: A sketch of the evidence. *Behavioral and Brain Sciences* 39, 1–68.

Richerson, P. J., and Boyd, R. (2005). *Not by Genes Alone: How Culture Transformed Human Evolution.* Chicago: University of Chicago Press.

Richerson, P. J., Boyd, R., and Bettinger, R. L. (2001). Was agriculture impossible during the Pleistocene but mandatory during the Holocene? A climate change hypothesis. *American Antiquity* 66 (3), 387–411.

Rigoni, D., Kuhn, S., Gaudino, G., Sartori, G., and Brass, M. (2012). Reducing self-control by weakening belief in free will. *Consciousness and Cognition* 21 (3), 1482–90.

Rindermann, H., and Thompson, J. (2011). Cognitive capitalism: The effect of cognitive ability on wealth,

Worth.

Plott, C. R., and Zeiler, K. (2007). Exchange asymmetries incorrectly interpreted as evidence of endowment effect theory and prospect theory? *American Economic Review* 97 (4), 1449–66.

Pope, H. G., Kouri, E. M., and Hudson, J. I. (2000). Effects of supraphysiologic doses of testosterone on mood and aggression in normal men: A randomized controlled trial. *Archives of General Psychiatry* 57 (2), 133–40.

Post, L., and Zwaan, R. (2014). What is the value of believing in free will? Two replication studies. osf.io/mnwgb.

Prak, M., and Van Zanden, J. L. (eds.). (2013). *Technology, Skills and the Pre-Modern Economy in the East and the West.* Leiden: Brill.

Pratt, T. C., and Cullen, F. T. (2000). The empirical status of Gottfredson and Hirschi's general theory of crime: A meta-analysis. *Criminology* 38 (3), 931–64.

Price, J. (2010). The effect of parental time investments: Evidence from natural within-family variation. NBER working paper, www.uvic.ca/socialsciences/economics/assets/docs/pastdept-4/price_parental_time.pdf.

Protzko, J., Ouimette, B., and Schooler, J. (2016). Believing there is no free will corrupts intuitive cooperation. *Cognition* 151, 6–9.

Purzycki, B. G., Apicella, C. L., Atkinson, Q. D., Cohen, E., McNamara, R. A., Willard, A. K., Xygalatas, D., Norenzayan, A., and Henrich, J. (2016). Moralistic gods, supernatural punishment and the expansion of human sociality. *Nature* 530 (7590), 327–30.

Purzycki, B. G., Henrich, J., Apicella, C. L., Atkinson, Q. D., Baimel, A., Cohen, E., . . . Norenzayan, A. (2017). The evolution of religion and morality: A synthesis of ethnographic and experimental evidence from eight societies. *Religion, Brain & Behavior* 8 (2), 101–132.

Purzycki, B. G., and Holland, E. C. (2019). Buddha as a God: An empirical assessment. *Method and Theory in the Study of Religion* 31, 347–75.

Purzycki, B. G., Ross, C. T., Apicella, C. L., Atkinson, Q. D., Cohen, E., Mcnamara, R. A., . . . Henrich, J. (2018). Material security, life history, and moralistic religions: A cross-cultural examination. *PLoS One* 13 (3): e0193856.

Purzycki, B. G., Willard, A. K., Klocová, E. K., Apicella, C., Atkinson, Q., Bolyanatz, A., . . . Ross, C. T. The moralization bias of gods' minds: A cross-cultural test. (In preparation.)

Putterman, L. (2008). Agriculture, diffusion and development: ripple effects of the Neolithic revolution. *Economica* 75 (300), 729–48.

Putterman, L., and Weil, D. N. (2010). Post-1500 population flows and the long-run determinants of economic growth and in equality. *Quarterly Journal of Economics* 125 (4), 1627–82.

Puurtinen, M., and Mappes, T. (2009). Between-group competition and Human cooperation. *Proceedings of the Royal Society B: Biological Sciences* 276 (1655), 355–60.

Rad, M. S., Martingano, A. J., and Ginges, J. (2018) Toward a psychology of *Homo sapiens:* Making psychological science more representative of the human population. *Proceedings of the National Academy of Sciences* 115 (45), 11401–11405.

Radcliffe-Brown, A. R. (1964). *The Andaman Islanders.* Glencoe, IL: Free Press.

Rai, T. S., and Holyoak, K. J. (2013). Exposure to moral relativism compromises moral behavior. *Journal of Experimental Social Psychology* 49 (6), 995–1001.

Ramseyer, V. (2006). *The Transformation of a Religious Landscape: Medieval Southern Italy, 850–1150.* Ithaca, NY: Cornell University Press.

Olsson, O., and Paik, C. (2016). Long-run cultural divergence: Evidence from the Neolithic Revolution. *Journal of Development Economics* 122, 197–213.

Over, H., Carpenter, M., Spears, R., and Gattis, M. (2013). Children selectively trust individuals who have imitated them. *Social Development* 22 (2), 215–24.

Padgett, J. F., and Powell, W. W. (2012). *The Emergence of Organizations and Markets*. Princeton, NJ: Princeton University Press.

Paine, R. (1971). Animals as capital: Comparisons among northern nomadic herders and hunters. *Anthropological Quarterly* 44 (3), 157–72.

Palmstierna, M., Frangou, A., Wallette, A., and Dunbar, R. (2017). Family counts: Deciding when to murder among the Icelandic Vikings. *Evolution and Human Behavior* 38 (2), 175–80.

Pan, W., Ghoshal, G., Krumme, C., Cebrian, M., and Pentland, A. (2013). Urban characteristics attributable to density-driven tie formation. *Nature Communications* 4, 1961.

Panero, M. E., Weisberg, D. S., Black, J., Goldstein, T. R., Barnes, J. L., Brownell, H., and Winner, E. (2016). Does reading a single passage of literary fiction really improve theory of mind? An attempt at replication. *Journal of Personality and Social Psychology* 111 (5), e46– e54.

Park, N., and Peterson, C. (2010). Does it matter where we live? The urban psychology of character strengths. *The American Psychologist* 65 (6), 535–47.

Peng, Y. S. (2004). Kinship networks and entrepreneurs in China's transitional economy. *American Journal of Sociology* 109 (5), 1045–1074.

Perreault, C., Moya, C., and Boyd, R. (2012). A Bayesian approach to the evolution of social learning. *Evolution and Human Behavior* 33 (5), 449–59.

Pettegree, A. (2015). *Brand Luther: 1517, Printing, and the Making of the Reformation*. New York: Penguin Press.

Peysakhovich, A., and Rand, D. G. (2016). Habits of virtue: Creating norms of cooperation and defection in the laboratory. *Management Science* 62 (3), 631–47.

Pigfetta, A. (2012). *Magellan's Voyage: A Narrative Account of the First Circumnavigation*. New York: Dover.

Pilbeam, D., and Lieberman, D. E. (2017). Reconstructing the last common ancestor to chimpanzees and Humans. In M. N. Muller, R. W. Wrangham, and D. Pilbeam (eds.), *Chimpanzees and Human Evolution* (pp. 22–141). Cambridge, MA: Harvard University Press.

Pinker, S. (1997). *How the Mind Works*. New York: W. W. Norton.〔スティーブン・ピンカー『心の仕組み（上・下）』椋田直子・山下篤子訳、ちくま学芸文庫〕

Pinker, S. (2011). *The Better Angels of Our Nature: Why Violence Has Declined*. New York: Viking.〔スティーブン・ピンカー『暴力の人類史（上・下）』幾島幸子・塩原通緒訳、青土社〕

Pinker, S. (2018). *Enlightenment Now: The Case for Reason, Science, Humanism, and Progress*. New York: Viking.〔スティーブン・ピンカー『21世紀の啓蒙――理性、科学、ヒューマニズム、進歩（上・下）』橘明美・坂田雪子訳、草思社文庫〕

Pirenne, H. (1952). *Medieval Cities*. Princeton, NJ: Princeton University Press.〔アンリー・ピレンヌ『西洋中世都市發達史――都市の起源と商業の復活』今来陸郎訳、白揚社〕

Plattner, S. (1989). Economic behavior in markets. In S. Plattner (ed.), *Economic Anthropology* (pp. 209–221). Stanford, CA: Stanford University Press.

Plomin, R., Defries, J. C., Knopik, V. S., and Neiderhiser, J. M. (2016). Top 10 replicated findings from behavioral genetics. *Perspectives in Psychological Science* 11 (1), 3–23.

Plomin, R., DeFries, J., McClearn, G. E., and McGuffn, P. (2001). *Behavioral Genetics* (4th ed.). New York:

Nunez, M., and Harris, P. L. (1998). Psychological and deontic concepts: Separate domains or intimate connection? *Mind and Language* 13 (2), 153–70.

Nunn, N. (2007). Relationship-specificity, incomplete contracts, and the pattern of trade. *Quarterly Journal of Economics* 122 (2), 569–600.

Nunn, N. (2009). The importance of history for economic development. *Annual Review of Economics* 1 (1), 65–92.

Nunn, N. (2014). Gender and missionary influence in colonial Africa. In E. Akyeampong, R. Bates, N. Nunn, and J. Robinson (eds.), *Africa's Development in Historical Perspective* (pp. 489–512). Cambridge: Cambridge University Press.

Nunn, N., and De La Sierra, R. S. (2017). Why being wrong can be right: Magical warfare technologies and the persistence of false beliefs. *American Economic Review* 107 (5), 582–87.

Nunn, N., and Qian, N. (2010). The Columbian exchange: A history of disease, food, and ideas. *World Crops* 24 (2), 163–88.

Nunn, N., and Qian, N. (2011). The potato's contribution to population and urbanization: Evidence from a historical experiment. *Quarterly Journal of Economics* 126 (2), 593–650.

Nunn, N., and Wantchekon, L. (2011). The slave trade and the origins of mistrust in Africa. *American Economic Review* 101 (7), 3221–3252.

Nunziata, L., and Rocco, L. (2014). The Protestant ethic and entrepreneurship: Evidence from religious minorities from the former Holy Roman Empire. *MPRA* Working paper, mpra.ub.uni-muenchen.de/53566.

Nuvolari, A. (2004). Collective invention during the British Industrial Revolution: the case of the Cornish pumping engine. *Cambridge Journal of Economics* 28 (3), 347–63.

O'Grady, S. (2013). *And Man created God: A History of the World at the Time of Jesus.* New York: St. Martin's Press.

Obschonka, M., Stuetzer, M., Rentfrow, P. J., Shaw-Taylor, L., Satchell, M., Silbereisen, R. K., Potter, J., and Gosling, S. D. (2018). In the shadow of coal: How large-scale industries contributed to present-day regional differences in personality and well-being. *Journal of Personality and Social Psychology* 115 (5), 903–27.

Ockenfels, A., and Weinmann, J. (1999). Types and patterns: An experimental east-west-German comparison of cooperation and solidarity. *Journal of Public Economics* 71 (2), 275–87.

Ogilvie, S. (2019). *The European Guilds.* Princeton, NJ: Princeton University Press.

Oishi, S. (2010). The psychology of residential mobility: Implications for the self, social relationships, and well-being. *Perspectives on Psychological Science* 5 (1), 5–21.

Oishi, S., Kesebir, S., Miao, F. F., Talhelm, T., Endo, Y., Uchida, Y., Shibanai, Y., and Norasakkunkit, V. (2013). Residential mobility increases motivation to expand social network: But why? *Journal of Experimental Social Psychology* 49 (2), 217–23.

Oishi, S., Schug, J., Yuki, M., and Axt, J. (2015). The psychology of residential and relational mobilities. In M. J. Gelfand, C. Chiu, and Y. Hong (eds.), *Handbook of Advances in Culture and Psychology* (vol. 5, pp. 221–72). New York: Oxford University Press.

Oishi, S., and Talhelm, T. (2012). Residential mobility: What psychological research reveals. *Current Directions in Psychological Science* 21 (6), 425–30.

Okbay, A., Beauchamp, J. P., Fontana, M. A., Lee, J. J., Pers, T. H., Rietveld, C. A., . . . Benjamin, D. J. (2016). Genome-wide association study identifies 74 loci associated with educational attainment. *Nature* 533 (7604), 539–42.

human life history The evolution of predictive adaptive responses in human life history. *Proceedings of the Royal Society B: Biological Sciences* 280, 20131343.

Newson, L. (2009). Why do people become modern? A Darwinian explanation. *Population and Development Review* 35 (1), 117–58.

Newson, L., Postmes, T., Lea, S. E. G., Webley, P., Richerson, P. J., and Mcelreath, R. (2007). Influences on communication about reproduction: The cultural evolution of low fertility. *Evolution and Human Behavior* 28 (3), 199–210.

Newson, M., Buhrmester, M., and Whitehouse, H. (2016). Explaining lifelong loyalty: The role of identity fusion and self-shaping group events. *PLoS One* 11 (8), 1–13.

Nicolle, D., Embleton, G. A., and Embleton, S. (2014). *Forces of the Hanseatic League: 13th–15th centuries.* Men-at-Arms 494. Oxford: Osprey.

Nielsen, M., Haun, D., Kärtner, J., Legare, C. H., Kartner, J., and Legare, C. H. (2017). The persistent sampling bias in developmental psychology: A call to action. *Journal of Experimental Child Psychology* 162, 31–38.

Niklas, F., Cohrssen, C., and Tayler, C. (2016). The sooner, the better: Early reading to children. *SAGE Open* 6 (4), 1–11.

Nisbett, R. E. (2003). *The Geography of Thought: How Asians and Westerners Think Differently . . . and Why.* New York: Free Press.〔リチャード・E・ニスベット『木を見る西洋人 森を見る東洋人——思考の違いはいかにして生まれるか』村本由紀子訳、ダイヤモンド社〕

Nisbett, R. E. (2009). *Intelligence and How to Get It: Why Schools and Cultures Count.* New York: W. W. Norton.〔リチャード・E・ニスベット『頭のでき——決めるのは遺伝か、環境か』水谷淳訳、ダイヤモンド社〕

Nisbett, R. E., Aronson, J., Blair, C., Dickens, W., Flynn, J., Halpern, D. F., and Turkheimer, E. (2012). Intelligence: New findings and theoretical developments. *American Psychologist* 67 (2), 130–59.

Nisbett, R. E., and Cohen, D. (1996). *Culture of Honor: The Psychology of Violence in the South.* Boulder, CO: Westview Press.〔リチャード・E・ニスベット、ドヴ・コーエン『名誉と暴力——アメリカ南部の文化と心理』石井敬子・結城雅樹編訳、北大路書房〕

Nisbett, R. E., Peng, K., Choi, I., and Norenzayan, A. (2001). Culture and systems of thought: Holistic versus analytic cognition. *Psychological Review* 108, 291–310.

Norenzayan, A. (2013). *Big Gods: How Religion Transformed Cooperation and Conflict.* Princeton, NJ: Princeton University Press.〔アラ・ノレンザヤン『ビッグ・ゴッド——変容する宗教と協力・対立の心理学』藤井修平・松島公望・荒川歩訳、誠信書房〕

Norenzayan, A., Gervais, W. M., and Trzesniewski, K. H. (2012). Mentalizing deficits constrain belief in a personal god. *PloS One* 7 (5), e36880.

Norenzayan, A., Shariff, A. F., Gervais, W. M., Willard, A. K., McNamara, R. A., Slingerland, E., and Henrich, J. (2016a). Parochial prosocial religions: Historical and contemporary evidence for a cultural evolutionary process. *Behavioral and Brain Sciences* 39, E29.

Norenzayan, A., Shariff, A. F., Gervais, W. M., Willard, A. K., McNamara, R. A., Slingerland, E., and Henrich, J. (2016b). The cultural evolution of prosocial religions. *Behavioral and Brain Sciences* 39, E1.

Nores, M., and Barnett, W. S. (2010). Benefits of early childhood interventions across the world: (Under) investing in the very young. *Economics of Education Review* 29 (2), 271–82.

Norris, P., and Inglehart, R. (2012). *Sacred and Secular: Religion and Politics Worldwide.* Cambridge: Cambridge University Press.

Human Nature 26, 1–27.

Moya, C., Boyd, R., and Henrich, J. (2015). Reasoning about cultural and genetic transmission: Developmental and cross-cultural evidence from Peru, Fiji, and the United States on how people make inferences about trait transmission. *Topics in Cognitive Science* 7 (4), 595–610.

Mullainathan, S., and Shafir, E. (2013). *Scarcity: Why Having Too Little Means So Much.* New York: Henry Holt.〔センディル・ムッライナタン、エルダー・シャフィール『いつも「時間がない」あなたに――欠乏の行動経済学』大田直子訳、早川書房〕

Muller, M. N., Marlowe, F. W., Bugumba, R., and Ellison, P. T. (2009). Testosterone and paternal care in East African foragers and pastoralists. *Proceedings of the Royal Society B: Biological Sciences* 276 (1655), 347–54.

Muller, M., Wrangham, R., and Pilbeam, D. (2017). *Chimpanzees and human evolution.* Cambridge, MA: Harvard University Press.

Munson, J., Amati, V., Collard, M., and Macri, M. J. (2014). Classic Maya bloodletting and the cultural evolution of religious rituals: Quantifying patterns of variation in hieroglyphic texts. *PLoS One* 9 (9), e107982.

Murdock, G. P. (1934). *Our Primitive Contemporaries.* New York: Macmillan.

Murdock, G. P. (1949). *Social Structure.* New York: Macmillan.〔G・P・マードック『社会構造――核家族の社会人類学』内藤莞爾監訳、新泉社〕

Murphy, K. J. (2013). Executive compensation: Where we are, and how we got there. In G. M. Constantinides, M. Harris, and R. M. Stulz (eds.), *Handbook of the Economics of Finance* (vol. 2). Amsterdam: Elsevier B.V.

Murphy, K. J., and Zabojnik, J. (2004). CEO pay and appointments: A market-based explanation for recent trends. *American Economic Review* 94 (2), 192–96.

Murphy, R. F. (1957). Intergroup hostility and social cohesion. *American Anthropologist* 59 (6), 1018–1035.

Murray, D. R., Trudeau, R., and Schaller, M. (2011). On the origins of cultural differences in conformity: Four tests of the pathogen prevalence hypothesis. *Personality and Social Psychology Bulletin* 37 (3), 318–29.

Muthukrishna, M., Francois, P., Pourahmadi, S., and Henrich, J. (2017). Corrupting cooperation and how anti-corruption strategies may backfire. *Nature Human Behaviour* 1 (7), 1–5.

Muthukrishna, M., and Henrich, J. (2016). Innovation in the collective brain *Philosophical Transactions of the Royal Society B: Biological Sciences* 371 (1690), 1–14.

Muthukrishna, M., Morgan, T. J. H., and Henrich, J. (2016). The when and who of social learning and conformist transmission. *Evolution and Human Behavior* 37 (1), 10–20.

Muthukrishna, M., Shulman, B. W. B. W., Vasilescu, V., and Henrich, J. (2013). Sociality influences cultural complexity. *Proceedings of the Royal Society B: Biological Sciences* 281 (1774), 20132511.

Nakahashi, W., Wakano, J. Y., and Henrich, J. (2012). Adaptive social learning strategies in temporally and spatially varying environments. *Human Nature* 23 (4), 386–418.

Needham, J. (1964). The pre-natal history of the steam engine. *Transactions of the Newcomen Society* 35 (1), 3–58.

Nelson, R. R., and Winter, S. G. (1985). *An Evolutionary Theory of Economic Change.* Cambridge, MA: Harvard University Press.〔リチャード・R・ネルソン，シドニー・G・ウィンター『経済変動の進化理論』後藤晃・角南篤・田中辰雄訳、慶應義塾大学出版会〕

Nettle, D., Frankenhuis, W. E., and Rickard, I. J. (2013). The evolution of predictive adaptive responses in

Mokyr, J. (1990). *The Lever of Riches.* New York: Oxford University Press.

Mokyr, J. (1995). Urbanization, technological progress, and economic history. In H. Giersch (ed.), *Urban Agglomeration and Economic Growth* (pp. 51–54). Berlin; Heidelberg: Springer.

Mokyr, J. (2002). *The Gifts of Athena: Historical Origins of the Knowledge Economy.* Princeton, NJ: Princeton University Press.〔ジョエル・モキイア『知識経済の形成——産業革命から情報化社会まで』長尾伸一監訳、伊藤庄一訳、名古屋大学出版会〕

Mokyr, J. (2011). The intellectual origins of modern economic growth. *Economic History Review* 64 (2), 357–84.

Mokyr, J. (2013). Cultural entrepreneurs and the origins of modern economic growth. *Scandinavian Economic History Review* 61 (1), 1–33.

Mokyr, J. (2016). *A Culture of Growth: The Origins of the Modern Economy.* Princeton, NJ: Princeton University Press.

Moll-Murata, C. (2008). Chinese guilds from the seventeenth to the twentieth centuries: An overview. *International Review of Social History* 53 (Suppl. 16), 213–47.

Moll-Murata, C. (2013). Guilds and Appenticeship in China and Europe: The Jingdezhen and European Ceramics Industries. In M. Prak and J. L. van Zanden (eds.), *Technology, Skills and the Pre-Modern Economy in the East and the West* (pp. 225–58). Leiden: Brill.

Moore, R. I. (2000). *The First European Revolution: c. 970–1215. The Making of Europe.* Malden, MA: Blackwell.

Moore, S. F. (1972). Legal liability and evolutionary interpretation: Some aspects of strict liability, self-help and collective responsibility. In M. Gluckman (ed.), *The Allocation of Responsibility* (pp. 88–93). Manchester, UK: Manchester University Press.

Morewedge, C. K., and Giblin, C. E. (2015). Explanations of the endowment effect: An integrative review. *Trends in Cognitive Sciences* 19 (6), 339–48.

Morgan, J. (1852). *The Life and Adventures of William Buckley, Thirty-Two Years a Wanderer Amongst the Aborigines of Then Unexplored Country Round Port Phillip, Now the Province of Victoria.* Hobart, Tasmania: A. Macdougall.

Morgan, T. J. H., and Laland, K. (2012). The biological bases of conformity. *Frontiers in Neuroscience* 6 (87), 1–7.

Morgan, T. J. H., Rendell, L. E., Ehn, M., Hoppitt, W., and Laland, K. N. (2012). The evolutionary basis of Human social learning. *Proceedings of the Royal Society B: Biological Sciences* 279 (1729), 653–62.

Morris, I. (2010). *Why the West Rules— for Now: The Patterns of History, and What They Reveal About the Future.* New York: Farrar, Straus and Giroux.〔イアン・モリス『人類5万年文明の興亡——なぜ西洋が世界を支配しているのか』北川知子訳、筑摩書房〕

Morris, I. (2014). *War, What Is It Good For? The Role of Conflict in Civilisation, from Primates to Robots.* London: Profile Books.

Morris, M. W., and Peng, K. (1994). Culture and cause: American and Chinese attributions for social and physical events. *Journal of Personality and Social Psychology* 67 (6), 949–71.

Moscona, J., Nunn, N., and Robinson, J. A. (2017). Keeping it in the family: Lineage organizations and the scope of trust in Sub-Saharan Africa. *American Economic Review* 107 (5), 565–71.

Motolinía, T. (1973). *Motolinía's History of the Indians of New Spain.* Westport, CT: Greenwood Press.

Moya, C. (2013). Evolved priors for ethnolinguistic categorization: A case study from the Quechua-Aymara boundary in the Peruvian Altiplano. *Evolution and Human Behavior* 34 (4), 265–72.

Moya, C., and Boyd, R. (2015). Different selection pressures give rise to distinct ethnic phenomena.

Meisenzahl, R., and Mokyr, J. (2012). The rate and direction of invention in the British Industrial Revolution: Incentives and institutions. In J. Lerner and S. Stern (eds.), *The Rate and Direction of Inventive Activity Revisited* (pp. 443–79). Chicago: University of Chicago Press.

Menke, T. (1880). Europe according to its ecclesiastical circumstances in the Middle Ages. In *Hand Atlas for the History of the Middle Ages and Later* (3rd ed.). Gotha, Germany: Justus Perthes.

Merton, R. K. (1938). Science, technology and society in seventeenth century England. *Osiris* 4, 360–632.

Meyers, M. A. (2007). *Happy Accidents: Serendipity in Modern Medical Breakthroughs.* New York: Arcade.〔モートン・マイヤーズ『セレンディピティと近代医学——独創、偶然、発見の100年』小林力訳、中公文庫〕

Mikalson, J. D. (2010). *Ancient Greek Religion.* Hoboken, NJ: Wiley-Blackwell.

Milgram, S. (1963). Behavioral study of obedience. *Journal of Abnormal and Social Psychology* 67 (4), 371–78.

Miller, W. I. (2009). *Bloodtaking and Peacemaking: Feud, Law, and Society in Saga Iceland.* Chicago: University of Chicago Press.

Mintz, S. W. (1986). *Sweetness and Power: The Place of Sugar in Modern History.* New York: Penguin.〔シドニー・W・ミンツ『甘さと権力——砂糖が語る近代史』川北稔・和田光弘訳、ちくま学芸文庫〕

Mischel, W., Ayduk, O., Berman, M. G., Casey, B. J., Gotlib, I. H., Jonides, J., . . . Shoda, Y. (2011). "Willpower" over the life span: Decomposing self-regulation. *Social Cognitive and Affective Neuroscience* 6 (2), 252–56.

Mischel, W., Shoda, Y., and Rodriguez, M. L. (1989). Delay of gratification in children. *Science* 244 (4907), 933–38.

Mittal, C., Griskevicius, V., Simpson, J. A., Sung, S. Y., and Young, E. S. (2015). Cognitive adaptations to stressful environments: When childhood adversity enhances adult executive function. *Journal of Personality and Social Psychology* 109 (4), 604–21.

Mitterauer, M. (2011). Kontrastierende heiratsregeln: Traditionen des Orients und Europas im interkulturellen Vergleic. *Historische Sozialkunde* 41 (2), 4–16.

Mitterauer, M. (2015). Heiratsmuster im interkulturellen Vergleich: Von der Goody-These zum Korotayev-Modell. In T. Kolnberger, N. Franz, and P. Péporté (eds.), *Populations, Connections, Droits Fondamentaux: Mélanges pour Jean-Paul Lehners* (pp. 37–60). Berlin: Mandelbaum Verlag.

Mitterauer, M., and Chapple, G. (2010). *Why Europe? The Medieval Origins of Its Special Path.* Chicago: University of Chicago Press.

Mitterauer, M., and Sieder, R. (1982). *The European Family: Patriarchy to Partnership from the Middle Ages to the Present.* Hoboken, NJ: Blackwell.

Miu, E., Gulley, N., Laland, K. N., and Rendell, L. (2018). Innovation and cumulative culture through tweaks and leaps in online programming contests. *Nature Communications* 9 (1), 1–8.

Miyamoto, Y., Nisbett, R. E., and Masuda, T. (2006). Culture and the physical environment: Holistic versus analytic perceptual affordances. *Psychological Science* 17 (2), 113–19.

Mofftt, T. E., Arseneault, L., Belsky, D., Dickson, N., Hancox, R. J., Harrington, H., . . . Caspi, A. (2011). A gradient of childhood self-control predicts health, wealth, and public safety. *Proceedings of the National Academy of Sciences* 108 (7), 2693–98.

Mogan, R., Fischer, R., and Bulbulia, J. A. (2017). To be in synchrony or not? A meta-analysis of synchrony's effects on behavior, perception, cognition and affect. *Journal of Experimental Social Psychology* 72, 13–20.

Mazur, A., and Booth, A. (1998). Testosterone and dominance in men. *Behavioral and Brain Sciences* 21 (3), 353–63.

Mazur, A., and Michalek, J. (1998). Marriage, divorce, and male testosterone. *Social Forces* 77 (1), 315–30.

McBryde, I. (1984). Exchange in south eastern Australia: An ethnohistorical perspective. *Aboriginal History* 8 (2), 132–53.

McCarthy, F. D. (1939). "Trade" in aboriginal Australia, and "trade" relationships with Torres Strait, New Guinea and Malaya. *Oceania* 10 (1), 80–104.

McCleary, R. M. (2007). Salvation, damnation, and economic incentives. *Journal of Contemporary Religion* 22 (1), 49–74.

McCleary, R. M., and Barro, R. J. (2006). Religion and economy. *Journal of Economic Perspectives* 20 (2), 49–72.

McCloskey, D. N. (2007). *The Bourgeois Virtues: Ethics for an Age of Commerce.* Chicago: University of Chicago Press.

Mccullough, M. E., Pedersen, E. J., Schroder, J. M., Tabak, B. A., and Carver, C. S. (2013). Harsh childhood environmental characteristics predict exploitation and retaliation in humans. *Proceedings of the Royal Society B: Biological Sciences* 280 (1750), 1–7.

Mccullough, M. E., and Willoughby, B. L. B. (2009). Religion, self-regulation, and self-control: Associations, explanations, and implications. *Psychological Bulletin* 135 (1), 69–93.

McElreath, R., Boyd, R., and Richerson, P. J. (2003). Shared norms and the evolution of ethnic markers. *Current Anthropology* 44 (1), 122–29.

McGrath, A. E. (2007). *Christianity's Dangerous Idea: The Protestant Revolution— A History from the Sixteenth Century to the Twenty-First* (1st ed.). New York: HarperOne.〔A・E・マクグラス『プロテスタント思想文化史――16世紀から21世紀まで』佐柳文男訳、教文館〕

McNamara, R. A., and Henrich, J. (2018). Jesus vs. the ancestors: How specific religious beliefs shape prosociality on Yasawa Island, Fiji. *Religion, Brain & Behavior* 8 (2), 185–204.

McNamara, R. A., Willard, A. K., Norenzayan, A., and Henrich, J. Thinking about thoughts when the mind is unknowable: Mental state reasoning through false belief and empathy across societies. (In preparation.)

McNamara, R. A., Willard, A. K., Norenzayan, A., and Henrich, J. (2019b). Weighing outcome vs. intent across societies: How cultural models of mind shape moral reasoning. *Cognition* 182, 95–108.

McNeill, W. H. (1982). *Pursuit of Power: Technology, Armed Force, and Society Since A.D. 1000.* Chicago: University of Chicago Press.〔ウィリアム・H・マクニール『戦争の世界史――技術と軍隊と社会（上・下）』高橋均訳、中公文庫〕

McNeill, W. H. (1991). *The Rise of the West: A History of the Human Community: With a Retrospective Essay.* Chicago: University of Chicago Press.

McNeill, W. H. (1999). How the potato changed the world's history. *Social Research* 66 (1), 67–83.

Medin, D. L., and Atran, S. (1999). *Folkbiology.* Cambridge, MA: MIT Press.

Medin, D. L., and Atran, S. (2004). The native mind: Biological categorization and reasoning in development and across cultures. *Psychological Review* 111 (4), 960–83.

Mehta, P. H., and Josephs, R. A. (2010). Testosterone and cortisol jointly regulate dominance: Evidence for a dual-hormone hypothesis. *Hormones and Behavior* 58 (5), 898–906.

Mehta, P. H., Wuehrmann, E. V., and Josephs, R. A. (2009). When are low testosterone levels advantageous? The moderating role of individual versus intergroup competition. *Hormones and Behavior* 56 (1), 158–62.

Psychology 39 (1), 37–42.

Mantovanelli, F. (2014). The Protestant legacy: Missions and literacy in India. Working paper, ssrn.com/abstract=2413170.

Mar, R. A., Oatley, K., Hirsh, J., dela Paz, J., and Peterson, J. B. (2006). Bookworms versus nerds: Exposure to fiction versus non-fiction, divergent associations with social ability, and the simulation of fictional social worlds. *Journal of Research in Personality* 40 (5), 694–712.

Mar, R. A., Oatley, K., and Peterson, J. B. (2009). Exploring the link between reading fiction and empathy: Ruling out individual differences and examining outcomes. *Communications* 34 (4), 407–28.

Mar, R. A., and Rain, M. (2015). Narrative fiction and expository nonfiction differentially predict verbal ability. *Scientific Studies of Reading* 19 (6), 419–33.

Mar, R. A., Tackett, J. L., and Moore, C. (2010). Exposure to media and theory-of-mind development in preschoolers. *Cognitive Development* 25 (1), 69–78.

Marcus, J. (2008). The archaeological evidence for social evolution. *Annual Review of Anthropology* 37 (1), 251–66.

Marcus, J., and Flannery, K. V. (2004). The coevolution of ritual and society: New C-14 dates from ancient Mexico. *Proceedings of the National Academy of Sciences* 101 (52), 18257–61.

Marlowe, F. W. (2000). Paternal investment and the human mating system. *Behavioural Processes* 51 (1–3), 45–61.

Marlowe, F. W. (2003). The mating system of foragers in the standard cross-cultural sample. *Cross-Cultural Research* 37 (3), 282–306.

Marlowe, F. W. (2004). Marital residence among foragers. *Current Anthropology* 45 (2), 277–84.

Marlowe, F. W. (2005). Hunter-gatherers and human evolution. *Evolutionary Anthropology* 14 (2), 54–67.

Marlowe, F. W. (2010). *The Hadza: Hunter-Gatherers of Tanzania.* M. Borgerhoff Mulder and Joe Henrich (eds.), Origins of Human Behavior and Culture. Berkeley: University of California Press.

The marriage law of the People's Republic of China (1980). (1984). *Pacific Affairs* 57 (2), 266–69.

Marshall, L. (1959). Marriage among !Kung Bushmen. *Africa* 29 (4), 335–65.

Marshall, L. (1962). !Kung Bushman religious beliefs. *Africa* 32 (3), 221–52.

Marshall, L. (1976). *The !Kung of Nyae Nyae.* Cambridge, MA: Harvard University Press.

Marshall, L. (1999). *Nyae Nyae !Kung Beliefs and Rites.* Cambridge, MA: Harvard University Press.

Martens, J. P., Tracy, J. L., and Shariff, A. F. (2012). Status signals: Adaptive benefits of displaying and observing the nonverbal expressions of pride and shame. *Cognition and Emotion* 26 (3), 390–406.

Martin, N. D., Rigoni, D., and Vohs, K. D. (2017). Free will beliefs predict attitudes toward unethical behavior and criminal punishment. *Proceedings of the National Academy of Sciences* 114 (28), 7325–30.

Martines, L. (2013). *Furies: War in Europe, 1450–1700.* New York: Bloomsbury.

Masuda, T., Ellsworth, P. C., Mesquita, B., Leu, J., Tanida, S., and Van de Veerdonk, E. (2008). Placing the face in context: Cultural differences in the perception of facial emotion. *Journal of Personality and Social Psychology* 94 (3), 365–81.

Masuda, T., and Nisbett, R. E. (2001). Attending holistically versus analytically: Comparing the context sensitivity of Japanese and Americans. *Journal of Personality and Social Psychology* 81, 922–34.

Mathew, S., and Boyd, R. (2011). Punishment sustains large-scale cooperation in prestate warfare. *Proceedings of the National Academy of Sciences* 108 (28), 11375–80.

Matranga, A. (2017). The ant and the grasshopper: Seasonality and the invention of agriculture. Working paper, mpra.ub.uni-muenchen.de/76626.

Liu, S. S., Morris, M. W., Talhelm, T., and Yang, Q. (2019). Ingroup vigilance in collectivistic cultures. *Proceedings of the National Academy of Sciences* 116 (29), 14538–46.

Lobo, J., Bettencourt, L. M. A., Strumsky, D., and West, G. B. (2013). Urban scaling and the production function for cities. *PLoS One* 8 (3), e58407.

Lopez, R. S. (1976). *The Commercial Revolution of the Middle Ages, 950–1350.* Cambridge: Cambridge University Press.〔ロバート・S・ロペス『中世の商業革命——ヨーロッパ 950–1350』宮松浩憲訳、法政大学出版局〕

Losin, E. A. R., Dapretto, M., and Iacoboni, M. (2010). Culture and neuroscience: Additive or synergestic? *Social Cognitive and Affective Neuroscience* 5 (2–3), 148–58.

Loyn, H. R. (1974). Kinship in Anglo-Saxon England. *Anglo-Saxon England* 3, 3326–30.

Loyn, H. R. (1991). *Anglo-Saxon England and the Norman Conquest.* London: Longman.

Lukaszewski, A. W., Gurven, M., von Rueden, C. R., and Schmitt, D. P. (2017). What explains personality covariation? A test of the socioecological complexity hypothesis. *Social Psychological and Personality Science* 8 (8), 943–52.

Lun, J., Oishi, S., and Tenney, E. R. (2012). Residential mobility moderates preferences for egalitarian versus loyal helpers. *Journal of Experimental Social Psychology* 48 (1), 291–97.

Lynch, J. H. (1986). *Godparents and Kinship in Early Medieval Europe.* Princeton, NJ: Princeton University Press.

Lynch, K. A. (2003). *Individuals, Families, and Communities in Europe, 1200–1800: The Urban Foundations of Western Society.* Cambridge: Cambridge University Press.

Ma, D. (2004). Growth, institutions and knowledge: A review and reflection on the historiography of 18th–20th century China. *Australian Economic History Review* 44 (3), 259–77.

Ma, D. (2007). Law and economic growth: The case of traditional China. Working paper, www.iisg.nl/hpw/papers/law-ma.pdf.

Ma, V., and Schoeneman, T. J. (1997). Individualism versus collectivism: A comparison of Kenyan and American self-concepts. *Basic and Applied Social Psychology* 19 (2), 261–73.

MacCulloch, D. (2005). *The Reformation.* New York: Penguin Books.

MacFarlane, A. (1978). *The Origins of English Individualism: The Family, Property and Social Transition.* Oxford: Blackwell.〔アラン・マクファーレン『イギリス個人主義の起源——家族・財産・社会変化』酒田利夫訳、リブロポート〕

MacFarlane, A. (2014). *Invention of the Modern World.* Les Brouzils, France: Odd Volumes of the Fortnightly Review.

Macucal. (2013). Desarrollo de la reconquista desde 914 hasta 1492 [map]. Wikimedia Commons, the Free Media Repository.

Maddux, W. W., Yang, H., Falk, C., Adam, H., Adair, W., Endo, Y., Carmon, Z., and Heine, S. J. (2010). For whom is parting with possessions more painful? Cultural differences in the endowment effect. *Psychological Science* 21 (12), 1910–17.

Malhotra, D. (2010). (When) are religious people nicer? Religious salience and the "Sunday effect" on pro-social behavior. *Judgment and Decision Making* 5 (2), 138–43.

Maloney, W. F., and Caicedo, F. V. (2017). Engineering growth: Innovative capacity and development in the Americas. Working paper, ssrn.com/abstract=2932756.

Mann, C. C. (2012). *1493: Uncovering the New World Columbus Created.* New York: Vintage Books.〔チャールズ・C・マン『1493——世界を変えた大陸間の「交換」』布施由紀子訳、紀伊國屋書店〕

Mann, P. A. (1972). Residential mobility as an adaptive experience. *Journal of Consulting and Clinical*

の徹底比較』忠平美幸訳、草思社〕

Levine, R. V., and Norenzayan, A. (1999). The pace of life in 31 countries. *Journal of Cross-Cultural Psychology* 30 (2), 178–205.

Levy, R. I. (1973). *Tahitians: Mind and Experience in the Society Islands.* Chicago: University of Chicago Press.

Lewer, J. J., and Van den Berg, H. (2007). Religion and international trade: Does the sharing of a religious culture facilitate the formation of trade networks? *American Journal of Economics and Sociology* 66 (4), 765–94.

Lewis, B. (2001). *The Muslim Discovery of Europe.* New York: W. W. Norton. 〔バーナード＝ルイス『ムスリムのヨーロッパ発見』尾高晋己訳、春風社〕

Lewis, J. (2008). Ekila: Blood, bodies, and egalitrian socieites. *Journal of the Royal Anthropological Institute* 14 (2), 297–315.

Li, L. M. W., Hamamura, T., and Adams, G. (2016). Relational mobility increases social (but not other) risk propensity. *Journal of Behavioral Decision Making* 29 (5), 481–88.

Li, Y. J., Johnson, K. A., Cohen, A. B., Williams, M. J., Knowles, E. D., and Chen, Z. (2012). Fundamental(ist) attribution error: Protestants are dispositionally focused. *Journal of Personality and Social Psychology* 102 (2), 281–90.

Liangqun, L., and Murphy, R. (2006). Lineage networks, land conflicts and rural migration in late socialist China. *Journal of Peasant Studies* 33 (4), 612–45.

Liebenberg, L. (1990). *The Art of Tracking: The Origin of Science.* Cape Town: David Philip.

Lieberman, D. (2007). Inbreeding, incest, and the incest taboo: The state of knowledge at the turn of the century. *Evolution and Human Behavior* 28 (3), 211–13.

Lieberman, D., Fessler, D. M. T., and Smith, A. (2011). The relationship between familial resemblance and sexual attraction: An update on Westermarck, Freud, and the incest taboo. *Personality and Social Psychology Bulletin* 37 (9), 1229–32.

Lieberman, D., Tooby, J., and Cosmides, L. (2003). Does morality have a biological basis? An empirical test of the f actors governing moral sentiments relating to incest. *Proceedings of the Royal Society B: Biological Sciences* 270 (1517), 819–26.

Lienard, P. (2016). Age grouping and social complexity. *Current Anthropology* 57 (13), S105–S1 17.

Lilley, K. D. (2002). *Urban Life in the Middle Ages, 1000–1450.* European Culture and Society. New York: Palgrave.

Lind, J., and Lindenfors, P. (2010). The number of cultural traits is correlated with female group size but not with male group size in chimpanzee communities. *PloS One* 5 (3), e9241.

Lindstrom, L. (1990). Big men as ancestors: Inspiration and copyrights on Tanna (Vanuatu). *Ethnology* 29 (4), 313–26.

Little, A. C., Burriss, R. P., Jones, B. C., DeBruine, L. M., and Caldwell, C. A. (2008). Social influence in Human face preference: Men and women are influenced more for long-term than short-term attractiveness decisions. *Evolution and Human Behavior* 29 (2), 140–46.

Little, A. C., Jones, B. C., Debruine, L. M., and Caldwell, C. A. (2011). Social learning and Human mate preferences: A potential mechanism for generating and maintaining between-population diversity in attraction. *Philosophical Transactions of the Royal Society B: Biological Sciences* 366 (1563), 366–75.

Liu, H. J., Li, S. Z., and Feldman, M. W. (2012). Forced bachelors, migration and HIV transmission risk in the context of China's gender imbalance: A meta-analysis. *AIDS Care* 24 (12), 1487–95.

Lang, M., Purzycki, B. G., Apicella, C. L., Atkinson, Q. D., Bolyanatz, A., Cohen, E., . . . Lang, M. (2019). Moralizing gods, impartiality and religious parochialism across 15 societies. *Proceedings of the Royal Society B: Biological Sciences* 286, 1–10.

Lanman, J. A. (2012). The importance of religious displays for belief acquisition and secularization. *Journal of Contemporary Religion* 27 (1), 49–65.

Lanman, J. A., and Buhrmester, M. D. (2017). Religious actions speak louder than words: Exposure to credibility-enhancing displays predicts theism. *Religion, Brain & Behavior* 7 (1), 3–16.

Lape, S. (2002). Solon and the institution of the "democratic" family form. *The Classical Journal* 98 (2), 117–39.

Laslett, P. (1977). *Family Life and Illicit Love in Earlier Generations: Essays in Historical Sociology.* Cambridge: Cambridge University Press.

Laslett, P. (1984). *The World We Have Lost: Further Explored* (3rd ed.). New York: Scribner.〔ピーター・ラスレット『われら失いし世界——近代イギリス社会史』川北稔・指昭博・山本正訳、三嶺書房〕

Laslett, P., and Wall, R. (1972). *Household and Family in Past Time.* Cambridge: University Press.

Launay, J., Tarr, B., and Dunbar, R. I. M. (2016). Synchrony as an adaptive mechanism for large-scale human social bonding. *Ethology* 122 (10), 779–89.

Laurin, K., Shariff, A. F., Henrich, J., and Kay, A. C. (2012). Outsourcing punishment to God: Beliefs in divine control reduce earthly punishment. *Proceedings of Royal Society B: Biological Sciences* 279 (1741), 3272–81.

Leach, E. (1964). Reply to Raoul Naroll's "On Ethnic Unit Classification." *Current Anthropology* 5 (4), 283–312.

Lee, J. Z., and Feng, W. (2009). *One Quarter of Humanity.* Cambridge, MA: Harvard University Press.

Lee, R. B. (1979). *The !Kung San: Men, Women, and Work in a Foraging Society.* Cambridge: Cambridge University Press.

Lee, R. B. (1986). !Kung kin terms, the name relationship and the process of discovery. In M. Biesele, R. Gordon, and R. B. Lee (eds.), *The Past and Future of !Kung Ethnography: Essays in Honor of Lorna Marshall* (pp. 77–102). Hamburg: Helmut Buske.

Lee, R. B. (2003). *The Dobe Ju/'hoansi.* Belmont, CA: Wadsworth/Thomson Learning.

Legare, C. H., and Souza, A. L. (2012). Evaluating ritual efficacy: Evidence from the supernatural. *Cognition* 124 (1), 1–15.

Legare, C. H., and Souza, A. L. (2014). Searching for control: Priming randomness increases the evaluation of ritual efficacy. *Cognitive Science* 38 (1), 152–61.

Leich, G. (2002). *A Dictionary of Ancient Near Eastern Mythology.* London: Routledge.

Leunig, T., Minns, C., and Wallis, P. (2011). Networks in the premodern economy: The market for London apprenticeships, 1600–1749. *Journal of Economic History* 71 (2), 413–43.

Levenson, J. R., and Schurmann, F. (1971). *China: An Interpretive History: From the Beginnings to the Fall of Han.* Berkeley: University of California Press.

Levine, N. E., and Silk, J. B. (1997). Why polyandry fails: Sources of instability in polyandrous marriages. *Current Anthropology* 38 (3), 375–98.

LeVine, R. A., LeVine, S., Schnell-Anzola, B., Rowe, M. L., and Dexter, E. (2012). *Literacy and Mothering: How Women's Schooling Changes the Lives of the World's Children.* New York: Oxford University Press.

Levine, R. N. (2008). *A Geography of Time: On Tempo, Culture, and the Pace of Life.* New York: Basic Books.〔ロバート・レヴィーン『あなたはどれだけ待てますか——せっかち文化とのんびり文化

evidence from commons management in Ethiopia. *American Economic Review* 105 (2), 747–83.

Kouider, S., and Dehaene, S. (2007). Levels of processing during non-conscious perception: A critical review of visual masking. *Philosophical Transactions of the Royal Society B: Biological Sciences* 362 (1481), 857–75.

Kouri, E. M., Lukas, S. E., Pope, H. G., and Oliva, P. S. (1995). Increased aggressive responding in male volunteers following the administration of gradually increasing doses of testosterone cypionate. *Drug and Alcohol Dependence* 40 (1), 73–79.

Kraft-Todd, G. T., Bollinger, B., Gillingham, K., Lamp, S., and Rand, D. G. (2018). Credibility-enhancing displays promote the provision of non-normative public goods. *Nature* 563 (7730), 245–48.

Kremer, M. (1993). Population growth and technological change: One Million B.C. to 1990. *Quarterly Journal of Economics* 108 (3), 681–716.

Kroeber, A. L. (1925). *Handbook of the Indians of California.* United States Bureau of American Ethonology. Washington, D.C.: Government Printing Office.

Kröll, M., and Rustagi, D. (2018). Reputation, dishonesty, and cheating in informal milk markets in India. Working paper, ssrn.com/abstract=2982365.

Kroszner, R. S., and Strahan, P. E. (1999). What drives deregulation? Economics and politics of the relaxation of bank branching restrictions. *Quarterly Journal of Economics* 114 (4), 1437–67.

Kudo, Y. (2014). Religion and polygamy: Evidence from the Livingstonia Mission in Malawi. IDE Discussion Papers, ideas.repec.org/p/jet/dpaper/dpaper477.htm.

Kuhnen, U., Hannover, B., Roeder, U., Shah, A. A., Schubert, B., Upmeyer, A., and Zakaria, S. (2001). Cross-cultural variations in identifying embedded figures: Comparisons from the United States, Germany, Russia, and Malaysia. *Journal of Cross-Cultural Psychology* 32 (3), 365–71.

Kuper, A. (2010). *Incest and Influence.* Cambridge, MA: Harvard University Press.

Kushner, H. I. (2013). Why are there (almost) no left-handers in China? *Endeavour* 37 (2), 71–81.

Kushnir, T. (2018). The developmental and cultural psychology of free will. *Philosophy Compass* 13 (11), e12529.

Laajaj, R., Macours, K., Alejandro, D., Hernandez, P., Arias, O., Gosling, S., Potter, J., Rubio-Codina, M., and Vakis, R. (2019). Challenges to capture the big five personality traits in non-WEIRD populations. *Science Advances* 5 (7), eaaw5226.

Laland, K. N. (2004). Social learning strategies. *Learning and Behavior* 32 (1), 4–14.

Laland, K. N. (2008). Exploring gene-culture interactions: Insights from handedness, sexual selection and niche-construction case studies. *Philosophical Transactions of the Royal Society B: Biological Sciences* 363 (1509), 3577–89.

Laland, K. N. (2017). *Darwin's Unfinished Symphony: How Culture Made the Human Mind.* Princeton, NJ: Princeton University Press.〔ケヴィン・レイランド『人間性の進化的起源——なぜヒトだけが複雑な文化を創造できたのか』豊川航訳、勁草書房〕

Lancaster, L. (2015). Kinship in Anglo-Saxon society— I. *British Journal of Sociology* 9 (3), 230–50.

Landes, D. S. (1998). *The Wealth and Poverty of Nations: Why Some Are So Rich and Some So Poor.* New York: W. W. Norton.〔D・S・ランデス『「強国」論——富と覇権の世界史』竹中平蔵訳、三笠書房〕

Lang, M., Bahna, V., Shaver, J. H., Reddish, P., and Xygalatas, D. (2017). Sync to link: Endorphin-mediated synchrony effects on cooperation. *Biological Psychology* 127, 191–97.

Lang, M., Kratky, J., Shaver, J. H., Jerotijevic, D., and Xygalatas, D. (2015). Effects of anxiety on spontaneous ritualized behavior. *Current Biology* 25 (14), 1892–97.

Kirby, K. N., Godoy, R., Reyes-García, V., Byron, E., Apaza, L., Leonard, W., Pérez, E., Vadez, V., and Wilkie, D. (2002). Correlates of delay-discount rates: Evidence from Tsimane' Amerindians of the Bolivian rain forest. *Journal of Economic Psychology* 23 (3), 291–316.

Kirby, K. R., Gray, R. D., Greenhill, S. J., Jordan, F. M., Gomes-Ng, S., Bibiko, H.-J., . . . Gavin, M. C. (2016). DPLACE: A Global Database of Cultural, Linguistic and Environmental Diversity. *PLoS One* 11 (7), 1–14.

Kirch, P. V. (1984). *The Evolution of the Polynesian Chiefdoms*. New Studies in Archaeology. Cambridge: Cambridge University Press.

Kirch, P. V. (2010). *How Chiefs Became Kings: Divine Kingship and the Rise of Archaic States in Ancient Hawai'i*. Berkeley: University of California Press.

Kitayama, S., Park, H., Sevincer, A. T., Karasawa, M., and Uskul, A. K. (2009). A cultural task analysis of implicit independence: Comparing North America, Western Europe, and East Asia. *Journal of Personality and Social Psychology* 97, 236–55.

Kitayama, S., Yanagisawa, K., Ito, A., Ueda, R., Uchida, Y., and Abe, N. (2017). Reduced orbitofrontal cortical volume is associated with interdependent self-construal. *Proceedings of the National Academy of Sciences* 114 (30), 7969–74.

Kleinschmidt, H. (2000). *Understanding the Middle Ages*. Woodbridge, UK: Boydell Press.〔ハラルド・クラインシュミット『中世ヨーロッパの文化』藤原保明訳、法政大学出版局〕

Kline, M. A., and Boyd, R. (2010). Population size predicts technological complexity in Oceania. *Proceedings of the Royal Society B: Biological Sciences* 277 (1693), 2559–64.

Klochko, M. A. (2006). Time preference and learning versus selection: A case study of Ukrainian students. *Rationality and Society* 18 (3), 305–331.

Knauft, B. M. (1985). Good company and violence: Sorcery and social action in a lowland New Guinea society. *Journal for the Scientific Study of Religion* 26 (1), 126–28.

Knight, N., and Nisbett, R. E. (2007). Culture, class and cognition: Evidence from Italy. *Journal of Cognition and Culture* 7 (3), 283–91.

Kobayashi, C., Glover, G. H., and Temple, E. (2007). Cultural and linguistic effects on neural bases of "theory of mind" in American and Japanese children. *Brain Research* 1164, 95–107.

Kolinsky, R., Verhaeghe, A., Fernandes, T., Mengarda, E. J., Grimm-Cabral, L., and Morais, J. (2011). Enantiomorphy through the looking glass: Literacy effects on mirror-image discrimination. *Journal of Experimental Psychology: General* 140 (2), 210–38.

Kolodny, O., Creanza, N., and Feldman, M. W. (2015). Evolution in leaps: The punctuated accumulation and loss of cultural innovations. *Proceedings of the National Academy of Sciences* 112 (49), e6762–e6769.

Kong, A., Frigge, M. L., Masson, G., Besenbacher, S., Sulem, P., Magnusson, G., . . . Stefansson, K. (2012). Rate of de novo mutations and the importance of father's age to disease risk. *Nature* 488 (7412), 471–75.

Kong, A., Frigge, M. L., Thorleifsson, G., Stefansson, H., Young, A. I., Zink, F., . . . Stefansson, K. (2017). Selection against variants in the genome associated with educational attainment. *Proceedings of the National Academy of Sciences* 114 (5), e727– e732.

Korotayev, A. (2000). Parallel-cousin (FBD) marriage, Islamization, and Arabization. *Ethnology* 39 (4), 395–407.

Korotayev, A. (2004). *World Religions and Social Evolution*. New York: Edwin Mellen.

Kosfeld, M., and Rustagi, D. (2015). Leader punishment and cooperation in groups: Experimental field

Journal of Development Economics 127, 339–54.

Johnson, N. D., and Mislin, A. (2012). How much should we trust the World Values Survey trust question? *Economics Letters* 116 (2), 210–12.

Johnson, O. R. (1978). Interpersonal relations and domestic authority among the Machiguenga of the Peruvian Amazon. Dissertation, Columbia University.

Jones, D. (2011). The matrilocal tribe: An organization of demic expansion. *Human Nature* 22 (1–2), 177–200.

Jones, D. E. (2007). *Poison Arrows: North American Indian Hunting and Warfare.* Austin: University of Texas Press.

Kalb, G., and van Ours, J. C. (2014). Reading to young children: A head-start in life? *Economics of Education Review* 40, 1–24.

Kanagawa, C., Cross, S. E., and Markus, H. R. (2001). "Who am I?": The cultural psychology of the conceptual self. *Personality and Social Psychology Bulletin* 27, 90–103.

Karlan, D., Ratan, A. L., and Zinman, J. (2014). Savings by and for the poor: A research review and agenda. *Review of Income and Wealth* 60 (1), 36–78.

Karmin, M., Saag, L., Vicente, M., Sayres, M. A. W., Järve, M., Talas, U. G., . . . Pagani, L. (2015). A recent bottleneck of Y chromosome diversity coincides with a global change in culture. *Genome Research* 25 (4), 459–66.

Karras, R. M. (1990). Concubinage and slavery in the Viking age. *Scandinavian Studies* 62 (2), 141–62.

Keeley, L. (1997). *War Before Civilization.* New York: Oxford University Press.

Kelekna, P. (1998). War and theocracy. In E. M. Redmond (ed.), *Chiefdoms and Chieftaincy in the Americas* (pp. 164–88). Gainesville: University of Florida Press.

Kelly, M., Mokyr, J., and Gráda, C. Ó. (2014). Precocious Albion: A new interpretation of the British industrial revolution. *Annual Review of Economics* 6 (1), 363–89.

Kelly, M., and Ó Gráda, C. (2016). Adam Smith, watch prices, and the Industrial Revolution. *Quarterly Journal of Economics* 131 (4), 1727–52.

Kelly, R. C. (1985). *The Nuer Conquest: The Structure and Development of an Expansionist System.* Ann Arbor, MI: University of Michigan Press.

Kemezis, A. M., and Maher, M. (2015). *Urban Dreams and Realities in Antiquity.* Leiden: Brill.

Kempe, M., and Mesoudi, A. (2014). An experimental demonstration of the effect of group size on cultural accumulation. *Evolution and Human Behavior* 35 (4), 285–90.

Kerley, K. R., Copes, H., Tewksbury, R., and Dabney, D. A. (2011). Examining the relationship between religiosity and self-control as predictors of prison deviance. *International Journal of Offender Therapy and Comparative Criminology* 55 (8), 1251–71.

Khadjavi, M., and Lange, A. (2013). Prisoners and their dilemma. *Journal of Economic Behavior and Organization* 92, 163–75.

Khaldûn, I. (1377). *The Muqaddimah: An Introduction to History.* (F. Rosenthal, ed.). Princeton, NJ: Princeton University Press.

Kidd, D. C., and Castano, E. (2013). Reading literary fiction improves theory of mind. *Science* 342 (6156), 377–80.

Kieser, A. (1987). From asceticism to administration of wealth: Medieval monasteries and the pitfalls of rationalization. *Organization Studies* 8 (2), 103–123.

Kinzler, K. D., and Dautel, J. B. (2012). Children's essentialist reasoning about language and race. *Developmental Science* 15 (1), 131–38.

Isaacs, A. K., and Prak, M. (1996). Cities, bourgeoisies, and states. In R. Wolfgang (ed.), *Power, Elites and State Building* (pp. 207–34). New York: Oxford University Press.

Israel, J. (2010). *A Revolution of the Mind: Radical Enlightenment and the Intellectual Origins of Modern Democracy.* Princeton, NJ: Princeton University Press.〔ジョナサン・イスラエル『精神の革命――急進的啓蒙と近代民主主義の知的起源』森村敏己訳、みすず書房〕

Iyengar, S. S., and DeVoe, S. E. (2003). Rethinking the value of choice: Considering cultural mediators of intrinsic motivation. *Nebraska Symposium on Motivation* 49, 129–74.

Iyengar, S. S., Lepper, M. R., and Ross, L. (1999). Independence from whom? Interdependence with whom? Cultural perspectives on ingroups versus outgroups. In D. A. Prentice and D. T. Miller (eds.), *Cultural Divides: Understanding and Overcoming Group Conflict* (pp. 273–301). New York: Russel Sage Foundation.

Iyigun, M. (2008). Luther and Suleyman. *Quarterly Journal of Economics* 123 (4), 1465–1494.

Iyigun, M., Nunn, N., and Qian, N. (2017). The long-run effect of agricultural productivity and conflict, 1400–1900. NBER working paper, www.nber.org/papers/w24066.

Jacob, M. (2010). Long-term persistence: The free and imperial city experience in Germany. Working paper, ssrn.com/abstract=1616973.

Jacob, M. C. (2000). Commerce, industry, and the laws of Newtonian science: Weber revisited and revised. *Canadian Journal of History* 35 (2), 275–92.

Jacob, M. C. (2013). *The First Knowledge Economy: Human Capital and the European Economy, 1750–1850.* Cambridge: Cambridge University Press.

Jaffe, K., Florez, A., Gomes, C. M., Rodriguez, D., and Achury, C. (2014). On the biological and cultural evolution of shame: Using internet search tools to weight values in many cultures. Working paper, arxiv.org/abs/1401.1100.

Jaffee, S., Caspi, A., Moffitt, T. E., Belsky, J., and Silva, P. (2001). Why are children born to teen mothers at risk for adverse outcomes in young adulthood? Results from a 20-year longitudinal study. *Development and Psychopathology* 13 (2), 377–97.

Jankowiak, W. (2008). Co-wives, husband, and the Mormon polygynous family. *Ethnology* 47 (3), 163–80.

Jankowiak, W., Sudakov, M., and Wilreker, B. C. (2005). Co-wife conflict and co-operation. *Ethnology* 44 (1), 81–98.

Jha, S. (2013). Trade, institutions and ethnic tolerance: Evidence from South Asia. *American Political Science Review* 107 (4), 806–32.

Ji, L. J., Nisbett, R. E., and Su, Y. (2001). Culture, change, and prediction. *Psychological Science* 12 (6), 450–56.

Ji, L. J., Zhang, Z. Y., and Guo, T. Y. (2008). To buy or to sell: Cultural differences in stock market decisions based on price trends. *Journal of Behavioral Decision Making* 21 (4), 399–413.

Jin, L. E. I., Elwert, F., Freese, J., and Christakis, N. A. (2010). Maturity may affect longevity in men. *Demography* 47 (3), 579–86.

Johns, T. (1986). Detoxification function of geophagy and domestication of the potato. *Journal of Chemical Ecology* 12 (3), 635–46.

Johnson, A. (2003). *Families of the Forest: Matsigenka Indians of the Peruvian Amazon.* Berkeley: University of California Press.

Johnson, A. W., and Earle, T. (2000). *The Evolution of Human Societies: From Foraging Group to Agrarian State.* Stanford, CA: Stanford University Press.

Johnson, N. D., and Koyama, M. (2017). Jewish communities and city growth in preindustrial Europe.

Hofstede, G. H. (2003). *Culture's Consequences: Comparing Values, Behaviors, Institutions and Organizations Across Nations* (2nd ed.). Thousand Oaks, CA: Sage Publications.

Hogbin, H. I. (1934). *Law and Order in Polynesia: A Study of Primitive Legal Institutions*. London: Christophers.

Hoppitt, W., and Laland, K. N. (2013). *Social Learning: An Introduction to Mechanisms, Methods, and Models*. Pinceton, NJ: Princeton University Press.

Horner, V., and Whiten, A. (2005). Causal knowledge and imitation/emulation switching in chimpanzees (*Pan troglodytes*) and children (*Homo sapiens*). *Animal Cognition* 8 (3), 164–81.

Horney, J., Osgood, D. W., and Marshall, I. H. (1995). Criminal careers in the short-term: Intra-individual variability in crime and its relation to local life circumstances. *American Sociological Review* 60 (5), 655–73.

Hornung, E. (2014). Immigration and the diffusion of technology: The Huguenot diaspora in Prussia. *American Economic Review* 104 (1), 84–122.

Hosler, D., Burkett, S. L., and Tarkanian, M. J. (1999). Prehistoric polymers: Rubber processing in ancient Mesoamerica. *Science* 284 (5422), 1988–91.

Howes, A. (2017). The relevance of skills to innovation during the British Industrial Revolution, 1651–1851. Working paper, www.eh.net/eha/wp-content/uploads/2016/08/H.

Hruschka, D. J. (2010). *Friendship: Development, Ecology, and Evolution of a Relationship*. Berkeley: University of California Press.

Hruschka, D. J., Efferson, C., Jiang, T., Falletta-Cowden, A., Sigurdsson, S., McNamara, R., Sands, M., Munira, S., Slingerland, E., and Henrich, J. (2014). Impartial institutions, pathogen stress and the expanding social network. *Human Nature* 25 (4), 567–79.

Hruschka, D. J., and Henrich, J. (2013a). Economic and evolutionary hypotheses for cross-population variation in parochialism. *Frontiers in Human Neuroscience* 7, (559).

Hruschka, D. J., and Henrich, J. (2013b). Institutions, parasites and the persistence of in-group preferences. *PLoS One* 8 (5), e63642.

Huettig, F., and Mishra, R. K. (2014). How literacy acquisition affects the illiterate mind: A critical examination of theories and evidence. *Linguistics and Language Compass* 8 (10), 401–427.

Huff, T. E. (1993). *The Rise of Early Modern Science: Islam, China, and the West*. Cambridge: Cambridge University Press.

Hui, V. T. (2005). *War and State Formation in Ancient China and Early Modern Europe*. Cambridge: Cambridge University Press.

Hume, D. (1987). *Essays: Moral, Political, and Literary*. Indianapolis: Liberty Fund.

Humphries, J., and Weisdorf, J. (2017). Unreal wages? Real income and economic growth in England, 1260–1850. *The Economic Journal* 129 (623), 2867–87.

Inglehart, R., Haerpfer, C., Moreno, A., Welzel, C., Kizilova, K., Diez-Medrano, J., . . . et al. (eds.). (2014). World Values Survey: All Rounds— Country-Pooled Datafile Version: www.worldvaluessurvey.org/WVSDocumentationWVL.jsp. Madrid: JD Systems Institute.

Inglehart, R., and Baker, W. E. (2000). Modernization, cultural change, and the persistence of traditional values. *American Sociological Review* 65 (1), 19–51.

Inkster, I. (1990). Mental capital: Transfers of knowledge and technique in eighteenth century Europe. *Journal of European Economic History* 19 (2), 403–41.

Inzlicht, M., and Schmeichel, B. J. (2012). What is ego depletion? Toward a mechanistic revision of the resource model of self-control. *Perspectives on Psychological Science* 7 (5), 450–63.

cultural embeddedness of the institutions-performance link. *China Economic Journal* 2 (3), 325–50.

Herrmann, B., Thöni, C., and Gächter, S. (2008). Antisocial punishment across societies. *Science* 319 (5868), 1362–67.

Hersh, J., and Voth, H.-J. (2009). Sweet diversity: Colonial goods and the rise of European living standards after 1492. Working paper, ssrn.com/abstract=1462015.

Hewlett, B. S. (1996). Cultural diversity among African Pygmies. In S. Kent (ed.), *Cultural Diversity Among Twentieth-Century Foragers: An African Perspective* (pp. 215–44). Cambridge: Cambridge University Press.

Hewlett, B. S. (2000). Culture, history, and sex: Anthropological contributions to conceptualizing father involvement. *Marriage and Family Review* 29 (2–3), 59–73.

Hewlett, B. S., and Cavalli-Sforza, L. L. (1986). Cultural transmission among Aka pygmies. *American Anthropologist* 88 (4), 922–34.

Hewlett, B. S., Fouts, H. N., Boyette, A. H., and Hewlett, B. L. (2011). Social learning among Congo Basin hunter-gatherers. *Philosophical Transactions of the Royal Society B: Biological Sciences* 366 (1567), 1168–78.

Hewlett, B. S., and Winn, S. (2014). Allomaternal nursing in humans. *Current Anthropology* 55 (2), 200–229.

Heyer, E., Chaix, R., Pavard, S., and Austerlitz, F. (2012). Sex-specific demographic behaviours that shape human genomic variation. *Molecular Ecology* 21 (3), 597–612.

Heyes, C. (2013). What can imitation do for cooperation? In K. Sterelny, R. Joyce, B. Calcott, and B. Fraser (eds.), *Cooperation and Its Evolution* (pp. 313–32). Cambridge, MA: MIT Press.

Hibbs, D. A., and Olsson, O. (2004). Geography, biogeography, and why some countries are rich and others are poor. *Proceedings of the National Academy of Sciences* 101 (10), 3715–20.

Higham, N. J. (1997). *The Convert Kings: Power and Religious Affiliation in EarlyAnglo-Saxon England.* Manchester, UK: Manchester University Press.

Hill, K. R., Walker, R. S., Božicevic, M., Eder, J., Headland, T., Hewlett, B., Hurtado, A. M., Marlowe, F., Wiessner, P., Wood, B. (2011). Co-residence patterns in hunter-gatherer societies show unique Human social structure. *Science* 331 (6022), 1286–89.

Hill, K. R., Wood, B., Baggio, J., Hurtado, A. M., and Boyd, R. (2014). Hunter-gatherer inter-band interaction rates: Implications for cumulative culture. *PloS One* 9 (7), e102806.

Hilton, I. (2001). Letter from Pakistan: Pashtun code. *The New Yorker* (December 3).

Hirschfeld, L. A., and Gelman, S. A. (1994). *Mapping the Mind: Domain Specificity in Cognition and Culture.* Cambridge: Cambridge University Press.

Hirschman, A. O. (1982). Rival interpretations of market society: Civilizing, destructive or feeble? *Journal of Economic Literature* 20 (4), 1463–84.

Hoddinott, J., Maluccio, J., Behrman, J. R., Martorell, R., Melgar, P., Quisumbing, A. R., Ramirez-Zea, M., Stein, A. D., and Yount, K. M. (2011). The consequences of early childhood growth failure over the life course. IFPRI Discussion Paper No. 1073. Washington, D.C.: International Food Policy Research Institute.

Hoff, K., and Sen, A. (2016). The kin-system as a poverty trap? In S. Bowles, S. N. Durlauf, and K. Hoff (eds.), *Poverty Traps* (pp. 95–115). Princeton, NJ: Princeton University Press.

Hoffman, P. T. (2015). *Why Did Europe Conquer the World?* Princeton, NJ: Princeton University Press.

Hofstadter, R. (1969). *The Idea of a Party System: The Rise of Legitimate Opposition in the United States, 1780–1840.* Berkeley: University of California Press.

Henrich, J., Boyd, R., Bowles, S., Camerer, C., Fehr, E., Gintis, H., . . . Tracer, D. (2005). "Economic man" in cross-cultural perspective: Behavioral experiments in 15 small-scale societies. *Behavioral and Brain Sciences* 28 (6), 795–815; discussion, 815–55.

Henrich, J., Boyd, R., Derex, M., Kline, M. A., Mesoudi, A., Muthukrishna, M., Powell, A., Shennan, S., and Thomas, M. G. (2016). Appendix to Understanding Cumulative Cultural Evolution: A Reply to Vaesen, Collard, et. al., ssrn.com/abstract=2798257.

Henrich, J., Boyd, R., and Richerson, P. J. (2012). The puzzle of monogamous marriage. *Philosophical Transactions of the Royal Society B: Biological Sciences* 367 (1589), 657–69.

Henrich, J., and Broesch, J. (2011). On the nature of cultural transmission networks: Evidence from Fijian villages for adaptive learning biases. *Philosophical Transactions of the Royal Society B: Biological Sciences* 366 (1567), 1139–1148.

Henrich, J., Chudek, M., and Boyd, R. (2015). The big man mechanism: How prestige fosters cooperation and creates prosocial leaders. *Philosophical Transactions of the Royal Society B: Biological Sciences* 370 (1683), 20150013.

Henrich, J., Ensminger, J., McElreath, R., Barr, A., Barrett, C., Bolyanatz, A., . . . Ziker, J. (2010). Market, religion, community size and the evolution of fairness and punishment. *Science* 327, 1480–1484.

Henrich, J., and Gil-White, F. J. (2001). The evolution of prestige: Freely conferred deference as a mechanism for enhancing the benefits of cultural transmission. *Evolution and Human Behavior* 22 (3), 165–96.

Henrich, J., Heine, S. J., and Norenzayan, A. (2010a). Most people are not WEIRD. *Nature* 466 (7302), 29.

Henrich, J., Heine, S. J., and Norenzayan, A. (2010b). The WEIRDest people in the world? *Behavioral and Brain Sciences* 33 (2–3), 61–83.

Henrich, J., and Henrich, N. (2014). Fairness without punishment: Behavioral experiments in the Yasawa Island, Fiji. In J. Ensminger and J. Henrich (eds.), *Experimenting with Social Norms: Fairness and Punishment in Cross-Cultural Perspective.* New York: Russell Sage Foundation.

Henrich, J., McElreath, R., Barr, A., Ensminger, J., Barrett, C., Bolyanatz, A., . . . Ziker, J. (2006). Costly punishment across human societies. *Science* 312 (5781), 1767–70.

Henrich, J., and Smith, N. (2004). Comparative experimental evidence from Machiguenga, Mapuche, and American populations. In J. Henrich, R. Boyd, S. Bowles, H. Gintis, E. Fehr, and C. Camerer (eds.), *Foundations of Human Sociality: Economic Experiments and Ethnographic Evidence from Fifteen Small-Scale Societies* (pp. 125–67). New York: Oxford University Press.

Henrich, N., and Henrich, J. (2007). *Why Humans Cooperate: A Cultural and Evolutionary Explanation.* New York: Oxford University Press.

Herbermann, C. G., Pace, E. A., Pallen, C. B., Shahan, T. J., and Wynne, J. J. (eds.). (1908). Cistercians. In *The Catholic Encyclopedia.* New York: Robert Appleton.

Herlihy, D. (1985). *Medieval Households.* Studies in Cultural History. Cambridge, MA: Harvard University Press.

Herlihy, D. (1990). Making sense of incest: Women and the Marriage Rules of the Early Middle Ages. *Studies in Medieval Culture* 28, 1–16.

Herlihy, D. (1995). Biology and history: The triumph of monogamy. *Journal of Interdisciplinary History* 25 (4), 571–83.

Hermans, E. J., Putman, P., and van Honk, J. (2006). Testosterone administration reduces empathetic behavior: A facial mimicry study. *Psychoneuroendocrinology* 31 (7), 859–66.

Herrmann-Pillath, C. (2010). Social capital, Chinese style: Individualism, relational collectivism and the environmental foundations of political, psychological, social, and economic behaviors: A panel study of twins and families. *Twin Research and Human Genetics* 18 (3), 243–55.

Haushofer, J., and Fehr, E. (2014). On the psychology of poverty. *Science* 344 (6186), 862–67.

Hawk, B. (2015). *Law and Commerce in Pre-industrial Societies.* Leiden; Boston: Koninklijke Brill.

Hayhoe, R. (1989). China's universities and Western academic models. *Higher Education* 18 (1), 49–85.

Heather, P. J. (1999). *The Visigoths from the Migration Period to the Seventh Century: An Ethnographic Perspective.* Studies in Historical Archaeoethnology. Woodbridge, UK: Boydell Press.

Heine, S. J. (2016). *Cultural Psychology* (3rd ed.). New York: W. W. Norton.

Heine, S. J., and Buchtel, E. E. (2009). Personality: The universal and the culturally specific. *Annual Review of Psychology* 60, 369–94.

Heine, S. J., and Lehman, D. (1999). Culture, self-discrepancies, and self-satisfaction. *Personality and Social Psychology Bulletin* 25 (8), 915–25.

Heizer, R. (1978). *Handbook of North American Indians: California.* (W. Sturtevant, ed.) (Vol. 8). Washington, D.C.: Smithsonian Institution.

Heldring, L., Robinson, J. A., and Vollmer, S. (2021). The long-run impact of the dissolution of the English monasteries. *The Quarterly Journal of Economics*, 136(4), 2093–2145.

Henrich, J. (2015). Culture and social behavior. *Current Opinion in Behavioral Sciences* 3, 84–89.

Henrich, J. (1997). Market incorporation, agricultural change, and sustainability among the Machiguenga Indians of the Peruvian Amazon. *Human Ecology* 25 (2), 319–51.

Henrich, J. (2000). Does culture matter in economic behavior? Ultimatum Game bargaining among the Machiguenga of the Peruvian Amazon. *American Economic Review* 90 (4), 973–80.

Henrich, J. (2004a). Cultural group selection, coevolutionary processes and large-scale cooperation. *Journal of Economic Behavior and Organization* 53 (1), 3–35.

Henrich, J. (2004b). Demography and cultural evolution: Why adaptive cultural processes produced maladaptive losses in Tasmania. *American Antiquity* 69 (2), 197–214.

Henrich, J. (2009a). The evolution of costly displays, cooperation and religion. *Evolution and Human Behavior* 30 (4), 244–60.

Henrich, J. (2009b). The evolution of innovation-enhancing institutions. In S. J. Shennan and M. J. O'Brien (eds.), *Innovation in Cultural Systems: Contributions in Evolutionary Anthropology* (pp. 99–120). Cambridge, MA: MIT Press.

Henrich, J. (2014). Rice, psychology, and innovation. *Science* 344 (6184), 593–94.

Henrich, J. (2016). *The Secret of Our Success: How Culture Is Driving Human Evolution, Domesticating Our Species, and Making Us Smarter.* Princeton, NJ: Princeton University Press.〔ジョセフ・ヘンリック『文化がヒトを進化させた――人類の繁栄と〈文化－遺伝子革命〉』今西康子訳、白揚社〕

Henrich, J., Bauer, M., Cassar, A., Chytilová, J., and Purzycki, B. G. (2019). War increases religiosity. *Nature Human Behaviour* 3 (2), 129–35.

Henrich, J., and Boyd, R. (2008). Division of labor, economic specialization, and the evolution of social stratification. *Current Anthropology* 49 (4), 715–24.

Henrich, J., and Boyd, R. (2016). How evolved psychological mechanisms empower cultural group selection. *Behavioral and Brain Sciences* 39, e40.

Henrich, J., Boyd, R., Bowles, S., Camerer, C., Fehr, E., and Gintis, H. (2004). *Foundations of Human Sociality: Economic Experiments and Ethnographic Evidence from Fifteen Small-Scale Societies.* New York: Oxford University Press.

liberals may not recognize. *Social Justice Research* 20 (1), 98–116.

Hajnal, J. (1965). European marriage patterns in perspective. In D. V. Glass and D. E. C. Eversley (eds.), *Population in History: Essays in Historical Demography* (pp. 101–143). Chicago: Aldine.

Hajnal, J. (1982). Two kinds of preindustrial house hold formation system. *Population and Development Review* 8 (3), 449–94.

Hallowell, A. I. (1937). Temporal orientation in Western civilization and in a pre-literate society. *American Anthropologist* 39 (4), 647–70.

Hallpike, A. C. R. (1968). The status of craftsmen among the Konso of south-west Ethiopia. *Africa* 38 (3), 258–69.

Hamann, K., Warneken, F., Greenberg, J. R., and Tomasello, M. (2011). Collaboration encourages equal sharing in children but not in chimpanzees. *Nature* 476 (7360), 328–31.

Hamilton, A. (1987). Dual social system: Technology, labour and women's secret rites in the eastern Western Desert of Australia. In W. H. Edwards (ed.), *In traditional Aboriginal Society: A Reader* (pp. 34–52). Melbourne: Macmillan.

Hamilton, V. L., and Sanders, J. (1992). *Everyday Justice: Responsibility and the Individual in Japan and the United States.* New Haven, CT: Yale University Press.

Han, R., and Takahashi, T. (2012). Psychophysics of time perception and valuation in temporal discounting of gain and loss. *Physica A: Statistical Mechanics and Its Applications* 391 (24), 6568–76.

Handy, E. S. C. (1927). *Polynesian Religion.* Honolulu: Bernice P. Bishop Museum.

Handy, E. S. C. (1941). Perspectives in Polynesian religion. In *Polynesian Anthropological Studies* (Vol. 49, pp. 121–39). New Plymouth, NZ: Thomas Avery and Sons.

Hango, D. W. (2006). The long-term effect of childhood residential mobility on educational attainment. *Sociological Quarterly* 47 (4), 631–34.

Hanoch, Y., Gummerum, M., and Rolison, J. (2012). Second-to-fourth digit ratio and impulsivity: A comparison between offenders and nonoffenders. *PLoS One* 7 (10), e47140.

Hanushek, E. A., and Woessmann, L. (2012). Do better schools lead to more growth? Cognitive skills, economic outcomes, and causation. *Journal of Economic Growth* 17 (4), 267–321.

Harbaugh, W. T., Krause, K., and Vesterlund, L. (2001). Are adults better behaved than children? Age, experience, and the endowment effect. *Economics Letters* 70 (2), 175–81.

Hargadon, A. (2003). *How Breakthroughs Happen: The Surprising Truth About How Companies Innovate.* Boston, MA: Harvard Business School Press.

Harper, K. (2013). *From Shame to Sin: The Christian Transformation of Sexual Morality in Late Antiquity.* Cambridge, MA: Harvard University Press.

Harreld, D. J. (2015). *A Companion to the Hanseatic League.* Brill's Companions to European History. Leiden: Brill.

Harris, J. R. (1998). *The Nurture Assumption: Why Children Turn Out the Way They Do.* New York: Touchstone.〔ジュディス・リッチ・ハリス『子育ての大誤解――重要なのは親じゃない（上・下）』石田理恵訳、早川書房〕

Harrison, S. (1987). Cultural efflorescence and political evolution on the Sepik River. *American Ethnologist* 14 (3), 491–507.

Harrison, S. (1990). *Stealing People's Names: History and Politics in a Sepik River Cosmology.* Cambridge Studies in Social and Cultural Anthropology. Cambridge: Cambridge University Press.

Hatemi, P. K., Smith, K., Alford, J. R., Martin, N. G., and Hibbing, J. R. (2015). The genetic and

Greif, A., and Iyigun, M. (2013). Social organizations, violence, and modern growth. *American Economic Review* 103 (3), 534–38.

Greif, A., and Tabellini, G. (2010). Cultural and Institutional Bifurcation: China and Europe Compared. *American Economic Review* 100 (2), 135–40.

Greif, A., and Tabellini, G. (2015). The clan and the city: Sustaining cooperation in China and Europe. *Journal of Comparative Economics* 45, 1–35.

Grierson, P. J. H. (1903). *The Silent Trade: A Contribution to the Early History of Human Intercourse*. Edinburgh: W. Green.

Grosjean, P. (2014). A history of violence: The culture of honor and homicide in the U.S. South. *Journal of the European Economic Association* 12 (5), 1285–1316.

Grosjean, P. (2011). The institutional legacy of the Ottoman Empire: Islamic rule and financial development in South Eastern Europe. *Journal of Comparative Economics* 39 (1), 1–16.

Grossmann, I., Na, J., Varnum, M., Kitayama, S., and Nisbett, R. (2008). Not smarter, but wiser: Dialectical reasoning across lifespan. *International Journal of Psychology* 43 (3–4), 239–40.

Grossmann, T. (2013). The role of medial prefrontal cortex in early social cognition. *Frontiers in Human Neuroscience* 7, 1–6.

Guiso, B. L., Sapienza, P., and Zingales, L. (2004). The role of social capital in financial development. *American Economic Review* 94 (3), 526–56.

Guiso, L., Sapienza, P., and Zingales, L. (2003). People's opium? Religion and economic attitudes. *Journal of Monetary Economics* 50 (1), 225–82.

Guiso, L., Sapienza, P., and Zingales, L. (2008). Trusting the stock market. *Journal of Finance* 63 (6), 2557–2600.

Guiso, L., Sapienza, P., and Zingales, L. (2009). Cultural biases in economic exchange? *Quarterly Journal of Economics* 124 (3), 1095–1131.

Guiso, L., Sapienza, P., and Zingales, L. (2016). Long-term persistence. *Journal of the European Economic Association* 14 (6), 1401–1436.

Gurevich, A. (1995). *The Origins of European Individualism*. The Making of Europe. Oxford: Wiley-Blackwell.

Gurven, M. (2004). To give and to give not: The behavioral ecology of human food transfers. *Behavioral and Brain Sciences* 27 (4), 543–83.

Gurven, M., von Rueden, C., Massenkoff, M., Kaplan, H., and Lero Vie, M. (2013). How universal is the Big Five? Testing the five-factor model of personality variation among forager-farmers in the Bolivian Amazon. *Journal of Personality and Social Psychology* 104 (2), 354–70.

Gurven, M., Winking, J., Kaplan, H., von Rueden, C., and McAllister, L. (2009). A bioeconomic approach to marriage and the sexual division of labor. *Human Nature* 20 (2), 151–83.

Gutchess, A. H., Hedden, T., Ketay, S., Aron, A., and Gabrieli, J. D. E. (2010). Neural differences in the processing of semantic relationships across cultures. *Social Cognitive and Affective Neuroscience* 5 (2–3), 254–63.

Hadnes, M., and Schumacher, H. (2012). The gods are watching: An experimental study of religion and traditional belief in Burkina Faso. *Journal for the Scientific Study of Religion* 51 (4), 689–704.

Haidt, J. (2012). *The Righteous Mind: Why Good People Are Divided by Politics and Religion*. New York: Pantheon Books.〔ジョナサン・ハイト『社会はなぜ左と右にわかれるのか――対立を超えるための道徳心理学』高橋洋訳、紀伊國屋書店〕

Haidt, J., and Graham, J. (2007). When morality opposes justice: Conservatives have moral intuitions that

(1), 55–78.

Goody, J. (1983). *The Development of the Family and Marriage in Europe: Past and Present Publications*. Cambridge: Cambridge University Press.

Goody, J. (1990). *The Oriental, the Ancient and the Primitive: Systems of Marriage and the Family in the Pre-Industrial Societies of Eurasia*. Cambridge: Cambridge University Press.

Goody, J. (1996). Comparing family systems in Europe and Asia: Are there different sets of rules? *Population and Development Review* 22 (1), 1–20.

Goodyear, C. (1853). *Gum-Elastic and Its Varieties, with a Detailed Account of Its Applications and Uses and of the Discovery of Vulcanization* (Vol. 1). New Haven, CT: Privately published by the author.

Gorodnichenko, Y., and Roland, G. (2011). Individualism, innovation, and long-run growth. *Proceedings of the National Academy of Sciences* 108 (4), 1–4.

Gorodnichenko, Y., and Roland, G. (2016). Culture, institutions, and the wealth of nations. *Review of Economics and Statistics* 99 (3), 402–416.

Gould, R. A. (1967). Notes on hunting, butchering, and sharing of game among the Ngatatjara and their neighbors in the West Australian Desert. *Kroeber Anthropological Society Papers* 36, 41–66.

Grantham, G. W. (1993). Divisions of labor: Agricultural productivity and occupational specialization in preindustrial France. *Economic History Review* 46 (3), 478–502.

Gray, P. B. (2003). Marriage, parenting, and testosterone variation among Kenyan Swahili men. *American Journal of Physical Anthropology* 122 (3), 279–86.

Gray, P. B., and Campbell, B. C. (2006). Testosterone and marriage among Ariaal men of northern Kenya. *American Journal of Physical Anthropology* 48 (5), 94–95.

Gray, P. B., Kahlenberg, S. M., Barrett, E. S., Lipson, S. F., and Ellison, P. T. (2002). Marriage and fatherhood are associated with lower testosterone in males. *Evolution and Human Behavior* 23 (3), 193–201.

Grebe, N. M., Sarafin, R. E., Strenth, C. R., and Zilioli, S. (2019). Pair-bonding, Fatherhood, and the Role of Testosterone: A Meta-Analytic Review. *Neuroscience and Biobehavioral Reviews* 98, 221–33.

Greif, A. (1989). Reputation and coalitions in medieval trade: Evidence on the Maghribi traders. *Journal of Economic History* 49 (4), 857–82.

Greif, A. (1993). Contract enforceability and economic institutions in early trade: The Maghribi traders' coalition. *American Economic Review* 83 (3), 525–48.

Greif, A. (2002). Institutions and impersonal exchange: From communal to individual responsibility. *Journal of Institutional and Theoretical Economics* 158 (1), 168–204.

Greif, A. (2003). On the history of the institutional foundations of impersonal exchange. *Journal of Economic History* 63 (2), 555.

Greif, A. (2006a). Family structure, institutions, and growth: The origins and implications of Western corporations. *American Economic Review* 96 (2), 308–312.

Greif, A. (2006b). History lessons: The birth of impersonal exchange: The community responsibility system and impartial justice. *Journal of Economic Perspectives* 20 (2), 221–36.

Greif, A. (2006c). *Institutions and the Path to the Modern Economy: Lessons from Medieval Trade*. Political Economy of Institutions and Decisions. Cambridge: Cambridge University Press.〔アブナー・グライフ『比較歴史制度分析（上・下）』岡崎哲二・神取道宏監訳、ちくま学芸文庫〕

Greif, A. (2008). Coercion and exchange: How did markets evolve? Working paper, ssrn.com/abstract=1304204.

Ginges, J., Hansen, I., and Norenzayan, A. (2009). Religion and support for suicide attacks. *Psychological Science* 20 (2), 224–30.

Giuliano, P. (2007). Living arrangements in Western Europe: Does cultural origin matter? *Journal of the European Economic Association* 5 (5), 927–52.

Giuliano, P., and Nunn, N. (2017). Understanding cultural persistence and change. *The Review of Economic Studies*, 88 (4), 1541–1581.

Glennie, P., and Thrift, N. (1996). Reworking E. P. Thompson's "Time, Work- discipline and Industrial Capitalism." *Time and Society* 5 (3), 275–99.

Glick, T. F. (1979). *Islamic and Christian Spain in the Early Middle Ages.* Princeton, NJ: Princeton University Press.

Gluckman, M. (1940). The kingdom of the Zulu of South Africa. In M. Fortes and E. E. Evans-Pritchard (eds.), *African Political Systems* (pp. 25–55). New York: Oxford University Press.

Gluckman, M. (1972a). *The Allocation of Responsibility.* Manchester, UK: Manchester University Press.

Gluckman, M. (1972b). *The Ideas in Barotse Jurisprudence.* Manchester, UK: Manchester University Press.

Gluckman, M. (2006). *Politics, Law, and Ritual in Tribal Society.* Piscataway, NJ: Aldine Transaction.

Godelier, M. (1986). *The Making of Great Men: Male Domination and Power Among the New Guinea Baruya.* Cambridge: Cambridge University Press.

Godoy, R., Byron, E., Reyes-García, V., Leonard, W. R., Patel, K., Apaza, L., Eddy Pérez, E., Vadez, V., and Wilkie, D. (2004). Patience in a foraging-horticultural society: A test of competing hypotheses. *Journal of Anthropological Research* 60 (2), 179–202.

Goetzmann, W. N., and Rouwenhorst, K. G. (2005). *The Origins of Value: The Financial Innovations That Created Modern Capital Markets.* New York: Oxford University Press.

Goh, J. O., Chee, M. W., Tan, J. C., Venkatraman, V., Hebrank, A., Leshikar, E. D., Jenkins, L., Sutton, B. P., Gutchess, A. H., and Park, D. C. (2007). Age and culture modulate object processing and object-scene binding in the ventral visual area. *Cognitive Affective and Behavioral Neuroscience* 7 (1), 44–52.

Goh, J. O., and Park, D. C. (2009). Culture sculpts the perceptual brain. *Cultural Neuroscience: Cultural Influences on Brain Function* 178, 95–111.

Goh, J. O. S., Leshikar, E. D., Sutton, B. P., Tan, J. C., Sim, S. K. Y., Hebrank, A. C., and Park, D. C. (2010). Culture differences in neural processing of faces and houses in the ventral visual cortex. *Social Cognitive and Affective Neuroscience* 5 (2–3), 227–35.

Goldin, P. (2015). The consciousness of the dead as a philosophical problem in ancient China. In R. King (ed.), *The Good Life and Conceptions of Life in Early China and Greek Antiquity* (pp. 59–92). Berlin: De Gruyter.

Goldman, I. (1955). Status rivalry and cultural evolution in Polynesia. *American Anthropologist* 57 (4), 680–97.

Goldman, I. (1958). Social stratification and cultural evolution in Polynesia. *Ethnohistory* 5 (3), 242–49.

Goldman, I. (1970). *Ancient Polynesian Society.* Chicago: University of Chicago Press.

Gomez-Lievano, A., Patterson-Lomba, O., and Hausmann, R. (2017). Explaining the prevalence, scaling and variance of urban phenomena. *Nature Human Behaviour* 1 (1), No. 12.

Goncalo, J. A., and Staw, B. M. (2006). Individualism-collectivism and group creativity. *Organizational Behavior and Human Decision Processes* 100 (1), 96–109.

Goody, J. (1969). Adoption in cross-cultural perspective. *Comparative Studies in Society and History* 11 *of Economics* 117 (4), 1133–91.

Galor, O., and Özak, Ö. (2016a). The agricultural origins of time preference. *American Economic Review* 106 (10), 3064–3103.

Gardner, P. M. (2013). South Indian foragers' conflict management in comparative perspective. In D. P. Fry (ed.), *War, Peace, and Human Nature: The Convergence of Evolutionary and Cultural views* (pp.297–314). New York: Oxford University Press.

Garvert, M. M., Moutoussis, M., Kurth-Nelson, Z., Behrens, T. E. J., and Dolan, R. J. (2015). Learning-induced plasticity in medial prefrontal cortex predicts preference malleability. *Neuron* 85 (2), 418–28.

Gasiorowska, A., Chaplin, L. N., Zaleskiewicz, T., Wygrab, S., and Vohs, K. D. (2016). Money cues increase agency and decrease prosociality among children: Early signs of market-mode behaviors. *Psychological Science* 27 (3), 331–44.

Gat, A. (2015). Proving communal warfare among hunter-gatherers: The quasi-rousseauan error. *Evolutionary Anthropology: Issues, News, and Reviews* 24 (3), 111–26.

Gavrilets, S., and Richerson, P. J. (2017). Collective action and the evolution of social norm internalization. *Proceedings of the National Academy of Sciences* 114 (23), 6068–6073.

Gelderblom, O. (2013). *Cities of Commerce: The Institutional Foundations of International Trade in the Low Countries, 1250–1650.* The Princeton Economic History of the Western World. Princeton, NJ: Princeton University Press.

Gelfand, M. J., Raver, J. L., Nishii, L., Leslie, L. M., Lun, J., Lim, B. C., . . . Yamaguchi, S. (2011). Differences between tight and loose cultures: A 33-nation study. *Science* 332 (6033), 1100–1104.

Gellhorn, W. (1987). China's quest for legal modernity. *Journal of Chinese Law* 1 (1), 1–22.

Genschow, O., Rigoni, D., and Brass, M. (2017). Belief in free will affects causal attributions when judging others' behavior. *Proceedings of the National Academy of Sciences* 114 (38), 10071–10076.

Gershman, B. (2015). Witchcraft beliefs and the erosion of social capital: Evidence from Sub-Saharan Africa and beyond. *Journal of Development Economics* 120, 182–208.

Gervais, W. M. (2011). Finding the faithless: Perceived atheist prevalence reduces anti-atheist prejudice. *Personality and Social Psychology Bulletin* 37 (4), 543–56.

Gervais, W. M., and Henrich, J. (2010). The Zeus problem: Why representational content biases cannot explain faith in gods. *Journal of Cognition and Culture* 10 (3), 383–89.

Gettler, L. T., McDade, T. W., Feranil, A. B., and Kuzawa, C. W. (2011). Longitudinal evidence that fatherhood decreases testosterone in Human males. *Proceedings of the National Academy of Sciences* 108 (39), 16194–99.

Gibson, M. A. (2002). Development and demographic change: The reproductive ecology of a rural Ethiopian Oromo population. Dissertation, University College London.

Gier, N. F., and Kjellberg, P. (2004). Buddhism and the freedom of the will: Pali and Mahayanist responses. In J. K. Campbell, M. O'Rourke, and D. Shier (eds.), *Freedom and Determinism* (pp. 277–304). Cambridge, MA: MIT Press.

Gilligan, M. J., Pasquale, B. J., and Samii, C. (2014). Civil war and social cohesion: Lab-in-the-field evidence from Nepal. *American Journal of Political Science* 58 (3), 604–619.

Gimpel, J. (1976). *The Medieval Machine: The Industrial Revolution of the Middle Ages.* New York: Holt, Rinehart and Winston.

Giner-S orolla, R., Embley, J., and Johnson, L. (2017). Replication of Vohs and Schooler (2008, PS, study 1), osf.io/i29mh.

Forge, A. (1972). Normative factors in the settlement size of Neolithic cultivators (New Guinea). In P. Ucko, R. Tringham, and G. Dimbelby (eds.), *Man, Settlement and Urbanisation* (pp. 363–76). London: Duckworth.

Fortes, M. (1953). The structure of unilineal descent groups. *American Anthropologist* 55 (1), 17–41.

Fosbrooke, H. A. (1956). The Masai age-group system as a guide to tribal chronology. *African Studies* 15 (4), 188–206.

Foster, G. M. (1965). Peasant society and the image of limited good. *American Anthropologist* 67 (2), 293–315.

Foster, G. M. (1967). *Tzintzuntzan: Mexican Peasants in a Changing World*. Boston: Little, Brown.

Fouquet, R., and Broadberry, S. (2015). Seven centuries of economic growth and decline. *Journal of Economic Perspectives* 29 (4), 227–44.

Fourcade, M., and Healy, K. (2007). Moral views of market society. *Annual Review of Sociology* 33, 285–311.

Fowler, J. H., and Christakis, N. A. (2010). Cooperative behavior cascades in human social networks. *Proceedings of the National Academy of Sciences* 107 (12), 5334–38.

Fox, R. (1967). *Kinship and Marriage: An Anthropological Perspective*. Pelican Anthropology Library. Harmondsworth, UK: Penguin.〔ロビン・フォックス『親族と婚姻――社会人類学入門』川中健二訳、思索社〕

Francois, P., Fujiwara, T., and van Ypersele, T. (2011). Competition builds trust. Working paper, thred.devecon.org/papers/2010/2010-011_Fran.

Francois, P., Fujiwara, T., and van Ypersele, T. (2018). The origins of Human prosociality: Cultural group selection in the workplace and the laboratory. *Science Advances* 4 (9), eaat2201.

Frankenhuis, W. E., de Weerth, C., Weerth, C. de, and de Weerth, C. (2013). Does early-life exposure to stress shape or impair cognition? *Current Directions in Psychological Science* 22 (5), 407–412.

Frick, B., and Humphreys, B. R. (2011). Prize structure and performance: Evidence from NASCAR. Working paper, core.ac.uk/download/pdf/6243659.pdf.

Fried, L. P., Ettinger, W. H., Lind, B., Newman, A. B., and Gardin, J. (1994). Physical disability in older adults: A physiological approach. *Journal of Clinical Epidemiology* 47 (7), 747–60.

Fried, M. H. (1970). On the evolution of social stratification and the state. In E. O. Laumann, P. M. Siegel, and R. W. Hodge (eds.), *The Logic of Social Hierarchies* (pp. 684–95). Chicago: Markham.

Fukuyama, F. (2011). *The Origins of Political Order: From Prehuman Times to the French Revolution* (1st ed.). New York: Farrar, Straus and Giroux.

Gächter, S., and Herrmann, B. (2009). Reciprocity, culture and human cooperation: Previous insights and a new cross-cultural experiment. *Philosophical Transactions of the Royal Society B: Biological Sciences* 364 (1518), 791–806.

Gächter, S., Renner, E., and Sefton, M. (2008). The long-run benefits of punishment. *Science* 322 (5907), 1510.

Gächter, S., and Schulz, J. F. (2016). Intrinsic honesty and the prevalence of rule violations across societies. *Nature* 531 (7595), 496–99.

Gailliot, M. T., and Baumeister, R. F. (2007). The physiology of willpower: Linking blood glucose to self-control. *Personality and Social Psychology Review* 11 (4), 303–327.

Gallego, F. A., and Woodberry, R. (2010). Christian missionaries and education in former African colonies: How competition mattered. *Journal of African Economies* 19 (3), 294–329.

Galor, O., and Moav, O. (2002). Natural selection and the origin of economic growth. *Quarterly Journal* representative surveys. CEPR Discussion Papers 122 (141), 519–42.

Fehr, E., and Gachter, S. (2000). Cooperation and punishment in public goods experiments. *American Economic Review* 90 (4), 980–95.

Fehr, E., and Gachter, S. (2002). Altruistic punishment in humans. *Nature* 415 (6868), 137–40.

Fehr, E., and Henrich, J. (2003). Is strong reciprocity a maladaption? In P. Hammerstein (ed.), *Genetic and Cultural Evolution of Cooperation* (pp. 55–82). Cambridge, MA: MIT Press.

Fêng, H. (1967). *The Chinese Kinship System*. Cambridge, MA: Harvard University Press.

Fenske, J. (2015). African polygamy: Past and present. *Journal of Development Economics* 117, 58–73.

Fernández, R., and Fogli, A. (2009). Culture: An empirical investigation of beliefs, work, and fertility. *American Economic Journal: Macroeconomics* 1 (1), 146–77.

Ferrero, A. (1967). *Los Machiguengas: Tribu Selvática del Sur-Oriente Peruano*. Villava-Pamplona, Spain: Editorial OPE.

Fessler, D. M. T. (2004). Shame in two cultures: Implications for evolutionary approaches. *Journal of Cognition and Culture* 4 (2), 207–262.

Fessler, D. M. T. (2007). From appeasement to conformity: Evolutionary and cultural perspective on shame, competition, and cooperation. In J. Tracy, R. Robins, and J. P. Tangney (eds.), *The Self-Conscious Emotion: Theory and Research*. New York: Guilford Press.

Fessler, D. M. T., and Navarrete, C. D. (2004). Third-party attitudes toward sibling incest: Evidence for Westermarck's hypotheses. *Evolution and Human Behavior* 25 (5), 277–94.

Fiddick, L., Cosmides, L., and Tooby, J. (2000). No interpretation without representation: The role of domain-specific representations and inferences in the Wason selection task. *Cognition* 77 (1), 1–79.

Field, E., Molitor, V., Schoonbroodt, A., and Tertilt, M. (2016). Gender gaps in completed fertility. *Journal of Demographic Economics* 82 (2), 167–206.

Finke, R., and Stark, R. (2005). *The Churching of America, 1776–2005: Winners and Losers in Our Religious Economy*. New Brunswick, NJ: Rutgers University Press.

Fisman, R., and Miguel, E. (2007). Corruption, norms, and legal enforcement: Evidence from diplomatic parking tickets. *Journal of Political Economy* 115 (6), 1020–1048.

Flannery, K., and Marcus, J. (2012). *The Creation of Inequality: How Our Prehistoric Ancestors Set the Stage for Monarchy, Slavery, and Empire*. Cambridge, MA: Harvard University Press.

Flannery, T. (2002). *The Life and Adventures of William Buckley: Thirty-Two Years a Wanderer Amongst the Aborigines of the Then Unexplored Country Round Port Philip, Now the Province of Victoria*. Melbourne: Text Publishing.

Flannery, K. V. (2009). Process and agency in early state formation. *Cambridge Archaeological Journal* 9 (1), 3–21.

Fleisher, M. L., and Holloway, G. J. (2004). The problem with boys: Bridewealth accumulation, sibling gender, and the propensity to participate in cattle raiding among the Kuria of Tanzania. *Current Anthropology* 45 (2), 284–88.

Fleming, A. S., Corter, C., Stallings, J., and Steiner, M. (2002). Testosterone and prolactin are associated with emotional responses to infant cries in new fathers. *Hormones and Behavior* 42 (4), 399–413.

Flynn, J. R. (2007). *What Is Intelligence? Beyond the Flynn Effect*. Cambridge: Cambridge University Press.

Flynn, J. R. (2012). *Are We Getting Smarter? Rising IQ in the Twenty-First Century*. Cambridge: Cambridge University Press.〔ジェームズ・R・フリン『なぜ人類のIQは上がり続けているのか?——人種、性別、老化と知能指数』水田賢政訳、太田出版〕

Sciences 30 (2), 291–302.

Engelmann, J. B., Moore, S., Capra, C. M., and Berns, G. S. (2012). Differential neurobiological effects of expert advice on risky choice in adolescents and adults. *Social Cognitive and Affective Neuroscience* 7 (5), 557–67.

Engelmann, J. M., Herrmann, E., and Tomasello, M. (2012). Five-year-olds, but not chimpanzees, attempt to manage their reputations. *PLoS One* 7 (10), e48433.

Engelmann, J. M., Over, H., Herrmann, E., and Tomasello, M. (2013). Young children care more about their reputation with ingroup members and potential reciprocators. *Developmental Science* 16 (6), 952–58.

English, T., and Chen, S. (2011). Self-concept consistency and culture: The differential impact of two forms of consistency. *Personality and Social Psychology Bulletin* 37 (6), 838–49.

Enke, B. (2017). Kinship systems, cooperation and the evolution of culture. Working paper, www.nber.org/papers/w23499.

Enke, B. (2019). Kinship, cooperation, and the evolution of moral systems. *Quarterly Journal of Economics* 134 (2), 953–1019.

Ensminger, J., and Henrich, J. (Eds). (2014a). *Experimenting with Social Norms: Fairness and Punishment in Cross-Cultural Perspective.* New York: Russell Sage Foundation.

Epstein, S. R. (1998). Craft guilds, apprenticeship, and technological change in preindustrial Europe. *Journal of Economic History* 58 (3), 684–713.

Epstein, S. R. (2013). Transfering technical knowledge and innovating in Europe, c. 1200–1800. In M. Prak and J. L. van Zanden (eds.), *Technology, Skills and the Pre-Modern Economy in the East and the West* (pp. 25–68). Boston: Brill.

Euston, D. R., Gruber, A. J., and McNaughton, B. L. (2012). The role of medial prefrontal cortex in memory and decision making. *Neuron* 76 (6), 1057–70.

Everett, J. A. C., Haque, O. S., and Rand, D. G. (2016). How good is the samaritan, and why? An experimental investigation of the extent and nature of religious prosociality using economic games. *Social Psychological and Personality Science* 7 (3), 248–55.

Ewert, U. C., and Selzer, S. (2016). *Institutions of Hanseatic Trade: Studies on the Political Economy of a Medieval Network.* Frankfurt: Peter Lang.

Falk, A., Becker, A., Dohmen, T., Enke, B., Huffman, D., and Sunde, U. (2018). Global evidence on economic preferences. *Quarterly Journal of Economics* 91 (1), 335–41.

Falk, A., Becker, A., Dohmen, T., Huffman, D., and Sunde, U. (2016). The preference survey module: A validated instrument for measuring risk, time, and social preferences. Working paper, ssrn.com/abstract=2725035.

Falk, A., and Szech, N. (2013). Morals and markets. *Science* 340 (6133), 707–711.

Falk, C. F., Heine, S. J., Yuki, M., and Takemura, K. (2009). Why do Westerners self-enhance more than East Asians? *European Journal of Personality* 23 (3), 183–203.

Faron, L. C. (1968). *The Mapuche Indians of Chile.* Prospect Heights, IL: Waveland Press.

Farrington, D. P., and West, D. J. (1995). Effects of marriage, separation, and children on offending by adult males. *Current Perspectives on Aging and the Life Cycle* 4, 249–81.

Faure, D. (1996). The lineage as business company: Patronage versus law in the development of Chinese business. In R. A. Brown (ed.), *Chinese Business Enterprise* (pp. 82–121). London: Routledge.

Fehr, E., Fischbacher, U., von Rosenbladt, B., Schupp, J., and Wagner, G. G. (2002). A nation-wide laboratory: Examining trust and trustworthiness by integrating behavioral experiments into

Dunbar, R. I. M., Clark, A., and Hurst, N. L. (1995). Conflict and cooperation among the Vikings: Contingent behavioral decisions. *Ethology and Sociobiology* 16 (3), 233–46.

Duncan, G. J., Wilkerson, B., and England, P. (2006). Cleaning up their act: The effects of marriage and cohabitation on licit and illicit drug use. *Demography* 43 (4), 691–710.

Dunham, Y., Baron, A. S., and Banaji, M. R. (2008). The development of implicit intergroup cognition. *Trends in Cognitive Sciences* 12 (7), 248–53.

Durant, W. (2011). *The Reformation: The Story of Civilization.* New York: Simon and Schuster.

Durante, R. (2010). Risk, cooperation and the economic origins of social trust: An empirical investigation. Working paper, ssrn.com/abstract=1576774.

Durham, W. H. (1991). *Coevolution: Genes, Culture, and Human Diversity.* Stanford, CA: Stanford University Press.

Durkheim, E. (1933). *The Division of Labor in Society.* Translated by George Simpson. Glencoe, IL: Free Press.

Durkheim, E. (1995). *The Elementary Forms of Religious Life.* Translated by Karen E. Fields. New York: Free Press.

Dyble, M., Gardner, A., Vinicius, L., and Migliano, A. B. (2018). Inclusive fitness for in-laws. *Biology Letters* 14 (10), 1–3.

Earle, T. (1997). *How Chiefs Come to Power.* Stanford, CA: Stanford University Press.

Edelman, B. (2009). Red light states: Who buys online adult entertainment? *Journal of Economic Perspectives* 23 (1), 209–220.

The Editors of the Encyclopedia Britannica. (2018). Sicily. In *Encyclopedia Britannica Online.* Encyclopedia Britannica.

Edlund, L., Li, H., Yi, J., and Zhang, J. (2007). Sex ratios and crime: Evidence from China's one-child policy. *IZA Discussion Paper* No. 3214, pp. 1–51.

Edlund, L., Li, H., Yi, J., and Zhang, J. (2013). Sex ratios and crime: Evidence from China. *Review of Economics and Statistics* 95 (5), 1520–1534.

Eisenegger, C., Haushofer, J., and Fehr, E. (2011). The role of testosterone in social interaction. *Trends in Cognitive Sciences* 15 (11), 263–71.

Eisenstadt, S. N. (2016). African age groups: A comparative study. *Africa* 23 (2), 100–113.

Eisner, M. (2001). Modernization, self-control and lethal violence: The long-term dynamics of European homicide rates in theoretical perspective. *British Journal of Criminology* 41 (4), 618–38.

Eisner, M. (2003). Long-term historical trends in violent crime. *Crime and Justice* 30 (2003), 83–142.

Ekelund, R. B., Hebert, R., Tollison, R. D., Anderson, G. M., and Davidson, A. B. (1996). *Sacred Trust: The Medieval Church as an Economic Firm.* New York: Oxford University Press.

Elias, N. (2000). *The Civilizing Process.* Hoboken, NJ: Blackwell Publishing.〔ノルベルト・エリアス『文明化の過程（上・下）』,赤井慧爾ほか訳、法政大学出版局〕

Elison, J. (2005). Shame and guilt: A hundred years of apples and oranges. *New Ideas in Psychology* 23 (1), 5–32.

Ellison, P. T., Bribiescas, R. G., Bentley, G. R., Campbell, B. C., Lipson, S. F., Panter-Brick, C., and Hill, K. (2002). Population variation in age-related decline in male salivary testosterone. *Human Reproduction* 17 (12), 3251–53.

Ember, C. R., Ember, M., and Pasternack, B. (1974). On the development of unilineal descent. *Journal of Anthropological Research* 30 (2), 69–94.

Ember, M. (1967). The emergence of neolocal residence. *Transactions of the New York Academy of*

Diamond, J. M. (2005). *Collapse: How Societies Choose to Fail or Succeed.* New York: Viking.〔ジャレド・ダイアモンド『文明崩壊――滅亡と存続の命運を分けるもの（上・下）』楡井浩一訳、草思社文庫〕

Diamond, J. M. (2012b). *The World Until Yesterday: What Can We Learn from Traditional Societies?* New York: Viking.〔ジャレド・ダイアモンド『昨日までの世界――文明の源流と人類の未来（上・下）』倉骨彰訳、日経ビジネス人文庫〕

Diener, E., and Diener, M. (1995). Cross-cultural correlates of life satisfaction and self-esteem. *Journal of Personality and Social Psychology* 68 (4), 653–63.

Dilcher, G. (1997). The urban belt and the emerging modern state. In *Resistance, Representation, and Community* (pp. 217–255). Oxford: Clarendon Press.

Dincecco, M., and Onorato, M. G. (2016). Military conflict and the rise of urban Europe. *Journal of Economic Growth* 21 (3), 259–82.

Dincecco, M., and Onorato, M. G. (2018). *From Warfare to Wealth: The Military Origins of Urban Prosperity in Europe.* New York: Cambridge University Press.

Dittmar, J. E., and Seabold, S. (2016). Media, markets, and radical ideas: Evidence from the Protestant Reformation. Working paper, www.jeremiahdittmar.com/files/dittmar_seabold_print_religion.pdf.

Doepke, M., and Zilibotti, F. (2008). Occupational choice and the spirit of capitalism. *Quarterly Journal of Economics* 123 (2), 747–93.

Dohmen, T., Enke, B., Falk, A., Huffman, D., and Sunde, U. (2018). Patience and comparative development. Working paper, www.iame.uni-bonn.de/people/thomas-dohmen/patience-and-comparative-development-paper.

Dohrn-van Rossum, G. (1996). *History of the Hour: Clocks and Modern Temporal Orders.* Translated by Thomas Dunlap. Chicago: University of Chicago Press.

Dollinger, P. (1970). The German Hansa. Translated and edited by D. S. Ault and S. H. Steinberg. London: Macmillan.

Donkin, R. A. (1978). *The Cistercians: Studies in the Geography of Medieval England and Wales.* Toronto: Pontifical Institute of Mediaeval Studies.

Doris, J. M., and Plakias, A. (2008). How to argue about disagreement: Evaluative diversity and moral realism. In W. Sinnott-Armstrong (ed.), *Moral Psychology*, Vol. 2. *The Cognitive Science of Morality: Intuition and Diveristy* (pp. 303–331). Cambridge, MA: MIT Press.

Dowey, J. (2017). Mind over matter: Access to knowledge and the British industrial revolution. Dissertation, London School of Economics and Political Science.

Drew, K. F. (trans.). (1991). *The Laws of the Salian Franks.* Philadelphia: University of Pennsylvania Press.

Drew, K. F. (trans.). (2010a). *The Burgundian Code.* Philadelphia: University of Pennsylvania Press.

Drew, K. F. (trans.). (2010b). *The Lombard Laws.* Philadelphia: University of Pennsylvania Press.

Droit-Volet, S. (2013). Time perception in children: A neurodevelopmental approach. *Neuropsychologia* 51 (2), 220–34.

Duckworth, A. L., and Kern, M. L. (2011). A meta-analysis of the convergent validity of self-control measures. *Journal of Research in Personality* 45 (3), 259–68.

Duckworth, A. L., and Seligman, M. E. P. (2005). Self-discipline outdoes IQ in predicting academic performance of adolescents. *Psychological Science* 16 (12), 939–44.

Duhaime, E. P. (2015). Is the call to prayer a call to cooperate? A field experiment on the impact of religious salience on prosocial behavior. *Judgment and Decision Making* 10 (6), 593–96.

other forms of corporate collective action in Western Europe. *International Review of Social History* 53 (S16), 179.

De Moor, T., and Van Zanden, J. L. (2010). Girl power: The European marriage pattern and labour markets in the North Sea region in the late medieval and early modern period. *Economic History Review* 63 (1), 1–33.

de Pleijt, A. M. (2016). Accounting for the "little divergence": What drove economic growth in pre-industrial Europe, 1300–1800? *European Review of Economic History* 20 (4), 387–409.

de Vries, J. (1994). The industrial revolution and the industrious revolution. *Journal of Economic History* 54 (2), 249–70.

de Vries, J. (2008). *The Industrious Revolution: Consumer Behavior and the Household Economy, 1650 to the Present.* Cambridge: Cambridge University Press.〔ヤン・ド・フリース『勤勉革命――資本主義を生んだ17世紀の消費行動』吉田敦・東風谷太一訳、筑摩書房〕

de Wolf, J. J. (1980). The diffusion of age-group organization in East Africa: A reconsideration. *Africa* 50 (3), 305–310.

Dehaene, S. (2009). *Reading in the Brain: The Science and Evolution of a Human Invention.* New York: Viking.

Dehaene, S. (2014). Reading in the brain revised and extended: Response to comments. *Mind and Language* 29 (3), 320–35.

Dehaene, S., Cohen, L., Morais, J., and Kolinsky, R. (2015). Illiterate to literate: Behavioural and cerebral changes induced by reading acquisition. *Nature Reviews: Neuroscience* 16 (4), 234–44.

Dehaene, S., Izard, V., Spelke, E., and Pica, P. (2008). Log or linear? Distinct intuitions of the number scale in Western and Amazonian indigene cultures. *Science* 320 (5880), 1217–20.

Dehaene, S., Pegado, F., Braga, L. W., Ventura, P., Nunes Filho, G., Jobert, A., Dehaene-Lambertz, G., Kolinsky, R., Morais, J., Cohen, L. (2010). How learning to read changes the cortical networks for vision and language. *Science* 330 (6009), 1359–64.

Dell, M. (2010). The persistent effects of Peru's mining mita. *Econometrica* 78 (6), 1863–1903.

Derex, M., Beugin, M. P., Godelle, B., and Raymond, M. (2013). Experimental evidence for the influence of group size on cultural complexity. *Nature* 503 (7476), 389–91.

Derex, M., and Boyd, R. (2016). Partial connectivity increases cultural accumulation within groups. *Proceedings of the National Academy of Sciences* 113 (11), 2982–87.

Derex, M., Godelle, B., and Raymond, M. (2014). How does competition affect the transmission of information? *Evolution and Human Behavior* 35 (2), 89–95.

Diamond, A. (2012a). Activities and programs that improve children's executive functions. *Current Directions in Psychological Science* 21 (5), 335–41.

Diamond, A., and Lee, K. (2011). Interventions shown to aid executive function development in children 4 to 12 years old. *Science* 333 (6045), 959–64.

Diamond, A., and Ling, D. S. (2016). Conclusions about interventions, programs, and approaches for improving executive functions that appear justified and those that, despite much hype, do not. *Developmental Cognitive Neuroscience* 18, 34–48.

Diamond, J. (1999). Invention is the mother of necessity. *The New York Times Magazine*, 142–44 (April 18).

Diamond, J. M. (1997). *Guns, Germs, and Steel: The Fates of Human Societies.* New York: W. W. Norton.〔ジャレド・ダイアモンド『銃・病原菌・鉄――1万3000年にわたる人類史の謎（上・下）』倉骨彰訳、草思社文庫〕

Cooperrider, K., Marghetis, T., and Núñez, R. (2017). Where does the ordered line come from? Evidence from a culture of Papua New Guinea. *Psychological Science* 28 (5), 599–608.

Coren, S. (1992). *The Left-Hander Syndrome: The Causes and Consquences of Left-Handedness.* New York: Free Press.〔スタンレー・コレン『左利きは危険がいっぱい』石山鈴子訳、文藝春秋〕

Coy, M. W. (ed.). (1989). *Apprenticeship: From Theory to Method and Back Again.* J. C. Nash (ed.), SUNY Series in the Anthropology of Work. Albany: State University of New York Press.

Creanza, N., Kolodny, O., and Feldman, M. W. (2017). Greater than the sum of its parts? Modelling population contact and interaction of cultural repertoires. *Journal of the Royal Society Interface* 14 (130), 1–11.

Cueva, C., Roberts, R. E., Spencer, T., Rani, N., Tempest, M., Tobler, P. N., Herbert, J., and Rustichini, A. (2015). Cortisol and testosterone increase financial risk taking and may destabilize markets. *Scientific Reports* 5, 1–16.

Cummins, D. D. (1996a). Evidence for the innateness of deontic reasoning. *Mind and Language* 11 (2), 160–90.

Cummins, D. D. (1996b). Evidence of deontic reasoning in 3-and 4-year-old children. *Memory and Cognition* 24 (6), 823–29.

Curtin, C., Barrett, H. C., Bolyanatz, A., Crittenden, A. N., Fessler, D. M. T., Fitzpatrick, S., . . . Henrich, J. (2019). When mental states don't matter: Kinship intensity and intentionality in moral judgement. (In preparation.)

D'Avray, D. (2012). Review article: Kinship and religion in the early Middle Ages. *Early Medieval Europe* 20 (2), 195–212.

Dal Bó, P., Foster, A., and Putterman, L. (2010). Institutions and behavior: Experimental evidence on the effects of democracy. *American Economic Review* 100 (5), 2205–2229.

Daly, M., and Wilson, M. (1998). *The Truth About Cinderella.* London: Weidenfeld and Nicolson.〔マーティン・デイリー、マーゴ・ウィルソン『シンデレラがいじめられるほんとうの理由』竹内久美子訳、新潮社〕

Database English Guilds. (2016). DataverseNL. hdl.handle.net/10411/10100.

Daunton, M. J. (1995). *Progress and Poverty: An Economic and Social History of Britain, 1700–1850.* New York: Oxford University Press.

Davies, J. K. (2004). Athenian citizenship: The descent group and the alternatives. *The Classical Journal* 73 (2), 105–121.

Davis, G. F., and Greve, H. R. (1997). Corporate elite networks and governance changes in the 1980s. *American Journal of Sociology* 103 (1), 1–37.

Davis, H. E. (2014). Variable education exposure and cognitive task performance among the Tsimane' forager-horticulturalists. Dissertation, University of New Mexico.

Davis, P. M. (2002). *Los machiguengas aprenden a leer: Breve historia de la educación bilingüe y el desarrollo comunal entre los machiguengas del bajo Urubamba* (1). Lima: Fondo Editorial de la Pontificia Universidad Católica del Perú.

De Jong, M. (1998). An unsolved riddle: Early medieval incest legislation. In I. Wood (ed.), *Franks and Alamanni in the Merovingian Period: An Ethnographic Perspective* (pp. 107–40). Woodbridge, UK: Boydell & Brewer.

de la Croix, D., Doepke, M., and Mokyr, J. (2018a). Clans, guilds, and markets: Apprenticeship institutions and growth in the pre-industrial economy. *Quarterly Journal of Economics* 133 (1), 735–75.

De Moor, T. (2008). The silent revolution: A new perspective on the emergence of commons, guilds, and

Church, A. T., Katigbak, M. S., Del Prado, A. M., Ortiz, F. A., Mastor, K. A., Harumi, Y., . . . Cabrera, H. F. (2006). Implicit theories and self-perceptions of traitedness across cultures: Toward integration of cultural and trait psychology perspectives. *Journal of Cross-Cultural Psychology* 37 (6), 694–716.

Churchill, W. (2015). *A History of the English-Speaking Peoples: The Birth of Britain* (Vol. 1). New York: Bloomsbury.

Cipolla, C. M. (1977). *Clocks and Culture, 1300–1700.* New York: W. W. Norton. 〔C・M・チポラ『時計と文化』常石敬一訳、みすず書房〕

Cipolla, C. M. (1994). *Before the Industrial Revolution: European Society and Economy, 1000–1700.* New York: W. W. Norton.

Clark, G. (1987). Productivity growth without technical change in European agriculture before 1850. *Journal of Economic History* 47 (2), 419–32.

Clark, G. (2007a). *A Farewell to Alms: A Brief Economic History of the World.* The Princeton Economic History of the Western World. Princeton, NJ: Princeton University Press. 〔グレゴリー・クラーク『10万年の世界経済史（上・下）』久保恵美子訳、日経BP社〕

Clark, G. (2007b). Genetically capitalist? The Malthusian era, institutions and the formation of modern preferences. Working paper, faculty.econ.ucdavis.edu/faculty/gclark/papers/Capitalism%20Genes.pdf.

Clegg, J. M., Wen, N. J., and Legare, C. H. (2017). Is non-conformity WEIRD? Cultural variation in adults' beliefs about children's competency and conformity. *Journal of Experimental Psychology: General* 146 (3), 428–41.

Cohen, A. B. (2015). Religion's profound influences on psychology: Morality, intergroup relations, self-construal, and enculturation. *Current Directions in Psychological Science* 24 (1), 77–82.

Cohen, A. B., and Hill, P. C. (2007). Religion as culture: Religious individualism and collectivism among American Catholics, Jews, and Protestants. *Journal of Personality* 75 (4), 709–742.

Cohen, A. B., and Rozin, P. (2001). Religion and the morality of mentality. *Journal of Personality and Social Psychology* 81 (4), 697–710.

Cohen, R. (1984). Warfare and state formation: Wars make states and states make wars. In R. B. Ferguson (ed.), *Warfare Culture and Environment* (pp. 329–58). Cambridge, MA: Academic Press.

Cohn, A., Fehr, E., and Marechal, M. A. (2014). Business culture and dishonesty in the banking industry. *Nature* 516 (7529), 86–89.

Collard, M., Ruttle, A., Buchanan, B., and O'Brien, M. J. (2012). Risk of resource failure and toolkit variation in small-scale farmers and herders. *PLoS One* 7 (7), e40975.

Collier, P. (2007). *The Bottom Billion: Why the Poorest Countries Are Failing and What Can Be Done About It.* New York: Oxford University Press. 〔ポール・コリアー『最底辺の10億人——最も貧しい国々のために本当になすべきことは何か？』中谷和男訳、日経BP社〕

Collins, P. (1994). The Sumerian goddess Inanna (3400–2200 BC). *Papers from the Institute of Archaeology*, 5, 103–118.

Coltheart, M. (2014). The neuronal recycling hypothesis for reading and the question of reading universals. *Mind and Language* 29 (3), 255–69.

Connor, P., Cohn, D., and Gonzalez-Barrera, A. (2013). *Changing patterns of global migration and remittances: More migrants in the U.S. and other wealthy countries; more money to middle-income countries.* PEW Research Center: Social and Demographic Trends. www.pewsocialtrends.org/wp-content/uploads/sites/3/2013/12/global-migration-final_12 2013.pdf.

Conot, R. E. (1979). *A Streak of Luck* (1st ed.). New York: Seaview Books/Simon & Schuster.

Chapais, B. (2009). *Primeval Kinship: How Pair-Bonding Gave Birth to Human Society.* Cambridge, MA: Harvard University Press.

Charles-Edwards, T. M. (1972). Kinship, status and the origins of the hide. *Past and Present* 56 (1), 3–33.

Chartrand, T. L., and Bargh, J. A. (1999). The chameleon effect: The perception-behavior link and social interaction. *Journal of Personality and Social Psychology* 76 (6), 893–910.

Chen, Y., Wang, H., and Yan, S. (2014). The long-term effects of Protestant activities in China. Working paper, ssrn.com/abstract=2186818.

Cheng, J. T., Tracy, J., Foulsham, T., and Kingstone, A. (2013). Dual paths to power: Evidence that dominance and prestige are distinct yet viable avenue to social status. *Journal of Personality and Social Psychology* 104, 103–125.

Cheng, J. T., Tracy, J. L., and Henrich, J. (2010). Pride, personality, and the evolutionary foundations of human social status. *Evolution and Human Behavior* 31 (5), 334–47.

Chernyak, N., Kushnir, T., Sullivan, K. M., and Wang, Q. (2013). A comparison of American and Nepalese children's concepts of freedom of choice and social constraint. *Cognitive Science* 37 (7), 1343–55.

Choi, I., Nisbett, R. E., and Norenzayan, A. (1999). Causal attribution across cultures: Variation and universality. *Psychological Bulletin* 125 (1), 47–63.

Choi, J. K., and Bowles, S. (2007). The coevolution of parochial altruism and war. *Science* 318 (5850), 636–40.

Christmas, B. S. (2014). *Washington's Nightmare: A Brief History of American Political Parties.* Self-published.

Chua, H. F., Boland, J. E., and Nisbett, R. E. (2005). Cultural variation in eye movements during scene perception. *Proceedings of the National Academy of Sciences* 102 (35), 12629–33.

Chua, R. Y. J., Ingram, P., and Morris, M. W. (2008). From the head and the heart: Locating cognition-and affect-based trust in managers' professional networks. *Academy of Management Journal* 51 (3), 436–52.

Chua, R. Y. J., Morris, M. W., and Ingram, P. (2009). Guanxi vs networking: Distinctive configurations of affect-and cognition-based trust in the networks of Chinese vs American managers. *Journal of International Business Studies* 40 (3), 490–508.

Chua, R. Y. J., Morris, M. W., and Ingram, P. (2010). Embeddedness and new idea discussion in professional networks: The mediating role of affect-based trust. *Journal of Creative Behavior* 44 (2), 85–104.

Chudek, M., Brosseau-Liard, P. E., Birch, S., and Henrich, J. (2013). Culture-gene coevolutionary theory and children's selective social learning. In M. R. Banaji and S. A. Gelman (eds.), *Navigating the Social World: What Infants, Children, and Other Species Can Teach Us* (p. 181). New York: Oxford University Press.

Chudek, M., and Henrich, J. (2011). Culture-gene coevolution, norm-psychology and the emergence of human prosociality. *Trends in Cognitive Sciences* 15 (5), 218–26.

Chudek, M., McNamara, R. A., Birch, S., Bloom, P., and Henrich, J. (2017). Do minds switch bodies? Dualist interpretations across ages and societies. *Religion, Brain and Behavior* 8 (4), 354–68.

Chudek, M., Muthukrishna, M., and Henrich, J. (2015). Cultural evolution. In D. M. Buss (ed.), *The Handbook of Evolutionary Psychology* (2nd ed., Vol. 2). Hoboken, NJ: John Wiley and Sons.

Chudek, M., Zhao, W., and Henrich, J. (2013). Culture-gene coevolution, large-scale cooperation and the shaping of human social psychology. In R. Joyce, K. Sterelny, and B. Calcott (eds.), *Signaling, Commitment, and Emotion.* Cambridge, MA: MIT Press.

Cantoi, D., and Yuchtman, N. (2014). Medieval universities, legal institutions, and the commercial revolution. *Quarterly Journal of Economics* 129 (2), 823–87.

Cantoni, D. (2012). Adopting a new religion: The case of Protestantism in 16th century Germany. *The Economic Journal* 122 (560), 502–31.

Cantoni, D. (2015). The economic effects of the Protestant Reformation: Testing the Weber hypothesis in the German lands. *Journal of the European Economic Association* 13 (4), 561–98.

Cantoni, D., Dittmar, J., and Yuchtman, N. (2018). Religious competition and reallocation: The political economy of secularization in the Protestant Reformation. *Quarterly Journal of Economics* 133 (4), 2037–2096, doi.org/10.1093/qje/qjy011.

Cantoni, D., and Yuchtman, N. (2014). Medieval universities, legal institutions, and the commercial revolution. *Quarterly Journal of Economics* 129 (2), 823–87.

Carlino, G. A., Chatterjee, S., and Hunt, R. M. (2007). Urban density and the rate of invention. *Journal of Urban Economics* 61 (3), 389–419.

Carneiro, R. (1967). On the relationship between size of population and complexity of social organization. *Southwestern Journal of Anthropology* 23 (3), 234–43.

Carneiro, R. (1987). The evolution of complexity in Human societies and its mathematical expression. *International Journal of Comparative Sociology* 28 (3), 111–28.

Carneiro, R. L. (1970). A theory of the origin of the state. *Science* 169 (3947), 733–38.

Carneiro, R. L. (1988). The circumscription theory: Challenge and response. *American Behavioral Scientist* 31 (4), 497–511.

Carpenter, M., Uebel, J., and Tomasello, M. (2013). Being mimicked increases prosocial behavior in 18-month-old infants. Child Development 84 (5), 1511–18.

Carter, E. C., McCullough, M. E., Kim-Spoon, J., Corrales, C., and Blake, A. (2011). Religious people discount the future less. *Evolution and Human Behavior* 33 (3), 224–31.

Casey, B. J., Somerville, L. H., Gotlib, I. H., Ayduk, O., Franklin, N. T., Askren, M. K., . . . Shoda, Y. (2011). Behavioral and neural correlates of delay of gratification 40 years later. *Proceedings of the National Academy of Sciences* 108 (36), 14998–15003.

Cassady, R. (1974). *Exchange by Private Treaty. Studies in Marketing.* Austin, TX: Bureau of Business Research.

Cassar, A., Grosjean, P., and Whitt, S. (2013). Legacies of violence: Trust and market development. *Journal of Economic Growth* 18 (3), 285–318.

Castillo, M., and Carter, M. (2011). Behavioral responses to natural disasters. Working paper, ices.gmu.edu/wp-content/uploads/2011/07/Beh.

Cavalcanti, T. V., Parente, S. L., and Zhao, R. (2007). Religion in macroeconomics: A quantitative analysis of Weber's thesis. *Economic Theory* 32 (1), 105–123.

Cecchi, F., Leuveld, K., and Voors, M. (2016). Conflict exposure and competitiveness: Experimental evidence from the football field in Sierra Leone. *Economic Development and Cultural Change* 64 (3), 405–435.

Chabris, C. F., Laibson, D., Morris, C. L., Schuldt, J. P., and Taubinsky, D. (2008). Individual laboratory-measured discount rates predict field behavior. *Journal of Risk and Uncertainty* 37 (2–3), 237–69.

Chacon, Y., Willer, D., Emanuelson, P., and Chacon, R. (2015). From chiefdom to state: The contribution of social structural dynamics. *Social Evolution and History* 14 (2), 27–45.

Chanda, A., and Putterman, L. (2007). Early starts, reversals and catch-up in the process of economic development. *Scandinavian Journal of Economics* 109 (2), 387–413.

in the West, 350–550 AD. Princeton, NJ: Princeton University Press.

Brundage, J. A. (1987). *Law, Sex, and Christian Society in Medieval Europe.* Chicago: University of Chicago Press.

Buchtel, E. E., and Norenzayan, A. (2008). Which should you use, intuition or logic? Cultural differences in injunctive norms about reasoning. *Asian Journal of Social Psychology* 11 (4), 264–73.

Buggle, J. C. (2017). Irrigation, collectivism and long-run technological divergence. Working paper, www.unil.ch/de/files/live/sites/de/files/wo.

Buhrmester, M. D., Fraser, W. T., Lanman, J. A., Whitehouse, H., and Swann, W. B. (2015). When terror hits home: Identity fused Americans who saw Boston bombing victims as "family" provided aid. *Self and Identity* 14 (3), 253–70.

Burguiere, A., Klapisch-Zuber, C., Segalen, M., and Zonabend, F. (1996). *A History of the Family: Distant Worlds, Ancient Worlds.* Cambridge, MA: Belknap Press of Harvard University Press.

Buringh, E., and Van Zanden, J. L. (2009a). Charting the "rise of the West": Manuscripts and printed books in Europe, a long-term perspective from the sixth through eighteenth centuries. *Journal of Economic History* 69 (2), 409–45.

Burke, J. (2012). *Connections.* New York: Simon & Schuster.〔ジェームズ・バーク『コネクションズ――意外性の技術史 10 話』福本剛一郎訳、日経サイエンス社〕

Burnham, T. C., Chapman, J. F., Gray, P. B., McIntyre, M. H., Lipson, S. F., and Ellison, P. T. (2003). Men in committed, romantic relationships have lower testosterone. *Hormones and Behavior* 44 (2), 119–22.

Burton, R., and Whiting, J. (1961). The absent father and cross-sex identity. *Merrill-Palmer Quarterly* 7 (2), 85–95.

Bus, A. G., Van Ijzendoorn, M. H., and Pellegrini, A. D. (1995). Joint book reading makes for success in learning to read: A meta-analysis on intergenerational transmission of literacy. *Review of Educational Research* 65 (1), 1–21.

Bushman, B. J., Ridge, R. D., Das, E., Key, C. W., and Busath, G. L. (2007). When God sanctions killing: Effect of scriptural violence on aggression. *Psychological Science* 18 (3), 204–207.

Buss, D. (2007). *Evolutionary psychology: The New Science of the Mind* (3rd ed.). Boston: Allyn and Bacon.

Buttelmann, D., Zmyj, N., Daum, M. M., and Carpenter, M. (2013). Selective imitation of in-group over out-group members in 14-month-old infants. *Child Development* 84 (2), 422–28.

Cahen, C. (1970). Economy, society, institutions. In P. M. Holt, A. K. S. Lambton, and B. Lewis (eds.), *Islamic Society* (pp. 511–38). Cambridge: Cambridge University Press.

Caicedo, F. V. (2017). The mission: Human capital transmission, economic persistence and culture in South America. Working paper, econ2017.sites.olt.ubc.ca/files/2018/01/Th.

Camerer, C. (2003). *Behavioral Game Theory: Experiments on Strategic Interaction.* Princeton, NJ: Princeton University Press.

Camino, A. (1977). Trueque, correrías e intercambios entre los Quechuas Andinos y los Piro y Machiguenga de la montaña Peruana. *Amazonía Peruana* 1 (2), 123–40.

Campbell, J. D., Trapnell, P. D., Heine, S. J., Katz, I. M., Lavallee, L. F., and Lehman, D. R. (1996). Self-concept clarity: Measurement, personality correlates, and cultural boundaries. *Journal of Personality and Social Psychology* 70 (1), 141–56.

Campos-Ortiz, F., Putterman, L. G., Ahn, T. K., Balafoutas, L., Batsaikhan, M., and Sutter, M. (2013). Securing property rights: Institutions, socio-political environment and experimental behavior in five countries. Working paper.

capital and Jewish history. *Journal of the European Economic Association* 5 (5), 885–926.

Botticini, M., and Eckstein, Z. (2012). *The Chosen Few: How Education Shaped Jewish History, 70–1492*. Princeton Economic History of the Western World. Princeton, NJ: Princeton University.

Bourdieu, P. (1990). Time perspectives of the Kabyle. In J. Hassard (ed.), *The Sociology of Time* (pp. 219–37). London: Palgrave Macmillan.

Bowles, S. (1998). Endogenous preferences: The cultural consequences of markets and other economic institutions. *Journal of Economic Literature* 36 (1), 75–111.

Bowles, S. (2004). *Microeconomics: Behavior, Institutions, and Evolution*. Princeton, NJ: Princeton University Press.〔サミュエル・ボウルズ『制度と進化のミクロ経済学』塩沢由典・磯谷明徳・植村博恭訳、NTT出版〕

Bowles, S. (2006). Group competition, reproductive leveling, and the evolution of Human altruism. *Science* 314 (5805), 1569–72.

Bowles, S. (2011). Cultivation of cereals by the first farmers was not more productive than foraging. *Proceedings of the National Academy of Sciences* 108 (12), 4760–65.

Bowles, S., and Choi, J. K. (2013). Coevolution of farming and private property during the early Holocene. *Proceedings of the National Academy of Sciences* 110 (22), 8830–35.

Bowles, S., Choi, J. K., and Hopfensitz, A. (2004). The co-evolution of individual behaviors and group level institutions. *Journal of Theoretical Biology* 223 (2), 135–47.

Bowles, S., and Gintis, H. (2002). Behavioural science: Homo reciprocans. *Nature* 415 (6868), 125–28.

Boyd, D. (2001). Life without pigs: Recent subsistence changes among the Irakia Awa, Papua New Guinea. *Human Ecology* 29 (3), 259–81.

Boyd, R. (2017). *A Different Kind of Animal: How Culture Formed Our Species*. Princeton, NJ: Princeton University Press.

Boyd, R., and Richerson, P. J. (2002). Group beneficial norms can spread rapidly in a structured population. *Journal of Theoretical Biology* 215, 287–96.

Boyd, R., and Richerson, P. J. (2009). Culture and the evolution of human cooperation. *Philosophical Transactions of the Royal Society B: Biological Sciences* 364 (1533), 3281–88.

Boyd, R., Richerson, P. J., and Henrich, J. (2011). The cultural niche: Why social learning is essential for Human adaptation. *Proceedings of the National Academy of Sciences* 108 (2), 10918–25.

Boyer, P. (2001). *Religion Explained: The Evolutionary Origins of Religious Thought*. New York: Basic Books.〔パスカル・ボイヤー『神はなぜいるのか？』鈴木光太郎・中村潔訳、NTT出版〕

Boyer, P. (2003). Religious thought and behaviour as by-products of brain function. *Trends in Cognitive Sciences* 7 (3), 119–24.

Brass, M., Ruby, P., and Spengler, S. (2009). Inhibition of imitative behaviour and social cognition. *Philosophical Transactions of the Royal Society B: Biological Sciences* 364 (1528), 2359–67.

Bray, F. (1984). *The Rice Economies: Technology and Development in Asian Societies*. Berkeley: University of California Press.

Brian Greenwood, P., Kanters, M., and Casper, J. (2006). Sport fan team identification formation in mid-level professional sport. *European Sport Management Quarterly* 6 (3), 253–65.

Briggs, A., and Burke, P. (2009). *A Social History of the Media: From Gutenberg to the Internet* (3rd ed.). Cambridge, UK: Polity Press.

Broesch, J., Barrett, H. C., and Henrich, J. (2014). Adaptive content biases in learning about animals across the life course. *Human Nature* 25 (2), 181–99.

Brown, P. (2012). *Through the Eye of a Needle: Wealth, the Fall of Rome, and the Making of Christianity*

Bockstette, V., Chanda, A., and Putterman, L. G. (2002). States and markets: The advantage of an early start. *Journal of Economic Growth*, 7, 347–69.

Boehm, C. (2008). A biocultural evolutionary exploration of supernatural sanctioning. In J. A. Bulbulia, R. Sosis, E. Harris, R. Genet, C. Genet, and K. Wyman (eds.), *Evolution of Religion* (pp. 143–52). Santa Margarita, CA: Collins Foundation Press.

Boerner, L., and Severgnini, B. (2015). Time for growth. Working paper, ssrn.com/abstract=2652782.

Bolyanatz, A. H. (2014). Economic experimental game results from the Sursurunga of New Ireland, Papua New Guinea. In J. Ensminger and J. Henrich (eds.), *Experimenting with Social Norms: Fairness and Punishment in Cross-Cultural Perspective* (pp. 275–308). New York: Russell Sage Foundation.

Bond, R., and Smith, P. B. (1996). Culture and conformity: A meta-analysis of studies using Asch's (1952b, 1956) line judgment task. *Psychological Bulletin* 119 (1), 111–37.

Bondarenko, D. M. (2014). On the nature and features of the (early) state: An anthropological reanalysis. *Zeitschrift für Ethnologie* 139 (2), 215–32.

Bondarenko, D. M., and Korotayev, A. V. (2003). "Early state" in cross-cultural perspective: A statistical reanalysis of Henri J. M. Claessen's database. *Cross-Cultural Research* 37 (1), 105–132.

Booth, A., Granger, D. A., Mazur, A., and Kivlighan, K. T. (2006). Testosterone and social behavior. *Social Forces* 85 (1), 167–91.

Booth, A., Johnson, D. R., and Granger, D. A. (1999). Testosterone and men's health. *Journal of Behavioral Medicine* 22 (1), 1–19.

Boppart, T., Falkinger, J., and Grossmann, V. (2014). Protestantism and education: Reading (the Bible) and other skills. *Economic Inquiry* 52 (2), 874–95.

Bornstein, G., and Benyossef, M. (1994). Cooperation in inter-group and single-group social dilemmas. *Journal of Experimental Social Psychology* 30, 52–67.

Bornstein, G., Budescu, D., and Zamir, S. (1997). Cooperation in intergroup, N-person, and two-person games of chicken. *Journal of Conflict Resolution* 41 (3), 384–406.

Bornstein, G., Gneezy, U., and Nagel, R. (2002). The effect of intergroup competition on group coordination: An experimental study. *Games and Economic Behavior* 41 (1), 1–25.

Boroditsky, L. (2011). How languages construct time. In S. Dehaene & E. Brannon (eds.), *Space, Time and Number in the Brain: Searching for the Foundations of Mathematical Thought* (p. 333–41). Cambridge, MA: Elsevier Academic Press.

Bos, P. A., Hermans, E. J., Ramsey, N. F., and van Honk, J. (2012). The neural mechanisms by which testosterone acts on interpersonal trust. *NeuroImage* 61 (3), 730–37.

Bos, P. A., Terburg, D., and van Honk, J. (2010). Testosterone decreases trust in socially naive Humans. *Proceedings of the National Academy of Sciences* 107 (22), 9991–95.

Bosker, M., Buringh, E., and van Zanden, J. L. (2013). From Baghdad to London, unraveling urban development in Europe, North Africa and the Middle East, 800–1800. *Review of Economics and Statistics* 95 (4), 1418–37.

Boswell, J. (1988). *The Kindness of Strangers: The Abondonment of Children in Western Europe from Late Antiquity to the Renaiassance*. New York: Pantheon Books.

Bothner, M. S., Kang, J., and Stuart E., T. (2007). Competitive crowding and risk taking in a tournament: Evidence from NASCAR racing. *Administrative Science Quarterly* 52 (2), 208–47.

Botticini, M., and Eckstein, Z. (2005). Jewish occupational selection: Education, restrictions, or minorities? *Journal of Economic History* 65 (4), 922–48.

Botticini, M., and Eckstein, Z. (2007). From farmers to merchants, conversions and diaspora: Human

Berry, J. W., and Bennett, J. A. (1995). Syllabic literacy and cognitive performance among the Cree and Ojibwe people of northern Canada. In I. Taylor and D. R. Olson (eds.), *Scripts and Literacy: Reading and Learning to Read Alphabets, Syllabaries and Characters* (pp. 341–57). Norwell, MA: Kluwer.

Bettencourt, L. M. A. (2013). The origins of scaling in cities. *Science* 340 (6139), 1438–41.

Bettencourt, L. M. A., Lobo, J., and Strumsky, D. (2007). Invention in the city: Increasing returns to patenting as a scaling function of metropolitan size. *Research Policy* 36 (1), 107–120.

Bettencourt, L. M. Lobo, J., Helbing, D., Kühnert, C., West, G. B., Kuhnert, C., and West, G. B. (2007). Growth, innovation, scaling, and the pace of life in cities. *Proceedings of the National Academy of Sciences* 104 (17), 7301–7306.

Betzig, L. L. (1982). Despotism and differential reproduction: A cross-cultural correlation of conflict asymmetry, hierarchy, and degree of polygyny. *Ethology and Sociobiology* 3 (4), 209–221.

Betzig, L. L. (1986). *Despotism and Differential Reproduction: A Darwinian View of History.* Piscataway, NJ: Aldine Transaction.

Betzig, L. L. (1992). Roman polygyny. *Ethology and Sociobiology* 13 (5–6), 309–349.

Betzig, L. L. (1993). Sex, succession, and stratification in the first six civillizations. In L. Ellis (ed.), *Social Stratification and Socioeconomic Inequity* (Vol. 1). Westport, CT: Praeger.

Bhui, R., Chudek, M., and Henrich, J. (2019a). How exploitation launched human cooperation. *Behavioral Ecology and Sociobiology* 73 (6), 78.

Bhui, R., Chudek, M., and Henrich, J. (2019b). Work time and market integration in the original affluent society. *Proceedings of the National Academy of Sciences* 116 (44), 22100–22105.

Bittles, A. H. (1998). Empirical estimates of the global prevalence of consanguineous marriage in contemporary societies. Working paper.

Bittles, A. H. (2001). A background summary of consanguineous marriage. Working paper, consang.net/index.php/Summary.

Bittles, A. H., and Black, M. L. (2010). Consanguinity, human evolution, and complex diseases. *Proceedings of the National Academy of Sciences* 107 (Suppl. 1), 1779–86.

Blake-Coleman, B. C. (1992). *Copper Wire and Electrical Conductors: The Shaping of a Technology.* Philadelphia: Harwood Academic.

Blattman, C. (2009). From violence to voting: War and political participation in Uganda. *American Political Science Review* 103, 231–47.

Blattman, C., Jamison, J. C., and Sheridan, M. (2016). Reducing crime and violence: Experimental evidence on adult noncognitive investments in Liberia. Working paper, www.nber.org/papers/w21204.

Blaydes, L., and Paik, C. (2016). The impact of Holy Land crusades on state formation: War mobilization, trade integration and political development in medieval Europe. *International Organization* 70 (3), 551–86.

Block, M. K., and Gerety, V. E. (1995). Some experimental-evidence on differences between student and prisoner reactions to monetary penalties and risk. *Journal of Legal Studies* 24 (1), 123–38.

Blondel, S., Lohéac, Y., and Rinaudo, S. (2007). Rationality and drug use: An experimental approach. *Journal of Health Economics* 26 (3), 643–58.

Blume, M. (2009). The reproductive benefits of religious affiliation. In E. Voland and W. Schiefenhovel (eds.), *The Biological Evolution of Religious Mind and Behavior* (pp. 117–26). Berlin: Springer-Verlag.

Becker, S. O., and Woessmann, L. (2010). The effect of Protestantism on education before the industrialization: Evidence from 1816 Prussia. *Economics Letters* 107 (2), 224–28.

Becker, S. O., and Woessmann, L. (2016). Social cohesion, religious beliefs, and the effect of Protestantism on suicide. *Review of Economics and Statistics* 98 (2), 209–25.

Beckwith, C. L. (2012). *Warriors of the Cloisters: The Central Asian Origins of Science in the Medieval World.* Princeton, NJ: Princeton University Press.

Beedie, C. J., and Lane, A. M. (2012). The role of glucose in self-control: Another look at the evidence and an alternative conceptualization. *Personality and Social Psychology Review* 16 (2), 143–53.

Beletsky, L. D., Gori, D. F., Freeman, S., and Wingfield, J. C. (1995). Testosterone and polygyny in birds. *Current Ornithology* 12, 1–41.

Bellemare, C., Kröeger, S., and Van Soest, A. (2008). Measuring inequity aversion in a heterogeneous population using experimental decisions and subjective probabilities. *Econometrica* 76 (4), 815–39.

Bellows, J., and Miguel, E. (2006). War and institutions: New evidence from Sierra Leone. *American Economic Review* 96 (2), 394–99.

Bellows, J., and Miguel, E. (2009). War and local collective action in Sierra Leone. *Journal of Public Economics* 93 (11–12), 1144–57.

Bellwood, P. (2001). Early agriculturalist population diasporas? Farming, languages, and genes. *Annual Review of Anthropology*, 30, 181–207.

Ben-Bassat, A., and Dahan, M. (2012). Social identity and voting behavior. *Public Choice* 151 (1–2), 193–214.

Benedict, R. (1946). *The Chrysanthemum and the Sword: Patterns of Japanese Culture.* Boston: Houghton Mifflin.〔ルース・ベネディクト『菊と刀』角田安正訳、光文社〕

Benson, B. L. (1989). The spontaneous evolution of commercial law. *Southern Economic Journal* 55 (3), 644–61.

Bentzen, J. S. (2013). Origins of religiousness: The role of natural disasters. Working paper, ssrn.com/abstract=2221859.

Bentzen, J. S., Kaarsen, N., and Wingender, A. M. (2017). Irrigation and autocracy. *Journal of the European Economic Association* 15 (1), 1–53.

Benzell, S. G., and Cooke, K. (2016). A network of thrones: Kinship and conflict in Europe, 1495–1918, 1–5. Working paper, kmcooke.weebly.com/uploads/3/0/9/4/30942717/royals_benzellcooke.pdf.

Bergreen, L. (2007). *Marco Polo: From Venice to Xanadu* (1st ed.). New York: Alfred A. Knopf.

Berman, H. J. (1983).*Law and Revolution: The Formation of the Western Legal Tradition.* Cambridge, MA: Harvard University Press.〔ハロルド・J・バーマン『法と革命（1・2）』宮島直機訳、中央大学出版部〕

Bernardi, B. (1952). The age-system of the Nilo-Hamitic peoples: A critical evaluation. *Africa: Journal of the International African Institute* 22 (4), 316–32.

Bernardi, B. (1985). *Age Class Systems: Social Institutions and Polities Based on Age* Cambridge: Cambridge University Press.

Berns, G. S., Capra, C. M., Moore, S., and Noussair, C. (2010). Neural mechanisms of the influence of popularity on adolescent ratings of music. *NeuroImage* 49 (3), 2687–96.

Berntsen, J. L. (1976). The Maasai and their neighbors: Variables of interaction. *African Economic History* 2, 1–11.

Berry, J. W. (1966). Temne and Eskimo perceptual skills. *International Journal of Psychology* 1 (3), 207–29.

judgment. *Proceedings of the National Academy of Sciences* 113 (17), 4688–93.

Barro, R. J., and McCleary, R. M. (2003). Religion and economic growth across countries. *American Sociological Review* 68 (5), 760.

Barry, H., Child, I. L., and Bacon, M. K. (1959). Relation of child training to subsistence economy. *American Anthropologist* 61 (1), 51–63.

Barth, F. (1965). *Political Leadership Among Swat Pathans.* Toronto: Oxford University Press.

Bartlett, R. (1993). *The Making of Europe: Conquest, Colonization and Cultural Change, 950–1350* (1st ed.). London: Allen Lane. 〔ロバート・バートレット『ヨーロッパの形成——950年-1350年における征服，植民，文化変容』伊藤誓・磯山甚一訳、法政大学出版局〕

Barwick, D. E. (1984). Mapping the past: An atlas of Victorian clans 1835–1904. In I. McBryde (ed.), *Aboriginal History* (Vol. 8, pp. 100–131). Canberra: Australian National University Press.

Basalla, G. (1988). *The Evolution of Technology.* Cambridge Studies in the History of Science. Cambridge: Cambridge University Press.

Basten, C., and Betz, F. (2013). Beyond work ethic: Religion, individual, and political preferences. *American Economic Journal: Economic Policy* 5 (3), 67–91.

Bastiaansen, J. A. C. J., Thioux, M., and Keysers, C. (2009). Evidence for mirror systems in emotions. *Philosophical Transactions of the Royal Society B: Biological Sciences* 364 (1528), 2391–404.

Bauer, M., Blattman, C., Chytilová, J., Henrich, J., Miguel, E., and Mitts, T. (2016). Can war foster cooperation? *Journal of Economic Perspectives* 30 (3), 249–74.

Bauer, M., Cahlíková, J., Chytilová, J., and Želinský, T. (2018). Social contagion of ethnic hostility. *Proceedings of the National Academy of Sciences* 115 (19), 4881–86.

Bauer, M., Cassar, A., Chytilová, J., and Henrich, J. (2014). War's enduring effects on the development of egalitarian motivations and in-group biases. *Psychological Science* 25, 47–57.

Baumard, N. (2018). Psychological origins of the Industrial Revolution. *Behavioral and Brain Sciences*, 42, E189.

Baumeister, R. F., Bauer, I. M., and Lloyd, S. A. (2010). Choice, free will, and religion. *Psychology of Religion and Spirituality* 2 (2), 67–82.

Baumeister, R. F., Masicampo, E. J., and Dewall, C. N. (2009). Prosocial benefits of feeling free: Disbelief in free will increases aggression and reduces helpfulness. *Personality and Social Psychology Bulletin* 35 (2), 260–68.

Baumol, W. J. (1990). Entrepreneurship: Productive, unproductive, and destructive. *Journal of Political Economy* 98 (5), 891–921.

Beauchamp, J. P. (2016). Genetic evidence for natural selection in humans in the contemporary United States. *Proceedings of the National Academy of Sciences* 113 (28), 7774–79.

Becker, B. E., and Huselid, M. A. (1992). The incentive effects of tournament compensation systems. *Administrative Science Quarterly* 37 (2), 336–50.

Becker, S. O., Hornung, E., and Woessmann, L. (2011). Education and catch-up in the Industrial Revolution. *American Economic Journal: Macroeconomics* 3 (3), 92–126.

Becker, S. O., Pfaff, S., and Rubin, J. (2016). Causes and consequences of the Protestant Reformation. *Explorations in Economic History* 62, 1–25.

Becker, S. O., and Woessmann, L. (2008). Luther and the girls: Religious denomination and the female education gap in nineteenth-century Prussia. *Scandinavian Journal of Economics* 110 (4), 777–805.

Becker, S. O., and Woessmann, L. (2009). Was Weber wrong? A human capital theory of Protestant economic history. *Quarterly Journal of Economics* 124 (2), 531–96.

the Migration Period to the Seventh Century: An Ethnographic Perspective (pp. 129–68). Woodbridge, UK: Boydell Press.

Aveyard, M. E. (2014). A call to honesty: Extending religious priming of moral behavior to Middle Eastern Muslims. *PLoS One* 9 (7), e99447.

Bacon, M. K., Child, I. L., and Barry, H. (1963). A cross-cultural study of correlates of crime. *Journal of Abnormal and Social Psychology* 66 (4), 291–300.

Bahrami-Rad, D., Becker, A., and Henrich, J. (2021). Tabulated nonsense? Testing the validity of the Ethnographic Atlas. *Economics Letters*, 204, 109880.

Bai, Y., and Kung, J. K. S. (2015). Diffusing knowledge while spreading God's message: Protestantism and economic prosperity in China, 1840–1920. *Journal of the European Economic Association* 13 (4), 669–98.

Baier, C. J., and Wright, B. R. E. (2001). "If you love me, keep my commandments": A meta-analysis of the effect of religion on crime. *Journal of Research in Crime and Delinquency* 38 (1), 3–21.

Bailey, D. H., Hill, K. R., and Walker, R. S. (2014). Fitness consequences of spousal relatedness in 46 small-scale societies. *Biology Letters* 10 (5), 20140160.

Bailey, D. H., Walker, R. S., Blomquist, G. E., Hill, K. R., Hurtado, A. M., and Geary, D. C. (2013). Heritability and fitness correlates of personality in the Ache, a natural-fertility population in Paraguay. *PLoS One* 8 (3), e59325.

Baines, E. (1835). *History of the Cotton Manufacture in Great Britain.* London: H. Fisher, R. Fisher, and P. Jackson.

Bairoch, P., Batou, J., and Chèvre, P. (1988). *La population des villes Europeennes de 800 à 1850: Banque de données et analyse sommaire des résultats.* Geneva, Switzerland: Librairie Droz.

Baker, H. D. R. (1979). *Chinese Family and Kinship.* New York: Columbia University Press.

Baksh, M. (1984). Cultural ecology and change of the Machiguenga Indians of the Peruvian Amazon. Dissertation, University of California, Los Angeles.

Bal, P. M., and Veltkamp, M. (2013). How does fiction reading influence empathy? An experimental investigation on the role of emotional transportation. *PLoS One* 8 (1), e55341.

Baldini, R. (2015). Harsh environments and "fast" Human life histories: What does the theory say? Preprint. www.biorxiv.org/content/10.1101/014647v2.full.pdf.

Barbaro, N., Boutwell, B. B., Barnes, J. C., and Shackelford, T. K. (2017). Genetic confounding of the relationship between father absence and age at menarche. *Evolution and Human Behavior* 38 (3), 357–65.

Barbieri, C., Hübner, A., Macholdt, E., Ni, S., Lippold, S., Schröder, R., . . . Pakendorf, B. (2016). Refining the Y chromosome phylogeny with southern African sequences. *Human Genetics* 135 (5), 541–53.

Barker, P., and Goldstein, B. R. (2001). Theological foundations of Kepler's astronomy. *Osiris* 16 (1), 88–113.

Barnes, M. H. (2010). *Stages of Thought: The Co-evolution of Religious Thought and Science.* New York: Oxford University Press.

Barnes, R. H. (1996). *Sea Hunters of Indonesia: Fishers and Weavers of Lamalera.* Oxford: Clarendon Press.

Baron, A. S., and Dunham, Y. (2015). Representing "us" and "them": Building blocks of intergroup cognition. *Journal of Cognition and Development* 16 (5), 780–801.

Barrett, H. C., Bolyanatz, A., Crittenden, A. N., Fessler, D. M. T., Fitzpatrick, S., Gurven, M., . . . Laurence, S. (2016). Small-scale societies exhibit fundamental variation in the role of intentions in moral

Andersen, T. B., Bentzen, J., Dalgaard, C.-J., and Sharp, P. (2017). Pre-reformation roots of the Protestant ethic. *The Economic Journal* 127 (604), 1756–93.

Anderson, R. T. (1956). *Changing Kinship in Europe*. Berkeley: University of California Press.

Annan, J., Blattman, C., Mazurana, D., and Carlson, K. (2011). Civil war, reintegration, and gender in northern Uganda. *Journal of Conflict Resolution* 55 (6), 877–908.

Ansary, T. (2010). *Destiny Disrupted: A History of the World Through Islamic Eyes*. New York: PublicAffairs.〔タミム・アンサーリー『イスラームから見た「世界史」』小沢千重子訳、紀伊國屋書店〕

Apicella, C. L., Azevedo, E. M., Christakis, N. A., and Fowler, J. H. (2014). Evolutionary origins of the endowment effect: Evidence from hunter-gatherers. *American Economic Review* 104 (6), 1793–805.

Apicella, C. L., Carre, J. M., Dreber, A., Carré, J. M., and Dreber, A. (2015). Testosterone and economic risk taking: A review. *Adaptive Human Behavior and Physiology* 1 (3), 358–85.

Apicella, C. L., Dreber, A., and Mollerstrom, J. (2014). Salivary testosterone change following monetary wins and losses predicts future financial risk-taking. *Psychoneuroendocrinology* 39, 58–64.

Appiah, A. (2010). *The Honor Code: How Moral Revolutions Happen* (1st ed.). New York: W. W. Norton.

Arantes, J., Berg, M. E., Lawlor, D., and Grace, R. C. (2013). Offenders have higher delay-discounting rates than non-offenders after controlling for differences in drug and alcohol abuse. *Legal and Criminological Psychology* 18 (2), 240–53.

Arruñada, B. (2010). Protestants and Catholics: Similar work ethic, different social ethic. *The Economic Journal* 120 (547), 890–918.

Asch, S. E. (1956). Studies of independence and conformity: A minority of one against a unanimous majority. *Psychological Monographs* 70 (9), 1–70.

Ashkanasy, N., Gupta, V., Mayfield, M. S., and Trevor-Roberts, E. (2004). Future orientation. In R. J. House, P. J. Hanges, M. Javidan, P. W. Dorfman, and V. Gupta (eds.), *Culture, Leadership, and Organizations: The GLOBE Study of 62 Societies* (pp. 282–342). Thousand Oaks, CA: SAGE Publications.

Ashraf, Q., and Michalopoulos, S. (2015). Climatic fluctuations and the diffusion of agriculture. *Review of Economics and Statistics* 97 (3), 589–609.

Atkinson, Q. D., and Bourrat, P. (2011). Beliefs about God, the afterlife and morality support the role of supernatural policing in human cooperation. *Evolution and Human Behavior* 32 (1), 41–49.

Atkinson, Q. D., and Whitehouse, H. (2011). The cultural morphospace of ritual form. *Evolution and Human Behavior* 32 (1), 50–62.

Atran, S. (2002). *In Gods We Trust: The Evolutionary Landscape of Religion*. New York: Oxford University Press.

Atran, S., and Medin, D. L. (2008). *The Native Mind and the Cultural Construction of Nature*. Cambridge, MA: MIT Press.

Atran, S., Medin, D. L., and Ross, N. (2005). The cultural mind: Environmental decision making and cultural modeling within and across populations. *Psychological Review* 112 (4), 744–76.

Atran, S., and Norenzayan, A. (2004). Religion's evolutionary landscape: Counterintuition, commitment, compassion, communion. *Behavioral and Brain Sciences* 27 (6), 713–70.

Aubet, M. E. (2013). *Commerce and Colonization in the Ancient Near East*. Cambridge: Cambridge University Press.

Augustine (1998). *The City of God Against the Pagans*. Cambridge: Cambridge University Press.

Ausenda, G. (1999). Kinship and marriage among the Visigoths. In P. Heather (ed.), *The Visigoths from* of the brethren of the common life. *The Economic Journal* 126 (593), 821–60.

Alcorta, C. S., and Sosis, R. (2005). Ritual, emotion, and sacred symbols: The evolution of religion as an adaptive complex. *Human Nature* 16 (4), 323–59.

Alcorta, C. S., Sosis, R., and Finkel, D. (2008). Ritual harmony: Toward an evolutionary theory of music. *Behavioral and Brain Sciences* 31 (5), 576–77.

Alesina, A. F., Algan, Y., Cahuc, P., and Giuliano, P. (2015). Family values and the regulation of labor. *Journal of the European Economic Association* 13 (4), 599–630.

Alesina, A. F., and Giuliano, P. (2010). The power of the family. *Journal of Economic Growth* 15 (2), 93–125.

Alesina, A. F., and Giuliano, P. (2013). Family ties. In Philippe Aghion and Steven N. Durlauf (eds.), *Handbook of Economic Growth* 2A (pp. 177–215). Oxford, UK: North Holland/Elsevier.

Alesina, A. F., and Giuliano, P. (2015). Culture and institutions. *Journal of Economic Literature* 53 (4), 898–944.

Algan, Y., and Cahuc, P. (2010). Inherited trust and growth. *American Economic Review* 100 (5), 2060–92.

Algan, Y., and Cahuc, P. (2013). Trust and growth. *Annual Review of Economics* 5 (1), 521–49.

Algan, Y., and Cahuc, P. (2014). Trust, growth, and well-being: New evidence and policy implications. In Philippe Aghion and Steven N. Durlauf (eds.), *Handbook of Economic Growth* 2A (pp. 49–120). Oxford: North Holland/Elsevier.

Allen, R. C. (1983). Collective invention. *Journal of Economic Behavior and Organization* 4 (1), 1–24.

Allen, R. C. (2009). *The British Industrial Revolution in Global Perspective.* Cambridge: Cambridge University Press.〔R・C・アレン『世界史のなかの産業革命——資源・人的資本・グローバル経済』眞嶋史叙・中野忠・安元稔・湯沢威訳、名古屋大学出版会〕

Almond, D., and Currie, J. (2011). Killing me softly: The fetal origins hypothesis. *Journal of Economic Perspectives* 25 (3), 153–72.

Alonso, S. (2013). Temporal discounting and number representation. *Journal of Behavioral Finance* 14 (3), 240–51.

Alquist, J. L., Ainsworth, S. E., and Baumeister, R. F. (2013). Determined to conform: Disbelief in free will increases conformity. *Journal of Experimental Social Psychology* 49 (1), 80–86.

Altrocchi, J., and Altrocchi, L. (1995). Polyfaceted psychological acculturation in Cook islanders. *Journal of Cross-Cultural Psychology* 26 (4), 426–40.

Al-Ubaydli, O., Houser, D., Nye, J., Paganelli, M. P., and Pan, X. S. (2013). The causal effect of market participation on trust: An experimental investigation using randomized control. *PLoS One* 8 (3), e55968.

Alvard, M. (2011). Genetic and cultural kinship among the Lamaleran whale hunters. *Human Nature* 22 (1–2), 89–107.

Alvard, M. S. (2003). Kinship, lineage, and an evolutionary perspective on cooperative hunting groups in Indonesia. *Human Nature* 14 (2), 129–63.

Alvard, M. S. (2009). Kinship and cooperation. *Human Nature* 20 (4), 394–416.

Alvergne, A., Faurie, C., and Raymond, M. (2009). Variation in testosterone levels and male reproductive effort: Insight from a polygynous human population. *Hormones and Behavior* 56 (5), 491–97.

Ambrose. (1881). *The Letters of Saint Ambrose, Bishop of Milan.* London: Oxford: James Parker.

Amorim, C. E. G., Vai, S., Posth, C., Modi, A., Koncz, I., Hakenbeck, S., . . . Veeramah, K. R. (2018). Understanding 6th-century barbarian social organization and migration through paleogenomics. *Nature Communications* 9 (1), 3547.

参考文献

Abrahams, R. (1973). Some aspects of levirate. In J. Goody (ed.), *The Character of Kinship*. Cambridge: Cambridge University Press.

Acemoglu, D., Akcigit, U., and Celik, M. A. (2013). Young, restless and creative: Openess to disruption and creative innovations. Working Paper No. 19894, National Bureau of Economic Research. www.nber.org/papers/w19894.

Acemoglu, D., Akcigit, U., and Celik, M. A. (2016). Young, restless and creative: Openness to disruption and creative innovations. Working paper, static1.squarespace.com/static/57fa873e8419c230ca01eb5f/t/5935737a8419c282eb2c1756/1496675232862/CreativeInnovation_170605_fin.pdf.

Acemoglu, D., Johnson, S., and Robinson, J. (2005). The rise of Europe: Atlantic trade, institutional change, and economic growth. *American Economic Review* 95 (3), 546–79.

Acemoglu, D., Johnson, S., and Robinson, J. A. (2002). Reversal of fortune: Geography and institutions in the making of the modern world income distribution. *Quarterly Journal of Economics* 117 (4), 1231–94.

Acemoglu, D., and Robinson, J. (2012). *Why Nations Fail: The Origins of Power, Prosperity, and Poverty*. New York: Random House Digital.〔ダロン・アセモグル、ジェイムズ・A・ロビンソン『国家はなぜ衰退するのか——権力・繁栄・貧困の起源（上・下）』鬼澤忍訳、早川書房〕

Ackerman, J. M., Maner, J. K., and Carpenter, S. M. (2016). Going all in: Unfavorable sex ratios attenuate choice diversification. *Psychological Science* 27 (6), 799–809.

Addis, W. E. (2015). *A Catholic Dictionary*. Aeterna Press.

Aghion, P., Jaravel, X., Persson, T., and Rouzet, D. (2019). Education and military rivalry. *Journal of the European Economic Association* 17 (2), 376–412.

Ahmed, A. M. (2009). Are religious people more prosocial? A quasi-experimental study with madrasah pupils in a rural community in India. *Journal for the Scientific Study of Religion* 48 (2), 368–74.

Ahmed, A. S. (2013). *The Thistle and the Drone: How America's War on Terror Became a Global War on Tribal Islam*. Washington, D.C.: Brookings Institution Press.

Akbari, M., Bahrami-Rad, D., and Kimbrough, E. O. (2017). Kinship, fractionalization and corruption. *Journal of Economic Behavior and Organization* 166, 493–528.

Akcigit, U., Kerr, W. R., and Nicholas, T. (2013). The mechanics of endogenous innovation and growth: Evidence from historical U.S. patents. Working paper, siepr.stanford.edu/system/files/shared/1311.

Akçomak, S., Webbink, D., and ter Weel, B. (2016). Why did the Netherlands develop so early? The legacy

ら行

わ行

ま行

や行

な行

は行

た行

さ行

か行

索引

あ行

ジョセフ・ヘンリック（Joseph Henrich）
ハーバード大学人類進化生物学部長。著書に『文化がヒトを進化させた――人類の繁栄と〈文化－遺伝子革命〉』（白揚社）がある。

今西康子（いまにし・やすこ）
神奈川県生まれ。訳書に『ヒトという種の未来について生物界の法則が教えてくれること』『家は生態系』『文化がヒトを進化させた』『蜂と蟻に刺されてみた』『蘇生科学があなたの死に方を変える』
（以上、白揚社）、『ミミズの話』『ウイルス・プラネット』（以上、飛鳥新社）、『マインドセット』（草思社）、共訳書に『文化大革命』（人文書院）、『眼の誕生』（草思社）などがある。